FOR THE
IB DIP
by C

Spanish ab initio

J. Rafael Ángel

Author's acknowledgements

Thank you Youri Van Leynseele, Cecilia Flores, Jessica Vargas, Helena Arranz, and Uriel González Montoya, for your contributions to this book. You are a big part of the soul of this awesome resource.

I am in debt to Olga Zvezdina, Zoha Khan, Monia Voegelin, and Glauce Serralvo for reading the manuscript of the book and providing valuable feedback that truly helped to ensure that this book addressed all of the elements of the DP model, and moved beyond a traditional foreign language-learning book. Thank you for helping me to add vision to the big picture of the book. Your insights were astute and valuable.

Thank you So-Shan Au and everyone at Hodder for believing in my approach to designing learning. Thank you for ensuring THE DREAM TEAM, Debbie Allen and Emilie Kerton, are there for me.

I cannot conclude this journey without thanking Dr. Lynn Erickson, Dr. Lois Lanning, and Rachel French for helping me to enrich my understanding of Concept-Based Curriculum and Instruction, and for inspiring me to diversify my expertise. Working with you has been an incomparable experience.

To Diego Zaragoza Tejas, Aloha Lavina, Julie Stern, Jennifer Wathall, Alison Yang, Daun York, Stephen Taylor, Gary Green, Caroline Rennie, Arif Minhal, and Jitendra Pande, thank you for being my thinking partners and a source of meaningful reflection. Thank you for your friendship.

This book is dedicated to Departamento de Lenguas Modernas (DELEM), University of Guadalajara, and the outstanding educators who taught me how to teach, how to learn, and who inspired me to become who I am today. Thank you Carol Lethaby, Michelle Merritt, María Luisa Arias, Corey Brothers, Gerrard Mugford, Caroline Moore, Norberto Ramírez, Liliana Villalobos, and Jacqueline Webber.

Orders: please contact Hachette UK Distribution, Hely Hutchinson Centre, Milton Road, Didcot, Oxfordshire, OX11 7HH. Telephone: +44 (0)1235 827827. Email education@hachette.co.uk Lines are open from 9 a.m. to 5 p.m., Monday to Friday. You can also order through our website: www.hoddereducation.com

First published in 2019 by
Hodder Education,
An Hachette UK Company
Carmelite House
50 Victoria Embankment
London EC4Y 0DZ

www.hoddereducation.com

Impression number 7

Year 2024

Cover photo © design picspremium – stock.adobe.com

Illustrations by Integra Software Services Pvt. Ltd., Pondicherry, India

Typeset in Goudy Oldstyle Std Regular 10/12 by Integra Software Services Pvt. Ltd., Pondicherry, India

Printed and bound by CPI Group (UK) Ltd, Croydon, CR0 4YY

A catalogue record for this title is available from the British Library.

ISBN: 978 1 5104 4954 1

ÍNDICE

Las áreas temáticas del curso se utilizan como lente conceptual para el capítulo.

Los conceptos guían el diseño de actividades orales, escritas, de lectura, y comprensión auditiva.

Los temas prescritos indican de dónde extraemos los conceptos de contenido.

¿Cómo utilizar *Spanish ab initio for the IB Diploma by Concept?*

La siguiente gráfica muestra la distribución de las áreas temáticas en el libro.

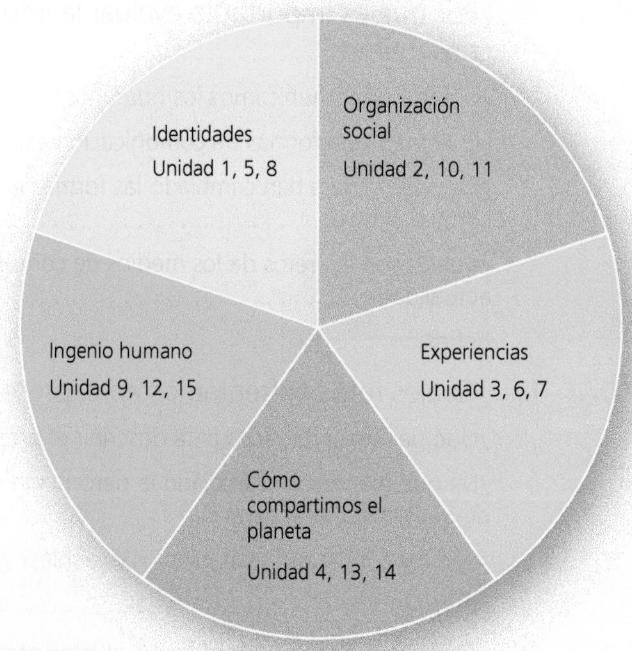

OBJETIVOS DE COMUNICACIÓN

Al principio de cada unidad, podrás ver los objetivos de comunicación.

Guía para comprender los íconos utilizados en este libro

- Este símbolo indica los diferentes tipos de textos que leerás.
- Este símbolo indica los diferentes tipos de texto que producirás.
- Este símbolo indica los diferentes tipos de textos de audio con los que interacturarás.
- Este símbolo indica las oportunidades que tendrás para practicar de manera oral.
- Este símbolo indica los temas gramaticales relevantes de cada unidad.
- Este símbolo indica el vocabulario esencial que debes considerar para realizar las actividades de la unidad.
- Este símbolo indica diferentes modelos para practicar rutinas de pensamiento visible.
- Este símbolo indica la práctica explícita de uno de los conceptos de la unidad.
- Este símbolo indica los diferentes textos audiovisuales con los que interactuarás.
- Este símbolo indica que deberás realizar búsquedas de información o imágenes en internet o en diferentes recursos.

Gramática

Los recuadros de color verde señalan los puntos gramaticales que se deben practicar.

Léxico

Los recuadros de color púrpura sugieren vocabulario clave para trabajar con los temas de la unidad.

TEORÍA DEL CONOCIMIENTO

Los recuadros de color amarillos incluyen conexiones explícitas con el marco de Teoría del Conocimiento. Sugerimos a los profesores familiarizarse con la guía.

CREATIVIDAD, ACTIVIDAD Y SERVICIO

Los recuadros de color rosa indican oportunidades para llevar acabo actividades CAS, e incluyen los resultados de aprendizaje que serían la meta de las actividades sugeridas.

Enfoques del aprendizaje

- Para la mayoría de las actividades en el libro se indican uno o varios de los enfoques del aprendizaje para ayudarte a practicar ciertas destrezas de forma explícita.

Punto de indagación

Las preguntas de indagación guiarán la ruta de aprendizaje en la unidad. Cada unidad incluye varias secciones, y cada sección comienza con una pregunta guía que se localiza en la parte superior, al comienzo de la sección. Del mismo modo, a lo largo de la unidad aparecerán oportunidades para indagar más sobre el tema de la unidad, sobre aspectos de la gramática, o los conceptos que se abordan.

Reflexión

Al final de cada unidad encontrarás una página de reflexión que podrás utilizar para autoevaluar tu progreso en la compresión lingüística, conceptual, y tu progreso en tus habilidades de comunicación.

Archivos de audio y respuestas

Los archivos de audio se pueden localizar en www.hoddereducation.com/IBextras

Las respuestas se pueden localizar en los recursos de enseñanza y aprendizaje: 9781510449558 Spanish ab initio for the IB Diploma by Concept Teaching and Learning Resources.

UNIDAD 1 ¿Cómo cambiará mi visión del mundo después de aprender español?

■ El español es la lengua oficial de 20 países.

OBJETIVOS DE COMUNICACIÓN

En esta unidad vas a:

- Comparar personas, objetos, lugares, situaciones y acciones
- Deletrear y solicitar que se deletree
- Describir personas, lugares, objetos y estados
- Expresar motivos para estudiar español
- Expresar y pedir opiniones sobre alguien o algo
- Expresar y preguntar por acuerdo y desacuerdo
- Identificar personas, lugares y objetos
- Preguntar por una palabra o expresión que no conoces o que has olvidado
- Presentar a alguien y reaccionar al ser presentado
- Saludar y despedirte
- Señalar que no entiendes
- Solicitar la repetición de lo dicho
- Solicitar que se escriba algo
- Verificar que se ha comprendido lo dicho

EN ESTE CAPÍTULO INVESTIGARÁS ESTAS PREGUNTAS:

Fácticas	Conceptuales	Debatibles
¿En qué países se habla español? En general, ¿qué letras nos ayudan a distinguir los masculinos de los femeninos? ¿Qué expresiones son útiles para entablar una conversación? ¿Qué expresiones utilizamos para saludar a diferentes horas? ¿Qué información básica aparece en documentos de identidad oficiales? En general, ¿qué expresiones son necesarias para responder a saludos?	¿Cómo son diferentes las variedades de español en el mundo? ¿Cómo se construyen ideas en español? ¿Qué palabras puedo utilizar para hablar acerca de mí y de los demás? ¿Cómo debemos utilizar la lengua para dirigirnos a diferentes personas? ¿Qué expresiones se emplean para hablar con cortesía? ¿Por qué es importante comprender el uso de los verbos "ser" y "tener" cuando describimos personas, objetos y lugares? ¿Por qué es importante reconocer la relación entre personas cuando hablamos? ¿Por qué es importante reconocer el contexto de una conversación cuando participamos en ella?	¿Existen sonidos diferentes entre el español y mi lengua materna? ¿Hasta qué punto aprenderé más sobre mi lengua materna mientras aprendo español? ¿Todos los países hispanohablantes siguen las mismas reglas para hablar formalmente o informalmente?

¿Existen sonidos diferentes entre el español y mi lengua materna?

1 El alfabeto

Enfoques del aprendizaje

- Habilidad de comunicación: Utilizan el entendimiento intercultural para interpretar la comunicación

A **Estudia las variantes entre el español y tu idioma.**

Observa las letras del alfabeto en español.

¿Qué letras nuevas observas?

¿Qué letras del alfabeto en tu idioma no existen en español?

a b c d e f g h i j k l m n ñ o p q r s t u v w x y z

B **¿Qué diferencias escuchas?**

http://tinyurl.com/alfacaste

http://tinyurl.com/abclatino

¿Qué diferencias identificas?

2 Nombres comunes en español

Lee los siguientes nombres populares en español.

Alberto	Jorge	Alejandra	Karla
Alejandro	José	Alicia	Lilia
Andrés	Juan	Angélica	Luz
Carlos	Manuel	Carmen	Manuela
David	Mateo	Cecilia	Margarita
Eduardo	Miguel	Cristina	María
Fernando	Pablo	Diana	Marta
Francisco	Pedro	Elena	Rosa
Héctor	Ramón	Francisca	Susana
Jesús	Roberto	Isabel	Teresa

Colabora con un compañero. Toma turnos para deletrear los nombres. Observa el ejemplo:

A: ¿Cómo se deletrea Juan?

B: J.U.A.N.

Observa la forma de nombres como "Francisco y Francisca" y "Manuel y Manuela". ¿Qué observas? ¿Qué puedes generalizar sobre los nombres para chicos y chicas en español?

Practica la siguiente interacción con tus compañeros:

A: ¿Cómo se deletrea tu nombre?

B: Mi nombre se deletrea así: (José) J.O.S.E

Colabora con un compañero. Uno de ustedes deletreará las siguientes frases de izquierda a derecha, y el otro de derecha a izquierda. Comiencen al mismo tiempo.

1. Somos
2. Allí ves Sevilla
3. Aman a Panamá
4. Nos ideó Edison
5. O rey o joyero
6. Se laminan animales
7. Yo de todo te doy
8. Yo dono rosas oro no doy
9. La ruta nos aportó otro paso natural

¿Qué notas?

¿En qué países se habla español?

3 El mundo hispanohablante

¿En qué países se habla español?

El español es la lengua oficial de 20 países en tres continentes: África, América y Europa.

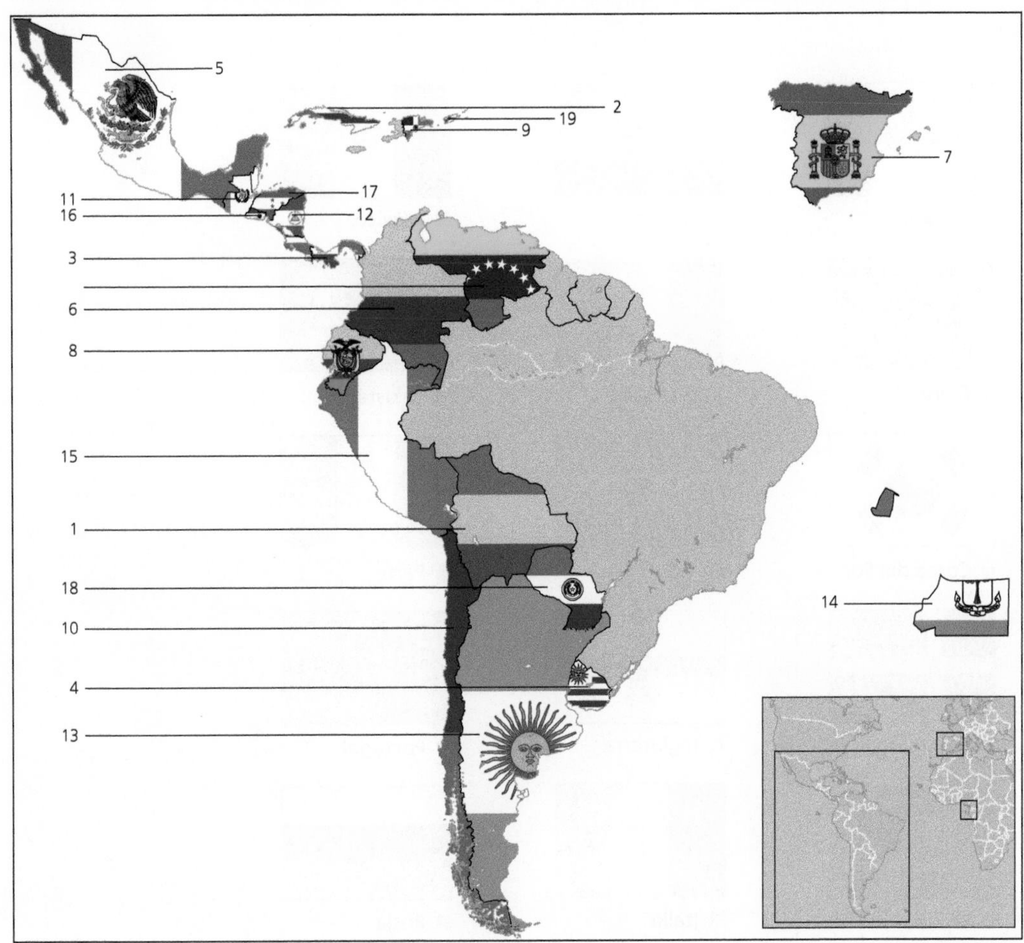

A Escucha el audio en el enlace: http://tinyurl.com/paisabc

B Escribe las palabras que escuches.

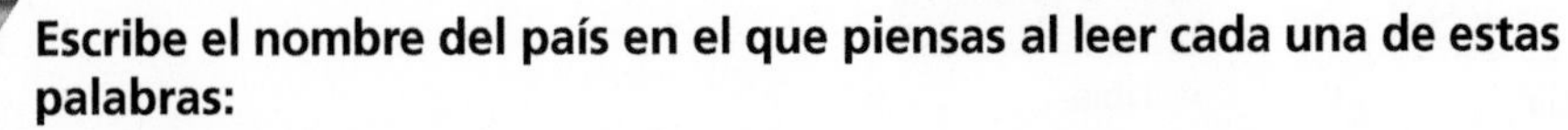

C Escribe el nombre del país en el que piensas al leer cada una de estas palabras:

1 Flamenco
2 Mariachi
3 Tango
4 Café
5 Machu Picchu
6 Galápagos
7 El canal de…
8 Salsa (Música)

4 Naciones y banderas

A Escucha el audio en el enlace: http://tinyurl.com/paimun2

B Escribe los países en el orden en que las escuches.

■ Alemania

■ Argelia

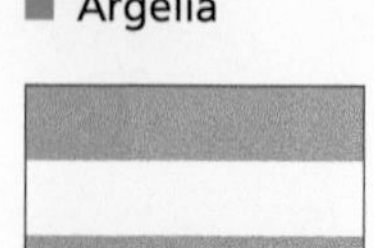
■ Argentina

■ Australia

■ Austria

■ Bélgica

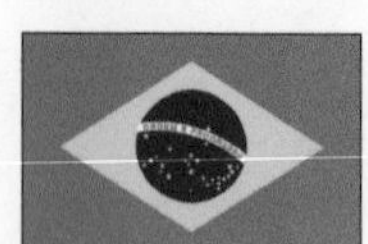
■ Brasil

■ Canadá

■ China

■ Corea del Sur

■ Dinamarca

■ España

■ Estados Unidos

■ Francia

■ Ghana

■ Guatemala

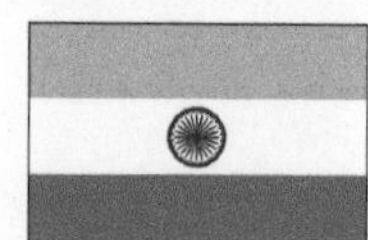
■ India

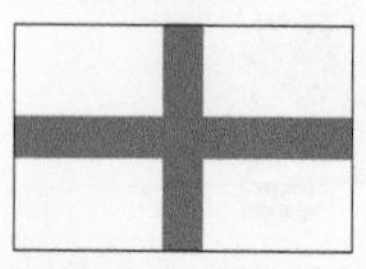
■ Inglaterra

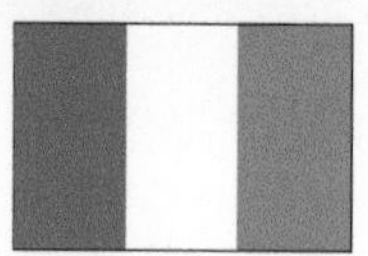
■ Italia

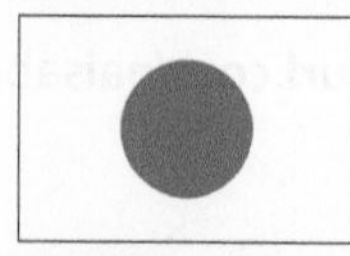
■ Japón

■ Libia

■ México

■ Pakistán

■ Perú

■ Portugal

■ Rusia

■ Senegal

C Completa las siguientes oraciones con el nombre de los países.

1 Buenos Aires es la capital de…
2 Moscú es la capital de…
3 París es la capital de…
4 Berlín es la capital de…
5 Madrid es la capital de…
6 Tokio es la capital de…
7 Lima es la capital de…

¿Cómo se construyen ideas en español?

5 Los números

Utiliza este enlace para escuchar el audio: http://tinyurl.com/hz523db

0 cero	**7** siete	**14** catorce
1 uno	**8** ocho	**15** quince
2 dos	**9** nueve	**16** dieciséis
3 tres	**10** diez	**17** diecisiete
4 cuatro	**11** once	**18** dieciocho
5 cinco	**12** doce	**19** diecinueve
6 seis	**13** trece	**20** veinte

Léxico

Estudia el **significado** de estos objetos en el aula de clase.

el cuaderno	la puerta	la hoja de papel	la mesa
el libro	la ventana	la mochila	la silla
el bolígrafo	la computadora	el cargador	
la pizarra	el teléfono	el escritorio	

6 Piensa–compara–comparte

Presta atención a la lista de vocabulario anterior. Responde las siguientes preguntas.

1 ¿Cuál es la terminación de las palabras con las que se utiliza "el"?
2 ¿Cuál es la terminación de las palabras con las que se utiliza "la"?
3 ¿Qué puedes concluir?

Gramática

Número: El plural

Para cambiar la forma de un sustantivo de singular a plural, generalmente agregamos una "s" o "es".

Observa estos ejemplos:

una mesa	dos cuadernos
dos mesas	un cargador
un cuaderno	dos cargadores

Gramática

El verbo "tener" en presente

Estudia la conjugación del verbo "tener" en presente. Este verbo es útil para hablar sobre tu edad, de tus posesiones, de ciertas necesidades.

Pronombre(s)	Conjugación
yo	tengo
tú	tienes
él / ella / usted	tiene
nosotros / nosotras	tenemos
vosotros / vosotras	tenéis
ellos / ellas / ustedes	tienen

7 ¿Qué tienes en tu mochila?

Observa la estructura del siguiente ejemplo. Escribe 10 oraciones acerca de los objetos que tienes en tu mochila.

En mi mochila tengo tres libros.

8 Presentaciones

Enfoques del aprendizaje

- Habilidad de comunicación: Leen con actitud crítica y para comprender

Me llamo Luis.
Mi apellido es Fonsi.
Tengo 39 años.
Soy de Puerto Rico.
Me llamo Camila.
Mi apellido es Cabello.
Tengo 21 años.
Soy de Cuba.

Me llamo Carlos.
Mi apellido es Rivera.
Tengo 32 años.
Soy de México.

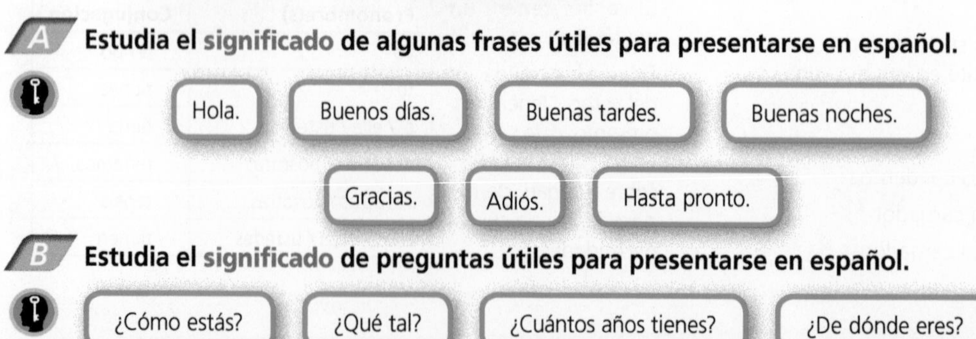

A **Estudia el significado de algunas frases útiles para presentarse en español.**

Hola. | Buenos días. | Buenas tardes. | Buenas noches.

Gracias. | Adiós. | Hasta pronto.

B **Estudia el significado de preguntas útiles para presentarse en español.**

¿Cómo estás? | ¿Qué tal? | ¿Cuántos años tienes? | ¿De dónde eres?

Observa la manera en que las preguntas y frases de al lado se utilizan en contexto para presentarse.

Alex	Hola, ¿qué tal? Me llamo Alex, ¿cómo te llamas?
Leticia	Hola, Alex. Me llamo Leticia. ¿Cuántos años tienes?
Alex	Tengo 16 años, ¿y tú?
Leticia	Tengo 15 años.
Alex	¿De dónde eres, Leticia?
Leticia	Soy de Colombia, ¿y tú?
Alex	Soy de España. ¿Cuál es tu apellido, Leticia?
Leticia	Mendoza, ¿y el tuyo?
Alex	Mi apellido también es Mendoza.
Leticia	¡Qué coincidencia!
Alex	Exacto.

Considera el patrón de la interacción anterior.

Trabaja con tres compañeros diferentes y escribe tres interacciones similares al ejemplo anterior.

TEORÍA DEL CONOCIMIENTO

Los nombres y apellidos identifican y diferencian a las personas. Muchas personas piensan que los apellidos son herencia de nuestros padres. Sin embargo, hubo una época en la que no existían y las personas sólo tenían un nombre.

Si utilizamos la historia como área de conocimiento podemos descubrir que en la Edad Media comenzaron a formarse ciudades más grandes y feudos con poblaciones numerosas, y logramos comprender que era necesario diferenciar mejor a las personas. A partir de ese momento comenzaron a aparecer los apellidos. En muchos casos los apellidos reflejaban el oficio de las personas.

¿Qué podemos decir acerca del conocimiento compartido a partir de los apellidos que tenemos?

¿Qué información básica aparece en documentos de identidad oficiales?

Gramática

El verbo "ser" en presente

Estudia la conjugación del verbo "ser" en presente. Este verbo es útil para hablar sobre tu nacionalidad, sobre tu profesión y acerca de tu personalidad.

Pronombre(s)	Conjugación
yo	soy
tú	eres
él / ella / usted	es
nosotros / nosotras	somos
vosotros / vosotras	sois
ellos / ellas / ustedes	son

9 Personajes famosos en el mundo hispanohablante

A **Investiga de dónde son estos personajes famosos en el mundo hispanohablante.**

- Salvador Dalí
- Gabriel García Márquez
- Rigoberta Menchú
- Octavio Paz
- Mario Vargas Llosa
- Gabriela Mistral
- Pablo Picasso
- José Martí
- Julio Cortázar
- Berta Cáceres
- Salma Hayek
- Frida Kahlo
- Miguel de Cervantes Saavedra
- Isabel Allende
- Carlos Ruiz Zafón
- Laura Restrepo
- Guillermo del Toro
- Jorge Luis Borges
- Pablo Neruda
- Mario Benedetti
- Letizia Ortiz
- Eva Perón

B **Colabora con un compañero. Toma turnos para preguntar la nacionalidad de los personajes que has investigado. Observa el ejemplo:**

A: ¿De dónde es Pablo Picasso?

B: Pablo Picasso es de España.

10 Los gentilicios

Los gentilicios son palabras que utilizamos para expresar el origen de personas o cosas.

Las terminaciones más comunes de los gentilicios son: -no / -na, -és / esa, -án / -ana; -nio / -nia; -eño / eña.

Por ejemplo: mexicano / mexicana; inglés / inglesa; alemán / alemana

A **Toma turnos para preguntar el gentilicio de los personajes que has investigado. Observa el ejemplo:**

A: ¿De dónde es Pablo Neruda?

B: Pablo Neruda es de **Chile**, o sea que es **chileno**.

A: ¿De dónde es Isabel Allende?

B: Isabel Allende es de **Chile**, o sea que es **chilena**.

B **Escribe oraciones y menciona la nacionalidad de algunos alumnos y profesores en tu escuela que son de diferentes países.**

C **Observa la forma de gentilicios como "chileno y chilena". ¿Qué observas? ¿Qué puedes generalizar sobre los adjetivos en español?**

11 Más números

Lee los siguientes números en voz alta.

21 veintiuno	**26** veintiséis	**31** treinta y uno	**50** cincuenta	**100** cien
22 veintidós	**27** veintisiete	**32** treinta y dos	**60** sesenta	**101** ciento uno
23 veintitrés	**28** veintiocho	**33** treinta y tres	**70** setenta	**110** ciento diez
24 veinticuatro	**29** veintinueve	**40** cuarenta	**80** ochenta	**121** ciento veintiuno
25 veinticinco	**30** treinta	**41** cuarenta y uno	**90** noventa	**200** dos cientos

12 La edad de algunas celebridades en el mundo hispanohablante

Utiliza el Internet para investigar la edad de las siguientes celebridades.

- Shakira
- Luis Fonsi
- Ricky Martin
- Enrique Iglesias
- Paulina Rubio
- Ana Torroja
- Diego Torres
- Carlos Fuentes
- María Olvido Gara
- Gloria Estefan
- Luis Miguel
- Mónica Naranjo
- Aleks Syntek
- Carla Morrison
- Diego Luna
- Penélope Cruz
- Miguel Bosé
- Belinda
- Benny Ibarra
- Ricardo Darín
- Javier Bardem
- Gloria Trevi
- Juanes

B Toma turnos para preguntar y decir la edad de las celebridades que investigaste. Observa el ejemplo:

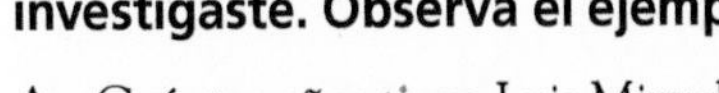

A: ¿Cuántos años tiene Luis Miguel?

B: Luis Miguel tiene 47 años.

C Nuestros datos personales aparecen en varios documentos de identidad oficiales. Presta atención a estos ejemplos.

Cédula de Identidad

Provincia de San Luis
REPÚBLICA ARGENTINA
CEDULA IDENTITAD
PROVINCIAL ELECTRONICA
C.I.P.E. Nro: 11.111.111
Apellido: **Méndez**
Nombre: **Rubén**
Nacionalidad: **Argentina**
Lugar de nacimiento: **San Luis**
Lugar de residencia: **San Luis**
Fecha de nacimiento: **23/05/1968**
Estado Civil: **Soltero**
Sexo: **Masculino**
Domicilio: **Av. Terranova 3333**

Licencia de conducir

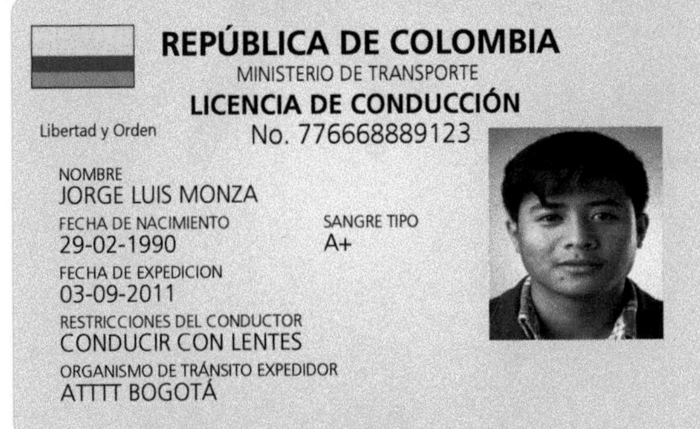

REPÚBLICA DE COLOMBIA
MINISTERIO DE TRANSPORTE
LICENCIA DE CONDUCCIÓN
Libertad y Orden
No. 776668889123
NOMBRE
JORGE LUIS MONZA
FECHA DE NACIMIENTO
29-02-1990
SANGRE TIPO
A+
FECHA DE EXPEDICION
03-09-2011
RESTRICCIONES DEL CONDUCTOR
CONDUCIR CON LENTES
ORGANISMO DE TRÁNSITO EXPEDIDOR
ATTTT BOGOTÁ

Pasaporte

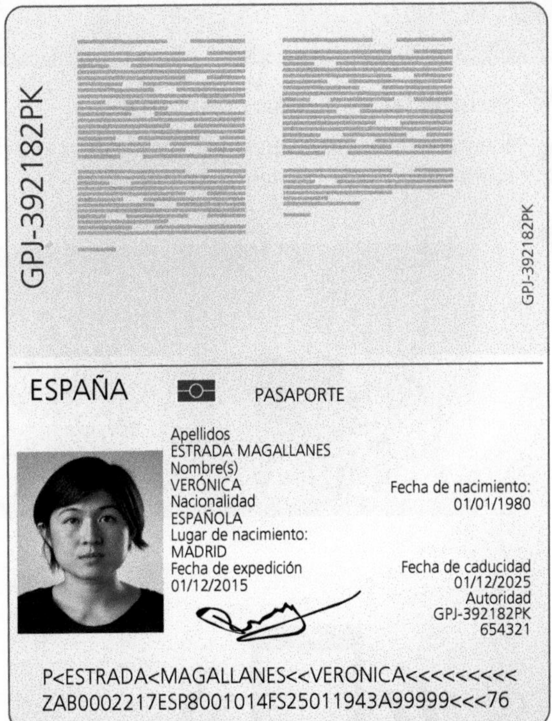

GPJ-392182PK
GPJ-392182PK
ESPAÑA
PASAPORTE
Apellidos
ESTRADA MAGALLANES
Nombre(s)
VERÓNICA
Nacionalidad
ESPAÑOLA
Lugar de nacimiento:
MADRID
Fecha de expedición
01/12/2015
Fecha de nacimiento:
01/01/1980
Fecha de caducidad
01/12/2025
Autoridad
GPJ-392182PK
654321
P<ESTRADA<MAGALLANES<<VERONICA<<<<<<<<<
ZAB0002217ESP8001014FS25011943A99999<<<76

Responde las siguientes preguntas:

1. ¿Cuáles datos aparecen en los tres documentos?
2. ¿Cuál información ayuda a diferenciar los tres documentos?
3. ¿Cuál documento no tiene fecha de caducidad? ¿Por qué?
4. ¿Cuál información aparece en la cédula de identidad y no en los otros dos documentos?
5. ¿Cuál documento puedes obtener cuando tienes menos de 10 años?

D

Copia los números de las categorías de la tarjeta de arribo y escribe la información correcta. Utiliza un diccionario para buscar el significado de las palabras que no conozcas.

Tarjeta de arribo

1 Apellidos ______________ 2 Nombre(s) ______________

3 Nacionalidad ______________ 4 Número de pasaporte ______________

5 Dirección en Honduras ______________ 6 Hombre ☐ Mujer ☐

7 Fecha de nacimiento ______________

9 Propósito de la visita

8 No. de visado ______________ Conferencia ☐ Médica ☐ Turismo ☐

10 Lugar donde se expidió la visa ________ Visita a amigos ☐ Empleo ☐ Estudio ☐

11 Número de vuelo embarcación ________ Regreso a casa ☐ Migración ☐ Otros ☐

12 Declaro que la información indicada en este formulario es verdadera. Firma ______________

13 Presentaciones

Enfoques del aprendizaje

- Habilidades de comunicación: Escuchan con actitud crítica y para comprender

A

Escucha las siguientes presentaciones.

Pista 1

Identifica el contexto en el que sucede cada una de las presentaciones. Escribe el número según el orden de las presentaciones.

a

b

c

d

Texto A: Presentaciones en el primer día de clase

Enfoques del aprendizaje

- Habilidades de comunicación: Leen con actitud crítica y para comprender

B Lee la siguiente conversación entre tres compañeros de escuela.

Pedro	¡Hola Brenda! ¿Cómo estás?
Brenda	¡Muy bien, Pedro! ¿Y tú?
Pedro	Muy bien, también. Gracias.
Brenda	Pedro, quiero presentarte a una nueva estudiante en la escuela; se llama Elsa. Elsa, él es Pedro, mi mejor amigo.
Elsa	Mucho gusto, Pedro.
Pedro	Mucho gusto, Elsa.
Brenda	Elsa es de Argentina.
Elsa	¿De dónde eres Pedro?
Pedro	Soy de Estados Unidos, pero mi papá y mi mamá son de México, por eso hablo español.
Brenda	Pedro y yo somos amigos desde hace mucho tiempo. Yo soy de Estados Unidos pero aprendí español con la familia de Pedro.
Elsa	¡Qué interesante!

Texto B: El primer día de clases

Enfoques del aprendizaje

- Habilidades de comunicación: Leen con actitud crítica y para comprender

C Hoy es el primer día de clase en una escuela internacional en Colombia. Muchos estudiantes son nuevos. Lee la siguiente conversación entre cuatro estudiantes.

Profesor	¡Buenos días a todos! Bienvenidos a este nuevo ciclo escolar. Este año tenemos muchos estudiantes nuevos, entonces vamos a tomar unos minutos para presentarnos.
Clara	Hola a todos, me llamo Clara y soy de Panamá.
Fabián	¡Hola! ¿Qué tal? Yo me llamo Fabián y soy de Chile.
Eduardo	Buenos días, yo me llamo Eduardo y soy de España.
Mónica	¿Qué tal? Me llamo Mónica y soy de México.
Clara	¿Cuántos años tienen? Yo tengo 17 años.
Fabián	Yo tengo 16, cumplo los 17 en dos meses.
Eduardo	Yo tengo 17 años, acabo de cumplir años hace tres meses.
Mónica	Yo tengo 16 años y mañana es mi cumpleaños.
Clara	¡Tenemos que organizar una fiesta!
Eduardo	¡Estoy de acuerdo!
Fabián	¡Yo no estoy en desacuerdo!
Mónica	Muchas gracias, qué amables son.

D Los textos A y B tienen un contexto diferente.

Responde las siguientes preguntas de acuerdo a los textos A y B.

1 ¿Cuál es el contexto del texto A?
2 ¿Cuál es el contexto del texto B?
3 ¿Cuáles temas trata el texto A?
4 ¿Cuáles temas trata el texto B?
5 ¿Cuántas nacionalidades diferentes se mencionan en total en los textos A y B?

14 El horario de clases

Enfoques del aprendizaje

- Habilidades de comunicación: Leen con actitud crítica y para comprender

A Aprende el significado de los días de la semana en español.

Lee el horario de Zeid, un estudiante del PD en una escuela en Latinoamérica.

Hora	Lunes	Martes	Miércoles	Jueves	Viernes
08:00–8:55	Árabe Lengua y Literatura NS	Matemáticas NM	Geografía NM	Teoría del Conocimiento	Drama NS
09:00–9:55	Árabe Lengua y Literatura NS	Matemáticas NM	Árabe Lengua y Literatura NS		Drama NS
09:55–11:00	Recreo / Receso				
11:00–11:55	Español B NS			Matemáticas NM	Español B NS
12:00–12:55	Español B NS	Español B NS	Actividad: Gimnasio	Actividad: Gimnasio	Actividad: Gimnasio
12:55–13:55	Almuerzo				
14:00–14:55	Geografía NM	Drama NS	Teoría del Conocimiento	Árabe Lengua y Literatura NS	Servicio: trabajo en una escuela pública
15:00–15:55	Geografía NM	Drama NS	Creatividad: Clases de baile	Creatividad: Mural en el edificio nuevo	Servicio: trabajo en una escuela pública

B Escribe oraciones acerca de este horario. Observa el patrón en el siguiente ejemplo.

Zeid tiene clases de geografía NM los lunes de las 14:00 a las 15:55 y los miércoles de 8:00 a 8:55.

C Trabaja con un compañero. Toma turnos para preguntar y responder acerca del horario de Zeid. Observa el ejemplo.

A: ¿Cuándo tiene Zeid clases de Teoría del Conocimiento?

B: Zeid tiene clases de Teoría del Conocimiento los miércoles y los jueves.

A: ¿A qué hora tiene Zeid clase de Teoría del Conocimiento los miércoles?

B: Los miércoles, Zeid tiene clase de Teoría del Conocimiento a las 14:00.

D Observa el uso de las partículas interrogativas "cuándo", "a qué hora" y "cuál". Cuando las utilizamos en preguntas, cada una de ellas exige una respuesta específica.

- **Otras partículas interrogativas importantes son: "quién", "cómo", "dónde", "por qué", "qué".**

15 Los días de la semana y el calendario

A **Aprende el nombre de los meses del año en español.**

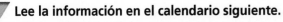

B **Lee la información en el calendario siguiente.**

enero

D	L	M	M	J	V	S
					1	2
3	4	5	6	7	8	9
10	11	12	13	14	15	16
17	18	19	20	21	22	23
24	25	26	27	28	29	30
31						

6: Día de Reyes

abril

D	L	M	M	J	V	S
					1	2
3	4	5	6	7	8	9
10	11	12	13	14	15	16
17	18	19	20	21	22	23
24	25	26	27	28	29	30

30: Día del niño (México)

julio

D	L	M	M	J	V	S
					1	2
3	4	5	6	7	8	9
10	11	12	13	14	15	16
17	18	19	20	21	22	23
24	25	26	27	28	29	30
31						

octubre

D	L	M	M	J	V	S
						1
2	3	4	5	6	7	8
9	10	11	12	13	14	15
16	17	18	19	20	21	22
23	24	25	26	27	28	29
30	31					

12: Día de las Américas

febrero

D	L	M	M	J	V	S
	1	2	3	4	5	6
7	8	9	10	11	12	13
14	15	16	17	18	19	20
21	22	23	24	25	26	27
28	29					

14: Día de San Valentín

mayo

D	L	M	M	J	V	S
1	2	3	4	5	6	7
8	9	10	11	12	13	14
15	16	17	18	19	20	21
22	23	24	25	26	27	28
29	30	31				

1: Día del Trabajo
10: Día de la madre (México)

agosto

D	L	M	M	J	V	S
	1	2	3	4	5	6
7	8	9	10	11	12	13
14	15	16	17	18	19	20
21	22	23	24	25	26	27
28	29	30	31			

noviembre

D	L	M	M	J	V	S
		1	2	3	4	5
6	7	8	9	10	11	12
13	14	15	16	17	18	19
20	21	22	23	24	25	26
27	28	29	30	31		

marzo

D	L	M	M	J	V	S
		1	2	3	4	5
6	7	8	9	10	11	12
13	14	15	16	17	18	19
20	21	22	23	24	25	26
27	28	29	30	31		

junio

D	L	M	M	J	V	S
			1	2	3	4
5	6	7	8	9	10	11
12	13	14	15	16	17	18
19	20	21	22	23	24	25
26	27	28	29	30		

septiembre

D	L	M	M	J	V	S
				1	2	3
4	5	6	7	8	9	10
11	12	13	14	15	16	17
18	19	20	21	22	23	24
25	26	27	28	29	30	

diciembre

D	L	M	M	J	V	S
				1	2	3
4	5	6	7	8	9	10
11	12	13	14	15	16	17
18	19	20	21	22	23	24
25	26	27	28	29	30	31

25: Navidad

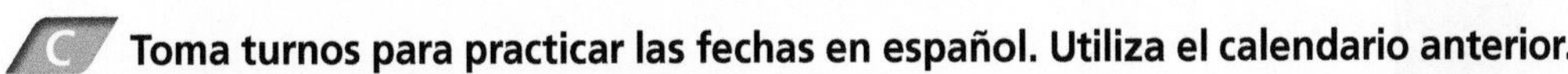

C **Toma turnos para practicar las fechas en español. Utiliza el calendario anterior.**

Trabaja de la siguiente manera:

Alumno 1: (apunta a la siguiente celda: Mayo + 10)

Alumno 2: La fecha es el diez de mayo.

16 Los cumpleaños

A **Pregunta a tus compañeros cuándo es su cumpleaños. Observa el ejemplo:**

A: ¿Cuándo es tu cumpleaños?

B: Mi cumpleaños es el 28 de diciembre.

B **Después de preguntar las fechas de los cumpleaños, compártelos. Observa el ejemplo.**

A: El cumpleaños de Youri es el 12 de febrero.

TEORÍA DEL CONOCIMIENTO

La Organización de las Naciones Unidas (ONU) designa días específicos para promover los objetivos de la organización por medio de eventos, temas o celebraciones.

Como ciudadanos de países que forman parte de la ONU, ¿qué impacto tiene nuestro conocimiento compartido cuando celebramos estas fechas?

¿Cuáles áreas del conocimiento crees que considera la ONU para determinar esas fechas? ¿La historia? ¿Los sistemas de conocimientos religiosos? ¿Los sistemas de conocimientos indígenas?

CREATIVIDAD, ACTIVIDAD Y SERVICIO

Diseña un calendario en un formato lo suficientemente grande y cuélgalo en un lugar muy popular en tu escuela. Toma la responsabilidad de indicar todos los eventos que tendrán impacto en la vida estudiantil de tu comunidad. No olvides pedir permiso y actualizarlo frecuentemente.

Por medio de esta actividad mostrarás evidencia para el siguiente **resultado de aprendizaje**: Mostrar cómo iniciar y planificar una experiencia de CAS.

¿Qué palabras puedo utilizar para hablar acerca de mí y de los demás?

¿Qué adjetivos utilizas para describir a tus amigos?

17 Atributos personales

Lee la información acerca de Jesse y Joy, dos cantautores mexicanos que son hermanos.

Jesse	Joy
Jesse es amable	Joy es amable
Jesse es amigable	Joy es amigable
Jesse es creativo	Joy es creativa
Jesse es divertido	Joy es divertida
Jesse es inteligente	Joy es inteligente
Jesse es interesante	Joy es interesante
Jesse es joven	Joy es joven
Jesse es sensible	Joy es sensible
Jesse es sentimental	Joy es sentimental
Jesse es simpático	Joy es simpática
Jesse es talentoso	Joy es talentosa
Jesse es trabajador	Joy es trabajadora

B Aprende el significado de los adjetivos para describir los atributos personales de hombres y mujeres.

C Observa la forma de los adjetivos para describir a Jesse y Joy. En general, la terminación de los adjetivos en su forma masculina terminan en "o" y los adjetivos en su forma femenina terminan en "a". ¿Qué observas cuando los adjetivos terminan en "e" o con algunas consonantes como "n" y "l"?

18 Características de los alumnos del PD

A Estudia el significado de las palabras en el siguiente recuadro.

Léxico

Aprende el significado de los siguientes adjetivos.

trabajador	responsable	honesto	empático
artístico	divertido	sociable	considerado
creativo	activo	puntual	cortés
generoso	amigable	desordenado	sensible
paciente	talentoso	pacifista	
deportista	amable	tolerante	

B Ahora lee los atributos de la comunidad de aprendizaje del PD y clasifica los adjetivos anteriores de acuerdo al atributo de la comunidad de aprendizaje con el que crees que tienen relación.

Atributo	Adjetivos
indagador	
informado e instruido	
pensador	
buen comunicador	
íntegro	
de mentalidad abierta	
solidario	
audaz	
equilibrado	
reflexivo	

C Escribe oraciones acerca de tus compañeros y profesores. Utiliza los atributos de la comunidad de aprendizaje del IB y los adjetivos relacionados con cada atributo. Observa los ejemplos:

Marta es solidaria.

Mi maestro de español es de mentalidad abierta.

José es talentoso.

19 La familia

Enfoques del aprendizaje

■ Habilidades de comunicación: Leen con actitud crítica y para comprender

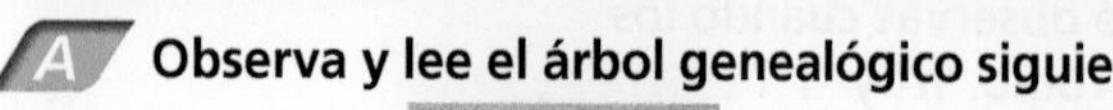

A Observa y lee el árbol genealógico siguiente.

Hola, me llamo Sonia, y esta es mi familia.

B El propósito de los árboles genealógicos es presentar las relaciones entre diferentes personas de una familia. Cada cultura considera diferentes relaciones al describir los núcleos familiares.

Dibuja el árbol genealógico de tu familia. Escribe las relaciones que tienes con diferentes miembros de tu familia. Observa los ejemplos del árbol genealógico anterior.

C Colabora con un compañero. Toma turnos para preguntar y responder preguntas acerca de las relaciones familiares en tu árbol genealógico.

Puedes utilizar preguntas como estas:

¿Quién es Miguel?

¿Qué es Miguel de Salma?

¿Cuántos años tiene José?

¿Cómo es Alejandro?

TEORÍA DEL CONOCIMIENTO

En ciertas culturas, existen nombres específicos para nombrar a "la hermana mayor", "la hermana menor", "el tío (hermano de la mamá)", "el tío (hermano del papá)".

Si utilizamos los sistemas de conocimientos indígenas como área de conocimiento, ¿qué podemos aprender acerca de la manera en que diferentes culturas asignan nombres a las relaciones familiares?

Si utilizamos la historia como área de conocimiento, ¿qué podemos mencionar acerca de la extinción de ciertas relaciones en las familias en China, debido a la política de hijo único que existió de 1978 a 2015?

20 Tipos de textos

Enfoques del aprendizaje

- Habilidad de comunicación: Leen con actitud crítica y para comprender

Estudia las convenciones de cuatro textos. Comprender estas características te ayudará a redactar estos textos correctamente.

En tu clase de español Ab Initio escribirás diferentes tipos de textos con diferentes propósitos y para expresar diferentes mensajes. La siguiente ilustración muestra las convenciones básicas de cuatro ejemplos de textos.

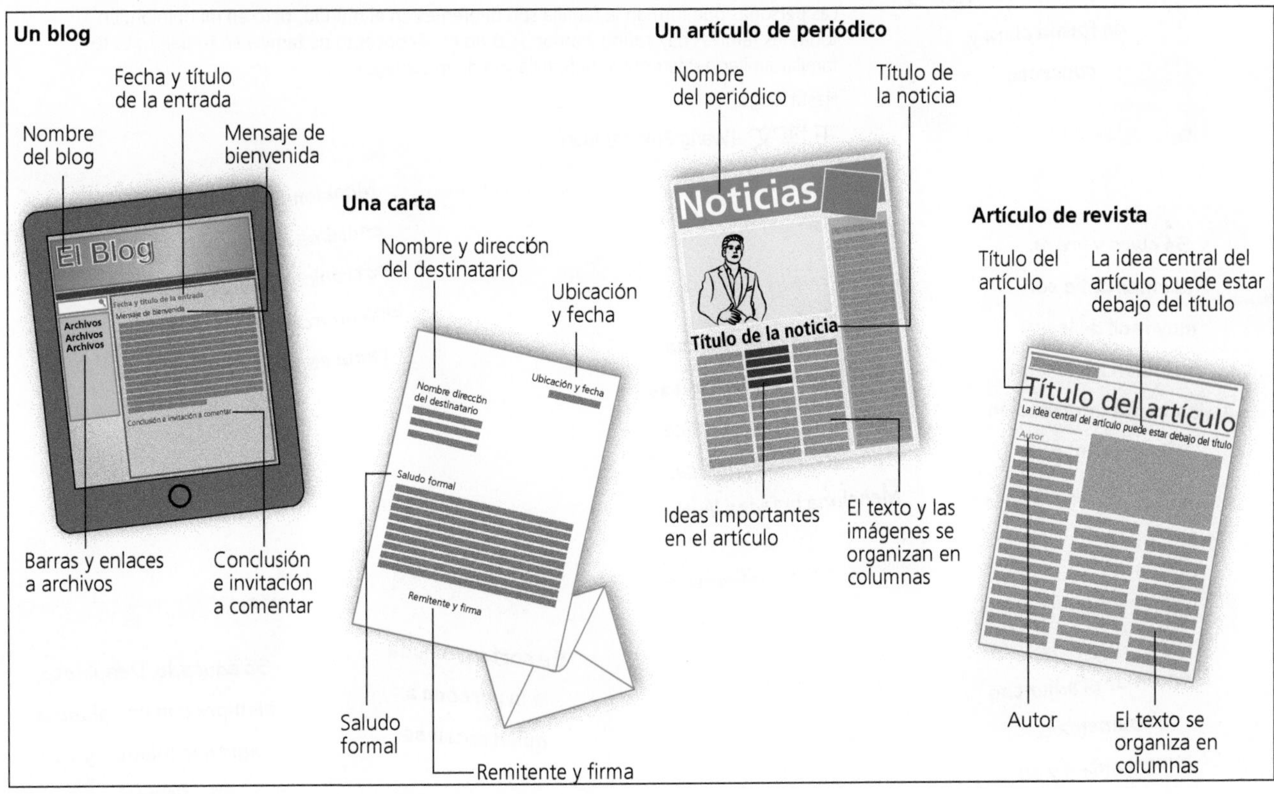

21 Un correo electrónico

Enfoques del aprendizaje

- Habilidad de comunicación: Leen con actitud crítica y para comprender

Lee el siguiente correo electrónico. Presta atención a las sugerencias en los recuadros amarillos.

Escribe la dirección correcta de la persona para quien escribes el email.

El asunto debe presentar el tema principal de tu correo de forma clara y concreta.

Para: omarz7@correo.co.uk

Asunto: Mi Familia

Hola Omar:

¿Cómo estás? Gracias por responder mi correo electrónico. Ahora yo respondo tus preguntas.

Tengo dos buenos amigos: uno es de Panamá y el otro es de México. Mi amigo mexicano se llama Arturo y mi amigo panameño se llama Ricardo. Los papás de Arturo son de México. El papá de Ricardo es de Panamá y su mamá es de Cuba. Nuestras familias son muy diferentes: Ricardo no tiene hermanos ni hermanas, pero Arturo tiene dos hermanos y dos hermanas.

La familia de Ricardo tiene dos perros y Ricardo dice que sus mascotas son parte de su familia. Arturo no tiene mascotas, pero dice que sus vecinos son como su familia porque sus abuelos y los abuelos de estas personas fueron amigos en el pasado. Mi familia es de China. Mi papá, mi mamá y yo somos hijos únicos porque de 1978 a 2015 en China las familias tenían sólo un hijo. Sin embargo, en China llamamos "tíos" y "tías" a los amigos de nuestros padres, y "hermano" y "hermana" a los hijos de los amigos de nuestros padres.

Las personas que forman la familia son diferentes en el mundo, pero en mi opinión, en todas las familias hay cariño y amor. ¿Cómo es el concepto de familia en tu país? ¿Es tu familia similar o diferente a mi familia y la de mis amigos?

Hasta luego,

王博文 *[Wang BoWen]* Juan

Menciona por qué escribes el correo electrónico. Es buena idea abordar sólo un tema específico.

Sé claro y breve. El email debe ser muy fácil de leer y entender. Menciona únicamente información importante.

Indica si esperas una respuesta y si necesitas que el receptor realice una acción específica. Menciona la fecha límite.

Mencionar si adjuntas documentos importantes y su contenido.

Sé cortés, saluda a la persona a quien escribes.

Sé educado. Despídete siempre con un saludo o agradecimiento, y tu firma.

22 La familia de Wang BoWen

De las frases 1 a 8, escoge las *cuatro* que son verdaderas de acuerdo al correo de Wang.

1 Wang BoWen no tiene hermanos.
2 Ricardo es de México.
3 Los papás de Ricardo son de Cuba.
4 Los Papás de Arturo son de México.
5 Arturo tiene dos hermanos y dos hermanas.
6 Omar es el autor del correo electrónico.
7 Omarz7@correo.co.uk es el correo de Wang BoWen.
8 De 1978 a 2015, las familias en China sólo tenían un hijo.

23 Respuesta al correo de Wang BoWen

Enfoques del aprendizaje

- Habilidad de comunicación: Escriben con diferentes propósitos

Imagina que eres Omar. Responde el correo de Wang BoWen.

Describe tu familia y la familia de dos de tus amigos.

Menciona características de las personas en tu familia y la familia de tus amigos. Indica cómo son diferentes las familias de tus amigos y la tuya.

Incluye dos preguntas para Wang BoWen.

Escribe *un correo electrónico* de entre 70 y 150 palabras.

24 Descripciones físicas

A Aprende el significado de las partes del cuerpo.

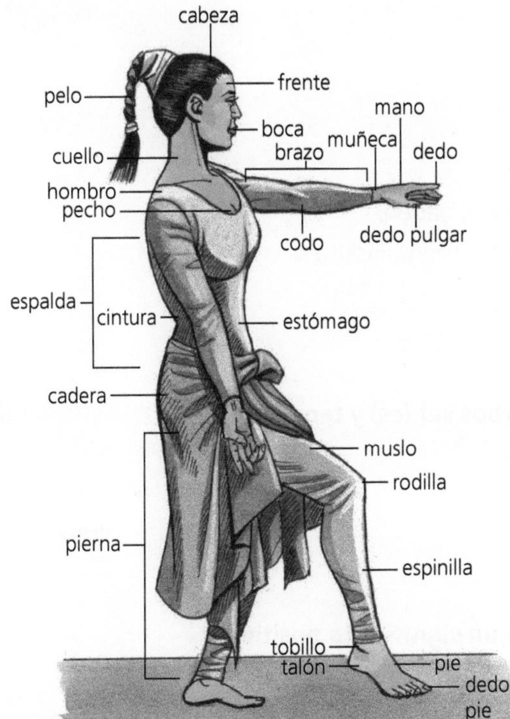

B Estudia el nombre de algunos colores en español.

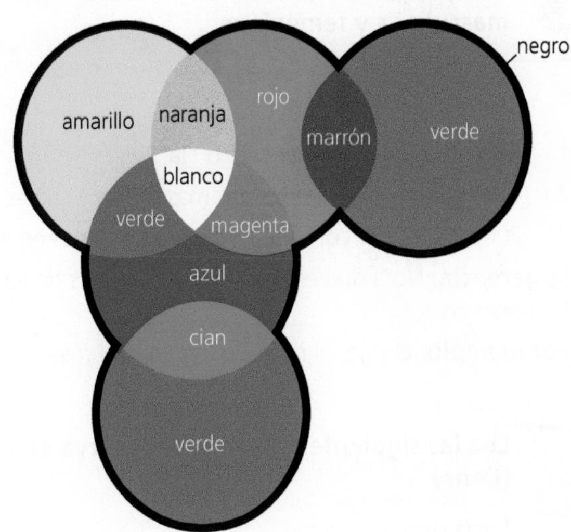

Aprende el significado de adjetivos para describir la apariencia física de las personas.

Léxico

alto	delgado	grande	corto	rubio
bajo	blanco	pequeño	lacio	fuerte
gordo	bronceado	largo	castaño	rizado

¿Qué podemos describir con estos adjetivos? Clasifica los adjetivos en las siguientes categorías.

Cuerpo	Cara	Cabello	Ojos	Boca

Comprende el uso de los verbos "ser" y "tener" cuando describimos a las personas.

25 Descripción de las partes del cuerpo

En español, para describir las partes del cuerpo podemos usar dos verbos: "ser" y "tener". Observa los siguientes ejemplos. Presta atención al patrón.

Parte del cuerpo	Ser	Tener
pelo	El pelo de María **es** corto.	María **tiene** pelo corto.
boca	La boca de Adrián **es** pequeña.	Adrián **tiene** boca pequeña.
brazos	Los brazos de Adolfo **son** largos.	Adolfo **tiene** brazos largos.
manos	Las manos de Leo **son** grandes.	Leo **tiene** manos grandes.

Observa a cuatro de tus compañeros de clase. Describe sus cuerpos. Considera los ejemplos en la tabla de arriba. Presta atención a los singulares, plurales, masculinos y femeninos.

Punto de indagación

1 ¿Recuerdas cuándo usar "el" o "la"?
2 ¿Cuáles partes del cuerpo son masculinas y cuáles son femeninas?
3 ¿Puedes adivinar cómo se forman los plurales en español? Escribe el patrón.

Sugerencia: Nota que en español los nombres de los colores son masculinos, incluso si terminan en a.

Por ejemplo: el rojo, el negro, el naranja, el rosa.

Lee las siguientes oraciones. Observa el uso de los verbos ser (es) y tener (tiene).

Lucía **tiene** pelo rubio.

Mario **tiene** ojos grandes.

Eduardo **tiene** orejas pequeñas.

Utiliza los adjetivos anteriores y escribe oraciones con un significado positivo acerca de tus compañeros.

26 Comparaciones

Observa la ilustración y lee la información y los ejemplos:

a María es menos alta que Andrea.
b Andrea es más alta que María.
c Román es tan alto como Luis.
d El pelo de María es más largo que el de Andrea.

Escribe ocho ejemplos más. Utiliza los patrones anteriores.

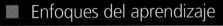

María	Andrea	Román	Luis
17 años	18 años	19 años	16 años
1.50 m	1.52 m	1.60 m	1.60 m
45 kg	48 kg	60 kg	55 kg

27 Padres y madres

Enfoques del aprendizaje

- Habilidad de comunicación: Colaboran con los compañeros y con expertos utilizando diversos medios

Consigue una foto de tus padres, tutores o guardianes. Trabaja con un compañero.

Muestra la foto de tus padres a tu compañero y describe a tu mamá y a tu papá.

Escucha la descripción de los padres de tu compañero. Después pregunta acerca de información que quieras conocer. Puedes utilizar preguntas como estas:

a ¿Es tu papá fuerte?
b ¿Es tu mamá creativa?

La presentación y la interacción debe durar de dos a tres minutos en total.

28 Encuesta sobre la familia

Enfoques del aprendizaje

- Habilidad de colaboración: Escuchan con atención otras perspectivas e ideas
- Habilidad de gestión de la información: Presentan la información en diversos formatos y plataformas

A Realiza una encuesta en tu escuela para descubrir las características predominantes en las familias de tus compañeros.

Organiza tu información en una tabla como esta.

Temas	Nombres de tus compañeros			
1 Nombre de papá				
2 Nombre de mamá				
3 Número de hermanas				
4 Número de hermanos				
5 Estatura de papá				
6 Estatura de mamá				
7 Estatura de hermanos				
8 Estatura de hermanas				
9 Tamaño de los ojos				

B Pregunta a cuatro compañeros sobre los temas en la columna de la izquierda.

Estos son ejemplos de preguntas que puedes utilizar:

a ¿Cuál es la estatura de tu papá?
b ¿Cuántos hermanos tienes?

C **Utiliza la información que obtuviste y preséntala en una gráfica. También escribe una interpretación de los datos que demuestra la gráfica.**

Comparte tu trabajo con tus compañeros.

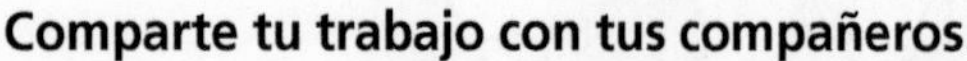

29 Cuéntame cómo pasó

Enfoques del aprendizaje

- Habilidad de comunicación: Leen con actitud crítica y para comprender

Lee la ficha técnica de *Cuéntame cómo pasó*, una serie de televisión española.

www.cuentamecomopaso.org

Cuéntame cómo pasó

Ficha | Noticias | Capítulos | Reparto | Fotos | Videos | Audiencias | Críticas | Comunidad | Blogs | Foro

Personajes: La familia Alcántara

1 Cuéntame cómo pasó

Cadenas: La 1

País: España

Productora: Grupo Ganga

Inicio emisiones: septiembre 2001

Ranking de popularidad: 11 de 994

Ranking de votos: 530 de 851

Temporadas: 17

2 El padre: Antonio Alcántara es de la provincia de Albacete. Trabaja en una imprenta.

3 La madre: Mercedes Fernández, esposa de Antonio. En la serie, Mercedes es un ejemplo de la situación de la mujer en España durante el franquismo: es sumisa y tradicional.

4 La abuela: Herminia López Vidal es la mamá de Mercedes. Vive con su hija, su yerno, Antonio, y sus nietos: Toni, Inés, Carlitos y María. Es una mujer antigua, bondadosa y cálida. A Herminia no le gusta utilizar máquinas y sus nietos dicen que tiene terror de los "aparatos modernos" como la televisión.

5 El hermano mayor: Toni Alcántara Fernández es un chico relajado. Estudia derecho en la universidad y tiene interés por la política, especialmente la política de izquierda.

6 La hermana mayor: Inés Alcántara Fernández es una chica que tiene pasión por el teatro. En la serie tiene dos novios: el primero se llama Jesús, y el segundo se llama Mike.

7 El hijo menor: Carlos Alcántara Fernández o Carlitos es un niño de 8 años al comienzo de la serie. Pasa mucho tiempo con sus amigos Luis y Josete. En la escuela, Carlitos es un niño muy inquieto y tiene problemas con Don Severiano, su profesor.

Después de leer el texto, completa las siguientes tareas.

Selecciona la respuesta correcta.

1 El texto es:

a un blog turístico
b una página web
c un folleto informativo
d un correo electrónico
e un póster

Contesta las siguientes preguntas con palabras o expresiones tomadas del texto.

2 ¿Cuántas personas hay en la familia Alcántara?
3 ¿Cómo se llama el hijo menor?
4 ¿De quién es mamá Herminia?
5 ¿Cuántos hijos tienen Antonio y Mercedes?
6 ¿Quién es Jesús?
7 ¿Cuántas temporadas tiene esta serie de televisión?
8 ¿Qué relación tienen Carlitos, Luis y Josete?

Indica la opción correcta (*a*, *b*, *c* o *d*).

9 Según la información en el texto, esta serie de televisión:

a tiene una temporada
b es una producción mexicana
c se transmite en la 1
d es real

30 Una madre poco usual

Enfoques del aprendizaje

- Habilidad de comunicación: Escuchan con actitud crítica y para comprender

Escucha la cápsula de radio acerca de una madre poco usual.

Pista 2

Responde las siguientes preguntas acerca del texto sobre Geet Oberoi.

1 Menciona el nombre del locutor de la radio.
2 Menciona el día que se celebrará el evento de TEDx en la ciudad.
3 Menciona el tema de la charla de la Doctora Geet Oberoi.
4 ¿Quiénes son los receptores de este programa de radio?
5 ¿Por qué es la Doctora Geet Oberoi una madre inusual?
6 ¿Por qué el locutor hace tantas preguntas?

31 Presentación de una familia: Práctica de la evaluación oral individual

Enfoques del aprendizaje

- Habilidad de comunicación: Utilizan una variedad de técnicas de expresión oral para comunicarse con diversos destinatarios

Observa con atención la primera foto en la página 24. Imagina que eres amigo de Antonio, el niño en la foto.

Describe la familia de Antonio. Menciona todas las relaciones que recuerdes. Describe y compara las personas de la familia de Antonio.

Menciona qué tipo de familia es y tu opinión sobre ella.

Escribe 100 palabras.

 **Participa en una interacción con tu profesor.**

Responde las preguntas que hará tu profesor. Las preguntas tratarán temas sobre tu familia, los miembros en ella, el tipo de relaciones que tienes con ellos y su apariencia física. Otros temas acerca de los cuales el profesor puede preguntar son: nombre, edad, estatura, peso, etc.

La interacción durará dos minutos.

¿Qué expresiones son útiles para entablar una conversación?

Punto de indagación

Responde estas preguntas:

1 ¿Qué expresiones utilizamos para saludar a diferentes horas?
2 En general, ¿qué expresiones son necesarias para responder a saludos?

En noviembre de 2017 el Instituto Cervantes publicó su anuario "El Español en el mundo" e informó que actualmente más de 572 millones de personas hablan español en el mundo. 477 millones son hablantes nativos. El Instituto calcula que para mediados de este siglo 754 millones de personas hablaran español. Actualmente, más de 25 millones de personas estudian español como lengua extranjera.

■ Hoy en día, estudiar español es muy común.

32 ¿Cómo te llamas?

Enfoques del aprendizaje

■ Habilidad de comunicación: Leen con actitud crítica y para comprender

 **Lee el siguiente texto.**

 **Identifica el contexto en el que sucede la conversación.**

Alonso Hola, ¿qué tal? Me llamo Alonso, ¿cómo te llamas?
Laura Hola, Alonso. Me llamo Laura. ¿Cuántos años tienes?
Alonso Tengo 16 años, ¿y tú?
Laura Tengo 15 años.
Alonso ¿Eres nueva en la escuela?
Laura Sí, soy nueva.
Alonso Bienvenida. La escuela es muy buena, y los profesores son muy amables.
Laura ¡Qué bueno!
Alonso Mucho gusto, Laura. Es la hora de mi clase de historia.
Laura El gusto es mío, Alonso. Hasta pronto.

 **Observa la estructura de las oraciones en la conversación anterior.**

 **Trabaja con un compañero y reproduce la conversación para expresar un significado similar.**

33 El nuevo estudiante

Escucha el texto.

Pista 3

Responde las siguientes preguntas acerca de la conversación que acabas de escuchar.

1 Selecciona las **cinco** oraciones verdaderas.

a Oswaldo es un estudiante nuevo.
b Luis presenta a Oswaldo.
c Rossana habla cuatro idiomas.
d La escuela en Argentina es pequeña.
e Ricardo es muy estudioso.
f A Oswaldo no le gusta la escuela nueva.
g Paulina es una maestra de inglés y es muy divertida.
h A Luis le gusta jugar fútbol.
i Claudia baila flamenco, salsa y tango.
j El maestro Germán es muy estricto y puntual.

2 Indica la opción correcta en las siguientes oraciones.

¿A quién se refiere cada una de las oraciones?	**Claudia**	**Luis**	**Oswaldo**	**Otra persona**
a Le gusta la nueva escuela.				
b No me gusta mucho mi horario porque tenemos muchas horas de matemáticas y ciencias.				
c Me encanta la maestra Sofía.				
d Son los estudiantes más populares en la escuela.				
e No cree que una maestra de matemáticas sea divertida.				
f Su papá es de Venezuela y su mamá es de Rusia.				
g Es de México y todas las chicas hablan de él.				
h Le gusta el fútbol.				
i Es de Canadá y es muy deportista.				

3 Responde las siguientes preguntas.

a Menciona dos diferencias entre las dos escuelas que se mencionan en la interacción.
b Menciona por qué terminó la conversación.
c Menciona en qué fecha sucede esta conversación.
d Menciona quién piensa que Rossana es la chica perfecta.
e Menciona quién conoció a Oswaldo primero: ¿Claudia o Luis?

¿Qué expresiones se emplean para hablar con cortesía?

34 Saludos y fórmulas de cortesía en países hispanos

Enfoques del aprendizaje

- Habilidad de comunicación: Leen con actitud crítica y para comprender

Lee el siguiente texto.

https://cortesíaenpaíseshispanos.blog.com

Saludos y fórmulas de cortesía en países hispanos

1 En los países del mundo hay diferentes formas de saludarse y de expresar afecto. A mí me gusta mucho viajar y quiero compartir algunas observaciones sobre las formas específicas para saludar a los demás y para expresar cariño o respeto. En muchos países, por general, el apretón de manos es el saludo más común. Otra manera también muy frecuente en los países hispanohablantes son los besos.

2 Pero, ¿qué es más común y qué normas existen en cada caso? ¿Existen las mismas reglas para los hombres y para las mujeres?

3 En la mayoría de los países hispanohablantes, los hombres se dan la mano y también unos golpecitos suaves en la espalda o en los hombros. En España y algunos países, cuando los hombres son amigos de mucho tiempo, pueden también darse un par de besos en las mejillas.

4 En mi opinión, para las mujeres es más sencillo porque dan dos besos a todo el mundo: en España dan dos y algunos países dan dos, y en México y otros países dan uno.

5 El contacto físico es algo común para casi todas las personas del mundo hispanohablante. En general, tomar a alguien del brazo, o apretar suavemente el hombro son gestos habituales y no tienen ninguna relación con un deseo íntimo. Son simplemente muestras de cordialidad y amabilidad.

6 Me interesa leer comentarios acerca de las experiencias de otras personas. También me gustaría conocer diferentes formas de saludar y expresar afecto en otras culturas. Por favor, comenten aquí abajo.

Aldo

KP

Hola Aldo. Yo soy de Corea del Sur. En situaciones formales y escuelas públicas existen reglas muy estrictas. Generalmente, las personas más jóvenes necesitan hacer una reverencia a las personas mayores o a los estudiantes en grados más altos. Esto es una muestra de respeto.

RD

Yo soy de la India. Hay una tradición muy bonita pero que no es tan común con los jóvenes. Muchas personas adultas unen sus manos junto a su pecho y dicen "*Namasté*" para saludar a los demás. Este saludo es común entre alumnos y profesores también, pero no entre jóvenes.

JM

En la televisión, durante los Juegos Olímpicos, yo he visto que los entrenadores rusos dan un beso en la boca a los atletas, hombres. ¿Es esto común en Rusia?

IS

Hola, JM, yo soy rusa. El beso en la boca entre dos hombres es común. Mi papá dice que es popular desde el beso que Erich Honecker, el líder de Alemania del Este, dio a Leonid Brezhnev, el Secretario General de la Unión Soviética hace varios años.

Responde las siguientes preguntas acerca del texto sobre la conversación que acabas de leer.

1 Este texto es:

a un artículo
b una página web
c una carta
d un blog

2 Selecciona la terminación correcta que mejor complete las oraciones. Escoge de la lista de opciones abajo. Hay dos opciones extra.

a Las personas de diferentes países...
b En las escuelas de Corea del Sur, ...
c En la India, ...
d El contacto físico es común...
e Tomar a alguien del brazo, o apretar suavemente el hombro...

i es común hacer Namasté entre jóvenes.
ii en los países hispanohablantes.
iii expresan su afecto de formas distintas.
iv los alumnos en grados más bajos, necesitan hacer una reverencia a los estudiantes en grados más altos.
v no es común hacer un "Namasté" entre los jóvenes.
vi en Rusia.
vii no tienen ninguna relación con un deseo íntimo.

35 Las mismas palabras, pero diferente significado

Aprender español requiere conocer las expresiones típicas usadas en diferentes países hispanohablantes, cambiantes según la zona geográfica.

Lee acerca de algunas palabras cuyo significado cambia de país a país. Este es un ejemplo acerca de los variantes en la lengua española.

Saludo o expresión	Variantes
Hola	España: ¿Qué tal? México: ¡Quiúbole! Argentina: ¿Cómo andás?
Hasta luego	España: Hasta ahora Argentina y Chile: Chau Colombia: Hablamos México: Nos vemos
Muy agradable	España: Guay México: Chido / Buena onda Colombia: Bacán Venezuela: Chévere Chile: Regio
Hola (para responder el teléfono)	España: ¿Diga? México: ¿Bueno? Argentina: ¿Hola? Chile y Venezuela: ¿Aló?
¡Hola amigo!	Venezuela: ¡Hola pana! México: ¡Hola carnal! Chile: ¡Hola parner!

Si estás interesado en conocer diferentes formas de referirse a chicos, chicas y algunas prendas, ve el vídeo en este enlace: https://youtu.be/ASpfSZ8K6TA

¿Cómo debemos utilizar la lengua para dirigirnos a diferentes personas?

Gramática

El verbo "gustar"

Estudia la conjugación del verbo "gustar" en presente. Este verbo es útil para hablar sobre tus gustos y pasiones. Presta atención especial a la estructura de las oraciones con este verbo. Observa la forma de las conjugaciones.

Pronombre(s)		Pronombre(s)	Conjugación
yo		mi	me gusta
tú		ti	te gusta
él / ella / usted	a	él / ella / usted	le gusta
nosotros / nosotras		nosotros / nosotras	nos gusta
vosotros / vosotras		vosotros / vosotras	os gusta
ellos / ellas / ustedes		ellos / ellas / ustedes	les gusta

■ Utilizamos el idioma de formas diferentes cuando hablamos con adultos, con nuestros amigos y con desconocidos.

36 Gustos y pasiones

Lee con atención las siguientes oraciones acerca de los adolescentes. ¿Estás de acuerdo o en desacuerdo?

1 A los adolescentes **les gusta** hablar por teléfono.
2 A los adolescentes **les gusta** salir a comer con amigos.
3 A los adolescentes **les gusta** salir a bailar.
4 A los adolescentes **les gusta** ir al cine.
5 A los adolescentes **no les gusta** estudiar.
6 A los adolescentes **no les gusta** pasar tiempo con sus padres.

37 Los gustos de personas de diferentes edades

Enfoques del aprendizaje

■ Habilidad de comunicación: Colaboran con los compañeros para producir textos con mensajes específicos

En una tabla como la siguiente, escribe ideas acerca de lo que les gusta hacer a los niños de primaria, a los adultos de 30 a 40 años y a los ancianos. Comparte tus ideas con tus compañeros.

A los niños de primaria	A los adultos de 30 a 40 años	A los ancianos

Estudia el significado de la lista de actividades abajo. Trabaja con un compañero y toma turnos para preguntar y responder acerca de las actividades. Formula preguntas en los ejemplos. Presta atención a la estructura.

¿Te gusta leer?

¿Te gusta resolver problemas?

Léxico

leer	analizar textos	preparar gráficas	trabajar en equipo	actuar en un escenario
dibujar	resolver problemas	analizar datos	usar el internet	hacer actividades de CAS
practicar deportes	planear proyectos	organizar rutinas	usar la computadora	debatir en la clase de Teoría del Conocimiento (TdC)
memorizar palabras	documentar información	correr	participar en juegos de rol	
hacer experimentos	escribir informes	nadar	investigar	
		practicar yoga		
		escribir reflexiones		

38 Infografía de las pasiones y gustos de mi mejor amigo

Enfoques del aprendizaje

- Habilidad de comunicación: Escriben con diferentes propósitos

A **Descarga las imágenes en este enlace: https://tinyurl.com/y83qfs9a**

Utiliza las imágenes para producir una infografía en PowerPoint o Keynote acerca de las pasiones de tu mejor amigo y de las tuyas.

B **Utiliza las infografías acerca de tu amigo y la tuya. Escribe una comparación. Menciona que gustos y pasiones tienen en común, y las cosas en las que son diferentes. Utiliza el verbo "gustar" de forma afirmativa y negativa, y diferente verbos.**

39 Contextos formales e informales

Observa–piensa–generaliza

Presta atención a las preguntas en las siguientes columnas.

¿Cómo te llamas?	¿Cómo se llama?
¿Cómo estás?	¿Cómo está?
¿Cuántos años tienes?	¿Cuántos años tiene?
¿De dónde eres?	¿De dónde es?

1 ¿Qué patrones observas?
2 Ve el vídeo en este enlace: https://youtu.be/U5Q5qQ42EGE
3 ¿Qué generalizaciones puedes hacer?

En general, en situaciones formales deberás utilizar "usted" en singular, y "ustedes" en plural, así como sus conjugaciones correspondientes.

40 Ejemplos de diálogos formales e informales

Enfoques del aprendizaje

- Habilidad de comunicación: Leen con actitud crítica y para comprender

Lee las siguientes interacciones. Presta atención a las palabras que se utilizan.

1 Situación informal:
- ¿Hola, qué tal? Yo soy Miguel ¿Y tú, cómo te llamas?
- Hola, Miguel. Me llamo Jorge
- Mucho gusto, Jorge. ¿De dónde eres?
- Soy de México, ¿y tú?

2 Situación formal:
- Buenos días señor, yo soy Oscar, y usted, ¿cómo se llama?
- Encantado de conocerle, Oscar. Yo me llamo Alfredo.

3 Situación formal:
- Buenos días Doctor Juárez. Muchas gracias por la entrevista, es un placer poder hablar con usted.
- El placer es mío, Ángeles.
- […]
- Adiós Doctor Juárez, ha sido un placer, cuídese.

4 Situación informal:
- Hola, Martha. ¿Cómo estás?
- Estoy muy bien, Lucía, gracias. ¿Y tú, qué tal?
- Yo estoy muy bien también, gracias. ¿Qué tal tu familia?
- Estupendamente.

Reflexiona acerca cada uno de los contextos en los que sucede cada interacción. Responde estas preguntas:

1 ¿Qué determina la formalidad del leguaje que usamos?
2 ¿Qué conexión existe entre las relaciones personales que tenemos y el tipo de lenguaje que utilizamos?

41 Situaciones en las que utilizamos lenguaje formal o informal

Reflexiona acerca de los siguientes contextos y decide qué tipo de lenguaje se debe utilizar en cada uno. Clasifica tus respuestas en dos grupos: contextos formales y contextos informales. Comparte tus ideas con tus compañeros.

1 una fiesta con mis amigos
2 una charla con el presidente de mi país
3 una conversación con el director de la escuela
4 una interacción en la calle con un policía
5 en la clase de español
6 en una cena con colegas de tu papá
7 en viaje con amigos de tu familia
8 en una consulta con el doctor
9 en una entrevista de trabajo

42 Entrevista en tu universidad ideal

Enfoques del aprendizaje

- Habilidad de comunicación: Utilizan una variedad de técnicas de expresión oral para comunicarse con diversos destinatarios

Trabaja en parejas. Simula una entrevista con una persona encargada de admisiones de tu universidad favorita. El propósito de esta conversación es conocer más sobre ti.

43 Entrevista con una organización en la que quieres hacer servicio para CAS

Enfoques del aprendizaje

- Habilidad de comunicación: Colaboran con los compañeros para producir textos con mensajes específicos

Trabaja con un compañero. Uno de ustedes será un estudiante del Programa del Diploma y el otro será el encargado de una organización donde el estudiante quiere hacer servicio como parte de CAS. Colabora con tu compañero y escribe las preguntas y respuestas de esta posible interacción. El propósito de esta interacción es conocer y explicar tus intereses, gustos y pasiones, así como las actividades que quieres hacer.

44 Conversación con un compañero de clase

Enfoques del aprendizaje

- Habilidad de pensamiento creativo: Utilizan la técnica de lluvia de ideas (*brainstorming*) y diagramas visuales para generar nuevas ideas e indagaciones
- Habilidad de comunicación: Colaboran con los compañeros para producir textos con mensajes específicos

A Trabaja con un compañero. Uno de ustedes está preparando su ensayo personal para el portafolio para hacer solicitud a diferentes universidades. En parejas, realiza una lluvia de ideas acerca de preguntas efectivas que ayudan a preparar el borrador del ensayo personal. Después de producir las preguntas, respóndelas de manera individual. Finalmente, toma turnos para preguntar y compartir tus respuestas.

El propósito de las preguntas es reflexionar sobre tu perfil de estudiante para preparar tu documentación de ingreso a la universidad.

B Reflexiona acerca de los contextos en las tres situaciones anteriores.

1. ¿Qué observas acerca del tipo de lenguaje que utilizaste?
2. ¿De qué manera influyó el contexto para determinar el tipo de lenguaje que debes utilizar en cada caso?
3. ¿Por qué es importante reconocer el contexto de una conversación cuando participamos en ella?

Reflexión

Enfoques del aprendizaje

- Habilidad de reflexión: Consideran los contenidos y se preguntan: ¿Qué información es familiar? ¿Sobre qué aprendí hoy? ¿Hay algo que aún no haya entendido? ¿Qué preguntas tengo ahora?

Aspecto	Básico	En desarrollo	Apropiado	Excepcional
Conocimiento de vocabulario y gramática	Tengo el conocimiento básico de las estructuras gramaticales y palabras relevantes de la unidad.	El conocimiento básico de las estructuras gramaticales y palabras relevantes de la unidad comienza a profundizarse.	Mi dominio del conocimiento de las estructuras gramaticales y palabras relevantes de la unidad cubre los estándares ideales.	Mi dominio del conocimiento de las estructuras gramaticales y palabras relevantes de la unidad va más allá de las expectativas.
Uso de la lengua en los diferentes contextos	Logro utilizar la lengua únicamente de manera básica en los contextos presentados en la unidad.	Comienzo a utilizar la lengua de manera adecuada en los contextos presentados en la unidad.	Logro utilizar correctamente la lengua en los contextos presentados en la unidad.	Logro utilizar la lengua de manera excepcional en los contextos presentados en la unidad.
Habilidades de comprensión auditiva	Únicamente logro comprender la información más básica de los textos de audio.	Logro comprender la información básica y comienzo a comprender las ideas más complejas de los textos de audio.	Logro comprender ampliamente toda la información de los textos de audio.	Logro comprender ampliamente toda la información del texto de audio, y puedo responder espontáneamente al texto.
Habilidades de lecto-comprensión	Únicamente logro comprender la información más básica de los textos escritos.	Logro comprender la información básica y comienzo a comprender las ideas más complejas de los textos escritos.	Logro comprender ampliamente toda la información de los textos escritos.	Logro comprender ampliamente toda la información de los textos escritos, y puedo responder espontáneamente a los textos.
Habilidades de producción escrita	Únicamente logro utilizar palabras aisladas y estructuras con oraciones simples en las tareas escritas.	Logro utilizar una variedad de vocabulario simple y combinar algunas estructuras simples en las tareas escritas.	Logro producir textos escritos que responden correctamente a las tareas escritas de la unidad.	Logro producir textos escritos creativos que responden correctamente a las tareas escritas de la unidad, y van más allá de lo que piden las directrices.
Habilidades de producción oral	Únicamente logro utilizar frases simples en las tareas orales. No logro reconocer el contexto ni la audiencia.	Logro utilizar y combinar algunas estructuras simples en las tareas orales, reconociendo el contexto y la audiencia.	Logro responder correctamente de manera oral a las tareas escritas de la unidad, demostrando mi comprensión del contexto y audiencia.	Logro responder correcta y creativamente de manera oral a las tareas escritas de la unidad, reconociendo el contexto y la audiencia, personalizando la información.
Comprensión de los conceptos	Tengo una comprensión básica de los conceptos que estudiamos en esta unidad.	Logro comprender la relación entre los conceptos que estudiamos y las tareas que realizamos en esta unidad.	Logro comprender y articular la relación entre los conceptos que estudiamos y las tareas que realizamos en esta unidad.	Logro comprender y articular la relación entre los conceptos que estudiamos y las tareas que realizamos en esta unidad, y puedo generalizar mi comprensión conceptual.

UNIDAD 2 ¿Qué oportunidades me brinda todo lo que me rodea?

Los símbolos en los letreros y señales de una ciudad podrían representar el idioma de una ciudad.

OBJETIVOS DE COMUNICACIÓN

En esta unidad vas a:

- Hablar acerca de tu ubicación
- Hablar acerca de la ubicación de distintos lugares
- Indicar la ubicación de diferentes lugares en la ciudad
- Demostrar tu sentido de orientación en la ciudad
- Explicar el significado de ciertos letreros
- Compartir puntos de vista acerca de eventos en la ciudad
- Comparar diferentes lugares en la ciudad
- Describir personas, lugares y objetos
- Comparar personas, objetos, lugares, situaciones y acciones
- Referirte a acciones habituales o del momento presente
- Expresar y pedir opiniones sobre lugares
- Expresar peticiones
- Expresar sentimientos, deseos y preferencias
- Expresar y preguntar por satisfacción y deseo
- Pedir algo en un establecimiento público
- Practicar usos sociales de la lengua

EN ESTE CAPÍTULO INVESTIGARÁS ESTAS PREGUNTAS:

Fácticas	Conceptuales	Debatibles
¿Qué tipo de textos proporcionan información acerca de una ciudad? ¿Cuáles son las características de las construcciones en mi barrio?	¿De qué manera se utilizan los símbolos para comunicar ideas en una ciudad? ¿Qué rol juegan el lenguaje corporal y los gestos cuando damos instrucciones?	¿Pueden todas las culturas comprender la misma idea por medio del mismo símbolo? ¿Qué preguntas son útiles cuando recorremos una ciudad?

¿De qué manera se utilizan los símbolos para comunicar ideas en una ciudad?

1 ¿Qué lugares de interés hay en Guanajuato?

Enfoques del aprendizaje

- habilidades de comunicación- Utilizan una variedad de técnicas de escritura para formular ideas.

Guanajuato, México

Guanajuato es uno de los destinos turísticos más populares en México.

1 Realiza una búsqueda de imágenes en internet y escribe una oración sobre cada ítem. Observa el ejemplo.

El Pipila es un monumento que está en el mirador de la ciudad.

a El Barretero
b El Teatro Juárez
c El Jardín de la Unión
d El Callejón del Beso
e La Valenciana
f La Alhondiga de Granaditas
g El Festival Cervantino
h Las callejonadas

2 ¿Qué hay en Guanajuato?

Enfoques del aprendizaje

- habilidades de comunicación- Utilizan una variedad de técnicas de escritura para formular ideas.

Lee las siguientes oraciones, después visita una página web en el siguiente enlace http://tinyurl.com/yxngkxpt y menciona algunos ejemplos sobre cada uno de los lugares que se mencionan. Observa el ejemplo.

En Guanajuato hay templos. Dos ejemplos son el Templo de San cayetano y el Templo de la Compañía de Jesús.

1 En Guanajuato hay restaurantes.
2 En Guanajuato hay museos.
3 En Guanajuato hay teatros.
4 En Guanajuato hay varias vistas panorámicas.
5 En Guanajuato hay festivales.
6 En Guanajuato hay túneles.

Gramática

Hay

"Hay" se utiliza para indicar la existencia de lugares u objetos en un espacio.

Léxico

Estudia el **significado** de estas palabras relacionadas con los lugares en la ciudad.

la calle	el banco	la parada de autobús
la avenida	el restaurante	el supermercado
el semáforo	la galería	el mercado
el centro comercial	el aeropuerto	la oficina de correo
la escuela	el puente	
el parque	la tienda	

3 Piensa–compara–comparte

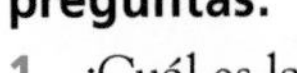

Presta atención a la lista de vocabulario anterior. Responde las siguientes preguntas.

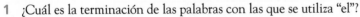

1 ¿Cuál es la terminación de las palabras con las que se utiliza "el"?
2 ¿Cuál es la terminación de las palabras con las que se utiliza "la"?
3 La calle no sigue el **patrón** anterior. ¿Qué puedes concluir?

4 Singulares a plurales

Utiliza las palabras en el recuadro titulado "Léxico". ¿Cuál sería la forma plural de cada uno de las palabras?

Utiliza "los" o "las".

5 ¿Qué lugares de interés hay en tu ciudad?

Observa la estructura de las oraciones acerca de Guanajuato.

Sigue este patrón y escribe 10 oraciones sobre los lugares de interés en tu ciudad.

Utiliza "hay".

Gramática

El verbo "estar" en presente

Estudia la conjugación del verbo "estar" en presente. Este verbo es útil para hablar acerca de la ubicación y de diferentes estados de ánimo.

Pronombre(s)	Conjugación
yo	estoy
tú	estás
él / ella / usted	está
nosotros / nosotras	estamos
vosotros / vosotras	estáis
ellos / ellas / ustedes	están

6 Ubicación de las atracciones en Guanajuato

Utiliza el mapa de Guanajuato al principio de esta sección.

Observa la estructura del siguiente ejemplo y sigue este patrón para escribir oraciones acerca de los lugares de interés en Guanajuato.

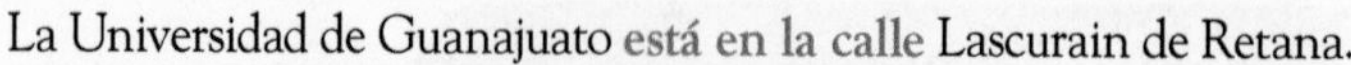

La Universidad de Guanajuato está en la calle Lascurain de Retana.

El Mercado Hidalgo está en la avenida Juárez.

7 Ubicación de las atracciones en tu ciudad

Revisa la estructura de los ejemplos acerca de los lugares de interés en Guanajuato.

Utiliza ese patrón para escribir oraciones acerca de los lugares de interés en tu ciudad. Indica dónde están.

Gramática

Género y número

La siguiente tabla muestra los cambios en la forma de los artículos determinados e indeterminados, dependiendo del género y del número.

Tipo de artículo	Singular masculino	Singular femenino	Plural masculino	Plural femenino
Determinado	el	la	los	las
Indeterminado	un	una	unos varios algunos	unas varias algunas

Gramática

Las preposiciones de lugar

Para aprender sobre las preposiciones de lugar en español y acerca del uso del verbo "estar", ve el vídeo en este enlace: https://youtu.be/ERRjiA_xSyk

8 Letreros

■ Diferentes señales, cada una con un significado muy específico.

Observa las imágenes anteriores.

¿Cuál es el significado de cada letrero?

¿En qué lugares y situaciones podemos ver cada uno?

Utiliza este enlace para ver otros letreros: https://tinyurl.com/y7zu3ek7

9 El mensaje que comunican los letreros

Lee las siguientes oraciones.

Estudia el significado de las palabras que no conozcas.

En una hoja en blanco, dibuja el símbolo que aparecería en el letrero que comunicaría ese mensaje.

1. Gire a la izquierda.
2. Gire a la derecha.
3. No tome fotografías, o Prohibido tomar fotografías.
4. No utilice teléfonos móviles.
5. No toque, o Favor de no tocar.
6. No fume, o Prohibido fumar.
7. No introduzca alimentos, o Prohibido introducir alimentos.

Escribe oraciones acerca del lugar en el que podemos ver estos letreros. Observa el ejemplo:

Podemos ver el letrero de "gire a la izquierda" en la calle.

CREATIVIDAD, ACTIVIDAD Y SERVICIO

Creatividad

Diseña una serie de letreros en español para tu escuela. Toma la responsabilidad de prevenir instancias que podrían perjudicar o poner en riesgo a las personas en tu escuela. No olvides pedir permiso para pegarlos.

Por medio de esta actividad mostrarás evidencia para el siguiente **resultado de aprendizaje**: Mostrar cómo iniciar y planificar una experiencia de CAS.

10 Ejemplos de letreros en mi ciudad

¿Qué tanto conoces tu ciudad?

Identifica letreros populares o importantes en tu ciudad.

Escribe oraciones como los ejemplos siguientes. Presta atención a la estructura:

En la calle Morelos hay un letrero de "Cuidado con el tren".

En la esquina de las calles Juárez y Patria hay un letrero de "No estacionarse".

■ TEORÍA DEL CONOCIMIENTO

Los letreros que vemos en diferentes ciudades se pueden definir como cualquier tipo de gráfico que comunica un mensaje específico al público en general.

Utiliza tu percepción sensorial y explica la importancia del balance y el contraste de los colores, las formas y símbolos que se utilizan para comunicar el mensaje correcto a los receptores (peatones, conductores, o usuarios de las vías públicas).

¿Qué impacto tendría cambiar el color de "Alto", el color de la señal para discapacitados, el color del letrero que indica la ruta de evacuación de un edificio?

Explica tu punto de vista sobre el rol que juega el lenguaje como forma de conocimiento cuando se seleccionan las palabras que aparecerán en los letreros.

¿Crees que las decisiones que se toman cuando se seleccionan colores, palabras y formas tienen algo que ver con la memoria?

¿Qué preguntas son útiles cuando recorremos una ciudad?

■ El mapa y los mapas en tu teléfono móvil: dos herramientas para ayudarnos a llegar a nuestro destino.

Léxico

Estudia el **significado** de estos verbos que pueden ser útiles para dar y seguir instrucciones en la ciudad.

caminar	ver	pasar	responder
continuar	buscar	entrar	escuchar
parar	llegar	preguntar	girar

Léxico

Estudia el **significado** de estas preposiciones.

en	debajo de	enfrente de	delante de	a la derecha
sobre	entre	al lado de	detrás de	a la izquierda

11 ¿Dónde está el parque?

Colabora con un compañero. Utiliza el mapa anterior.

Toma turnos para preguntar y responder acerca de la ubicación de ciertos lugares en el barrio.

Observa el ejemplo:

A: ¿Dónde está el parque?

B: El parque está en la calle Independencia.

12 ¿Qué tan lejos está el parque?

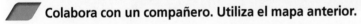

Colabora con un compañero. Utiliza el mapa anterior.

Toma turnos para preguntar y responder acerca de la distancia entre diferentes lugares del barrio.

Primero indica dónde estás.

Observa el ejemplo:

A: En este momento estoy en mi casa.

A: ¿Qué tan lejos está el parque?

B: El parque está lejos de tu casa.

13 ¿Hay un museo cerca de aquí?

Colabora con un compañero. Utiliza el mapa anterior.

Toma turnos para preguntar y responder si hay ciertos lugares en el barrio.

Primero indica dónde estás.

Observa el ejemplo:

A: En este momento estoy en la Avenida Las Américas, cerca del parque.

A: Disculpe, ¿Hay una panadería cerca de aquí?

B: Sí, la panadería está en la calle Madrid, al lado de la piscina.

14 ¿Cómo puedo llegar a la panadería?

Colabora con un compañero. Utiliza el mapa anterior.

Toma turnos para preguntar y responder cómo llegar a un lugar en el barrio.

Primero indica dónde estás.

Utiliza expresiones como:

- Seguir todo recto.
- Girar a la derecha
- Está enfrente de
- Está al lado de
- Está en la calle
- Está delante de
- Está detrás de
- Está a la derecha de
- Está a la izquierda de
- Está entre … y …

15 ¿Cómo es el centro de la ciudad?

Enfoques del aprendizaje

- Habilidad de comunicación: Utilizan una variedad de técnicas de expresión oral para comunicarse con diversos destinatarios

Léxico

Estudia el **significado** de estos adjetivos para describir lugares en la ciudad.

grande	antiguo	limpio
pequeño	interesante	pintoresco
moderno	hermoso	histórico

Colabora con un compañero.

Realiza una lluvia de ideas acerca de los lugares más populares en tu ciudad.

Toma turnos para preguntar y responder preguntas para expresar tu opinión acerca de diferentes lugares en la ciudad.

Observa el ejemplo:

A: ¿Cómo es el centro de la ciudad?

B: Es muy antiguo e histórico. Me gusta mucho la arquitectura.

16 ¿Por qué quieren los turistas visitar mi ciudad?

Enfoques del aprendizaje

- Habilidad de comunicación: Escuchan con actitud crítica y para comprender

Escucha la grabación en el siguiente enlace: https://tinyurl.com/y8dbh4xc

Completa las siguientes tareas.

1 Indica quién mencionó las ideas en la columna de la izquierda.

	Persona		
	1	2	3
a Es la primera vez que visita la ciudad.			
b Vive en la ciudad.			
c Le gustan los museos y las galerías de arte.			
d Le gusta caminar y tomar fotos.			
e Le gustan los parques y los restaurantes.			
f Le gustan las tiendas de arte.			
g En su ciudad hay mucho tráfico.			
h Le gusta el mercado.			

2 Responde las siguientes preguntas. Selecciona la respuesta correcta.

a ¿Cuál es el propósito de las entrevistas?

i Promover la ciudad.

ii Conocer las razones por las que los turistas visitan la ciudad.

iii Hacer amigos.

b ¿Qué tipo de lenguaje se utiliza en las conversaciones?

i Formal ii Informal

Observa-escribe-comparte

Presta atención a la siguiente ilustración. Después contesta la siguiente pregunta.

1 ¿Qué tan diferente es la ciudad en la ilustración de la ciudad donde vives?

2 Escribe 8 ideas para hablar de las similitudes y diferencias entre la ciudad en la ilustración y la ciudad donde vives.

Después comparte tus ideas con tus compañeros.

17 Una visita a Guanajuato

Lee el siguiente texto sobre Guanajuato, uno de los destinos más populares en México.

Una visita a Guanajuato

1 La ciudad de Guanajuato tiene uno de los centros históricos más hermosos y pintorescos de México. Guanajuato es una ciudad única y especial porque tiene plazas, túneles, callejones y bellos rincones.

2 Un recorrido tradicional en Guanajuato comienza en el Jardín de la Unión, en la zona centro, por el andador Juárez. En este jardín hay restaurantes y terrazas para disfrutar del ambiente de la ciudad. Enfrente del jardín, en la calle De Sopeña No. 10, está el emblemático Teatro Juárez, uno de los símbolos más populares de la ciudad.

3 Otro lugar popular en Guanajuato es el Templo de San Diego, un edificio de estilo barroco que está cerca del Teatro Juárez. Detrás del Templo, en la cima de la vista panorámica en la Ladera de San Miguel, está la monumental estatua del famoso héroe de la Independencia de México, "el Pípila". Desde este punto es posible apreciar una magnífica vista panorámica de la ciudad de Guanajuato.

4 En la Plaza de la Paz, también en la zona centro, está otro edificio hermoso en Guanajuato: La Basílica. Además, en esta plaza también están el Monumento a la Paz y varios restaurantes terraza para disfrutar con los amigos. También, cerca de la plaza, en la calle Paseo del Congreso No. 60 está el Palacio Legislativo, el cual es el centro del Congreso.

5 Otra muestra de la gran arquitectura de Guanajuato es la Mansión del Conde Rul, la cual está en la calle Paseo del Congreso y es uno de los ejemplos más puros del neoclásico en México. No muy lejos de la mansión, en la calle Pedro Lascurain de Retana 16B está la imponente Universidad de Guanajuato construida en cantera verde de estilo neoclásico con sus escalinatas que son un ícono de la ciudad.

6 A unas cuadras de la Plaza de la Paz está la majestuosa Alhóndiga de Granaditas, un edificio simbólico de la historia de la independencia de México. Actualmente, la Alhóndiga también se conoce como el Museo Regional de Guanajuato, y está en la calle Mendizábal No. 6.

7 Guanajuato es una ciudad ideal para las personas a quienes les gusta caminar. Otros puntos turísticos recomendables son: el Museo de las momias en la Explanada del Panteón Municipal; el Mercado Hidalgo en la calle Contra Presa No. 3, el Templo de la Valenciana en la Carretera a Dolores Hidalgo, en el Km 1.5, y definitivamente se debe concluir la visita a Guanajuato con un tour por su sistema de Túneles Subterráneos, la red de túneles más grande del mundo.

8 Para motivarte a visitar esta joya del turismo mexicano, te invitamos a ver el tour virtual del Centro Histórico de Guanajuato del fotógrafo Miguel Ángel Victoria en este enlace: https://tinyurl.com/ybko2vbx

Después de leer el texto sobre Guanajuato, responde las siguientes preguntas.

1 Selecciona las **cinco** oraciones verdaderas.
   a Un recorrido tradicional en Guanajuato comienza en Plaza de la Paz.
   b La Alhóndiga de Granaditas es un edificio simbólico de la historia de la independencia de México.
   c La Mansión del Conde Rul está en la calle Paseo del Congreso.
   d El Templo de San Diego no está cerca del Teatro Juárez.
   e La Universidad de Guanajuato está en la calle Pedro Lascurain de Retana 16B.
   f La estatua de "El Pípila" está en la Ladera de San Miguel.
   g Miguel Ángel Victoria es un fotógrafo.
   h El Museo de las momias está en la calle Mendizábal No. 6.

2 Contesta las preguntas siguientes. Basa tus respuestas en los *párrafos 1 y 7.*
   a ¿Por qué es Guanajuato una ciudad especial?
   b ¿A qué tipo de turistas les puede gustar Guanajuato?
   c ¿Cómo es buena idea concluir un viaje a Guanajuato?

3 Busca en el *párrafo 3* las palabras que signifiquen:
   a enorme
   b popular
   c excelente

4 Selecciona la opción correcta. Este texto es:
   a una entrada de diario
   b una página web
   c un artículo

18 Los atractivos turísticos de Guanajuato

Enfoques del aprendizaje

- Habilidad de gestión de la información: Acceden a la información para estar informados e informar a otros

A **Ve a este enlace: https://tinyurl.com/y72a6def y descarga el mapa del centro histórico de Guanajuato.**

Lee nuevamente el artículo sobre la Ciudad de Guanajuato y localiza los atractivos turísticos que se mencionan.

Después planifica un tour a pie por la ciudad.

¿Qué lugar visitarías primero? ¿Cuál visitarías después?

Planifica tu ruta.

Lee el siguiente volante.

Las Cascadas
Hotel Balneario Parque Acuático
Aguas termales
100 habitaciones
Restaurante internacional
Salón de conferencias
Espectaculares albercas de olas para surfear
Toboganes gigantes
Albercas infantiles con figuras de animales y cascadas
Vegetación natural
Silao 73 km
León 105 km
Guanajuato 88 km
La Piedad 57 km
Querétaro 133 km
Irapuato 27 km
Guadalajara 220 km
Las Cascadas
México 350 km
Hotel Balneario Parque Acuático **Las Cascadas** es la opción perfecta para tu descanso y diversión. Es ideal para tus reuniones de trabajo o fiestas familiares.
¡Disfruta con nosotros! ¡Queremos atenderte!
Reservaciones
Tels. 01 346 57694

Responde las siguientes preguntas.

1 ¿Qué anuncia el texto?
2 Menciona tres elementos que ayudan a comunicar el propósito del texto.
3 ¿Cuál es el propósito del texto: informar, persuadir o entretener?
4 ¿Para qué motivos es buena idea visitar Las Cascadas?

19 Un Minuto por Buenos Aires Argentina

Enfoques del aprendizaje

- Habilidad de comunicación: Escuchan con actitud crítica y para comprender

Mira el vídeo en el siguiente enlace: https://youtu.be/c8XdtqsNxz0

1 Responde las preguntas de acuerdo con la información en el vídeo.
   a ¿Cuántos metros mide "El Caminito"?
   b ¿En qué barrio de Buenos Aires está El Caminito?
2 Toma en cuenta la información en los visuales y la narración en el vídeo. Indica lo que es posible encontrar en "El Caminito".
   a Tango
   b Bares
   c Agencias de automóviles
   d Bibliotecas
   e Restaurantes
   f Artesanías
   g Locales de venta de recuerdos
   h Tiendas de computadoras
3 Selecciona las **tres** oraciones que son verdaderas.
   a Anteriormente, El Caminito era el lugar por donde pasaban las vías del ferrocarril en Buenos Aires.
   b El gobierno de Argentina recuperó la zona.
   c El Caminito es una zona cultural en Buenos Aires.
   d Las casas en El Caminito se llaman "conventillos".
   e El Caminito no es una zona turística muy popular.
   f El estadio "La Bombonera" está lejos de El Caminito.

20 Piensa–compara–comparte

1 Responde estas preguntas de manera individual.
   a ¿Conoces bien tu ciudad?
   b ¿Utilizas un mapa cuando viajas?
   c ¿Te disgusta preguntar el camino a otra gente?
   d ¿Te molesta ayudar a las personas cuando te preguntan cómo llegar a un destino?
2 Después, **comparte** tus ideas con la clase.

21 La sede de la Exposición Internacional en 2018

Enfoques del aprendizaje

- Habilidad de pensamiento creativo: Crean obras e ideas originales; utilizan obras e ideas existentes de formas nuevas
- Habilidad de gestión de la información: Acceden a la información para estar informados e informar a otros

Lee la convocatoria siguiente.

Convocatoria

La Oficina Internacional de Exhibiciones (también conocida como BIE por su nombre en francés) invita a los gobiernos de las ciudades en todos los países hispanohablantes a proponer candidaturas para ser la sede de la Exposición Internacional en 2020.

Las candidaturas deberán exponer de manera clara y efectiva:

a Ventajas geográficas de la ciudad
b Atractivos de la ciudad
c Oportunidades de entretenimiento
d Oportunidades de turismo local
e Servicios que existen
f Descripción de la sociedad

Selecciona una ciudad de un país hispanohablante e investiga sobre ella.

Escribe una carta para presentar la candidatura de la ciudad que has investigado. Convence a la Oficina Internacional de Exhibiciones para seleccionar tu ciudad como sede de la próxima exhibición. Explica por qué es especial tu ciudad.

¿Cuáles son las características de las construcciones en mi barrio?

El tipo o estilo de las viviendas humanas son el reflejo de la región geográfica en la que se localizan, de la organización social de una ciudad o pueblo, y del nivel socio-económico de las personas.

Léxico

la casa	el tipi	el palafito	la palapa
el apartamento / el piso	la yurta	la mansión	la villa
el iglú	el mudhif	el palacio	la hacienda

Hola, me llamo José Manuel. Tengo 17 años y soy de Panamá. Vivo en una casa grande. Tiene dos pisos. Hay un patio en el interior y un jardín enfrente de la casa. ¿Cómo es tu casa?

22 ¿Vives en una casa o en un apartamento?

Enfoques del aprendizaje

- Habilidad de comunicación: Escuchan con actitud crítica y para comprender
- Habilidad de pensamiento crítico: Extraen conclusiones y realizan generalizaciones razonables

Ve el vídeo en este enlace: https://youtu.be/hQdsi4T686w

1 Estudia las partes de la casa.
Escribe acerca del lugar donde vives.
Indica si vives en una casa o en un apartamento.

2 Después describe cómo es tu casa.
¿Cuántas habitaciones hay?
¿Cómo son las habitaciones?
Utiliza "hay" y "tiene".

23 Comparando el lugar donde vives

Enfoques del aprendizaje

- Habilidad de comunicación: Utilizan una variedad de técnicas de expresión oral para comunicarse con diversos destinatarios

Colabora con un compañero. Toma turnos para preguntar y responder acerca de las habitaciones que hay en tu casa.

Observa el ejemplo y sigue ese patrón.

A: ¿Vives en una casa o en un apartamento?

B: Vivo en una casa.

A: ¿En tu casa hay dos baños? (O: ¿Tu casa tiene dos baños?)

B: No, en mi casa hay un baño. (O: Mi casa tiene un baño.)

24 Casas excéntricas de personas famosas

Enfoques del aprendizaje

- Habilidad de gestión de la información: Acceden a la información para estar informados e informar a otros

Colabora con tres compañeros. Selecciona una de las casas siguientes.

Investiga acerca de las características de estas casas excéntricas.

- La casa de Carlos Slim en México.
- La casa de Mukesh Ambani en Mumbai.
- La casa de Aaron Spelling.
- La casa de Lionel Messi, Versailles, Florida.

Después, comparte los detalles con tus compañeros de otros equipos.

25 Tipos de casas

Enfoques del aprendizaje

- Habilidad de gestión de la información: Acceden a la información para estar informados e informar a otros
- Habilidad de comunicación: Escuchan con actitud crítica y para comprender

A 

Utiliza este enlace: https://youtu.be/64KgpZCvuos para conocer más información acerca de los tipos de casas. Utiliza la información en el vídeo y relaciona la información en las dos columnas. Observa el ejemplo.

1 – d

Tipo de casa	Materiales y tipos de construcción
1 Cuevas	a Cambian de sitio.
2 Casas de paja	b Son casas hechas con nieve.
3 Casas de adobe	c Son construcciones muy resistentes que duran muchos años.
4 Palafitos	d Pueden ser casas en las montañas.
5 Casas bote	e Son casas populares en las zonas rústicas.
6 Casas de madera	f Son edificios muy altos.
7 Iglús	g Son las casas en las que vivimos y los edificios en la ciudad.
8 Tiendas indias (tipi)	h Para su construcción, utilizan materiales como paja y barro.
9 Construcciones de piedra	i Están por encima del agua.
10 Casas de piedra	j Son casas poco resistentes.
11 Casas de ladrillo	k Son casas hechas con ramas y pieles de animales.
12 Rascacielos	l Son casas de un material muy popular.

B 

Identifica los siguientes conceptos en el vídeo. Selecciona la respuesta correcta.

1 El propósito del vídeo es:
   a entretener   b persuadir   c informar

2 ¿Quiénes son los posibles receptores de este vídeo?
   a arquitectos   b estudiantes   c padres de familia

26 Lugares en mi barrio

Observa las siguientes imágenes y contesta las preguntas.

1

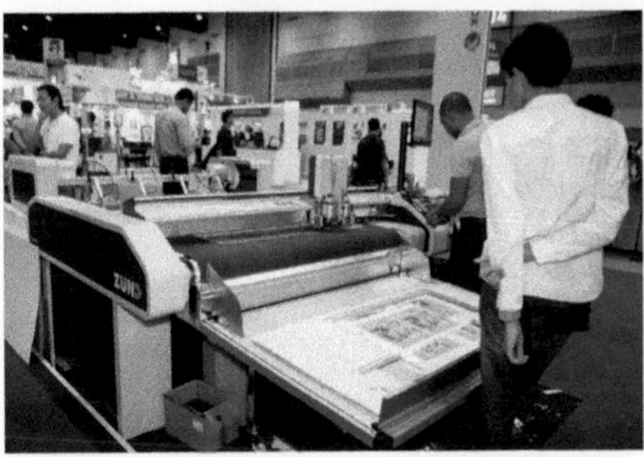

a ¿Qué puedes hacer en esta tienda?
b ¿Te gusta ir a tiendas similares?
c ¿Cuándo necesitas ir a esta tienda?

2

a ¿Qué puedes hacer en esta tienda?
b ¿Te gusta ir a tiendas similares?
c ¿Cuándo necesitas ir a esta tienda?

3

a ¿Qué puedes hacer en esta tienda?
b ¿Te gusta ir a tiendas similares?
c ¿Cuándo necesitas ir a esta tienda?

4

a ¿Qué puedes hacer en esta tienda?
b ¿Te gusta ir a tiendas similares?
c ¿Cuándo necesitas ir a esta tienda?

5

a ¿Qué puedes hacer en este lugar?
b ¿Cuándo necesitas ir a este lugar?
c ¿Cuál es tu peluquería favorita?

6

a ¿Qué puedes hacer en esta tienda?
b ¿Te gusta ir a tiendas similares?
c ¿Cuándo necesitas ir a esta tienda?

27 Mi barrio

Enfoques del aprendizaje

- Habilidad de comunicación: Escriben con diferentes propósitos

Describe tu barrio.

Utiliza "hay" y los diferentes tipos de construcciones para explicar la organización de tu barrio.

Puedes mencionar calles específicas y las construcciones que hay en ellas.

Estos son ejemplos de oraciones que puedes escribir:

a En mi barrio no hay rascacielos.

b En mi barrio, en la calle Libertad hay construcciones históricas de piedra.

28 El camino a tu escuela

Enfoques del aprendizaje

- Habilidad de comunicación: Escriben con diferentes propósitos

Escribe un texto para tu diario.

Contesta la pregunta: ¿Qué cosas puedes apreciar en el camino a tu escuela?

Indica las calles que tomas para ir de tu casa a la escuela. Menciona los edificios y lugares que encuentras en el camino. Describe los detalles de algunos interesantes que puedes observar; incluye escenas que te gusta contemplar. Utiliza "me gusta" y "puedo".

Escribe entre 100 y 150 palabras.

29 Los lugares más populares en la ciudad

Enfoques del aprendizaje

- Habilidad de comunicación: Escuchan con actitud crítica y para comprender

Escucha las conversaciones en el siguiente enlace: https://tinyurl.com/y8p7ll5a

Completa las siguientes tareas.

1 Responde las siguientes preguntas acerca de la interacción número 1.

   a Menciona dónde está el museo.

   b Menciona en qué parte de la ciudad está el zoológico.

   c Menciona el lugar de interés que posiblemente está en la calle Santa Teresa.

   d Menciona el lugar de interés que está cerca del Parque Metropolitano.

   e Menciona la calle en la cual está el Parque Metropolitano.

2 Considera la interacción número 2. Indica si las siguientes oraciones son verdaderas o falsas.

Oración	Verdadero	Falso
a Hay un banco HSBC al lado del restaurante japonés.		
b El restaurante brasileño está cerca de la catedral.		
c El restaurante japonés está en la calle Revolución.		
d El teatro de la ciudad está cerca del restaurante local.		
e El restaurante italiano es bueno.		
f El restaurante favorito de la chica es el japonés.		
g El restaurante local está en la calle San Miguel.		

3 Con la información en la interacción número 3, selecciona las **tres** oraciones verdaderas.

a El Museo Regional está en el centro de la ciudad.
b La Plaza de la Revolución está lejos del museo.
c El Mercado de Artesanías está en la calle Milenio.
d Es posible caminar de la Plaza de la Revolución al Museo.
e El lugar favorito de la chica es el Mercado de Artesanías.

4 Responde las siguientes preguntas. Considera el concepto en cada una.

a El **propósito** de las respuestas en la interacción 2 es:
 i informar
 ii recomendar
b El **propósito** de las respuestas en la interacción 3 es:
 i informar
 ii recomendar

CREATIVIDAD, ACTIVIDAD Y SERVICIO

Creatividad

¿Qué tan frecuentemente llegan alumnos y profesores nuevos a tu escuela? Diseña un boletín con los puntos más populares y recomendables en tu ciudad para informar a los nuevos profesores y alumnos a conocer la ciudad. ¡Si es posible producir este boletín en diferentes idiomas sería genial!

También puedes diseñar un mapa de tu barrio.

Por medio de esta actividad mostrarás evidencia para el siguiente **resultado de aprendizaje**: Mostrar cómo iniciar y planificar una experiencia de CAS.

CREATIVIDAD, ACTIVIDAD Y SERVICIO

Creatividad y servicio

¿Hay restaurantes de comida típica del lugar en tu barrio o en el barrio donde está tu escuela?

Si algunos de los profesores o turistas que visitan tu ciudad no hablan la lengua local quizás evitan esos lugares debido a la barrera lingüística.

¿Qué te parecería ir a esos restaurantes y ofrecer tu apoyo para traducir sus cartas y así atraer a los extranjeros?

Considera las implicaciones éticas de traducir correctamente.

Por medio de esta actividad mostrarás evidencia para los siguientes **resultados de aprendizajes**: Mostrar cómo iniciar y planificar una experiencia de CAS, y reconocer y considerar el aspecto ético de las decisiones y las acciones.

Reflexión

Enfoques del aprendizaje

- Habilidad de reflexión: Consideran los contenidos y se preguntan: ¿Qué información es familiar? ¿Sobre qué aprendí hoy? ¿Hay algo que aún no haya entendido? ¿Qué preguntas tengo ahora?

Aspecto	Básico	En desarrollo	Apropiado	Excepcional
Conocimiento de vocabulario y gramática	Tengo el conocimiento básico de las estructuras gramaticales y palabras relevantes de la unidad.	El conocimiento básico de las estructuras gramaticales y palabras relevantes de la unidad comienza a profundizarse.	Mi dominio del conocimiento de las estructuras gramaticales y palabras relevantes de la unidad cubre los estándares ideales.	Mi dominio del conocimiento de las estructuras gramaticales y palabras relevantes de la unidad va más allá de las expectativas.
Uso de la lengua en los diferentes contextos	Logro utilizar la lengua únicamente de manera básica en los contextos presentados en la unidad.	Comienzo a utilizar la lengua de manera adecuada en los contextos presentados en la unidad.	Logro utilizar correctamente la lengua en los contextos presentados en la unidad.	Logro utilizar la lengua de manera excepcional en los contextos presentados en la unidad.
Habilidades de comprensión auditiva	Únicamente logro comprender la información más básica de los textos de audio.	Logro comprender la información básica y comienzo a comprender las ideas más complejas de los textos de audio.	Logro comprender ampliamente toda la información de los textos de audio.	Logro comprender ampliamente toda la información del texto de audio, y puedo responder espontáneamente al texto.
Habilidades de lecto-comprensión	Únicamente logro comprender la información más básica de los textos escritos.	Logro comprender la información básica y comienzo a comprender las ideas más complejas de los textos escritos.	Logro comprender ampliamente toda la información de los textos escritos.	Logro comprender ampliamente toda la información de los textos escritos, y puedo responder espontáneamente a los textos.
Habilidades de producción escrita	Únicamente logro utilizar palabras aisladas y estructuras con oraciones simples en las tareas escritas.	Logro utilizar una variedad de vocabulario simple y combinar algunas estructuras simples en las tareas escritas.	Logro producir textos escritos que responden correctamente a las tareas escritas de la unidad.	Logro producir textos escritos creativos que responden correctamente a las tareas escritas de la unidad, y van más allá de lo que piden las directrices.
Habilidades de producción oral	Únicamente logro utilizar frases simples en las tareas orales. No logro reconocer el contexto ni la audiencia.	Logro utilizar y combinar algunas estructuras simples en las tareas orales, reconociendo el contexto y la audiencia.	Logro responder correctamente de manera oral a las tareas escritas de la unidad, demostrando mi comprensión del contexto y audiencia.	Logro responder correcta y creativamente de manera oral a las tareas escritas de la unidad, reconociendo el contexto y la audiencia, personalizando la información.
Comprensión de los conceptos	Tengo una comprensión básica de los conceptos que estudiamos en esta unidad.	Logro comprender la relación entre los conceptos que estudiamos y las tareas que realizamos en esta unidad.	Logro comprender y articular la relación entre los conceptos que estudiamos y las tareas que realizamos en esta unidad.	Logro comprender y articular la relación entre los conceptos que estudiamos y las tareas que realizamos en esta unidad, y puedo generalizar mi comprensión conceptual.

UNIDAD 3 ¿Cómo manejo mi tiempo?

■ El tiempo es la cosa más valiosa que podemos gastar.

OBJETIVOS DE COMUNICACIÓN

En esta unidad vas a:

- Hablar y escribir acerca de tus rutinas
- Expresar y preguntar acerca del ocio
- Participar en diferentes interacciones sociales
- Describir actividades en lugares de trabajo
- Conversar acerca de las actividades que se realizan en diferente lugares
- Expresar y preguntar acerca de actividades que se realizan con frecuencia
- Hablar y escribir acerca de tus pasatiempos
- Expresar y pedir opiniones sobre alguien o algo
- Expresar y preguntar por acuerdo y desacuerdo
- Expresar y preguntar por gusto y agrado
- Practicar usos sociales de la lengua

EN ESTE CAPÍTULO INVESTIGARÁS ESTAS PREGUNTAS:

Fácticas	Conceptuales	Debatibles
¿Cuáles tiempos verbales y estructuras utilizamos para hablar acerca de rutinas? ¿Cómo cambia la forma de los verbos regulares de acuerdo a los pronombres personales? ¿Cómo cambia la forma de los verbos irregulares de acuerdo a los pronombres personales?	¿Por qué las palabras aisladas no ayudan a comunicar ideas efectivamente? ¿De qué manera observar las tendencias e interacciones sociales nos ayudan a llegar a consensos?	¿De qué manera influyen nuestras experiencias en la manera en que nos expresamos?

¿Cuáles tiempos verbales y estructuras utilizamos para hablar acerca de rutinas?

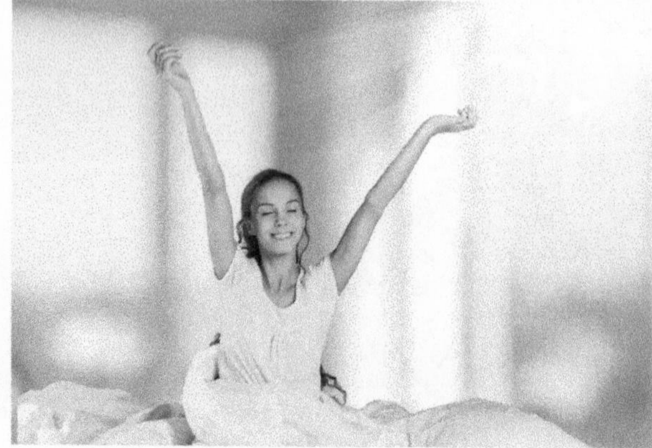

■ ¿A qué hora comienzas y terminas tu día?

Gramática

El presente de indicativo

En español utilizamos el presente para expresar hechos y condiciones actuales; rutinas; y la frecuencia con la que realizamos ciertas actividades.

Pronombre(s)	Verbos similares a "hablar"	Verbos similares a "beber"	Verbos similares a "vivir"
yo	hablo	bebo	vivo
tú	hablas	bebes	vives
él / ella / usted	habla	bebe	vive
nosotros / nosotras	hablamos	bebemos	vivimos
vosotros / vosotras	habláis	bebéis	vivís
ellos / ellas / ustedes	hablan	beben	viven

Estudia la conjugación de los tres grupos de verbos regulares en español. Presta atención a la raíz de los verbos y los cambios en las terminaciones para cada pronombre personal. Estudia la **forma** de los verbos.

Léxico

Estudia el **significado** de los siguientes verbos.

Verbos con conjugación similar a "hablar"	Verbos con conjugación similar a "beber"	Verbos con conjugación similar a "vivir"
adorar	barrer	abrir
amar	comer	decidir
anotar	comprender	escribir
asociar	correr	imprimir
bailar	deber	repartir
calcular	leer	resistir
caminar	responder	subir
cancelar	suspender	
diseñar	vender	
escuchar		
explicar		
participar		
saltar		
separar		
tomar		
trabajar		

1 ¿Qué hacen estas personas?

Toma en cuenta los verbos anteriores y responde estas preguntas.

1 ¿Qué hace un atleta?
2 ¿Qué hace un cocinero?
3 ¿Qué hace un fotógrafo?
4 ¿Qué hacen los estudiantes en clase?
5 ¿Qué hacen los profesores?
6 ¿Qué hacen los mensajeros de DHL o UPS?
7 ¿Qué haces cuando participas en una entrevista?
8 ¿Qué haces en un concierto?
9 ¿Qué haces en un restaurante?
10 ¿Qué hace un diseñador de ropa?

Utiliza la información y considera la estructura de las oraciones. Escribe 10 ejemplos más acerca de otras personas. Observa el ejemplo:

Alberto es fotógrafo y toma fotos en eventos sociales.

2 Mis actividades en la semana

Trabaja con un compañero.

Observa la tabla en la siguiente página y toma turnos para preguntar y responder sobre las actividades que hacen las personas que se indican en la columna de la izquierda.

Utiliza el presente y una variedad de preguntas. Por ejemplo:

1 ¿Quién baila los sábados?
2 ¿Cuándo lee Perla?
3 ¿Adela escucha música los domingos?

	Lunes	Martes	Miércoles	Jueves	Viernes	Sábado	Domingo
Adela							
Perla							
Daniel							

Los pasatiempos

tocar instrumentos musicales

jugar juegos de mesa

3 ¿Qué tan a menudo escuchas música?

Enfoques del aprendizaje

- Habilidad de comunicación: Utilizan una variedad de técnicas de expresión oral para comunicarse con diversos destinatarios

Léxico

Estudia el **significado** de los siguientes adverbios de frecuencia.

siempre	en ocasiones	a menudo
nunca	constantemente	casi nunca
a veces	frecuentemente	

Identifica el contexto en el que sucede la conversación.

Trabaja con un compañero. Toma turnos para preguntar y responder acerca de la frecuencia con la que haces ciertas actividades. Utiliza el vocabulario relacionado con los pasatiempos. Observa el ejemplo:

A: ¿Qué tan a menudo practicas deportes?

B: Siempre practico deportes todos los fines de semana.

Después, utiliza la información de tu compañero y escribe un par de párrafos acerca de sus pasatiempos.

4 Dos amigos

Enfoques del aprendizaje

- Habilidad de comunicación: Leen con actitud crítica y para comprender

Trabaja con un compañero. Selecciona uno de los dos textos siguientes y lee con atención.

Después de leer tu texto, toma turnos para preguntar y responder.

Utiliza las preguntas debajo de tu texto.

Texto 1

Marcos es un chico de 19 años. Juega fútbol en un equipo de fútbol en Los Ángeles, California. Marcos vive en el oeste de la ciudad en un piso muy grande y moderno; su piso tiene televisión por satélite y está cerca de un parque. Todos los días, por la mañana, Marcos sale a correr en el parque. Marcos corre de las 7 a.m. a las 9 a.m. y después entrena.

El papá de Marcos se llama Carlos y es de Brasil. Marcos tiene dos hermanos: uno se llama Jonathan y el otro se llama Carlo. Jonathan también juega fútbol. Carlo es sólo un niño que estudia la primaria y está en 3er grado.

Marcos va al cine y come ensaladas; él no come mucha carne porque está a dieta. Los sábados, Marcos sale a tomar café con sus amigos y los domingos va al cine.

B **Pregunta a tu compañero y escribe las respuestas.**

1 ¿Cuántos años tiene Omar?
2 ¿De dónde es Omar?
3 ¿Dónde vive Omar?
4 ¿Cómo es el piso de Omar?
5 ¿Qué profesión tiene Omar?
6 ¿De dónde es el papá de Omar?
7 ¿A qué se dedica la mamá de Omar?
8 ¿Qué hace en el gimnasio?
9 ¿Qué estudia Omar?
10 ¿Cuál es la comida favorita de Omar?
11 ¿Qué hace Omar los sábados y los domingos?
12 ¿Cómo se llama la hermana de Omar?

Texto 2

Omar es un actor de 23 años. Trabaja en Bollywood y vive en Mumbai, India. Omar vive en un piso muy grande cerca de Colaba, en el sur de la ciudad. Su piso es muy moderno, tiene televisión por satélite, un jardín muy grande y una alberca. Omar se levanta a las 6 a.m. y después va al gimnasio. En el gimnasio, Omar hace ejercicio de las 7 a.m. a las 9 a.m. Después va a la escuela porque estudia Hindi.

El papá de Omar es de Alemania, se llama Patrick, y su mamá es mexicana, se llama Verónica. El papá de Omar es maestro de tecnología y su mamá es una chef muy famosa en México. Omar tiene una hermana, se llama María Daniela. María Daniela es una cantante de pop.

Omar come comida china y española. Su comida favorita es la paella. Los sábados, Omar sale de picnic con sus amigos y los domingos va a tomar café y al cine.

C **Pregunta a tu compañero y escribe las respuestas.**

1 ¿Cuántos años tiene Marcos?
2 ¿De dónde es el papá de Marcos?
3 ¿Cómo se llaman los hermanos de Marcos?
4 ¿Dónde vive Marcos?
5 ¿Cómo es el piso de Marcos?
6 ¿Qué hace Marcos por las mañanas?
7 ¿Qué hace Jonathan, el hermano de Marcos?
8 ¿Qué come Marcos?
9 ¿Qué hace Marcos los sábados y los domingos?
10 ¿Qué hace Carlo, el otro hermano de Marcos?
11 ¿Marcos es español?
12 ¿Por qué Marcos no come carne?

Gramática

Excepciones en la conjugación de algunos verbos irregulares en presente de indicativo

Recuerda que en español utilizamos el presente para expresar hechos y condiciones actuales; rutinas; y la frecuencia con la que realizamos ciertas actividades.

Ahora vas a estudiar algunos ejemplos sobre las excepciones en la primera persona del singular. La tabla siguiente presenta las excepciones en la conjugación de primera persona en presente.

Infinitivo	1ª persona del singular
dar	doy
decir	digo
hacer	hago
poner	pongo
saber	sé
salir	salgo

Infinitivo	1ª persona del singular
tener	tengo
traer	traigo
venir	vengo
ver	veo

En algunos verbos terminados en *-er* o *-ir*, la última consonante cambia en la primera persona del singular (yo).

- *c* se convierte en *z* → mecer – mezo
- *g* se convierte en *j* → coger – cojo
- *gu* se convierte en *g* → distinguir – distingo
- *qu* se convierte en *c* → delinquir – delinco

En los verbos acabados en *-ducir* o en una vocal + *cer*, vamos a usar una *z* antes de la *c* con la primera persona del singular (yo).

- traducir – traduzco
- conocer – conozco

Sin embargo, presta atención al verbo "hacer":

- hacer – hago

Cambios vocálicos

Algunos verbos modifican la vocal de la raíz, *e → i / ie o → ue,* en singular y en la tercera persona del plural. Consulta la lista de los verbos irregulares.

- *e* se convierte en *i →* servir – sirvo, sirves, sirve, servimos, servís, sirven
- *e* se convierte en *ie →* cerrar – cierro, cierras, cierra, cerramos, cerráis, cierran
- *o* se convierte en *ue →* recordar – recuerdo, recuerdas, recuerda, recordamos, recordáis, recuerdan

En muchos verbos acabados en *-iar* o *-uar* se deben escribir con tilde las letras *i* y *u* en la tercera persona del singular y del plural. Esta regla también es válida para los verbos *prohibir* y *reunir.*

- espiar: espío, espías, espía, espiamos, espiáis, espían
- actuar: actúo, actúas, actúa, actuamos, actuáis, actúan
- prohibir: prohíbo, prohíbes, prohíbe, prohibimos, prohibís, prohíben
- reunir: reúno, reúnes, reúne, reunimos, reunís, reúnen

En los verbos acabados en *-uir* vamos a utiliza una *y* antes de las terminaciones que **no** comienzan con *i.*

- sustituir: sustituyo, sustituyes, sustituye, sustituimos, sustituís, sustituyen

5 Orgullo asunceno

Lee el siguiente perfil acerca de un chico de Asunción, Paraguay.

Orgullo asunceno

1 Samuel es un paraguayo muy interesante. Sam, como le llaman sus amigos, estudia en el grado 11 de secundaria y es un chico con muchas pasiones. Los profesores de Samuel consideran que es un ejemplo de los atributos de la comunidad de aprendizaje del Bachillerato Internacional (IB), porque es equilibrado, solidario, íntegro y reflexivo. A Samuel le gusta estar activo, le gusta explorar su ciudad y también le gusta participar en iniciativas para motivar a todos los paraguayos a conocer Asunción.

2 A Samuel le gusta ver programas de *National Geographic*. Cuando viaja, le gusta visitar reservas naturales y, por esta razón, le gusta practicar el eco turismo. En Paraguay, por ejemplo, le gusta tomar el autobús e ir a la eco reserva Mbatoví para disfrutar de las áreas naturales.

3 A Samuel también le gusta tomar fotos; su cuenta en Instagram tiene muchos seguidores. En Asunción, a Sam le gusta caminar por el Barrio Loma San Jerónimo, un lugar muy fotogénico. De hecho, sus fotos más populares en Instagram son de casas coloridas y pintorescas, de pasillos y pasajes en este barrio.

4 Los sábados y los domingos a Samuel le gusta participar como voluntario con la Secretaria de turismo en Asunción. A Samuel le gusta colaborar en este programa porque tiene la oportunidad de ofrecer visitas guiadas por la ciudad, especialmente del Barrio Loma San Jerónimo, su rincón favorito. A Samuel le gusta conocer gente de todas partes del mundo y le gusta ser guía de turistas porque puede practicar inglés y francés, los idiomas que estudia en la escuela.

5 A Samuel le gusta mucho ir de paseo al mirador Itá Pytã Punta, un gran bloque de piedra roja frente al Río Paraguay. En este lugar, le gusta tomar notas para escribir en su blog y tomar fotos de barcos. Cuando está con sus amigos, a Samuel le gusta ir a la Costanera de Asunción, especialmente por la tarde, porque pueden alquilar bicicletas, y kartings para dar un paseo.

B Completa las siguientes tareas acerca del texto sobre Samuel.

1 Contesta las preguntas siguientes. Basa tu respuesta en los *párrafos 1 y 2.*
   a ¿Cuáles atributos de la comunidad de aprendizaje del IB muestra Samuel con frecuencia?
   b ¿A qué lugares le gusta viajar a Samuel?
   c ¿Qué programas de televisión ve Samuel?
   d ¿Cómo va Samuel a la reserva Mbatoví?
   e ¿Cómo le llaman sus amigos a Samuel?

2 Las frases siguientes son verdaderas o falsas. Indica la respuesta correcta. Basándote en el texto, y justifica tu respuesta utilizando palabras del texto. Se necesitan ambas partes.
   a Las fotos más populares de Samuel son fotos de personas.
   b A Samuel le gusta promover Asunción con los turistas.
   c A Samuel le gusta ir a un bloque de piedra roja frente al Río Paraguay.
   d A Samuel le gusta compartir sus fotografías en redes sociales.
   e Samuel colabora con *National Geographic.*

3 ¿A qué o a quién se refieren las palabras subrayadas? Contesta utilizando las palabras tal como aparecen en el texto.
   a … como le llaman sus amigos. (Párrafo 1, línea 1)
   b … y pasajes en este … (Párrafo 3, línea 7)
   c En este lugar, le gusta tomar… (Párrafo 5, línea 3)

4 Selecciona la respuesta correcta para cada una de las siguientes preguntas. Presta atención al concepto indicado en cada una.
   a ¿Cuál es el **propósito** de este texto?
      i persuadir
      ii entretener
      iii informar
   b ¿Quiénes pueden ser los **receptores** de este texto?
      i políticos
      ii jóvenes y adultos
      iii niños de primaria

6 ¿Cómo organizas tu tiempo?

Enfoques del aprendizaje

- Habilidad de comunicación: Escuchan con actitud crítica y para comprender

Escucha la grabación en este enlace: https://tinyurl.com/yaa4fk5y

Completa las siguientes tareas acerca de las tres situaciones.

1 Indica quién mencionó las ideas en la columna de la izquierda.

Idea	Cecilia	Jessica	Helena
a trabajo como voluntaria muchas veces			
b cuido de las plantas en el jardín de mi casa			
c observo a la gente			
d escribo bastantes documentos			
e juego con mis mascotas			
f compro artesanías étnicas			
g escucho música todo el tiempo			
h charlo con ancianos			
i escucho con atención los comentarios que hacen mis amigos			
j practico yoga y medito			

2 Escoge la respuesta correcta.

a Helena es…
   i escritora
   ii museóloga
   iii ilustradora

b Cecilia pasa mucho tiempo…
   i con su mascota
   ii con su familia y sus amigos
   iii con artistas

c ¿Dónde hace preguntas Jessica?
   i En el metro.
   ii En el parque.
   iii Con sus amigos.

d ¿Quién trabaja con muchos artistas?
   i Cecilia
   ii Jessica
   iii Helena

e ¿Quién hace trabajo como voluntaria?
   i Cecilia
   ii Jessica
   iii Helena

3 Indica las **cinco** oraciones verdaderas.

a Cuando tiene tiempo, Jessica busca música nueva en diferentes plataformas.
b Helena aprende acerca de diferentes tipos de artes.
c Los viajes son la inspiración de Cecilia.
d Cecilia trabaja en una tienda de artesanías.
e Jessica escribe historias acerca de los detalles especiales de las personas.
f Jessica charla con ancianos en el parque.
g A Cecilia le gustan las actividades al aire libre.
h Helena da paseos por la playa.

¿De qué manera observar las tendencias e interacciones sociales nos ayudan a llegar a consensos?

■ Cada miembro de la familia tiene una rutina diferente por la mañana.

Léxico

Estudia el **significado** de los siguientes verbos reflexivos.

bañarse	peinarse	enfermarse
levantarse	maquillarse	enojarse
cepillarse	prepararse	limpiarse
dormirse	afeitarse	ponerse (la ropa)
despertarse	ducharse	vestirse

7 Observa–piensa–generaliza

Presta atención al significado de los verbos en la lista anterior.

¿Qué tipo de acciones representan en su mayoría?

¿Qué puedes generalizar acerca de los verbos reflexivos?

Gramática

Los verbos reflexivos

Estudia la **forma** de las conjugaciones de los verbos reflexivos en presente.

Los verbos reflexivos son verbos cuya acción recae sobre el mismo sujeto que realiza la acción.

Ejemplo con el verbo "levantarse"

Pronombre(s)	Pronombre reflexivo	Verbo
yo	me	levanto
tú	te	levantas
él / ella / usted	se	levanta
nosotros / nosotras	nos	levantamos
vosotros / vosotras	os	levantáis
ellos / ellas / ustedes	se	levantan

Ejemplos:

- *Todas las mañanas* **me levanto** *a las 7 a.m.*
- *Tu siempre* **te acuestas** *a la misma hora.*
- *Después de comer, mi mamá* **se cepilla** *los dientes.*
- *Nosotros* **nos asustamos** *con la película de terror.*
- *Ellas* **se relajan** *con la música.*

Para construir la **forma** negativa se debe poner "no" antes del pronombre reflexivo.

Pronombre(s)	Negación	Pronombre reflexivo	Verbo
yo		me	levanto
tú		te	levantas
él / ella / usted	no	se	levanta
nosotros / nosotras		nos	levantamos
vosotros / vosotras		os	levantáis
ellos / ellas / ustedes		se	levantan

Ejemplos:

- *Yo no* ***me enojo*** *fácilmente.*
- *Pedro no* ***se aburre*** *nunca.*
- *Mis hermanos no* ***se quejan*** *por el tráfico.*
- *Ustedes no* ***se despiertan*** *temprano en vacaciones.*

A Presta atención a la estructura de los ejemplos anteriores. Sigue su patrón y escribe 10 oraciones acerca de tus familiares. Utiliza los verbos reflexivos.

8 La rutina de la familia García

Enfoques del aprendizaje

- Habilidad de comunicación: Leen con actitud crítica y para comprender

Lee acerca de la rutina de los miembros de la familia García.

Rosa, la madre: "**Me despierto** a las seis y media de la mañana y **me levanto** inmediatamente. **Me ducho**, **me visto** y preparo el desayuno. Después **me maquillo** para estar lista para salir a mi trabajo."

Roberto, el padre: "A las seis y media **me levanto** y ayudo con el desayuno para mi familia. Cuando el desayuno está listo, **me siento** a leer el periódico. Después del desayuno **me afeito** y **me cepillo** los dientes, me cambio de ropa (para trabajar **me visto** formalmente), y salgo a trabajar."

Antonio, el hijo: "Después de **despertarme**, **me quedo** unos minutos más en cama. **Me levanto** casi a las 7 a.m. y **me baño** en seguida. No necesito **afeitarme** porque tengo 10 años y no tengo barba. Después de bañarme, **me visto** y **me alisto** para desayunar con mis papás. Después del desayuno **me peino** y **me lavo** los dientes y **me preparo** para **irme** al colegio con mi mamá, en su coche."

Lisa, la hija: "Me gusta **quedarme** unos minutos en cama antes de **levantarme. Me levanto** cerca de las 7:15 a.m. y **me baño** después de mi hermano. **Me lavo el pelo** todas las mañanas, y después **me seco** el pelo; también **me aplico** diferentes productos, dependiendo del estilo de mi peinado. Antes de bajar a desayunar, **me visto** y preparo mis materiales para la escuela. Siempre desayuno con mi familia. Después del desayuno, **me cepillo** los dientes y **me voy** a la escuela a pie."

Roberto: "Durante el día, mi esposa y yo estamos en el trabajo y los niños están en la escuela. Yo trabajo cerca de la escuela de mi hija, así que frecuentemente almuerzo con ella. Mi esposa trabaja cerca de la escuela de mi hijo, y en ocasiones almueza con él. **Nos sentimos** felices cuando estamos en casa, cuando compartimos tiempo. Después de cenar los chicos hacen sus tareas, mi esposa lee y yo veo la tele. **Nos acostamos** a las once. Me gusta leer y cuando **me canso**, me **duermo**."

Rosa: "Los fines de semana son un poco diferentes. **Nos despertamos** tarde, y en ocasiones los niños preparan el desayuno. Los fines de semana **nos divertimos** mucho porque vamos al cine o pasamos tiempo con otros amigos de la familia. En los fines de semana, a mis hijos les gusta verse con sus amigos en un centro comercial y **se divierten** mucho."

B **Contesta las preguntas sobre la rutina de la familia García.**

1 ¿Qué hace la madre cuando se despierta?
2 ¿Qué hace el padre después de preparar el desayuno?
3 ¿Quién se levanta primero?
4 ¿Qué le gusta hacer todas las mañanas a Lisa?
5 ¿Qué hacen todos antes de irse por la mañana?
6 ¿Por las tardes todos regresan a casa. ¿Cómo se sienten?
7 ¿Cuándo le gusta leer un poco a Roberto?
8 ¿Qué hace Lisa con su pelo?
9 ¿Qué hace Antonio después de cepillarse los dientes?
10 ¿Para qué van al cine?
11 ¿Qué les gusta hacer a los chicos los fines de semana?

9 Lee–deduce–generaliza

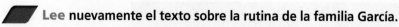

Lee nuevamente el texto sobre la rutina de la familia García.

Presta atención a las rutinas que tienen y a las experiencias que comparten.

1 ¿Qué puedes mencionar acerca de la familia?
2 ¿Qué puedes mencionar acerca de sus gustos?
3 ¿A qué consenso sobre la familia García podemos llegar a partir de sus hábitos?

10 La rutina diaria de mi familia

Enfoques del aprendizaje

- Habilidad de comunicación: Escriben con diferentes propósitos

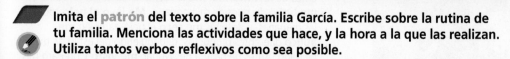

Imita el patrón del texto sobre la familia García. Escribe sobre la rutina de tu familia. Menciona las actividades que hace, y la hora a la que las realizan. Utiliza tantos verbos reflexivos como sea posible.

11 La rutina de uno de mis compañeros

Enfoques del aprendizaje

- Habilidad de comunicación: Utilizan una variedad de técnicas de expresión oral para comunicarse con diversos destinatarios

A Trabaja con un compañero. Toma turnos para preguntar y responder las siguientes preguntas.

1 ¿A qué hora te levantas?
2 ¿A qué hora te duermes?
3 ¿Qué haces antes y después de que te cepillas los dientes por la mañana?
4 ¿A qué hora te bañas?
5 ¿Cómo te vistes con más frecuencia: formal o casualmente?
6 ¿Qué productos utilizas cuando te peinas?
7 ¿Qué tan frecuentemente te aburres?
8 ¿Cuáles actividades te divierten más?
9 ¿Cuándo te enojas?
10 ¿Qué cosas te distraen frecuentemente?

B Utiliza las respuestas de tu compañero para escribir un texto acerca de su rutina. Menciona cuán similares o diferentes son tú y él / ella.

12 La rutina diaria de Patrick

Enfoques del aprendizaje

- Habilidad de comunicación: Leen con actitud crítica y para comprender

Escucha el audio en el siguiente enlace: http://tinyurl.com/yybvszfp

Descarga el documento disponible en este mismo enlace y reemplaza las palabras en el texto que son diferentes de las que escuchas.

CREATIVIDAD, ACTIVIDAD Y SERVICIO

Creatividad y servicio

Diseña una encuesta acerca de los hábitos negativos que pueden afectar el bienestar de tu comunidad escolar. Realiza la encuesta y analiza los resultados. Produce un informe y compártelo con tu comunidad. Reflexiona sobre tus propio hábitos.

Algunos de los temas sobre los que puedes indagar son:

- Hábitos de alimentación
- Cantidad de horas que duermen
- Cómo emplean el tiempo libre
- La cantidad de tiempo que utilizan para realizar actividades físicas
- Los horarios de comida

Por medio de esta actividad mostrarás evidencia para el siguiente **resultado de aprendizaje**: Mostrar cómo iniciar y planificar una experiencia de CAS, e identificar en uno mismo los puntos fuertes y las áreas en las que se necesita mejorar.

13 ¿Qué expresan los verbos?

Lee con atención los siguientes pares de oraciones y explica el significado de cada una. ¿Cómo son diferentes los verbos?

1. Mi hermana **se baña** en las mañanas. Mi hermana **baña** a su perro todas las mañanas.
2. Mi mamá **mira** la televisión por las tardes. Mi mamá **se mira** en el espejo todas las tardes.
3. Mi prima **se maquilla** todos los días. Mi prima **maquilla** a su muñeca todos los días.
4. Mi hermano menor **se acuesta** a las 8 de la noche. Mi mamá **acuesta** a mi hermano menor a las ocho de la noche.
5. Yo **levanto** pesas a las cinco de la mañana. Yo **me levanto** a las cinco de la mañana.
6. Mi maestra de español **se viste** elegantemente. Mi maestra de español **viste** a sus hijas elegantemente.

14 Una encuesta

Enfoques del aprendizaje

- Habilidad de comunicación: Escuchan con actitud crítica y para comprender

Escucha las preguntas y respuestas en una encuesta.

Utiliza este enlace para acceder al audio: https://tinyurl.com/ybejbd8l

1 Indica quién mencionó las ideas en la columna de la izquierda. Verónica habla primero y Brenda al final.

Idea	Verónica	Estela	Brenda
a Si estoy muy cansada me quedo en casa y descanso.			
b No tengo muchos pasatiempos.			
c En ocasiones paso tiempo con mis amigos.			
d Participo en un club de literatura.			
e Voy al gimnasio.			
f Camino por el centro de la ciudad.			
g Juego al fútbol con mis amigas.			
h Veo películas en el cine.			
i Los fines de semana paso tiempo con mi familia.			
j Trabajo como voluntaria en una casa para huérfanos.			

2 Responde las siguientes preguntas. Presta atención al concepto que se indica en cada caso.

- **a** ¿Cuál es el propósito de la encuesta?
- **b** ¿En qué contexto sucedieron estas interacciones?

Informe de la encuesta

B **Imagina que 10 personas tienen hábitos y pasatiempos similares a Estela; cinco tienen hábitos similares a Verónica; y tres tienen hábitos similares a Brenda.**

Escribe el informe de esta encuesta. Utiliza las similitudes que encontraste en tus colegas. El propósito de tu informe es explicar la manera en que se emplea el tiempo libre en tu trabajo.

15 La nueva Miss Universo

Enfoques del aprendizaje

- Habilidad de comunicación: Leen con actitud crítica y para comprender
- Habilidad de pensamiento crítico: Extraen conclusiones y realizan generalizaciones razonables

A  **Estudia la siguiente tabla. Lee acerca de los hábitos, pasatiempos e intereses de las participantes del concurso de Miss Universo. Presta atención a las similitudes y las tendencias de los hábitos, y los pasatiempos de las ganadoras.**

Habilidad o interés	Venezuela	Filipinas	Sudáfrica	India	España
Habla más de dos idiomas.			✓	✓	
Colabora con organizaciones no gubernamentales (ONG).		✓	✓	✓	✓
Es disciplinada.	✓		✓		
Es amigable.	✓			✓	
Se interesa por los demás.		✓	✓	✓	✓
Tiene intereses artísticos.	✓			✓	✓
Le gusta practicar deportes.	✓	✓	✓		✓
Es de mentalidad abierta.		✓		✓	✓
Tiene y muestra iniciativa.	✓		✓	✓	
Muestra interés en el desarrollo personal y profesional.	✓	✓	✓	✓	✓

Ganadoras:

1er lugar: India 2° lugar: Sudáfrica 3er lugar: España

B  **Ahora escribe un texto para explicar cómo selecciona el jurado a la ganadora. Utiliza el presente.**

El jurado calificador de Miss Universo considera diferentes habilidades e intereses para seleccionar a la ganadora…

16 Mi autoevaluación acerca de los atributos de la comunidad de aprendizaje del IB

Enfoques del aprendizaje

- Habilidades de comunicación: Leen con actitud crítica y para comprender. Escriben con diferentes propósitos
- Habilidad de pensamiento crítico: Extraen conclusiones y realizan generalizaciones razonables

A

Lee la siguiente lista de descriptores para cada uno de los atributos de la comunidad de aprendizaje del IB. Indica las ideas que reconoces en ti mismo.

Atributo	Descriptores
Indagador	Soy curioso. Me gusta hacer investigaciones. Me gusta aprender de manera autónoma. Me gusta aprender con otros. Siempre muestro interés por aprender cosas nuevas.
Informado e instruido	Me gusta desarrollar mis conocimientos y mi comprensión conceptual. Me gusta explorar conocimientos de diferentes disciplinas. Me comprometo con ideas de importancia local. Me comprometo con ideas de importancia mundial.
Pensador	Practico el pensamiento crítico y el pensamiento creativo. Procedo de manera responsable cuando resuelvo problemas complejos. Actúo con iniciativa. Tomo decisiones razonadas y éticas.
Buen comunicador	Me expreso con confianza y creatividad. Puedo expresar mis ideas en varios idiomas y de diferentes formas. Colaboro efectivamente. Escucho atentamente las perspectivas de las demás personas.
Íntegro	Actúo con integridad y honradez. Actúo con profundo sentido de la equidad, la justicia y el respeto. Respeto los derechos humanos de las personas. Asumo la responsabilidad de mis propios actos y sus consecuencias.
Solidario	Muestro empatía. Muestro sensibilidad y respeto. Me comprometo a ayudar a los demás. Actúo con el propósito de influir positivamente.
Audaz	Abordo la incertidumbre con determinación. Trabajo de manera autónoma y colaborativa. Exploro nuevas ideas y estrategias innovadoras. Muestro ingenio y resiliencia durante los desafíos.
Equilibrado	Entiendo la importancia del equilibrio físico, mental y emocional. Me esfuerzo por lograr el bienestar propio y de los demás. Reconozco mi interdependencia con otras personas. Reconozco mi interdependencia con el mundo.
Reflexivo	Evalúo detenidamente el mundo, mis ideas y mis experiencias. Me esfuerzo por comprender mis fortalezas y debilidades. Actúo para contribuir a mi aprendizaje. Actúo para contribuir a mi desarrollo personal.

B

Observa las tendencias en la selección de descriptores que realizaste. Utiliza los datos y escribe un perfil (en tercera persona) para la revista de tu escuela. Describe el tipo de estudiante que eres y las virtudes e intereses que muestras con frecuencia. Considera el texto sobre Samuel en la página 59.

Los receptores de tu artículo serán los estudiantes, profesores y padres de familia en tu escuela.

¿De qué manera influyen nuestras experiencias en la manera en que nos expresamos?

■ De izquierda a derecha, Jane Goodall, Malala Yousafzai, Kailash Satyarthi, Wangari Maathai y Rigoberta Menchú. Cinco individuos que han luchado por el bien común y no por los intereses propios.

Léxico

Estudia el **significado** de los siguientes adjetivos.

generoso	samaritano	cortés
humanitario	caritativo	considerado
honesto	respetuoso	
honorable	atento	

Léxico

Estudia el **significado** de los siguientes verbos.

ayudar	mejorar	dar
apoyar	proteger	cambiar
colaborar	cooperar	corregir
contribuir	patrocinar	

Utiliza el vocabulario en los cuadros anteriores para compartir ideas acerca de las personas en las imágenes. Utiliza el verbo "gustar" en el presente.

Por ejemplo:

A Rigoberta Menchú le gusta proteger los derechos indígenas.

Rigoberta Menchú protege los derechos indígenas.

17 Práctica de vocabulario

Utiliza el vocabulario anterior y escribe oraciones como la siguiente. Utiliza el ejemplo como patrón.

Observa la relación entre las palabras de diferentes colores en el ejemplo:

Las personas generosas apoyan a las personas **que** necesitan ayuda.

18 ¿Cómo nos sentimos después de...?

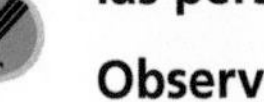

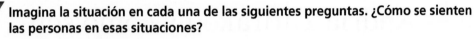

Imagina la situación en cada una de las siguientes preguntas. ¿Cómo se sienten las personas en esas situaciones?

Observa el ejemplo:

¿Cómo se sienten los futbolistas cuando anotan un gol?

Cuando anotan un gol, los futbolistas se sienten invencibles.

1 ¿Cómo se sienten los actores cuando ganan un Oscar?
2 ¿Cómo se sienten los alumnos cuando obtienen la nota más alta en un examen?
3 ¿Cómo se sienten los fanáticos del fútbol cuando su selección gana un partido en el mundial?
4 ¿Cómo se sienten los fanáticos del cine cuando una película no es buena?
5 ¿Cómo se sienten los profesores cuando todos sus alumnos obtienen un 7 (la nota más alta)?
6 ¿Cómo se sienten los padres cuando sus hijos realizan sus sueños?
7 ¿Cómo se siente una pareja cuando nace su primer hijo?
8 ¿Cómo se sienten los alumnos en vacaciones?
9 ¿Cómo se sienten los profesores en vacaciones?
10 ¿Cómo se sienten los artistas cuando su arte le gusta a las personas?

Punto de indagación

Responde las siguientes preguntas y comparte tu opinión con tus compañeros.

Puedes responder de estas formas:

- Después de aprender algo nuevo…
- Cuando aprendemos algo nuevo…

1 ¿De qué manera cambiamos después de aprender algo nuevo?
2 ¿De qué manera cambiamos después de tener éxito en un proyecto?
3 ¿De qué manera cambiamos después de fallar en un proyecto?
4 ¿De qué manera cambiamos después de ayudar a otras personas?
5 ¿De qué manera cambiamos después de trabajar como voluntarios?
6 ¿De qué manera cambiamos después de recibir apoyo de otras personas?

19 La ganadora del premio a la mejor maestra global en 2018

Enfoques del aprendizaje

- Habilidad de comunicación: Leen con actitud crítica y para comprender

Lee el siguiente artículo de periódico acerca de Andria Zafirakou.

¿Quién es Andria Zafirakou y cómo son sus clases?

Andria Zafirakou, ganadora del Global Teacher Prize 2018

1 Andria Zafirakou tiene 39 años, es inglesa e hija de inmigrantes. Zafirakou es maestra de arte y textiles en la escuela secundaria Alperton Community School, ubicada en el barrio de Brent, uno de los más pobres de Londres. Una de las características de este barrio es la diversidad étnica de las personas que viven ahí, así como la constante violencia que existe en las calles.

2 Los alumnos de Zafirakou hablan 35 idiomas diferentes. Por ello, Zafirakou aprende palabras básicas de cada lengua para comunicarse con ellos y para establecer relaciones significativas. En sus clases, Zafirakou incluye pintura, dibujo, diseño, fotografía y estilismo, y esto le ayuda a explorar la creatividad de sus alumnos.

3 Zafirakou opina que el arte tiene el poder de cambiar la vida de las personas y que también ayuda a los estudiantes a pensar, a descubrir sus pasiones, a valorar sus fortalezas y a superar frustraciones. Por esta razón, Zafirakou intenta enseñar de una manera poco ortodoxa. Sus dinámicas ayudan a los estudiantes a aprender sobre la importancia de hacer preguntas efectivas y reflexionar sobre sus habilidades, y así lograr superar los problemas que atraviesan.

4 Zafirakou inspira a sus alumnos de muchas manera: les da la habilidad de ser creativos, de tener una idea, de desarrollarla, de creer en ella y de presentarla al público. Zafirakou les permite practicar la habilidad de la resiliencia; es decir, les apoya para comprender sus problemas; les ayuda a encontrar herramientas para resolverlos; y les apoya a escoger su camino para ser exitosos.

"Hay que buscar que los estudiantes aprecien el valor real que tiene el arte para su futuro"

5 No obstante, Zafirakou indica que las disposiciones más importante en su aula son: la habilidad de trabajar con alguien más, como un equipo; la comunicación; la confianza para hablar sobre su trabajo; y el respeto y apreciación para hablar sobre el trabajo de un compañero en clase. "Hay que buscar que los estudiantes aprecien el valor real que tiene el arte para su futuro," indica Zafirakou.

6 Ahora Andria Zafirakou es la ganadora del Global Teacher Prize 2018 y colabora con diferentes escuelas en el mundo. Zafirakou comparte sus estrategias e inspira a otros profesores a ser parte del cambio.

A Completa las siguientes tareas acerca del texto sobre Andria Zafirakou.

1 ¿ A qué o a quién se refieren las palabras subrayadas? Contesta utilizando las palabras tal como aparecen en el texto.
   a … es la diversidad étnica de las personas que viven ahí… (Párrafo 1, línea 10)
   b … para comunicarse con ellos… (Párrafo 2, línea 5)
   c … les da la habilidad de ser creativos… (Párrafo 4, línea 2)
   d … que las disposiciones más importante en su aula son… (Párrafo 5, línea 2)

2 Escoge las palabras que mejor completen las oraciones siguientes. Hay más respuestas de las necesarias.

Por ejemplo: a – i

a Andria Zafirakou
b Los alumnos de Zafirakou
c Brent
d En Brent
e Zafirakou aprende
f Las clases de Zafirakou
g La pintura, el dibujo, el diseño, la fotografía y el estilismo ayudan a Zarirakou a

i tiene 39 años.
ii arte.
iii son poco ortodoxas.
iv hay una diversidad étnica muy grande entre las personas que viven ahí.
v es uno de los barrios más pobres de Londres.
vi explorar la creatividad de sus alumnos.
vii hablan 35 idiomas diferentes.
viii palabras básicas de las lenguas de sus estudiantes.
ix ganar el *Global Teacher Prize 2018*.

B Lee nuevamente el texto sobre Andria Zafirakou.

1 Reemplaza su apellido, Zafirakou, con su nombre, Andria. ¿Qué diferencias en el estilo del texto percibes con este cambio?

2 ¿Qué puedes inferir acerca del uso de nombres propios en diferentes publicaciones impresas?

20 Investigación

Enfoques del aprendizaje

- Habilidad de gestión de la información: Acceden a la información para estar informados e informar a otros

A Investiga sobre la vida de Jane Goodall, Malala Yousafzai, Kailash Satyarthi, Wangari Maathai y Rigoberta Menchú.

Busca la respuesta para las siguientes preguntas y escribe las respuestas en una tabla como la siguiente:

Preguntas	Goodall	Yousafzai	Satyarthi	Maathai	Menchú
1 ¿De dónde es?					
2 ¿Cuántos años tiene?					
3 ¿Quiénes son sus padres?					
4 ¿Qué ideas apoya?					
5 ¿Con cuáles organizaciones trabaja?					
6 ¿En qué ideas cree?					
7 ¿Qué intereses tiene?					
8 ¿En qué consiste su trabajo?					
9 ¿Qué significa su trabajo?					

Un artículo de periódico

Enfoques del aprendizaje

- Habilidad de comunicación: Estructuran la información en resúmenes, ensayos e informes

B

Escribe un artículo para un periódico local acerca de una de las cinco personas que investigaste.

Utiliza el texto sobre Andria Zafirakou como ejemplo.

El propósito de tu artículo es informar a las personas acerca de los actos humanitarios del sujeto que escogiste.

21 Entrevista con una persona especial

Enfoques del aprendizaje

- Habilidad de comunicación: Utilizan una variedad de técnicas de expresión oral para comunicarse con diversos destinatarios

Trabaja con un compañero.

Elige una de las personas que investigaste.

Colaboren para producir una lista de preguntas que harían en una entrevista.

Después, toma turnos para preguntar y responder. Uno de ustedes será un periodista y el otro será la persona que se investigó.

Intercambien roles después de completar la primera interacción.

Presenta tu trabajo en clase.

22 Informe de una entrevista

Enfoques del aprendizaje

- Habilidad de comunicación: Estructuran la información en resúmenes, ensayos e informes

Utiliza las preguntas y respuestas de la entrevista anterior.

Produce un artículo para tu blog. Escribe sobre la experiencia que tuviste en la entrevista. Menciona cómo te sientes después de haber charlado con la persona que entrevistaste.

Los receptores de tu texto son los lectores de tu blog.

23 El Premio Nobel de la Paz 1992

Enfoques del aprendizaje

- Habilidad de comunicación: Leen con actitud crítica y para comprender

Lee el siguiente extracto del discurso de Rigoberta Menchú en 1992, cuando recibió el Premio Nobel de la Paz.

1 Honorables señores del Comité Nobel de la Paz,
Sus majestades los Reyes de Noruega,
Excelentísima señora Primer Ministro,
Excelentísimos miembros de gobiernos y del Cuerpo Diplomático,
Apreciables compatriotas guatemaltecos,
Señoras y señores.

2 Me llena de emoción y orgullo recibir el Premio Nobel de la Paz 1992. Siento emoción personal y orgullo por mi Patria de cultura milenaria; también siento aprecio por los valores de la comunidad a la que pertenezco; por el amor a mi tierra y a la madre naturaleza. Quien entiende esta relación, respeta la vida y honra la lucha por la paz.

3 Considero este Premio, no como un logro hacia mí en lo personal, sino como un triunfo grande de la lucha por la paz, por los derechos humanos y por los derechos de los pueblos indígenas.

4 Permítanme expresar todo lo que para mí significa este Premio.

5 En mi opinión, el Premio Nobel invita a actuar en función de lo que representa, en mi caso la paz. Este premio es un instrumento de lucha por la justicia; es motivación para luchar por resolver las desigualdades económicas, sociales, culturales y políticas; es un estímulo para eliminar los conflictos que afectan los valores de la persona humana. Este Premio Nobel significa una oportunidad para continuar con la denuncia de la violación de los Derechos Humanos en Guatemala, en América y en el mundo.

6 La lucha de la que hablo limpia y forma el futuro.

7 Actualmente, nuestra historia es una historia viva, que palpita, resiste sobrevive ante las dificultades y renace con fuerza. Nuestros actos son las semillas que brotan hoy con verdad y germinan en un mundo donde habitan la confusión y la inseguridad. Por ello, sé que este proceso de cambio no será corto, pero no es imposible tampoco.

8 Yo sueño con la paz en mi tierra y para mis hermanos. Yo sueño con el fin del racismo, y con la aceptación de todos los seres humanos sin importar el color de piel, el origen, o las creencias. Y como el mundo no es de una sola persona, esto es trabajo de todos.

9 Yo quiero que los jóvenes se inspiren con la lucha de las personas que luchan por conseguir un futuro digno. Yo quiero que los jóvenes se interesen en construir un mundo amable. Yo quiero que cada nación se interese en redescubrirse a sí misma para construir países con una auténtica identidad nacional. Para comenzar a vivir.

10 Debemos tomarnos de las manos, sentir con el mismo corazón, y tejer nuestra historia como si fuera un güipil: un güipil que sea ejemplo de nuestra humanidad.

Muchas gracias.

Completa las siguientes tareas acerca del discurso de Rigoberta Menchú.

1 Escoge la respuesta correcta. Presta atención al concepto en cada pregunta.

a ¿Quiénes son los **receptores** de este discurso?
- i politicos
- ii asistentes a la ceremonia del Premio Nobel
- iii delegaciones en las naciones unidas

b ¿Cuál es el **propósito** del discurso?
- i persuadir sobre la importancia del Premio Nobel
- ii entretener
- iii expresar el significado del Premio Nobel

c Las primeras seis líneas del discurso indican que el **estilo** de este texto es:
- i formal
- ii casual
- iii académico

2 ¿Qué significan las siguientes palabras en el texto? Elige la respuesta correcta de la lista de palabras abajo. Hay más respuestas de las necesarias.

Por ejemplo: a – i

- a honorables (párrafo 1, línea 1)
- b milenaria (párrafo 2, línea 3)
- c triunfo (párrafo 3, línea 2)
- d eliminar (párrafo 5, línea 4)
- e dificultades (párrafo 7, línea 2)
- f trabajo (párrafo 8, línea 4)
- g nación (párrafo 9, línea 3)
- h ejemplo (párrafo 10, línea 2)

i distinguido	**iii** problemas	**v** labor	**vii** muestra	**ix** solución
ii victoria	**iv** país	**vi** histórica	**viii** terminar	

24 Discurso

Enfoques del aprendizaje

- Habilidad de comunicación: Escriben con diferentes propósitos

Imagina que recibes un premio por parte de la Secretaría de Desarrollo de tu ciudad por el trabajo comunitario que has hecho en CAS.

Escribe el texto del discurso que darías al recibir tu premio. Menciona tus motivaciones, cómo te sientes y lo que el premio significa para ti.

TEORÍA DEL CONOCIMIENTO

Aprender español te permitirá vivir el proceso de construcción del conocimiento personal debido a que el nivel de comprensión y desempeño que logres en el idioma será la obra de tu trabajo como individuo y porque llegarás a estos como resultado de varios factores, entre ellos las formas de conocimiento. De igual forma, el conocimiento lingüístico del español con el que entrarás en contacto califica como conocimiento compartido, debido a que el conocimiento que tu profesor impartirá es la obra de un grupo de gente que ha trabajado junta en distintas épocas y sus contribuciones vienen de diferentes lugares geográficos.

¿De qué manera esta experiencia de aprendizaje de una nueva lengua extranjera tendrá impacto en ti como conocedor?

CREATIVIDAD, ACTIVIDAD Y SERVICIO

Creatividad

¿Qué tan frecuentemente se comparten discursos motivacionales en tu escuela?

De existir esta tradición, ¿qué te parecería tomar la iniciativa de filmarlos y documentarlos?

Crear un repositorio de los discursos motivacionales en la escuela permite enriquecer el espíritu de colaboración y aprendizaje de la escuela, además de ser evidencia de los valores de todos los que forman parte de la comunidad de aprendizaje.

Por medio de esta actividad mostrarás evidencia para el siguiente **resultado de aprendizaje**: Mostrar cómo iniciar y planificar una experiencia de CAS.

25 Conjugación de verbos regulares e irregulares

Practica la conjugación de verbos regulares e irregulares.

Descarga la hoja de trabajo en el siguiente enlace: https://tinyurl.com/y9b9lr59

Utiliza el audio en el mismo enlace para completar la columna que tu profesor te indique.

En la página 73 puedes ver el texto de un discurso.

Un discurso es una producción que puede tener el propósito de persuadir, motivar, argumentar, entretener o informar.

¿Qué hizo el orador en este discurso?

1 El orador saludó a las personas que forman parte de la audiencia, comenzando por las personas más importantes.

2 El orador expresó cómo se siente. Aquí, el orador menciona detalles sobre el **propósito** por el cuál ofrece este discurso.

3 El orador mencionó su opinión acerca del significado de este momento.

4 El orador introdujo un aspecto del tema de su discurso.

5 El orador explicó el aspecto que mencionó en el párrafo 4.

6 El orador enfatizó una de las ideas centrales de su discurso (la lucha).

7 El orador explicó la idea que mencionó en el párrafo 6.

8 y 9 El orador mencionó el objetivo del discurso.

10 El orador mencionó una forma en la que se debe actuar para reafirmar el **mensaje** de su discurso.

Reflexión

Enfoques del aprendizaje

- Habilidad de reflexión: Consideran los contenidos y se preguntan: ¿Qué información es familiar? ¿Sobre qué aprendí hoy? ¿Hay algo que aún no haya entendido? ¿Qué preguntas tengo ahora?

Aspecto	Básico	En desarrollo	Apropiado	Excepcional
Conocimiento de vocabulario y gramática	Tengo el conocimiento básico de las estructuras gramaticales y palabras relevantes de la unidad.	El conocimiento básico de las estructuras gramaticales y palabras relevantes de la unidad comienza a profundizarse.	Mi dominio del conocimiento de las estructuras gramaticales y palabras relevantes de la unidad cubre los estándares ideales.	Mi dominio del conocimiento de las estructuras gramaticales y palabras relevantes de la unidad va más allá de las expectativas.
Uso de la lengua en los diferentes contextos	Logro utilizar la lengua únicamente de manera básica en los contextos presentados en la unidad.	Comienzo a utilizar la lengua de manera adecuada en los contextos presentados en la unidad.	Logro utilizar correctamente la lengua en los contextos presentados en la unidad.	Logro utilizar la lengua de manera excepcional en los contextos presentados en la unidad.
Habilidades de comprensión auditiva	Únicamente logro comprender la información más básica de los textos de audio.	Logro comprender la información básica y comienzo a comprender las ideas más complejas de los textos de audio.	Logro comprender ampliamente toda la información de los textos de audio.	Logro comprender ampliamente toda la información del texto de audio, y puedo responder espontáneamente al texto.
Habilidades de lecto-comprensión	Únicamente logro comprender la información más básica de los textos escritos.	Logro comprender la información básica y comienzo a comprender las ideas más complejas de los textos escritos.	Logro comprender ampliamente toda la información de los textos escritos.	Logro comprender ampliamente toda la información de los textos escritos, y puedo responder espontáneamente a los textos.
Habilidades de producción escrita	Únicamente logro utilizar palabras aisladas y estructuras con oraciones simples en las tareas escritas.	Logro utilizar una variedad de vocabulario simple y combinar algunas estructuras simples en las tareas escritas.	Logro producir textos escritos que responden correctamente a las tareas escritas de la unidad.	Logro producir textos escritos creativos que responden correctamente a las tareas escritas de la unidad, y van más allá de lo que piden las directrices.
Habilidades de producción oral	Únicamente logro utilizar frases simples en las tareas orales. No logro reconocer el contexto ni la audiencia.	Logro utilizar y combinar algunas estructuras simples en las tareas orales, reconociendo el contexto y la audiencia.	Logro responder correctamente de manera oral a las tareas escritas de la unidad, demostrando mi comprensión del contexto y audiencia.	Logro responder correcta y creativamente de manera oral a las tareas escritas de la unidad, reconociendo el contexto y la audiencia, personalizando la información.
Comprensión de los conceptos	Tengo una comprensión básica de los conceptos que estudiamos en esta unidad.	Logro comprender la relación entre los conceptos que estudiamos y las tareas que realizamos en esta unidad.	Logro comprender y articular la relación entre los conceptos que estudiamos y las tareas que realizamos en esta unidad.	Logro comprender y articular la relación entre los conceptos que estudiamos y las tareas que realizamos en esta unidad, y puedo generalizar mi comprensión conceptual.

UNIDAD 4 ¿De qué manera influye el clima de la región donde vivimos en nuestros hábitos cotidianos?

■ En verano el sol de Ushuaia acaricia, envuelve y acompaña día y noche.

OBJETIVOS DE COMUNICACIÓN

En esta unidad vas a:

- Describir personas, lugares, objetos y estados
- Hablar acerca del clima
- Hablar acerca de y comparar las estaciones del año
- Explicar cómo hay que vestirse de acuerdo al tiempo
- Dialogar acerca de las actividades que haces en diferentes épocas del año
- Comparar personas, objetos, lugares, situaciones y acciones
- Referirte a acciones habituales o del momento presente
- Utilizar mapas y otros visuales para describir lugares
- Describir zonas rurales
- Describir zonas urbanas
- Expresar y preguntar por deseo y necesidad
- Practicar usos sociales de la lengua
- Expresar ideas acerca de los hábitos diarios de las personas de acuerdo al lugar en el que viven
- Intercambiar puntos de vista acerca del estilo de vida de las personas de acuerdo al clima del lugar en el que viven

EN ESTE CAPÍTULO INVESTIGARÁS ESTAS PREGUNTAS:

Fácticas	Conceptuales	Debatibles
¿Qué actividades se pueden practicar en diferentes regiones del mundo? ¿Qué ecosistemas podemos encontrar en los países hispanohablantes?	¿Qué relación existe entre la actitud y las maneras de comunicación entre las personas según las condiciones climáticas del lugar donde viven? ¿De qué manera influyen las condiciones climáticas en la manera en que las personas establecen relaciones sociales? ¿Qué relación existe entre las condiciones climáticas y la región donde vivimos y las palabras que utilizamos para comunicar ideas?	¿Es la vida donde hay clima templado más fácil que en otros lugares? ¿De qué manera aprovechamos el lugar en el que vivimos?

¿Qué actividades se pueden practicar en diferentes regiones del mundo?

■ Algunas prendas de vestir

1 Observa–escribe–compara

Observa la ilustración anterior y escribe oraciones acerca de las prendas de vestir y su color. Observa el ejemplo.

Ejemplo: La camisa es azul.

Revisa los colores en la página 19.

2 El género de las prendas de vestir

Enfoques del aprendizaje

- Habilidad de reflexión: Consideran los contenidos y se preguntan: ¿Qué información es familiar? ¿Sobre qué aprendí hoy? ¿Hay algo que aún no haya entendido? ¿Qué preguntas tengo ahora?

¿Recuerdas la regla para identificar masculinos y femeninos?

Observa la imagen que muestra las diferentes prendas e intenta asociarlas con el artículo correcto: *el* o *la*.

Por ejemplo: el pantalón la camisa

3 La ropa y las estaciones del año

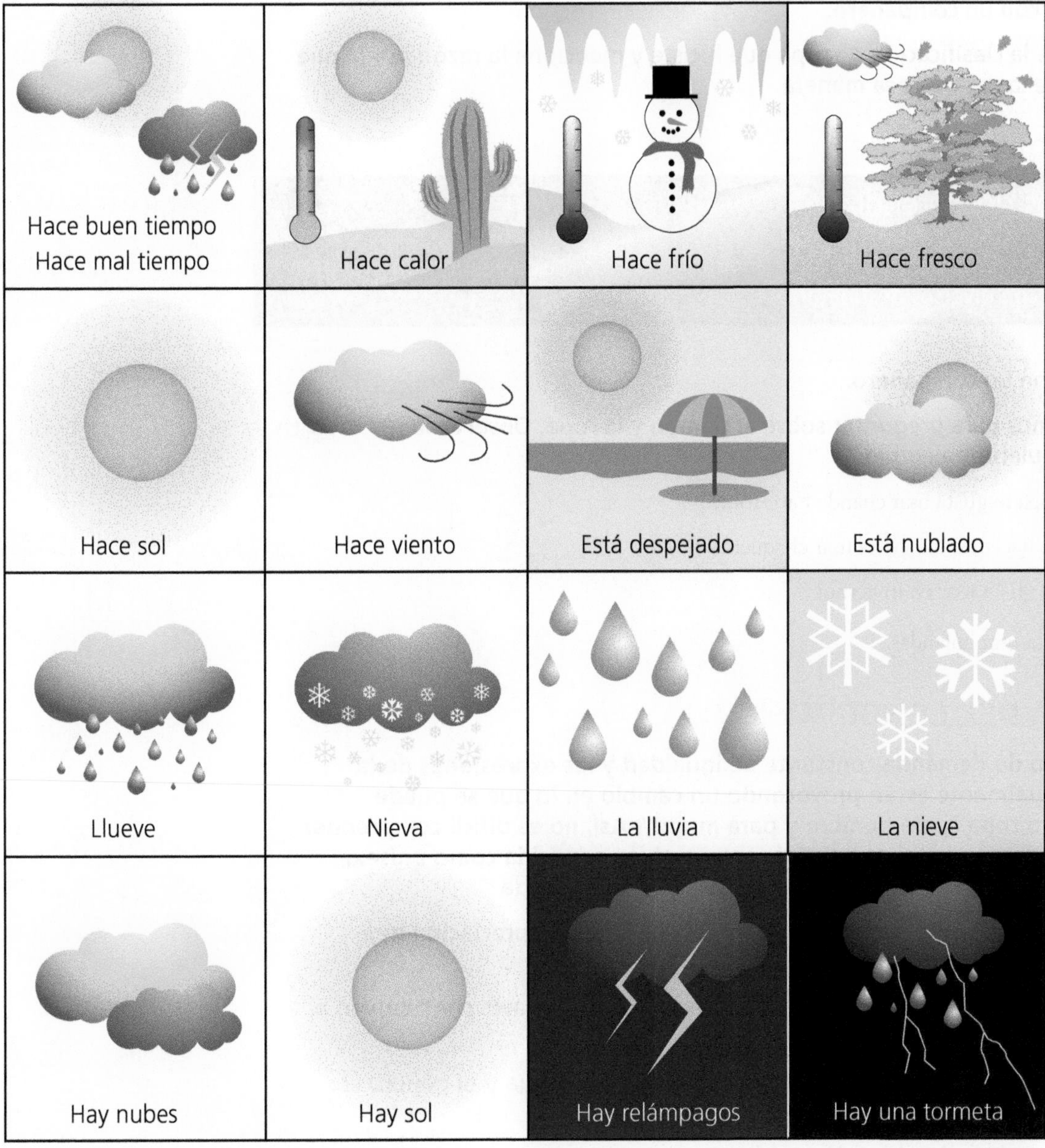

- ¿Cómo podemos hablar acerca del tiempo que hace?

Utiliza el vocabulario en la ilustración anterior.

Clasifica la ropa en la ilustración de acuerdo a la temporada del año en la que podemos usarla.

Primavera	Verano	Otoño	Invierno

4 La ropa unisex

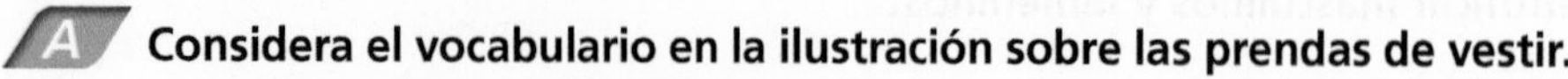

A Considera el vocabulario en la ilustración sobre las prendas de vestir.

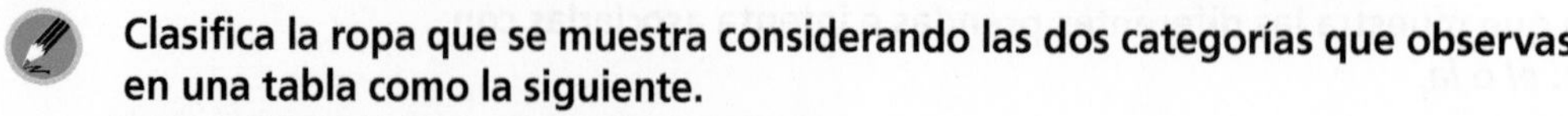

Clasifica la ropa que se muestra considerando las dos categorías que observas en una tabla como la siguiente.

Ropa para hombres	Ropa para mujeres

B Colabora con un compañero.

Comparte la clasificación de ropa que hiciste y menciona la razón por la que agrupaste la ropa de esa manera.

5 La ropa que usamos

Enfoques del aprendizaje

- Habilidad de comunicación: Utilizan una variedad de técnicas de expresión oral para comunicarse con diversos destinatarios

Trabaja con un compañero.

Toma turnos para preguntar sobre el tiempo y la ropa. Observa la estructura en los siguientes ejemplos:

A: ¿Qué ropa te gusta usar cuando hace frío?

B: Cuando hace frío me gusta usar chaqueta.

A: ¿Qué te gusta usar en invierno?

B: Me gusta usar bufandas.

TEORÍA DEL CONOCIMIENTO

En un contexto de demanda constante de igualdad y las expresiones de la diversidad actualmente están provocando un cambio en lo que se puede catalogar como ropa "para hombre y para mujer". Así, no es difícil comprender por qué la tendencia de la ropa sin género, también conocida como unisex, multisex o a-sex va ganando terreno en el mundo de la moda.

¿De qué manera influye el conocimiento personal en la apreciación que tenemos acerca de la ropa y el género?

¿De qué manera los nuevos acuerdos o entendimientos sociales contribuyen al uso que damos al lenguaje?

¿Qué podemos aprender acerca de la relación entre la lengua y el género si utilizamos la historia como área de conocimiento?

¿Qué preguntas de segundo orden podríamos generar?

Léxico

Estudia el **significado** de las siguientes palabras.

arbusto	lago	pastizal	playa	selva
árbol	mar	piscina	pradera	tundra
bosque	montaña	piedras	río	
desierto	pantano	plantas	rocas	

Léxico

Estudia el **significado** de los siguientes adjetivos.

antiguo	desagradable	histórico	moderno	pintoresca
contaminado	divertido	interesante	organizado	seguro
dañado	estresante	limpio	peligroso	

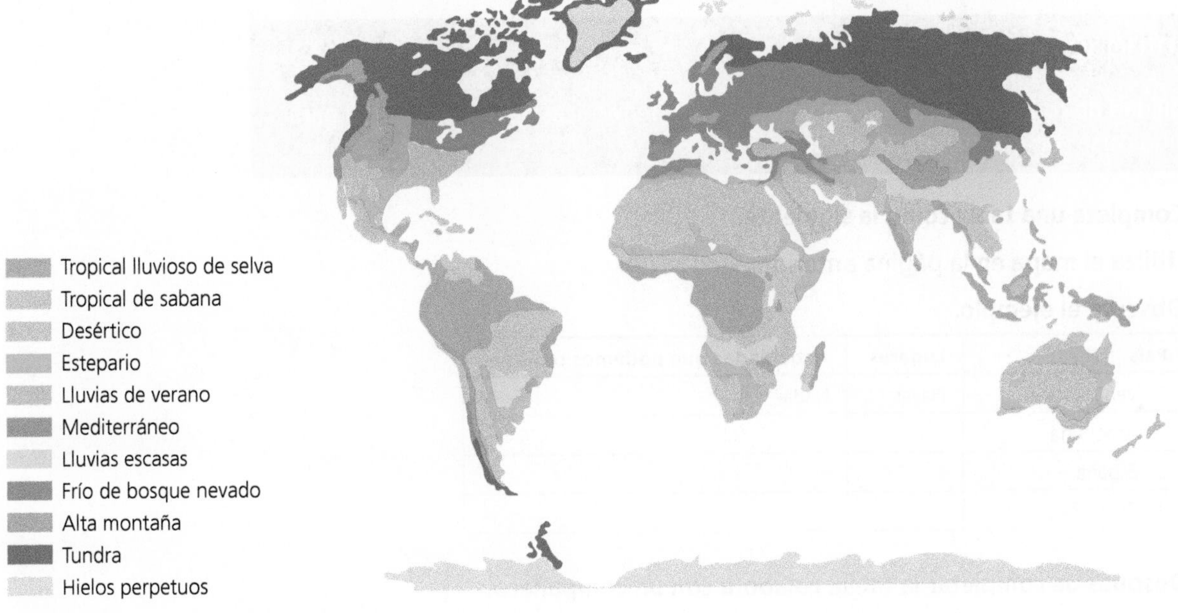

■ **Diferentes ecosistemas en el mundo**

6 Actividades en diferente regiones

Enfoques del aprendizaje

- Habilidad de gestión de la información: Establecen conexiones entre diversas fuentes de información

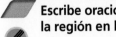

Escribe oraciones sobre las actividades que hacen las personas de acuerdo con la región en la que viven.

Utiliza vocabulario relacionado con el clima, las estaciones y los meses del año. Observa la estructura de los ejemplos:

a En México **hay** muchas playas, **entonces podemos practicar surfing** en el verano y la primavera.

b En Chile **hay** montañas, **entonces podemos esquiar** en el **invierno**.

7 La ropa y los diferentes climas en el mundo

Enfoques del aprendizaje

- Habilidad de gestión de la información: Establecen conexiones entre diversas fuentes de información.

Consulta el mapa sobre los ecosistemas en el mundo en la página anterior.

Escribe oraciones utilizando el vocabulario de la ropa y el tiempo.

Escribe sobre el propósito de la ropa que las personas usan.

Observa el ejemplo:

En Canadá hace frío en invierno, entonces las personas usan abrigos y bufandas para no tener frío.

Escribe 10 oraciones.

Comparte tus ideas en equipos pequeños.

8 La vida en diferentes condiciones

Enfoques del aprendizaje

- Habilidad de comunicación: Utilizan una variedad de técnicas de expresión oral para comunicarse con diversos destinatarios

Completa una tabla como la siguiente.

Utiliza el mapa en la página anterior.

Observa el ejemplo.

País	Lugares	Actividades que podemos realizar
1 Venezuela	Playas	Nadar
2 Argentina		
3 España		
4 Costa Rica		

Después de completar la tabla, colabora con un compañero.

Imagina que tú vives en uno de esos países y tu compañero vive en otro.

Charla con tu compañero sobre el tipo de lugares que hay en el país donde vives y las actividades que puedes hacer en diferentes temporadas.

Considera estos ejemplos:

A: ¿De dónde eres?

B: Soy de Costa Rica.

A: ¿Qué tipo de lugares hay en Costa Rica?

B: Hay playas, bosques y ríos.

A: ¿Qué tiempo hace en Costa Rica en verano?

Gramática

Conjugación de los verbos irregulares en presente de indicativo

Recuerda que en español utilizamos el presente para expresar hechos y condiciones actuales; rutinas; y la frecuencia con la que realizamos ciertas actividades.

La siguiente tabla muestra la conjugación de algunos verbos irregulares de uso frecuente.

Pronombre(s)	ser	estar	ir	oír	oler
yo	soy	estoy	voy	oigo	huelo
tú	eres	estás	vas	oyes	hueles
él / ella / usted	es	está	va	oye	huele
nosotros / nosotras	somos	estamos	vamos	oímos	olemos
vosotros / vosotras	sois	estáis	vais	oís	oléis
ellos / ellas / ustedes	son	están	van	oyen	huelen

9 Destinos turísticos

Enfoques del aprendizaje

- Habilidad de comunicación: Leen con actitud crítica y para comprender

Lee los siguientes textos.

Guatemala

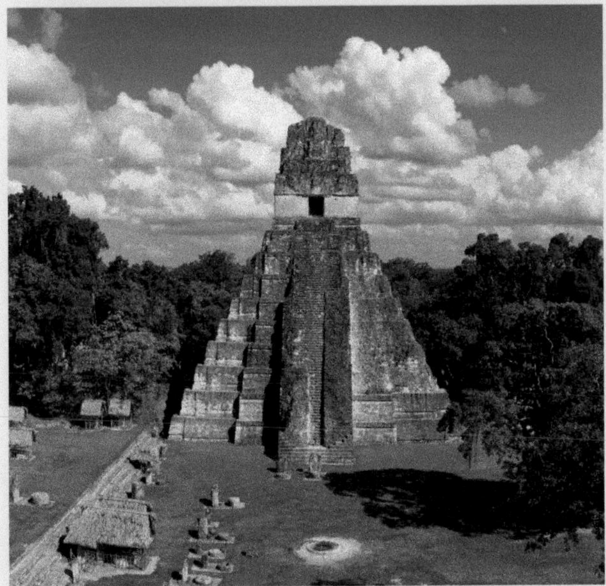

Guatemala está en América Central, al sur de México. Guatemala tiene diferentes tipos de clima, aunque en general es posible observar dos estaciones marcadas: la temporada de lluvias de mayo a noviembre y la temporada seca el resto del año. Al norte del país las temperaturas son generalmente cálidas, alrededor de los 20 grados Celsius en promedio, aunque el calor puede llegar a los 37 grados Celsius con un nivel alto de humedad. En el centro del país, el clima es templado, con temperaturas de 18 a 25 grados Celsius. A los guatemaltecos les gusta cenar y desayunar tortillas con frijol. Los sábados por la noche les gusta comer tamales, y los domingos les gusta pasar tiempo con la familia y comer churrasquito. Los guatemaltecos están orgullosos de sus raíces mayas, y aprecian los chapinismos del español que hablan. A los guatemaltecos les gusta mucho la cultura de su país, y les encanta ir a Antigua, a Panajachel y a Tecpán.

Para más información, visita nuestro sitio web: www.visitguatemala.com

Chile

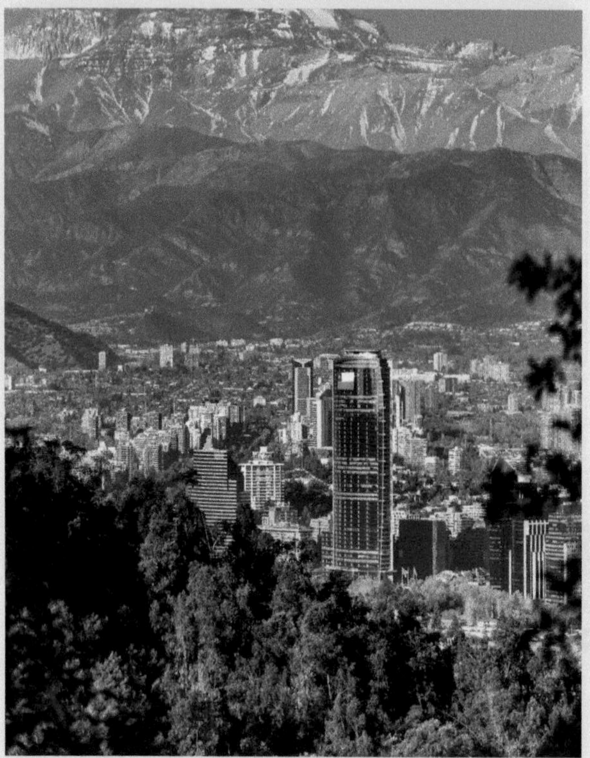

Chile se extiende a lo largo del Océano Pacífico y tiene condiciones climáticas muy variadas. Las estaciones del año en Chile son diferentes al hemisferio norte: el verano abarca desde el 21 de diciembre al 20 de marzo; el otoño abarca desde el 20 de marzo al 21 de junio; el invierno abarca desde el 21 de junio al 23 de septiembre; y la primavera desde el 23 de septiembre al 21 de diciembre.

La geografía del país ofrece la oportunidad de ir a la playa y de ir a esquiar también. En Chile es imposible ignorar la vida nocturna; a los chilenos les gusta carretear hasta que sale el sol. Los chilenos también son personas orgullosas de su propia cultura, muy curiosos, respetuosos y competitivos; tienen una cultura ambientalista y ecológica muy fuerte y por esta razón les gusta reducir, reciclar y reutilizar.

La calidad de vida en Chile es muy elevada; a los chilenos les gusta ir a los parques; también les gusta caminar; además les gusta montar en bicicleta en las ciclo vías; y también les gusta hacer ejercicio. Sin embargo, las actividades dependen del clima. Para las personas que viven en Santiago, la distancia para ir a la playa y a las montañas es similar.

Para más información, visita nuestro sitio web: www.turismochile.com

España

España tiene una ubicación privilegiada; su clima es muy variado debido a su situación geográfica. Todas las regiones de España son diferentes, y por esta razón es posible visitar ciudades con clima templado, otras con clima cálido y otras donde el aíre es frío.

En general, enero es el mes con la temperatura media más baja, mientras que agosto es el mes con el promedio más alto. Las temperaturas de las costas del Mar Mediterráneo varían entre los 15 y los 18 grados Celsius y son más altas que las del Mar Cantábrico, donde se ubican alrededor de los 14 grados Celsius.

Muchas personas piensan que en España sólo se habla el español, pero también existen otras lenguas como el catalán, el vasco y el gallego, por mencionar algunas. Entonces, igual que su clima, la cultura de España es diferente en cada región. Sin embargo, se puede afirmar que a los españoles les gusta comer bien, y les gusta beber buen vino. A los españoles también les gusta pasar tiempo con sus amigos; además les gusta salir y tapear en restaurantes o bares. A los españoles les gusta mucho escuchar música e ir a conciertos; les gusta ir al cine y, según una encuesta, cuatro de cada diez personas van a actuaciones en directo, por ejemplo festivales, conciertos, exposiciones en museos, etc. Un dato curioso es que a los españoles les gusta utilizar el superlativo con los adjetivos, y dicen: guapísima, grandísimo, buenísimo.

Para más información, visita nuestro sitio web: www.visitspain.com

Después de leer los textos, completa las siguientes tareas.

A Indica el texto en el que se mencionó las ideas en la columna de la izquierda. Considera únicamente la información en el texto.

Idea	Guatemala	Chile	España
1 Existen otras lenguas además del español.			
2 Tiene diferentes tipos de clima.			
3 Tiene condiciones climáticas muy variadas.			
4 Su calidad de vida es muy elevada.			
5 Tiene un nivel alto de humedad.			
6 Utilizan el superlativo con frecuencia.			
7 Tienen una conciencia muy ecológica.			
8 Aprecian su cultura.			
9 Tiene una localización geográfica única.			
10 Aquí es posible ir a la playa y esquiar.			

Contesta las siguientes preguntas.

1 ¿Cuáles dos comidas les gusta a los guatemaltecos comer los fines de semana?
2 Menciona tres lenguas que se hablan en España además del español.
3 ¿Cuáles fechas abarca el invierno en Chile?

B Considera la variante de las siguientes palabras y escribe su significado. Lee el contexto en el que se utilizan las palabras.

1 En el texto sobre Chile, la palabra "carretear" significa: _____
2 En el texto sobre España, la palabra "tapear" significa: _____
3 En el texto sobre Guatemala, la palabra "chapinismos" significa: _____
4 Considera el formato de los textos y selecciona la respuesta correcta.

Estos textos son…

a artículos
b volantes
c artículos de periódico

10 ¿Cómo pasar un invierno memorable en Finlandia?

Enfoques del aprendizaje

- Habilidad de comunicación: Leen con actitud crítica y para comprender

Lee el siguiente texto.

www.visitarfinlandia.com

Sitio web oficial de turismo de Finlandia

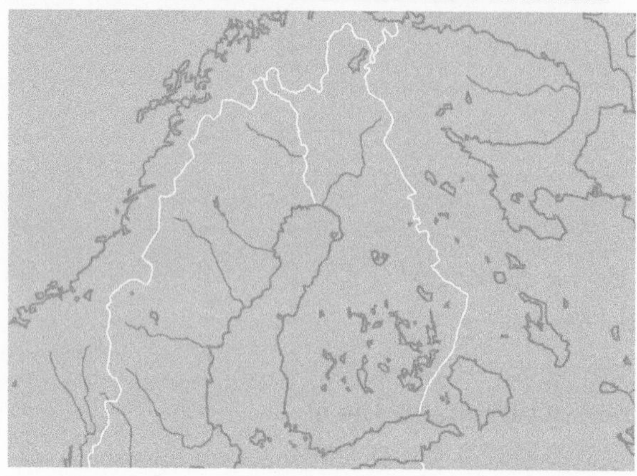

1 Visitar Finlandia en invierno significa tener la oportunidad de vivir una de las experiencias más tradicionales y memorables que podemos tener en la vida. La pesca en hielo es parte de los derechos públicos de los finlandeses. Esto significa que los finlandeses no necesitan ningún permiso para practicar la actividad. La perca es el pez nacional de Finlandia y es la especie que los pescadores capturan con más frecuencia durante la temporada de pesca en hielo.

2 Durante el invierno en Finlandia, las zonas abiertas del centro de los lagos o las cabeceras de las bahías son los lugares ideales para practicar la pesca en hielo de Finlandia. Los pescadores pueden experimentar la paz de la naturaleza y una tranquilidad que es difícil de encontrar en otro lugar del mundo. En las familias que tienen pasión por la pesca y conservan esta tradición, los pescadores principiantes celebran su primera captura de forma simbólica.

3 La pesca en hielo es un pasatiempo popular en Finlandia. Hay aguas adecuadas para este deporte en prácticamente todas partes, porque en invierno, en Finlandia hay mucho hielo. Las competiciones de pesca en hielo también son muy populares. De hecho, muchas personas de otros países a quienes les gusta el silencio y la concentración vienen a Finlandia a practicar la pesca en hielo. Además, los finlandeses son muy amables, cordiales y tranquilos. Para muchas personas, la pesca en hielo es similar a meditar.

4 La Secretaría de Turismo de Finlandia recomienda tomar precauciones cuando se practica la pesca en hielo. Debido a que el grosor y lo sólido de las superficies dependen del clima, y si el invierno no es lo suficientemente frío, la densidad del hielo puede variar. Por ello, la Secretaría de Turismo sugiere caminar con cuidado para evitar accidentes.

5 Para caminar sobre el hielo, este necesita estar duro y tener al menos 5 centímetros de espesor. Por ejemplo, el hielo de la orilla puede ser muy resistente mientras que las zonas del centro de los lagos el hielo puede ser delgado. En la primavera es cuando hay riesgos más grandes porque incluso una capa de medio metro puede estar fracturada por el efecto del sol de la primavera. Los pescadores que salen al hielo deben tener consigo punzones de hielo, pues esta es una herramienta que les puede salvar la vida.

6 Si buscas una **experiencia** única, debes probar la pesca en el hielo en las aguas congeladas de Finlandia.

Después de leer el texto, completa las siguientes tareas.

1 Contesta las siguientes preguntas.

a ¿Por qué los finlandeses no necesitan ningún permiso para practicar la pesca en el hielo?

b ¿Cuál es el pez nacional de Finlandia?

c ¿Por qué muchas personas piensan que la pesca en el hielo es como la meditación?

d ¿Cuáles dos características del hielo afecta el clima?

e ¿Cuándo es menos recomendable practicar la pesca en el hielo?

2 ¿Qué significan las siguientes palabras? Elige una palabra de las palabras en el recuadro de abajo.

a públicos (párrafo 1, línea 5)
b tranquilidad (párrafo 2, línea 5)
c concentración (párrafo 3, línea 6)
d densidad (párrafo 4, línea 5)
e riesgos (párrafo 5, línea 5)

i impenetrabilidad	**iii** legal	**v** paz
ii gente	**iv** peligros	**vi** calma

3 Considera el formato del texto y selecciona la respuesta correcta.

Este texto es…

a un texto de blog
b un artículo
c una entrada de diario

11 Observa–piensa–comparte

Presta atención la siguiente frase:

"Las noches blancas y el sol de medianoche"

Responde estas preguntas:

1 ¿Qué observas en las palabras de la frase?
2 ¿A qué crees que se refiere la frase?
3 ¿En qué te hace pensar la frase?

Comparte tus ideas en equipos pequeños.

¿Cómo escribir un texto para un blog personal?

En la página 26 hay un ejemplo de un blog personal.

¿Qué hizo el escritor para producir un texto de blog personal?

a En el párrafo 1, el escritor indicó el contexto e incluyó algunas ideas acerca de sus gustos.
b En el párrafo 1, al final, el escritor mencionó ejemplos del tema en diferentes países.
c En el párrafo 3, el escritor incluyó ejemplos acerca de algunos países hispanohablantes.
d En el párrafo 4, el escritor comenzó con las palabras "en mi opinión" para enfatizar su punto de vista.
e En el párrafo 5, el escritor mencionó más detalles acerca del tema: el contacto físico.
f En el parráfo 6, el escritor invitó a sus lectores a comentar.

12 Las noches blancas y el sol de medianoche

Enfoques del aprendizaje

- Habilidad de gestión de la información: Establecer conexiones entre diversas fuentes de información

A

Utiliza el siguiente enlace para ver un vídeo acerca de las noches blancas en San Petersburgo, Rusia: https://youtu.be/x_lUTNp-kR8

Después de ver el vídeo, responde las siguientes preguntas.

1 ¿Cómo se llama la periodista que presenta este reporte?
2 ¿En qué tipo de programa de televisión aparece este reporte?
3 ¿Cómo se llama la fiesta que describe este reporte?
4 ¿Quiénes celebran en esta fiesta? ¿Qué festejan?
5 ¿Cuál es la parte más especial de la fiesta?
6 ¿Quién o qué es el invitado de honor?
7 Menciona 10 actividades que los jóvenes rusos hacen en esta fiesta.

B

Imagina que estás en San Petersburgo de vacaciones con tus amigos. Encuentra tres fotografías en internet que muestren las actividades que los jóvenes de San Petersburgo hacen durante las noches blancas.

13 Un fin de semana en San Petersburgo

Enfoques del aprendizaje

- Habilidad de comunicación: Escriben con diferentes propósitos

Imagina que eres un turista que viaja a San Petersburgo durante el verano para vivir la magia de las noches blancas. Escribes un blog acerca de tus viajes, el cual es muy popular entre las personas de tu edad.

Escribe un texto para tu blog. Describe de qué manera disfrutan los rusos de San Petersburgo las noches blancas. Menciona datos especiales acerca de esta época del año. Incluye ejemplos por medio de los cuáles compares el verano en San Petersburgo con el de tu ciudad. Motiva a las personas a visitar San Petersburgo.

¿Qué relación existe entre la actitud y las maneras de comunicación entre las personas según las condiciones climáticas del lugar donde viven?

■ ¿Qué dice nuestra ropa acerca del estilo de vida del lugar donde vivimos?

14 Observa–piensa–generaliza

Presta atención a la ilustración anterior y responde las siguientes preguntas.

1 ¿En dónde vive cada una de las personas en la ilustración? ¿Por qué piensas eso?
2 ¿Qué actividades hacen comúnmente cada una de las personas en la ilustración?
3 ¿Cuáles actividades practican con poca frecuencia las personas en la ilustración? ¿Por qué piensas eso?
4 ¿De qué manera podrías describir el estilo de vida de las personas en la ilustración?
5 ¿A cuál de las personas en la ilustración se parece más tu estilo de vida? ¿Por qué?

Comparte tus respuestas con tus compañeros.

Gramática

Las oraciones relativas

Las oraciones relativas aportan información adicional acerca de un elemento que aparece en la oración principal y que funciona como antecedente.

Presta atención a los siguientes ejemplos:

1 Las personas **que** viven en los lugares fríos son más serias.
2 En los lugares **donde** hace calor, las personas son más alegres.

15 ¿Por qué las personas en los lugares con inviernos largos se deprimen más fácilmente?

Enfoques del aprendizaje

- Habilidad de comunicación: Leen con actitud crítica y para comprender

¿Por qué las personas en los lugares con inviernos largos se deprimen más fácilmente?

Por Daniela Olmos

1 ¿Por qué las personas que viven en la playa sonríen más que las personas que viven en lugares fríos? Aunque resulte difícil de creer, cuando no hay mucha luz podemos observar cambios en nuestro cuerpo. El frío y la oscuridad del invierno provocan depresión tanto en las personas como en los animales, pues producen una disminución general de las funciones metabólicas, y la explicación más simple es que la luz solar determina nuestro estado de ánimo.

2 Cuando los turistas de lugares típicamente fríos como Finlandia o Canadá viajan a lugares cálidos mencionan que cuando hace sol se sienten mejor, con más energía, más activos y más felices; y que cuando hace frío experimentan una falta de motivación. Posiblemente por esta razón muchas personas asocian la lluvia y la neblina con la melancolía.

3 Muchas universidades en Bélgica y Alemania recomiendan a sus estudiantes desarrollar hábitos y rutinas para mantenerse activos en el invierno. Muchos profesores expresan que durante el invierno es común ver a los estudiantes con menos energía, y con una actitud más seria y sombría que en el verano. De hecho, una investigación de la Universidad de Southampton, Inglaterra, menciona que un 90% de los adultos experimentan cambios paulatinos en su estado de ánimo, energía y sueño cuando el verano termina, durante el otoño y con la llegada del invierno.

4 Esta situación no es nada del otro mundo y de hecho tiene un nombre; se le conoce como trastorno afectivo estacional (TAE). El impacto negativo del TAE es tan grande que la atmosfera de trabajo durante el invierno en países como Dinamarca, Noruega o incluso el Reino Unido, puede ser un tanto miserable debido a la depresión invernal. También es importante mencionar que aunque el cambio de clima afecta a toda la gente, también hay personas que sufren TAE crónico.

5 Los inviernos con menos luz provocan más casos de TAE, y cualquier persona puede estar en riesgo. Por esta razón, debemos poner atención para ofrecer ayuda a nuestros amigos y seres queridos si la necesitan.

 **Después de leer el texto, completa las siguientes tareas.**

1 Responde las siguientes preguntas.
   a ¿Cuáles dos elementos provocan depresión?
   b ¿Cómo se sienten las personas originarias de lugares fríos cuando hay sol?
   c ¿Qué les pasa a algunas personas cuando el verano termina?
   d ¿Cuál problema provocan los inviernos largos, fríos y oscuros?

2 Las siguientes afirmaciones son verdaderas o falsas. Indica la opción correcta y luego justifícala usando palabras tal como aparecen en el texto.
   a El artículo sugiere estar atentos del estado de ánimo de nuestros amigos.
   b Una universidad británica realizó un estudio.
   c Universidades en Bélgica y Alemania sugieren descansar mucho en invierno.
   d El frío y la oscuridad aumentan las funciones metabólicas.
   e Algunas personas, cuando hace calor, experimentan una falta de motivación.
   f El TAE afecta la productividad en el trabajo.

CREATIVIDAD, ACTIVIDAD Y SERVICIO

Creatividad

¿De qué manera podrías motivar a tu comunidad de aprendizaje a desarrollar y mostrar una actitud positiva?

¿Por cuáles medios podrías comunicar mensajes positivos para motivar a las personas de tu comunidad a demostrar apoyo por los demás?

¿Qué medidas podrías tomar en diferentes temporadas del año (cuando todo mundo está más estresado, por ejemplo) para contribuir a mejorar la calidad de vida en tu comunidad?

Charla con algunos de tus compañeros y colabora en la planificación de iniciativas para mantener niveles de motivación positiva y elevada en tu comunidad.

Por medio de esta actividad mostrarás evidencia para los siguientes **resultados de aprendizaje:** Mostrar cómo iniciar y planificar una experiencia de CAS; y mostrar habilidades de trabajo en equipo y reconocer los beneficios del trabajo colaborativo.

CREATIVIDAD, ACTIVIDAD Y SERVICIO

Actividad

¿Cuáles actividades te podrían ayudar a tener un mejor rendimiento en la escuela y en tu vida diaria?

¿Qué hábitos podrías modificar para mejorar tu calidad de vida?

¿Qué recuerdos tienes a la mano para emplear tu tiempo libre de manera adecuada?

Encuentra actividades tales como la meditación, el yoga o la concentración plena *(mindfulness)* y practícalas en las horas libres que tengas en la escuela. Toma notas de los cambios que observes y escribe reflexiones en tu diario de CAS.

Escribe algunas metas EMPAR (Específico / Mensurable / Puntual / Alcanzable / Relevante) para planificar actividades físicas que te traerán beneficios.

Por medio de esta actividad mostrarás evidencia para los siguientes **resultados de aprendizaje:** Mostrar que se han afrontado desafíos y se han desarrollado nuevas habilidades en el proceso; mostrar cómo iniciar y planificar una experiencia de CAS; y mostrar compromiso y perseverancia en las experiencias de CAS.

Gramática

Expresión del futuro con "ir" + infinitivo

Estudia la conjugación del verbo "ir".

El verbo "ir" es un verbo irregular. Observa la **forma** de las conjugaciones.

Pronombre(s)	Conjugación
yo	voy
tú	vas
él / ella / usted	va
nosotros / nosotras	vamos
vosotros / vosotras	vais
ellos / ellas / ustedes	van

Podemos expresar ideas en futuro utilizando **la conjugación del verbo "ir"** junto con la preposición "a" y un **verbo en infinitivo**. Estudia estos ejemplos:

- **Voy a comprar** un libro nuevo.
- **Vas a ir** al museo.
- **Vamos a jugar** baloncesto.

16 Tus planes en IB PD

Enfoques del apredizaje

- Habilidad de comunicación: Utilizan una variedad de técnicas de escritura para formular ideas.

Escribe oraciones acerca de los siguientes temas. Utiliza el punto gramatical mencionado en el recuadro anterior.

Observa el ejemplo: Para mantener el equilibrio físico y mental voy a hacer deportes todos los días por lo menos una hora.

¿Cuáles son tus planes con respecto a....?

Tu tiempo libre

Completar tus trabajos a tiempo

Mantener el equilibrio físico y mental

Tus exámenes

Tus proyectos

Pasar tiempo con tus amigos

Convivir con tu familia

TEORÍA DEL CONOCIMIENTO

Sabemos que en diferentes idiomas, existen una gran variedad de ideas que expresan términos que posiblemente no existen en otras lenguas. En ocasiones, la riqueza de la terminología de ciertos idiomas existe debido a la situación geográfica en la que habita la sociedad, pues se requieren de palabras específicas para describir eventos o cualidades particulares. Un ejemplo pueden ser las palabras para "nieve" en la lengua inuit. En esta lengua encontramos que *aput* expresa el significado de "nieve sobre el suelo"; *qana* significa "nieve que está cayendo"; *piqsirpoq* quiere decir "nieve a la deriva"; y *qimuqsuq* significa "nieve arrastrada por el viento", a la cual se le denomina *snowdrift* en inglés.

¿Cómo podrías describir la relación que existe entre **el lenguaje y la percepción sensorial** como **formas de conocimiento**?

Así como las personas experimentan diferentes estados de ánimo dependiendo del clima del lugar donde viven, ¿piensas que utilizan el lenguaje de forma diferente también?

¿Cuáles áreas de conocimiento pueden apoyarnos a explicar la manera en que el medio ambiente y el clima influyen en la psicología, emociones y condición física de las personas?

Reflexión

Enfoques del aprendizaje

- Habilidad de reflexión: Consideran los contenidos y se preguntan: ¿Qué información es familiar? ¿Sobre qué aprendí hoy? ¿Hay algo que aún no haya entendido? ¿Qué preguntas tengo ahora?

Aspecto	Básico	En desarrollo	Apropiado	Excepcional
Conocimiento de vocabulario y gramática	Tengo el conocimiento básico de las estructuras gramaticales y palabras relevantes de la unidad.	El conocimiento básico de las estructuras gramaticales y palabras relevantes de la unidad comienza a profundizarse.	Mi dominio del conocimiento de las estructuras gramaticales y palabras relevantes de la unidad cubre los estándares ideales.	Mi dominio del conocimiento de las estructuras gramaticales y palabras relevantes de la unidad va más allá de las expectativas.
Uso de la lengua en los diferentes contextos	Logro utilizar la lengua únicamente de manera básica en los contextos presentados en la unidad.	Comienzo a utilizar la lengua de manera adecuada en los contextos presentados en la unidad.	Logro utilizar correctamente la lengua en los contextos presentados en la unidad.	Logro utilizar la lengua de manera excepcional en los contextos presentados en la unidad.
Habilidades de comprensión auditiva	Únicamente logro comprender la información más básica de los textos de audio.	Logro comprender la información básica y comienzo a comprender las ideas más complejas de los textos de audio.	Logro comprender ampliamente toda la información de los textos de audio.	Logro comprender ampliamente toda la información del texto de audio, y puedo responder espontáneamente al texto.
Habilidades de lecto-comprensión	Únicamente logro comprender la información más básica de los textos escritos.	Logro comprender la información básica y comienzo a comprender las ideas más complejas de los textos escritos.	Logro comprender ampliamente toda la información de los textos escritos.	Logro comprender ampliamente toda la información de los textos escritos, y puedo responder espontáneamente a los textos.
Habilidades de producción escrita	Únicamente logro utilizar palabras aisladas y estructuras con oraciones simples en las tareas escritas.	Logro utilizar una variedad de vocabulario simple y combinar algunas estructuras simples en las tareas escritas.	Logro producir textos escritos que responden correctamente a las tareas escritas de la unidad.	Logro producir textos escritos creativos que responden correctamente a las tareas escritas de la unidad, y van más allá de lo que piden las directrices.
Habilidades de producción oral	Únicamente logro utilizar frases simples en las tareas orales. No logro reconocer el contexto ni la audiencia.	Logro utilizar y combinar algunas estructuras simples en las tareas orales, reconociendo el contexto y la audiencia.	Logro responder correctamente de manera oral a las tareas escritas de la unidad, demostrando mi comprensión del contexto y audiencia.	Logro responder correcta y creativamente de manera oral a las tareas escritas de la unidad, reconociendo el contexto y la audiencia, personalizando la información.
Comprensión de los conceptos	Tengo una comprensión básica de los conceptos que estudiamos en esta unidad.	Logro comprender la relación entre los conceptos que estudiamos y las tareas que realizamos en esta unidad.	Logro comprender y articular la relación entre los conceptos que estudiamos y las tareas que realizamos en esta unidad.	Logro comprender y articular la relación entre los conceptos que estudiamos y las tareas que realizamos en esta unidad, y puedo generalizar mi comprensión conceptual.

UNIDAD 5 ¿Utilizamos nuestro conocimiento para decidir qué comemos?

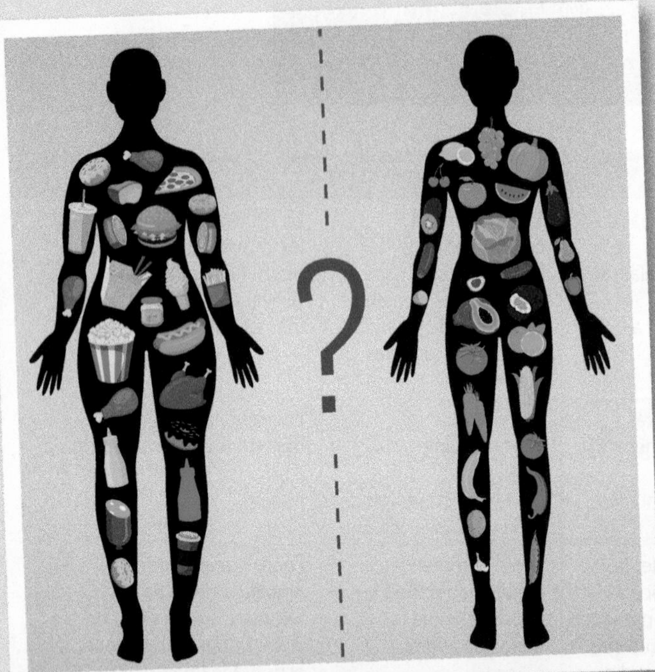

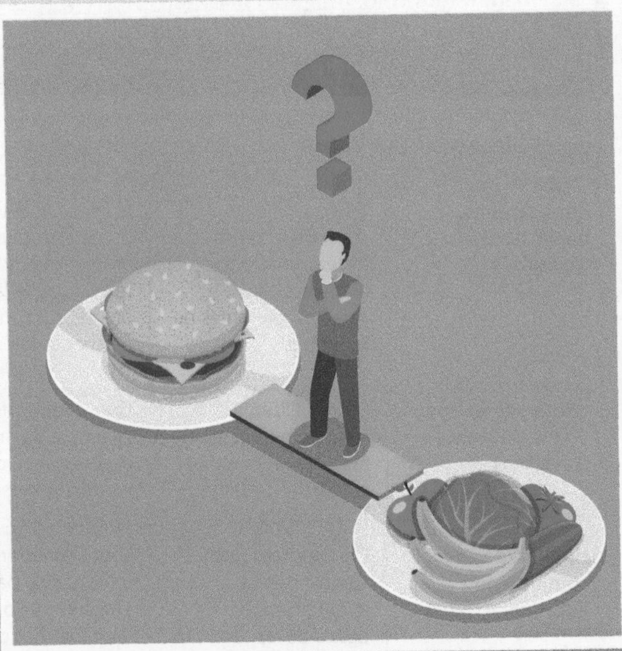

■ Dicen que las comidas largas producen vidas cortas. ¿Estás de acuerdo?

OBJETIVOS DE COMUNICACIÓN

En esta unidad vas a:

- Hablar y escribir acerca de las comidas y bebidas que te gusta consumir
- Intercambiar puntos de vista acerca de comidas y bebidas
- Describir el valor nutricional de diferentes comidas
- Hablar y escribir acerca de las comidas más populares en diferentes países
- Comparar las comidas que se consumen en diferentes festivales en el mundo
- Explicar las relaciones entre la comida que consumes y los hábitos alimenticios
- Dialogar acerca de las comidas que se consumen en diferentes ocasiones
- Indagar sobre los problemas relacionados con el desperdicio de comida

EN ESTE CAPÍTULO INVESTIGARÁS ESTAS PREGUNTAS:

Fácticas	Conceptuales	Debatibles
¿Qué comida de otros países te gusta? ¿Cuáles platos típicos de tu país son tus favoritos? ¿Qué comidas se acostumbran en diferentes celebraciones?	¿De qué manera podemos utilizar la lengua para hablar sobre la alimentación? ¿Qué relación existe entre la geografía de los países y la comida que consumen? ¿Cómo se representa la cultura de un país en su comida? ¿Existe una relación entre los rituales en la mesa y la comida en diferentes países?	¿En realidad somos lo que comemos? ¿Por qué existe comida especial para ciertos festivales? ¿Por qué muchas personas se definen a sí mismas por medio de la comida que consumen? ¿Es la comida un ejemplo de la identidad de un país?

¿Qué comida de otros países te gusta?

1 Piensa–compara–comparte

Responde las siguientes preguntas con un compañero.

1. ¿Cuáles comidas en la foto puedes nombrar?
2. ¿Cuáles te gustan? ¿Por qué?
3. ¿Cuáles no te gustan? ¿Por qué?
4. ¿A quiénes de tus amigos les pueden gustar estas comidas?

2 Los alimentos

Lee con atención los nombres de las frutas, verduras, granos y carnes en la ilustración siguiente.

Frutas		**Verduras**	
manzana	piña	cebolla	rábano
plátano	granada	papa / patata	col
naranja	cereza	ajo	lechuga
toronja	papaya	zanahoria	apio
durazno	guayaba	pepino	calabaza
tomate	fresa	remolacha	calabacita
mango	mandarina	coliflor	chile
sandía		brócoli	

Granos	**Otros alimentos**	**Carne de …**	**Mariscos**
nueces	huevos	res	camarón / gamba
almendras	queso	cordero	pulpo
arroz	mantequilla	pescado	langosta
trigo	leche	pollo	
lentejas			
cacahuate			
pistacho			

A **Utiliza la información en la ilustración de al lado y clasifica el vocabulario en las columnas siguientes.**

5 frutas o verduras verdes	5 frutas o verduras rojas	5 frutas que comemos con leche

Comidas buenas para una dieta balanceada	Comidas malas para la salud

Jugos / zumos favoritos	Sopas favoritas
Me gusta el jugo de…	Me gusta la sopa de…

B **Practica las siguientes preguntas con tu compañero. Toma turnos para preguntar y responder.**

1 ¿Qué te gusta comer en el desayuno / el almuerzo / la cena?

2 ¿Qué prefieres: … o … ? ¿Por qué?

3 ¿Qué ingredientes te gustan en una ensalada?

4 ¿Qué sopas te gustan?

5 ¿Qué jugos no te gustan? ¿Por qué?

3 Repaso del género y del número

Enfoques del aprendizaje

- Habilidad de reflexión: Consideran los contenidos y se preguntan: ¿Qué información es familiar? ¿Hay algo que aún no haya entendido? ¿Qué preguntas tengo ahora?

A **Considera el vocabulario en la ilustración en la página anterior. Concéntrate en la de al lado columnas de frutas y verduras. Clasifica las frutas y las verduras de acuerdo a su género: masculino o femenino.**

B **Escribe la forma plural de las frutas y las verduras.**

Masculino	Femenino

¿Qué artículos utilizarías para usar las palabras en forma plural?

Léxico

Estudia el **significado** de los siguientes adjetivos.

agrio	dulce	nutritivo	salado
amargo	exótico	picante	saludable
delicioso	insípido	sabroso	sano

4 Diseña ensaladas, sándwiches y combos

Enfoques del aprendizaje

- Habilidad de comunicación: Escriben con diferentes propósitos
- Habilidad de pensamiento creativo: Establecen conexiones inesperadas o inusuales entre objetos o ideas

A **Imagina que abres un restaurante. Diseña diferentes tipos de ensaladas, sándwiches o combos. Utiliza la información en la ilustración en la página 96.**

Selecciona el nombre para tu ensalada o sándwich y escribe los ingredientes que incluye.

Después, diseña algunos combos que incluyan una ensalada, un sándwich y un jugo. Preséntalos en forma de una carta o menú de restaurante.

B **Trabaja con un compañero. Intercambia tu carta del día o menú. Escribe tu opinión sobre la carta / menú de tu compañero. Menciona:**

- Qué te gusta del menú
- Qué podría incluir para que sus opciones sean más atractivas
- A quién de tus amigos te gustaría recomendar el restaurante y por qué

C **Trabaja en equipos pequeños.**

Simula una conversación en un restaurante. Una persona debe ser el camarero y las otras dos personas deben ser clientes que ordenan comida. Toma turnos para intercambiar los roles.

5 Las comidas del mundo

La ilustración siguiente muestra algunos ejemplos de los diferentes tipos de comida en el mundo.

Enfoques del aprendizaje

- Habilidad de comunicación: Escriben con diferentes propósitos

Selecciona una de las comidas en la ilustración que se representa a continuación. Investiga acerca de los hábitos de comida de las personas en ese país. Eres un periodista que escribe acerca de los hábitos de las personas en los países a los que viaja. Escribe un artículo de revista sobre el país cuya comida seleccionaste. Menciona a qué horas las personas toman sus alimentos, y qué comen por lo general. Incluye algunos ejemplos de los productos locales que podemos encontrar, y compara los hábitos de las personas con los de tu país.

Acompaña tu texto con algunas fotos y preséntalo en una galería en colaboración con tus compañeros.

Punto de indagación

Responde las siguientes preguntas y comparte tus ideas con un compañero.

1 ¿Cuáles comidas te gustan?
2 ¿Cuáles comidas te gustaría probar? ¿Por qué?
3 ¿A qué otros platos se parecen estas comidas?
4 ¿Cuál es un buen lugar en tu ciudad para comer algunas de estas comidas?
5 ¿Son las comidas en la ilustración representaciones auténticas del país?

6 Los gustos de mi compañero

Enfoques del aprendizaje

- Habilidades de comunicación: Utilizan una variedad de técnicas de expresión oral para comunicarse con diversos destinatarios

Trabaja con un compañero. Toma turnos para preguntar y responder las siguientes preguntas. Utiliza el presente simple y vocabulario relacionado con los alimentos.

Toma nota de las respuestas de tu compañero.

1 Generalmente, ¿qué comes en el desayuno?
2 ¿Qué no comes en el almuerzo?
3 ¿Qué ordenas cuando comes en restaurantes?
4 ¿Qué bebes cuando comes ensalada?
5 ¿Qué comida prefieres: dulce, salada o picante? Menciona un ejemplo.
6 ¿Qué jugo te gusta beber?
7 ¿Qué comes cuando tienes problemas con el estómago?
8 ¿Qué comes cuando estás enfermo?
9 ¿Dónde te gusta comer pizza?
10 ¿Con quién te gusta ir a comer a restaurantes?
11 ¿Qué frutas te gusta comer en junio, julio y agosto?
12 ¿Qué frutas exóticas que no existen en India te gustan?
13 Cuándo no estás en tu país, ¿qué comida echas de menos?
14 ¿Cuál es tu comida internacional favorita? ¿Por qué?

7 Lo que le gusta a mi compañero

Enfoques del aprendizaje

- Habilidad de comunicación: Escriben con diferentes propósitos

Utiliza las notas que tomaste de respuestas de tu compañero en la actividad anterior. Escribe un texto para explicar qué le gusta comer a tu compañero. En tu conclusión, indica si tu compañero come saludablemente o no. Incluye ejemplos para justificar tus ideas.

8 Desayunos alrededor del mundo

Enfoques del aprendizaje

- Habilidades de comunicación: Utilizan el entendimiento intercultural para interpretar la comunicación. Utilizan una variedad de técnicas de expresión oral para comunicarse con diversos destinatarios

Utiliza las imágenes en la presentación en este enlace: http://tinyurl.com/desayunox

A Escribe qué comen en los diferentes países que se mencionan.

Por ejemplo:

En el desayuno, en Alemania comen huevos duros.

B Trabaja con un compañero. Toma turnos para preguntar y responder sobre los desayunos en países diferentes.

Estas son algunas de las preguntas que puedes utilizar:

¿Qué opinas del desayuno en Irán?

¿Qué desayuno prefieres: el de China o el de Vietnam? ¿Por qué?

TEORÍA DEL CONOCIMIENTO

Existen alimentos comunes en ciertos países que no son considerados inaceptables en otros. Algunas razones podrían ser religiosas o simplemente forma parte de su legado cultural.

Si utilizamos formas del conocimiento tales como la historia, los sistemas de conocimiento religiosos y los sistemas de conocimiento indígenas, qué afirmaciones de conocimiento podemos generar acerca de las culturas culinarias de diferentes países.

9 Los tacos: Una de las comidas más creativas

Enfoques del aprendizaje

- Habilidad de comunicación: Leen con actitud crítica y para comprender

Lee el siguiente artículo de revista acerca de los tacos.

Los tacos

Una de las comidas más creativas

1 El taco es un plato de origen mexicano, uno de los más famosos y populares, pero es muy probable que los tacos que las personas fuera de México conocen no son tacos en realidad. Un taco real consiste en una tortilla de maíz de un tamaño especial, más pequeña que las tortillas comunes, sobre la cual se pone un guisado. El guisado es generalmente carne preparada de diferentes maneras, o verduras en algunas especialidades.

2 El concepto del taco es muy original pues existen tacos muy básicos como una simple tortilla con sal, o especialidades de diferentes regiones en México. Básicamente, los tipos de tacos que existen reciben el nombre del guisado que llevan dentro. Por ejemplo hay tacos de longaniza, tacos de pescado, tacos de birria, tacos de barbacoa, entre otros. Entonces, no es difícil comprender que los tacos que se venden en Taco Bell, la cadena de restaurantes estadounidense, no son tacos, sino un bastardo de este plato tan dinámico.

3 Muchos restaurantes en el mundo que ofrecen comida mexicana que no es genuina son responsables de la mala y pobre reputación de los tacos. Muchas personas piensan que los tacos son comida rápida, pero en realidad los tacos se pueden comparar con la pizza, porque pueden tener un estilo gourmet. Además, al viajar por México, se pueden probar tacos con ingredientes locales y, también, con procesos de preparación muy diferentes, algunos simples y otros más complejos.

4 Por ejemplo, para preparar tacos de cochinita pibil, es necesario cocinar la cochinita primero. La cochinita pibil es un platillo tradicional del sur de México que tiene un proceso de preparación muy especial y puede tomar varias horas para prepararse. Los tacos de canasta son otro ejemplo; estos se preparan con pequeñas tortillas de maíz y se calientan con vapor utilizando una olla llamada "vaporera". Estos tacos son aceitosos y sudados, y generalmente se rellenan con papa, frijoles, carne deshebrada de res, chicharrón de puerco, mole verde, por mencionar algunas variedades. En otras palabras, los tacos son fuertes representantes de las costumbres culinarias de México, incluyen colores diferentes, mezclan diferentes sabores y atienden a todos los gustos de los comensales.

5 En México, podemos comprar tacos en los puestos de tacos, o también podemos ir a restaurantes especializados de tacos llamados "taquerías". Los tacos se acompañan de una variedad de salsas, rábanos picados, nopales, chiles asados y frijoles. En pocas palabras, después de pedir el tipo de taco que queremos comer, podemos agregar otras guarniciones que estén disponibles.

6 Entonces, la próxima vez que estés en un restaurante mexicano y encuentres tacos en la carta, ya puedes decidir si son reales o no.

Completa las siguientes actividades después de leer el artículo acerca de los tacos.

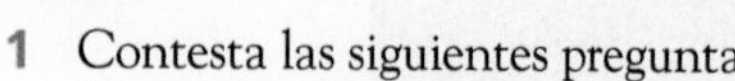

1 Contesta las siguientes preguntas.
- a ¿Con qué guarniciones podemos acompañar los tacos que pedimos en una taquería? Menciona dos.
- b ¿Para preparar cuál tipo de tacos se utiliza una "vaporera"?
- c ¿Por qué pueden ser los tacos similares a la pizza?
- d ¿Generalmente, cómo se decide el nombre de los tacos?
- e ¿Qué es "guisado"?

2 Busca en el texto palabras similares a las que se indican en la columna de la izquierda. Observa el ejemplo. Hay más respuestas de las necesarias.

Por ejemplo: a – i

Palabra	Sinónimo
a (párrafo 6) menú – i	i carta
b (párrafo 2) idea	ii costumbres
c (párrafo 3) complicados	iii comer
d (párrafo 4) tradiciones	iv comprar
e (párrafo 5) adquirir	v taco Bell
f (párrafo 4) cocinar	vi concepto
	vii prepararse
	viii complejo

3 ¿A qué o a quién se refieren las palabras subrayadas? Contesta utilizando las palabras tal como aparecen en el texto.
- a … sobre la cual se pone un guisado (párrafo 1, línea 8)
- b … este plato tan dinámico (párrafo 2, línea 14)
- c … que ofrecen comida mexicana (párrafo 3, línea 1)
- d … que no es genuina (párrafo 3, línea 2)

10 Perfil de un plato tradicional

Enfoques del aprendizaje

- Habilidad de comunicación: Escriben con diferentes propósitos
- Habilidad de gestión de alfabetización mediática: Localizan, organizan, analizan, evalúan, sintetizan y utilizan de manera ética información procedente de diversas fuentes y medios (incluidas las redes sociales y en línea)
- Habilidad de gestión de la información: Acceden a la información para estar informados e informar a otros

Eres un chef que estudió historia. Te gusta viajar por el mundo e investigar acerca de la historia de diferentes comidas.

Escribe un artículo de revista acerca de un plato típico de un país hispanohablante. Menciona los ingredientes y la forma en que se cocina. Incluye comentarios acerca de su popularidad, por qué es especial, e indica por qué deberíamos probarlo.

Incluye las citas de los recursos que utilizaste.

Comparte tu texto en diferentes plataformas para ver qué retroalimentación recibes.

Junto con el trabajo de tus compañeros, crea una compilación de las comidas internacionales que todos investigaron y dónala a la biblioteca de la escuela.

11 Las ofertas en julio

Enfoques del aprendizaje

- Habilidad de comunicación: Escuchan con actitud crítica y para comprender

Escucha el siguiente anuncio acerca de las ofertas en un supermercado: https://tinyurl.com/y9o8q7zv

1 Indica cuál es el precio de los siguientes productos.

Producto	Precio
a Mango Manila	
b Aguacate	
c Mandarina	
d Mamey	
e Calabaza Japonesa	
f Pierna de cerdo	

2 Selecciona las cinco ideas que se mencionan en el texto.

a La papaya maradot y el mamey tienen el mismo precio.
b Hay tres tipos de plátano en oferta.
c La naranja Florida es más cara que la naranja Valencia.
d El kilo de sandía inorgánica cuesta 10 pesos.
e Un kilo de fresas o zarzamoras cuesta $25.90.
f El anuncio es sobre ofertas de invierno.
g Un kilo de uva roja cuesta $19.90.
h Un kilo de pierna de cerdo con hueso cuesta menos de $60.

3 Contesta las siguientes preguntas.

a ¿Quiénes son los receptores de este mensaje? Justifica tu respuesta.
  i Televidentes
  ii Radioescuchas
  iii Turistas en la playa

b ¿Quién es la audiencia meta de este mensaje? Justifica tu respuesta.
  i Amas de casa o padres de familia
  ii Estudiantes
  iii Ingenieros

c ¿Cuál es el propósito del texto?
  i Persuadir
  ii Entretener
  iii Informar

12 De compras en el supermercado

Enfoques del aprendizaje

- Habilidad de comunicación: Estructuran la información en diferentes tipos de textos

Esta noche es tu turno de preparar la cena. En este momento estás en el supermercado con tu mamá. Olvidaste revisar qué comida hay en el refrigerador de tu casa.

Llama a tu mamá por teléfono y pregunta sobre lo que hay en casa.

Continúa con la conversación que comienza en la página 104. Incluye opiniones y preguntas acerca de alimentos, cantidades y valor nutricional. No olvides concluir tu diálogo adecuadamente.

Tu mamá	¿Bueno?
Tú	Hola, mamá. Soy yo. Estoy en el supermercado. Me ayudas a ver el refrigerador y la alacena para ver qué hay.
Tu mamá	No hay problema, pero ¿qué vas a cocinar?
Tú	
Tu mamá	

13 Cinco fiestas

Enfoques del aprendizaje

- Habilidades de comunicación: Leen con actitud crítica y para comprender. Utilizan una variedad de técnicas de expresión oral para comunicarse con diversos destinatarios

Lee el siguiente texto.

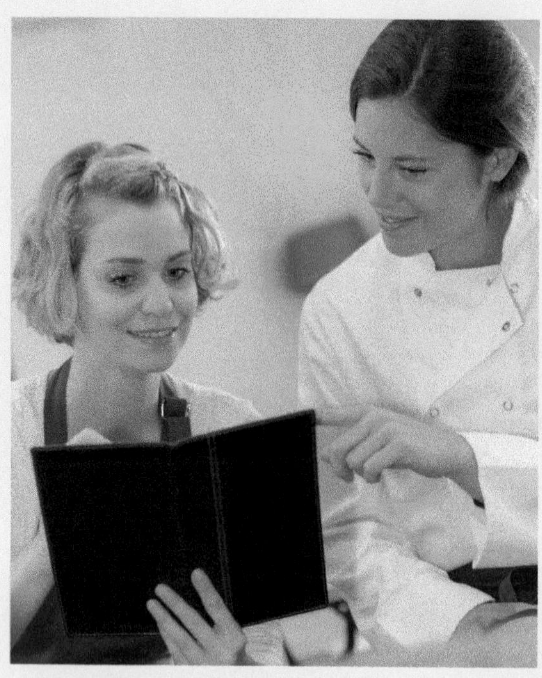

La Señora Fernández y su chef planean cinco fiestas para el 5 de mayo, pero no es fácil porque sus invitados son muy complicados. Ayúdales a planear una fiesta memorable y exitosa.

Carlos es católico y no come carne los viernes. Con los residuos de patatas al horno podemos hacer patatas fritas pero solamente el día siguiente. María es gorda y no come comidas fritas. A Diana le gusta la carne de puerco los miércoles. Juan es alérgico a la leche. Las zanahorias tienen mucha azúcar. Bebe alcohol con patatas fritas. La Sra. Fernández sirve vino blanco solamente con pescado.

Los ejotes son deliciosos con carne de puerco. Los espárragos sin crema tienen pocas calorías. La Sra. Fernández hace flan los domingos. Es muy buena idea servir las patatas al horno con bistec. El pavo es bueno para personas gordas. María va a la clase de baile los martes. A Mónica le gusta el café y el flan. El pollo frito y las patatas fritas son buenos. La Sra. Fernández sirve leche con galletas. El agua no tiene calorías. A Juan le gusta el pollo. El pastel de chocolate se sirve después del pescado. La Sra. Fernández sirve dos tipos de alcohol: tequila y vino blanco. A Juan no le gusta la fruta como postre. La jericalla es deliciosa después del tequila.

Organiza la información en una tabla como la siguiente. Menciona el nombre de las personas, la comida que deben comer en la entrada, el tipo de verduras que es necesario, el postre y la bebida. Analiza la información con mucha atención.

Día	Persona	Entrada	Verdura	Postre	Bebida
Lunes					
Martes					
Miércoles					
Jueves					
Viernes					

¿De qué manera podemos utilizar la lengua para hablar sobre la alimentación?

- ¿Qué preguntas haces cuando vas de compras al mercado?
- ¿Qué preguntas te hacen cuando compras productos como el queso o la carne?

14 Los alimentos que producen los países hispanohablantes

Estudia la siguiente ilustración para aprender qué frutas y verduras producen los países hispanohablantes.

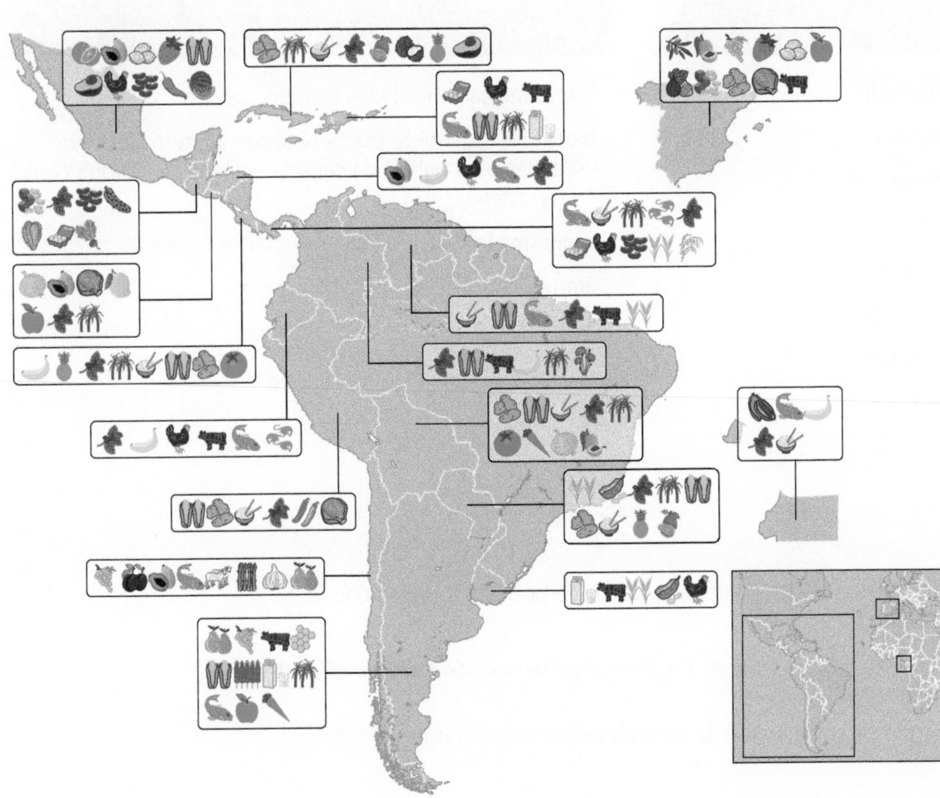

A **Utiliza la información en la ilustración y escribe oraciones como en el ejemplo.**

España produce manzanas.

B **Trabaja con un compañero. Toma turnos para preguntar acerca de los alimentos que producen los países hispanohablantes. Puedes utilizar preguntas como las siguientes:**

- ¿Qué produce Panamá?
- ¿Colombia produce maíz?
- ¿Cuáles países producen naranjas?

Punto de indagación

Responde las siguientes preguntas y comparte tus ideas con un compañero.

1 ¿Qué relación existe entre la geografía de los países y la comida que consumen?
2 ¿Cómo se representa la cultura de un país en su comida?
3 Generalmente, ¿qué comen en los países donde hace frío?
4 Generalmente, ¿qué comen en los países donde hace calor?
5 ¿Qué es más efectivo para informar acerca de los alimentos que se producen en un país: una ilustración como la anterior, o un texto escrito? ¿Por qué?

15 La cocina

Estudia el significado de los siguientes verbos relacionados con la cocina.

Léxico

adobar	hornear
agregar	limpiar
cocer	pelar
cocinar	picar
cortar	poner
cubrir	rebanar
freír	sazonar
guisar	sofreír
hervir	

Léxico

Cómo indicar cantidades cuando cocinamos:

Nota: En español se utiliza el Sistema Internacional de unidades para hablar de cantidades tanto en cocina como en repostería.

kilogramos	grados celsius
gramo	pizca
litro	trozo
mililitros	taza
cucharada	

Punto de indagación

1 ¿Qué es importante comprender acerca del significado de los verbos relacionados con la cocina? (Por ejemplo, cocer y freír.)
2 ¿Qué podemos concluir acerca de la forma de las palabras si consideramos ejemplos como: cocina – cocinar, y horno – hornear?
3 ¿Cuáles prácticas del laboratorio de ciencias son similares a las actividades que se realizan en la cocina?

16 Un tutorial para cocinar un plato

Enfoques del aprendizaje

- Habilidad de comunicación: Utilizan una variedad de técnicas de expresión oral para comunicarse con diversos destinatarios
- Habilidad de pensamiento creativo: Crean obras e ideas originales; utilizar obras e ideas existentes de formas nuevas

Utiliza el vocabulario sobre alimentos en la página 96 y los verbos relacionados con la cocina.

Eres un cocinero famoso y tienes un canal de YouTube. Tus admiradores admiran tus recetas originales y tu creatividad en la cocina.

Escribe el guion para un tutorial por medio del cual enseñarás a los visitantes de tu canal a preparar un plato. Después prepara un guion gráfico (*storyboard*) para organizar las secuencias de filmación. Finalmente, graba tu vídeo. Utiliza el presente de indicativo y organiza tus ideas lógicamente en pasos. El objetivo de tu vídeo es demostrar que es muy fácil cocinar la receta de tu vídeo.

Puedes ver unos ejemplos en los enlaces siguientes.

- Tacos: https://youtu.be/QWHVhVcwYTo
- Paella: https://youtu.be/rxnd8QHbX70

17 Algunas expresiones y los contextos en los que las usamos

Enfoques del aprendizaje

- Habilidad de comunicación: Hacen deducciones y extraen conclusiones

Considera los siguientes contextos: la casa, el restaurante. Indica en qué contexto utilizamos cada una de las expresiones.

Expresión	Contexto
1 ¡Es la hora de comer!	
2 ¿Tiene una reservación?	
3 ¿Puedo tomar su orden?	
4 ¿Hay refrescos en el refrigerador?	
5 La cuenta por favor.	
6 ¿Te sirvo un poco más?	
7 Come toda la comida de tu plato.	
8 ¿Todo está bien?	
9 Disculpe, ¿podría ver la carta de vinos?	
10 ¡Qué bien cocinas, Aurora!	
11 ¿Le gustaría ver la carta de postres?	
12 Disculpe, no se puede fumar aquí.	
13 ¿Tiene opciones vegetarianas?	
14 Pasemos a la mesa, por favor.	
15 Disculpe, estamos llenos el día de hoy.	

Punto de indagación

1 ¿Qué expresiones podríamos utilizar en ambos contextos? ¿Por qué?
2 ¿Qué otros aspectos del idioma podemos observar en las diferentes expresiones?
3 ¿Qué problemas podríamos tener si utilizamos estas expresiones en el contexto incorrecto? ¿Por qué?

18 En el restaurante

Enfoques del aprendizaje

- Habilidad de comunicación: Hacen deducciones y extraen conclusiones

Mira el vídeo en el siguiente enlace: https://youtu.be/-vB_PzgsXzQ

Presta atención al significado de las expresiones y al contexto.

1 Indica la opción correcta para cada una de las siguientes afirmaciones.

Afirmaciones	¿Quién menciona las afirmaciones?		
	Lola	**Manolo**	**El camarero**
a No hay suficiente leche.			
b ¿Qué pasa?			
c Comemos mucho en esta familia.			
d ¡Qué sorpresa!			
e Hoy no vas a comprar nada.			
f Tengo una reserva para las 10.			
g Nos trae agua mineral, por favor.			
h ¿Ya saben lo que desean comer los señores?			
i Una ensalada mixta para dos.			
j ¿Y para empezar?			
k Quiero un poco de atún en la ensalada.			
l Muy amable, muchas gracias.			

2 Contesta las siguientes preguntas.
  a ¿Por qué Lola y Manuel van a cenar a un restaurante?
  b Al final del vídeo, el camarero trae la cuenta. ¿Qué pregunta se omitió en el vídeo?
  c ¿Qué ofrece el camarero a Lola y Manolo?
  d ¿Qué opina Manolo del restaurante?

19 Haciendo reservas en un restaurante

Enfoques del aprendizaje

- Habilidad de comunicación: Escuchan con actitud crítica y para comprender

Escucha dos textos de audio que tratan sobre reservas de restaurante por teléfono y completa las tareas.

- Texto A: Una Reserva para una Ocasión Especial: https://tinyurl.com/y99tyd3b
- Texto B: Tomando una Reserva por Teléfono https://tinyurl.com/y8hhng8z

Con la información del texto A, selecciona la respuesta correcta.

1 ¿La reservación es para cuántas personas?
   a 2 b 4 c 6

2 ¿Para qué hora es la reservación?
   a Para el jueves 3 de junio.
   b Para las 7 de la mañana.
   c Para las 7 de la noche.

3 ¿Cuál es la ocasión que se celebrará?
   a Es el cumpleaños del marido de Ivonne.
   b Es el cumpleaños de Ivonne.
   c Es el aniversario de Ivonne y su esposo.

4 ¿Qué petición especial hace Ivonne?
   a Quiere una mesa en el centro.
   b No quiere una mesa en el centro.
   c No hace petición especial.

Utiliza el texto B para responder las siguientes preguntas.

5 Selecciona las cuatro oraciones verdaderas.
   a La llamada es por la mañana.
   b El anfitrión saluda al cliente.
   c El anfitrión pregunta la fecha y la hora.
   d El anfitrión pregunta el apellido.
   e El anfitrión pregunta por el número de personas.
   f El anfitrión confirmó los datos.
   g El anfitrión agradeció la llamada.

Considera la información en los dos textos.

6 Responde las preguntas.
   a ¿Qué variantes lingüísticas escuchas en la manera en que los anfitriones ofrecen ayuda en el texto A y B?
   b ¿Por qué los dos anfitriones del restaurante utilizan un tono formal? ¿Cómo logras identificar este tono?
   c ¿Qué hacen los anfitriones en los dos textos antes de pedir detalles sobre la reserva?

20 Simulaciones

Enfoques del aprendizaje

- Habilidad de comunicación: Utilizan una variedad de técnicas de expresión oral para comunicarse con diversos destinatarios

Trabaja con un compañero.

Presta atención al propósito y al contexto de las siguientes situaciones, y participa en una serie de simulaciones acerca de reservas por teléfono en restaurantes.

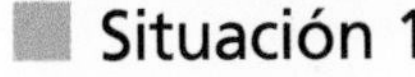

Situación 1

Propósito: **Pedir información**

Necesitas hacer una reservación para celebrar el cumpleaños de tu mejor amigo. Decide qué día y a qué hora celebraras el cumpleaños. Llama a un restaurante y realiza una reserva. Pregunta si el restaurante tiene platos especiales porque dos de tus amigos son vegetarianos, uno de ellos es vegano y otro es alérgico a los cacahuates.

Situación 2

Propósito: **Cancelar una reserva**

Tienes una reservación para cinco personas en un restaurante. Tus amigos perdieron su vuelo y no podrán llegar a tiempo. Llama al restaurante donde tienes la reservación y cancélala. No olvides los detalles con los que hiciste la reservación.

Situación 3

Propósito: **Modificar una reserva**

Tienes una reservación para 10 personas en un restaurante. Sin embargo, cinco amigos acaban de regresar de un viaje y también quieren ir a cenar contigo. Planifica los detalles con los que hiciste la reserva: número de personas, área del restaurante, otras peticiones especiales. Llama al restaurante en el que hiciste la reserva y pregunta si es posible modificarla.

21 Diferentes representaciones de la información

Enfoques del aprendizaje

- Habilidades de comunicación: Leen con actitud crítica y para comprender. Hacen deducciones y extraen conclusiones

Lee la información acerca de la papa en los dos textos siguientes.

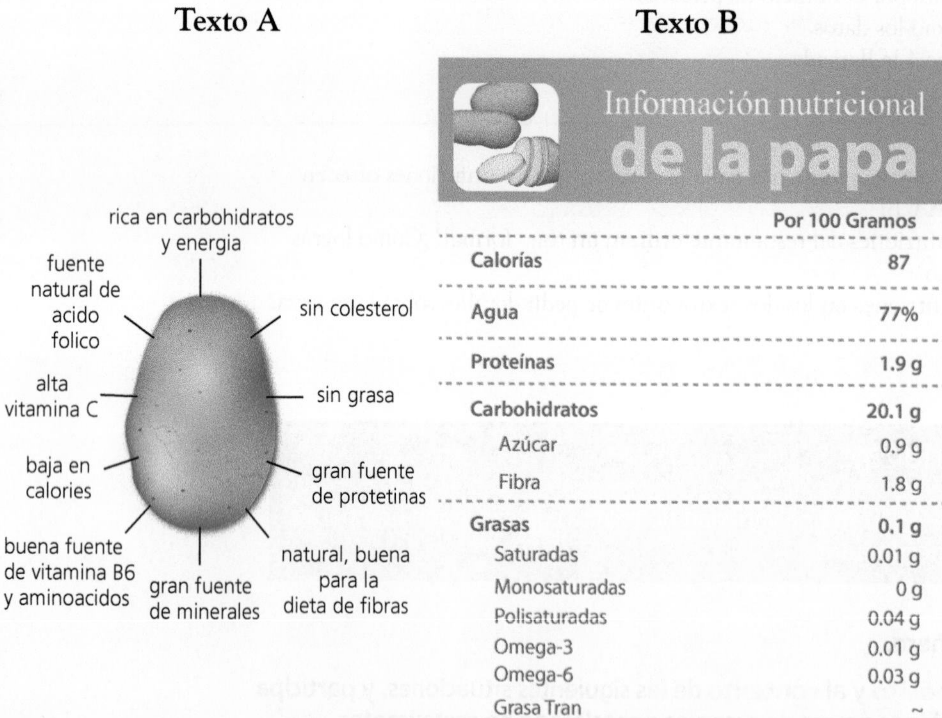

Información nutricional de la papa

	Por 100 Gramos
Calorías	87
Agua	77%
Proteínas	1.9 g
Carbohidratos	20.1 g
Azúcar	0.9 g
Fibra	1.8 g
Grasas	0.1 g
Saturadas	0.01 g
Monosaturadas	0 g
Polisaturadas	0.04 g
Omega-3	0.01 g
Omega-6	0.03 g
Grasa Tran	~

Contesta las siguientes preguntas después de leer los dos textos anteriores.

1. ¿Cuál texto presenta datos concretos sobre el valor nutricional de las papas?
2. ¿Cómo podríamos describir las diferencias entre la información del texto A y del texto B?
3. ¿Cuál es el **propósito** de cada uno de los textos?
4. ¿Dónde podríamos ver textos similares al texto B en la vida real?

CREATIVIDAD, ACTIVIDAD Y SERVICIO

Creatividad y servicio

Si tu escuela tiene una cafetería, colabora con los cocineros e infórmate acerca de los platos que cocinarán con una semana de antelación. Diseña infografías que muestren la información nutricional de los platos que se servirán en la cafetería.

Por medio de esta actividad mostrarás evidencia para el siguiente resultado de aprendizaje: Mostrar cómo iniciar y planificar una experiencia de CAS.

Si logras completar esta actividad y sostenerla por un periodo de tiempo prolongado, también mostrarás evidencia para los siguientes resultados de aprendizaje: Mostrar compromiso y perseverancia en las experiencias de CAS, y reconocer y considerar el aspecto ético de las decisiones y las acciones.

22 ¿Qué tan sana es la comida de las celebraciones tradicionales?

Enfoques del aprendizaje

- Habilidad de gestión de la información: Establecen conexiones entre diversas fuentes de información

A **Utiliza la información en la ilustración en la página de al lado, e investiga más información. Completa una tabla como la siguiente:**

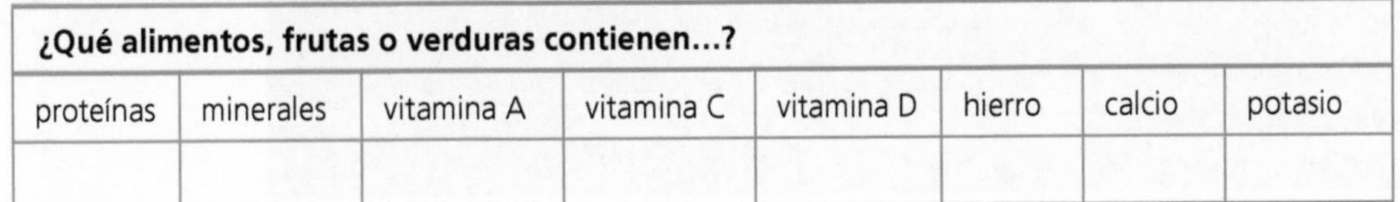

¿Qué alimentos, frutas o verduras contienen...?							
proteínas	minerales	vitamina A	vitamina C	vitamina D	hierro	calcio	potasio

B **Utiliza la información que escribiste en la tabla y escribe 10 oraciones como en el ejemplo:**

a La leche tiene calcio y es buena para mantener los huesos fuertes.
b Las zanahorias tienen vitamina A y son buenas para reducir el colesterol.

C **Después de escribir las oraciones, trabaja con un compañero. Reproduce la siguiente interacción:**

A: ¿Sabías que la naranja tiene vitamina C?
B: Sí, lo sabía. La vitamina C es buena para prevenir resfriados.

A: ¿Sabías que la naranja tiene vitamina C?
B: No, no lo sabía. ¿Para qué sirve la vitamina C?

23 TU SER

Enfoques del aprendizaje

- Habilidad de comunicación: Escuchan con actitud crítica y para comprender

Escucha el texto de audio en el siguiente enlace: https://tinyurl.com/yaovpe5e y completa las tareas.

1 Relaciona las oraciones en la columna izquierda con las respuestas en la columna derecha.

a	Ayuda a prevenir el cáncer.	i	la miel de abeja
b	Ayuda a fortalecer el sistema inmunológico.	ii	el café
c	Promueve la recuperación del sueño.	iii	la chía
d	Inhibe el avance de enfermedades como el Alzheimer.	iv	el polen de abejas
e	Ayuda a perder peso.	v	el agua de mar

2 Responde las siguientes preguntas.
   a Menciona dos iniciativas que TU SER apoya.
   b Menciona el barrio y la ciudad donde se encuentra TU SER.
   c Menciona dos características de los productos que puedes comprar en TU SER.
   d ¿Cuál es el propósito de este texto? Justifica tu respuesta.
   e ¿Quién es la audiencia meta de este texto? Justifica tu respuesta.

24 Polaroids de comida

Enfoques del aprendizaje

- Habilidad de comunicación: Colaboran con los compañeros para producir textos con mensajes específicos
- Habilidad de pensamiento creativo: Crean obras e ideas originales; utilizan obras e ideas existentes de formas nuevas

A muchas personas les gusta tomar fotos de la comida que consumen y las comparten en las redes sociales. ¿A ti te gusta hacerlo?

Presta atención a las siguientes imágenes. Escribe un comentario para cada una, después compara tus comentarios con los de tus compañeros.

25 Gracias redes sociales

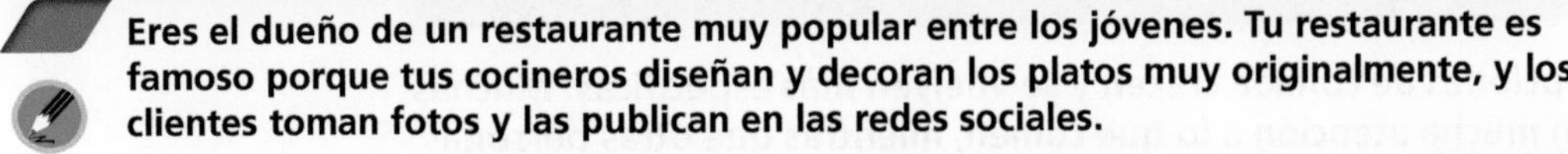

- Habilidad de comunicación: Escriben con diferentes propósitos

Eres el dueño de un restaurante muy popular entre los jóvenes. Tu restaurante es famoso porque tus cocineros diseñan y decoran los platos muy originalmente, y los clientes toman fotos y las publican en las redes sociales.

Escribe el texto de un discurso que presentarías en una convención acerca del rol de las redes sociales en el comercio. Tus receptores son emprendedores de la industria restaurantera. Comparte la experiencia de tu restaurante. Menciona ejemplos de la manera en que las publicaciones de tus clientes ayudan a tu negocio.

¿En realidad somos lo que comemos?

La pirámide alimenticia también recibe el nombre de pirámide nutricional y se utiliza como método para distribuir la variedad de alimentos que deben componer nuestra dieta de manera cotidiana.

26 Observa–piensa–escribe–pregunta

Presta atención a la ilustración anterior.

A Escribe 10 oraciones acerca de la información que se presenta en la ilustración.

Observa el patrón en los ejemplos.

a Debemos **comer** frutas todos los días.
b La ilustración sugiere **comer** frutas todos los días.

B Después, escribe 10 preguntas que te gustaría hacer a tu compañero acerca de sus hábitos. Observa el patrón en los ejemplos.

¿Cuántas veces a la semana comes carne?

¿Comes carne todos los días?

Toma turnos para preguntar y responder.

27 Diferentes opciones nutricionales

Enfoques del aprendizaje

- Habilidad de gestión de la información: Acceden a la información para estar informados e informar a otros

Hoy en día, las opciones de comida crecen y se vuelven más específicas. Muchas personas prestan mucha atención a lo que comen, mientras que otras personas no consumen ciertos alimentos por cuestiones religiosas o decisión personal.

Presta atención a las palabras en la siguiente tabla. Busca la definición de las palabras en un diccionario. Para cada palabra, escribe dos ideas que representen las definiciones. Observa el ejemplo.

Palabra	Características
1 Carnívoro	Una persona que come carne.
2 Vegetariano	
3 Omnivoro	
4 Vegano	
5 Halal	
6 Kosher	
7 Crudivegano	
8 Frugívoro	
9 Lactovegetariano	
10 Paleodieta	

28 Alimentación básica para corredores

Enfoques del aprendizaje

- Habilidad de comunicación: Leen con actitud crítica y para comprender
- Habilidad de pensamiento crítico: Reconocen los sesgos y los supuestos no explícitos

Hoy en día, ser corredor está de moda. Muchas personas modifican sus estilos de vida y sus hábitos alimenticios cuando comienzan correr como pasatiempo, o cuanto comienzan a tomar retos como correr maratones. ¿Te has preguntado cómo es la dieta de los corredores?

A Lee la información en la siguiente tabla.

Grupo de nutrientes	Desfavorables	Favorables
Hidratos de carbono 40%	Libran rápidamente la glucosa	Liberan lentamente la glucosa
Beneficio: Los hidratos de carbono favorables mejoran el control de la insulina	• cereales • azúcar • bollería • pasta • arroz	• verduras • frutas
Proteínas 30%	Alto contenido en grasa	Bajo contenido en grasa
Beneficio: Aumentan la saciedad	• embutidos • carne de res • casquería • yema de huevo	• pescado • carne magra • clara del huevo • leche semidesnatada • quesos bajos en grasa
Grasas 30%	Menos saludables	Más saludables
Grupo de nutrientes	Desfavorables	Favorables

Grupo de nutrientes	Desfavorables	Favorables
Hidratos de carbono 40%	Libran rápidamente la glucosa	Liberan lentamente la glucosa
Beneficio: Regulan el apetito	Grasas animales • carnes rojas • mantequilla, nata • quesos curados	Grasas de pescado Grasas vegetales • aceite de oliva • frutos secos • aguacates

B **Realiza una lluvia de ideas y escribe 10 oraciones acerca de los hábitos nutricionales de los corredores.**

Después de escribir las 10 oraciones, compara tus ideas con las ideas en este enlace: https://tinyurl.com/y974s5g6. ¿Qué tanto coincidieron tus ideas y las ideas en la infografía?

29 La obesidad infantil

Enfoques del aprendizaje

- Habilidad de pensamiento crítico: Reconocen los sesgos y los supuestos no explícitos
- Habilidad de comunicación: Estructuran la información en resúmenes, ensayos e informes

A **La obesidad infantil es uno de los problemas de salud pública más graves del siglo XXI. En tu opinión, ¿cuáles son las razones por las que este problema crece día a día?**

Escribe 10 ideas.

Después comparte tus ideas con dos compañeros y agrega ideas nuevas.

B **Ahora compara las ideas que escribiste con los datos en la infografía en este enlace: https://tinyurl.com/ycpzjzc3. ¿Hay ideas nuevas en el texto?**

Utiliza las ideas que escribiste y los datos en la infografía. Escribe un texto para el blog de tu escuela. Los receptores de tu texto son los padres de familia de la escuela. El propósito de tu texto es invitar a los padres a reflexionar acerca de los hábitos alimenticios de sus hijos. Incluye algunas sugerencias acerca de lo que los niños pueden hacer para tener buena salud.

30 Las dietas milagro y las dietas equilibradas

Enfoques del aprendizaje

- Habilidades de comunicación: Leen con actitud crítica y para comprender. Estructuran la información en resúmenes, ensayos e informes
- Habilidad de pensamiento crítico: Reconocen los sesgos y los supuestos no explícitos

A **Lee la infografía acerca de las dietas milagro y las dietas equilibradas en este enlace: https://tinyurl.com/y85ferhl.**

Toma nota acerca de las ideas más importantes.

B **Trabaja con un compañero. Uno de ustedes será un nutricionista y el otro será un periodista. Prepara una entrevista entre el nutriólogo y el periodista acerca de las dietas milagro; las razones por las que muchos hombres y mujeres deciden hacer dieta; la importancia de informarse adecuadamente; y los consecuencias negativas de una mala dieta.**

Presenta tu trabajo en clase y compara tus ideas con las de tus compañeros.

31 Somos lo que comemos

Enfoques del aprendizaje

- Habilidad de comunicación: Leen con actitud crítica y para comprender

Lee los comentarios que los visitantes de este canal hicieron después de ver el vídeo.

www.somosloquecomemosvideo.com

Somos lo que comemos **Alondra H**

150 comentarios

Alba V: @Alondra H estoy completamente de acuerdo con tus ideas. Pienso que debemos prestar más atención a lo que comemos, porque nuestras decisiones reflejan el respeto que tenemos por la naturaleza y los animales. Hoy en día, en el siglo XXI, debemos demostrar nuestra civilidad.

Marian 7: @Alba V No estoy de acuerdo contigo. Estas modas sobre el vegetarianismo y el veganismo son ideas de gente excéntrica en el presente. Dime, ¿crees que eres más respetuosa que las personas en la década de los 50? Recuerda que estos conceptos son parte del mundo moderno.

Claudia S: @Alba V @Marian 7 yo creo que **@Alondra** H simplemente quiere invitarnos a reflexionar sobre la calidad de nuestra alimentación. No es necesario demostrar que alguien tiene la razón. Simplemente debemos estar abiertos al diálogo.

Dr. Frank: @Claudia S fíjate que yo estoy de acuerdo con **@Marian** 7. Los seres humanos somos omnívoros por naturaleza y las decisiones que las personas toman acerca de lo que comen no tienen nada que ver con ética o respeto por la naturaleza.

Clemencia G: @Alondra H @Marian 7 no debemos olvidar el lugar que los humanos tenemos en la cadena alimenticia. No estoy segura si somos lo que comemos, pero pienso que será buena idea mostrar documentos más actualizados a los estudiantes en primaria. De esta manera podemos ayudarles a formar sus opiniones.

@Alba V: @Marian 7 Muchas gracias por tu comentario. Tienes razón, estos conceptos como el veganismo son muy populares hoy en día, pero también existen religiones como el hinduismo o prácticas de vida como el budismo en las que esos conceptos son parte esencial de las creencias, y son ideas más antiguas que los años 50.

Namaste: @Alondra H ♥

Marco Sanz: @ Alondra H Me gustaría ver una segunda parte de este vídeo. Pienso que sería buena idea incluir entrevistas con personas que cambiaron sus hábitos alimenticios. Estoy interesado en conocer las razones por las que cambiaron.

Alondra H: @ Marco Sanz ¡Estoy colaborando en un proyecto sobre esos cambios! Después publico el vídeo.

Marco Sanz: @ Alondra H ¡Gracias!

Morgana M: @Marco Sanz @ Alondra H 

Después de leer el texto, completa las siguientes tareas.

1 Selecciona las **cuatro** oraciones verdaderas.
   - a Alondra H y Marco Sanz comparten ideas similares.
   - b Alba V y Marian 7 no están de acuerdo.
   - c Clemencia G apoya la idea que somos lo que comemos.
   - d Dr. Frank dice que los humanos sólo comemos carne por naturaleza.
   - e A Namaste y Morgana M les gustan las ideas de Alondra H.
   - f Alondra H sólo responde a una persona.

2 Elige el final apropiado de la lista abajo para completar las siguientes oraciones. Hay más respuestas de las necesarias.
   - a Algunas personas
   - b Los seres omnívoros
   - c Algunas personas tienen hábitos alimenticios específicos
   - d Las escuelas deben ayudar

i a los alumnos a construir opiniones bien informadas.
ii no consume productos lácteos.
iii cambian sus hábitos alimenticios.
iv para tomar decisiones éticas.
v comen carne, verduras y productos lácteos.
vi porque comen.
vii debido a su religión.

TEORÍA DEL CONOCIMIENTO

¿Qué áreas de conocimiento nos pueden apoyar a ofrecer razones válidas acerca de la importancia de la buena alimentación y los mitos sobre las dietas milagrosas?

¿Qué podemos afirmar si utilizamos las ciencias naturales como área de conocimiento?

¿Qué podemos afirmar si utilizamos los sistemas de conocimiento indígenas como área de conocimiento?

Si utilizamos las ciencias sociales como área de conocimiento, ¿qué observaciones podríamos aportar acerca de la globalización, y las migraciones rurales y urbanas modifican los hábitos alimenticios?

Genera preguntas de conocimiento acerca del tema.

CREATIVIDAD, ACTIVIDAD Y SERVICIO

Creatividad

Diseña un calendario en un formato lo suficientemente grande y cuélgalo en un lugar muy popular en tu escuela. Toma la responsabilidad de indicar todos los eventos que tendrán impacto en la vida estudiantil de tu comunidad. No olvides pedir permiso y actualizarlo frecuentemente.

Por medio de esta actividad mostrarás evidencia para el siguiente **resultado de aprendizaje**: Mostrar cómo iniciar y planificar una experiencia de CAS.

Reflexión

Enfoques del aprendizaje

- Habilidad de reflexión: Consideran los contenidos y se preguntan: ¿Qué información es familiar? ¿Sobre qué aprendí hoy? ¿Hay algo que aún no haya entendido? ¿Qué preguntas tengo ahora?

Aspecto	Básico	En desarrollo	Apropiado	Excepcional
Conocimiento de vocabulario y gramática	Tengo el conocimiento básico de las estructuras gramaticales y palabras relevantes de la unidad.	El conocimiento básico de las estructuras gramaticales y palabras relevantes de la unidad comienza a profundizarse.	Mi dominio del conocimiento de las estructuras gramaticales y palabras relevantes de la unidad cubre los estándares ideales.	Mi dominio del conocimiento de las estructuras gramaticales y palabras relevantes de la unidad va más allá de las expectativas.
Uso de la lengua en los diferentes contextos	Logro utilizar la lengua únicamente de manera básica en los contextos presentados en la unidad.	Comienzo a utilizar la lengua de manera adecuada en los contextos presentados en la unidad.	Logro utilizar correctamente la lengua en los contextos presentados en la unidad.	Logro utilizar la lengua de manera excepcional en los contextos presentados en la unidad.
Habilidades de comprensión auditiva	Únicamente logro comprender la información más básica de los textos de audio.	Logro comprender la información básica y comienzo a comprender las ideas más complejas de los textos de audio.	Logro comprender ampliamente toda la información de los textos de audio.	Logro comprender ampliamente toda la información del texto de audio, y puedo responder espontáneamente al texto.
Habilidades de lecto-comprensión	Únicamente logro comprender la información más básica de los textos escritos.	Logro comprender la información básica y comienzo a comprender las ideas más complejas de los textos escritos.	Logro comprender ampliamente toda la información de los textos escritos.	Logro comprender ampliamente toda la información de los textos escritos, y puedo responder espontáneamente a los textos.
Habilidades de producción escrita	Únicamente logro utilizar palabras aisladas y estructuras con oraciones simples en las tareas escritas.	Logro utilizar una variedad de vocabulario simple y combinar algunas estructuras simples en las tareas escritas.	Logro producir textos escritos que responden correctamente a las tareas escritas de la unidad.	Logro producir textos escritos creativos que responden correctamente a las tareas escritas de la unidad, y van más allá de lo que piden las directrices.
Habilidades de producción oral	Únicamente logro utilizar frases simples en las tareas orales. No logro reconocer el contexto ni la audiencia.	Logro utilizar y combinar algunas estructuras simples en las tareas orales, reconociendo el contexto y la audiencia.	Logro responder correctamente de manera oral a las tareas escritas de la unidad, demostrando mi comprensión del contexto y audiencia.	Logro responder correcta y creativamente de manera oral a las tareas escritas de la unidad, reconociendo el contexto y la audiencia, personalizando la información.
Comprensión de los conceptos	Tengo una comprensión básica de los conceptos que estudiamos en esta unidad.	Logro comprender la relación entre los conceptos que estudiamos y las tareas que realizamos en esta unidad.	Logro comprender y articular la relación entre los conceptos que estudiamos y las tareas que realizamos en esta unidad.	Logro comprender y articular la relación entre los conceptos que estudiamos y las tareas que realizamos en esta unidad, y puedo generalizar mi comprensión conceptual.

UNIDAD 6 ¿Festejamos para celebrar la vida o para recordar el pasado?

■ El Día de los Muertos no celebra la muerte, sino la vida.

OBJETIVOS DE COMUNICACIÓN

En esta unidad vas a:

- Describir festivales y celebraciones
- Expresar tu punto de vista personal sobre diferentes festivales y celebraciones
- Hacer preguntas efectivas acerca de eventos especiales y tradiciones
- Participar en juegos de rol acerca de experiencias en fiestas públicas, festivales y celebraciones
- Comparar y contrastar el significado de diferentes festivales y celebraciones internacionales
- Reflexionar sobre el significado de festivales y celebraciones propias de tu cultura
- Indagar sobre la historia de ciertas celebraciones
- Indagar sobre el impacto de la globalización en la popularidad de ciertas celebraciones
- Escribir diferentes tipos de textos acerca de festivales, celebraciones, tradiciones y ritos de paso

EN ESTE CAPÍTULO INVESTIGARÁS ESTAS PREGUNTAS:

Fácticas	Conceptuales	Debatibles
¿Qué te gusta celebrar? ¿Cuáles son tus festivales favoritos en tu país? ¿Qué celebraciones y / o festivales de otros países te gustan? ¿Qué comidas se acostumbran en diferentes celebraciones? ¿Cuáles celebraciones o festivales son representativos de los países hispanohablantes?	¿De qué manera son las celebraciones y rituales muestras de identidad y cultura de un país? ¿Por qué ciertas fechas reciben determinados nombres?	¿Hasta qué punto respetamos y comprendemos las celebraciones de culturas diferentes? ¿Son todas las celebraciones religiosas? ¿Hasta qué punto apreciamos y comprendemos las celebraciones que ocurren en nuestros países?

¿Qué te gusta celebrar?

1 Piensa–compara–comparte

Responde las siguientes preguntas y después comparte tus ideas con tus compañeros.

1 ¿Qué te gusta celebrar con tus amigos?
2 ¿Qué te gusta celebrar con tu familia?
3 ¿Te gusta celebrar festivales en tu escuela? ¿Por qué?

2 Observa–escribe–pregúntate

1 De manera individual, observa las imágenes.
2 Escribe ideas sobre la situación en cada una. Menciona actividades, posibles relaciones entre las personas, ropa, etc.
3 Haz una lista de preguntas que te gustaría hacer sobre estas celebraciones.

Comparte tus ideas en equipos pequeños. Toma turnos para opinar y responder.

3 Encuentra a alguien que…

Enfoques del aprendizaje

- Habilidad de comunicación: Utilizan una variedad de técnicas de expresión oral para comunicarse con diversos destinatarios

A **Haz preguntas con las siguientes ideas y encuentra personas en tu clase que realizan tales actividades. Observa el ejemplo:**

¿Celebras **tu** cumpleaños con **tu** familia?

Experiencia	**Nombre de tu compañero**
1 Celebrar cumpleaños con la familia.	Pablo
2 Regalar presentes caros.	
3 Escribir notas de felicitaciones.	
4 Enviar tarjetas en navidad y año nuevo.	
5 Organizar fiestas de cumpleaños para amigos.	
6 Ser el DJ en las fiestas.	
7 Organizar juegos en las fiestas.	

B **Utiliza la información en la tabla. Escribe oraciones acerca de tus compañeros. Observa el ejemplo:**

Pablo celebra **su** cumpleaños con **su** familia.

4 Estadísticas sobre celebraciones

Enfoques del aprendizaje

- Habilidad de comunicación: Utilizan una variedad de técnicas de expresión oral para comunicarse con diversos destinatarios

A **Realiza las siguientes preguntas a tus compañeros.**

Pregunta a cinco compañeros y escribe sus respuestas. Conjuga los verbos en presente de indicativo. Los números representan las personas a quienes debes preguntar. Observa el ejemplo:

A: ¿Dónde celebras tu cumpleaños?

B: Celebro mi cumpleaños en un restaurante.

Preguntas	**Compañero 1**	**Compañero 2**	**Compañero 3**	**Compañero 4**	**Compañero 5**
1 ¿Dónde celebras tu cumpleaños?	En un restaurante				
2 ¿Con quiénes celebras momentos especiales?					
3 ¿Cuánto dinero gastas en tus fiestas?					
4 ¿Qué prefieres: tomar fotos o hacer vídeos en tus fiestas?					
5 ¿Qué tipo de fiestas organizas?					
6 ¿Qué comes y bebes en tus fiestas?					
7 ¿Qué prefieres: viajar durante tu cumpleaños o tener una fiesta?					

B **Lee, analiza y resume los resultados.**

Escribe oraciones en las que sintetices las respuestas de tus compañeros. Observa el ejemplo:

Cinco personas organizan fiestas en restaurantes.

5 Presupuesto para una fiesta

Enfoques del aprendizaje

- Habilidades de transferencia: Cambian el contexto de una indagación para obtener perspectivas diferentes. Comparan la comprensión conceptual en distintas disciplinas y grupos de asignaturas
- Habilidad de gestión de la información: Obtienen y analizan datos para identificar soluciones y tomar decisiones fundadas
- Habilidad de comunicación: Escriben con diferentes propósitos

Dos amigos y tú quieren organizar una fiesta para celebrar la graduación del PD de tus compañeros. Tú estás encargado de administrar el dinero. Investiga el precio de los siguientes productos o servicios. Toma nota de los precios.

Considera los precios de los artículos que consultaste y genera el presupuesto que necesitas para organizar la fiesta. Escribe un correo electrónico a tus amigos e infórmales sobre el costo que tendría la fiesta. Incluye detalles sobre tus ideas cuando sea necesario.

Esto es lo que necesitas considerar:

- Bebidas (especifica cuáles)
- Vasos desechables
- Platos desechables
- Servilletas
- Bocadillos (especifica cuáles)
- Comida (especifica qué)
- Alquiler de mesas
- Alquiler de sillas
- Alquiler de equipo de sonido
- Servicio de camareros
- Alquiler de un lugar para la fiesta
- Otros costos (especifica)

6 ¿Qué se acostumbra comer en diferentes celebraciones?

Enfoques del aprendizaje

- Habilidad de gestión de la información: Acceden a la información para estar informados e informar a otros

Consulta la lista de alimentos que se presenta en la página 96.

Investiga qué comidas se acostumbran en Navidad, en Eid al-Fitr y el Día de Acción de Gracias y escríbelas en el espacio correspondiente en una tabla como la siguiente.

Navidad	Eid al-Fitr	Día de Acción de Gracias

Después de organizar el vocabulario, escribe 10 oraciones. Observa el ejemplo y considera el contexto de las celebraciones:

En el Día de Acción de Gracias se acostumbra comer pavo.

O

Los estadounidenses acostumbran comer pavo en el Día de Acción de Gracias.

7 ¿Qué te gusta comer en diferentes fiestas?

Enfoques del aprendizaje

- Habilidad de colaboración: Ofrecen y reciben comentarios pertinentes

Trabaja con un compañero.

Participa en una interacción oral. Reproduce los siguientes patrones.

Toma turnos para preguntar y responder.

Día de Acción de Gracias

A: ¿Qué te gusta comer en el Día de Acción de Gracias?

B: Me gusta comer pavo.

Eid al-Fitr

A: ¿Qué te gustaría comer en Eid al-Fitr?

B: Me gustaría comer humus.

Navidad

A: ¿Qué deberíamos comer en Navidad?

B: Deberíamos comer pavo.

Punto de indagación

Responde las siguientes preguntas y comparte tus respuestas con tus compañeros.

1 ¿Comprendes las diferencias del uso de "gustar", "gustaría" y "debería"?

2 ¿Qué función tiene cada palabra?

8 Fiesta de cumpleaños

Enfoques del aprendizaje

- Habilidades de comunicación: Escuchan con actitud crítica y para comprender. Utilizan una variedad de técnicas de expresión oral para comunicarse con diversos destinatarios

Escucha con atención la conversación entre Sonia, Anabel y Patricio.

Pista 4

Considera la información en el diálogo entre Sonia, Anabel y Patricio. Indica verdadero o falso en cada oración.

	Verdadero	Falso
1 El cumpleaños de Patricio es el 5 de junio.		
2 Patricio tiene una computadora.		
3 Los cumpleaños de Sonia y Anabel son en vacaciones.		
4 Sonia quiere organizar fiestas para todos los compañeros.		
5 Anabel, Patricio y Sonia estudian en la misma escuela.		

B **Reproduce la conversación que escuchaste con dos compañeros. Sustituye las fechas en el texto con tu cumpleaños y los cumpleaños de tus compañeros.**

C Una invitación

Lee la siguiente invitación.

EDUARDO MOSQUEDA Y BEATRIZ MARTINEZ

Se complacen en invitar a usted y a su apreciable familia a la celebración de XV años de su hija

Magdalena

La ceremonia religiosa se llevará a cabo el día 15 de octubre de 2019

En el Templo del Expiatorio
Calle Manuel López Cotilla 935
Colonia Americana
A las 12:00

La recepción tendrá lugar en
Salón Bugambilia
Avenida Américas 989
Comida: 14:00-17:00
Fiesta: 18:00-01:00

D **Responde las siguientes preguntas:**

1 ¿Quiénes invitan a la fiesta?
2 ¿Cómo se llama la celebrada?
3 ¿Cuándo es la ceremonia religiosa?
4 ¿Cuántos eventos incluye la invitación?
5 ¿A qué hora termina la recepción?

Punto de indagación

Responde las siguientes preguntas y comparte tus respuestas con tus compañeros.

1 ¿Cuándo es tu cumpleaños?
2 ¿Qué quieres hacer en tu próximo cumpleaños?
3 ¿En tu escuela celebran los cumpleaños de tus compañeros? ¿Cómo?
4 ¿Quién organiza las fiestas de cumpleaños en tu familia?

9 Las fiestas latinas de 15 años arrasan en España

Enfoques del aprendizaje

- Habilidad de comunicación: Leen con actitud crítica y para comprender

Lee el siguiente artículo acerca de las quinceañeras.

Las fiestas latinas de 15 años arrasan en España

Los inmigrantes latinos mantienen viva la celebración con más pasión que en Latinoamérica.

1 Hoy es la fiesta de quince años de Elena Zaragoza. Hoy, Elena comparte con sus amigos y familiares el rito de paso de niña a mujer fundamental en la cultura popular latina. Las quinceañeras se celebran desde México hasta Argentina, de Bolivia a Ecuador, y en las comunidades latinas en Estados Unidos también. Pero Elena vive en Getafe, cerca de Madrid. Sus padres son originarios de Colombia y llegaron a España hace 18 años. Aunque para sus amigos españoles Elena es tan española como ellos, Elena quiere celebrar como en Colombia.

2 El concepto de la quinceañera llega a España en la década de los 80 gracias a una telenovela mexicana del mismo nombre. Sin embargo, hoy en día, es un fenómeno tan grande que la cantidad de empresas que organizan fiestas de quince para inmigrantes crece y crece cada año. Y aunque podemos pensar que este festejo es una ocasión totalmente familiar, muchas familias consideran presupuestos de miles de euros.

3 Los quince años representan el momento en que una niña se convierte en mujer y, por lo tanto, este festejo simboliza su entrada en la sociedad. Sin embargo, lo importante de la fiesta no parece tanto el arcaico rito de iniciación, pues técnicamente hablando "las nuevas mujeres" aún son adolescentes. No obstante, lo que aquí se celebra es el apego a la comunidad.

4 Rosa Ballesta, la dueña de Eventos Principesa, afirma que para la fiesta de Elena preparó un arco decorado con flores, un pastel de tres leches de cinco pisos, centros de mesa en forma de princesa de Disney, y decoraciones en color turquesa y gris claro. Además, para amenizar la ocasión, contrató un DJ que toca Reggaeton y música latina, y ofreció alrededor de cinco platos diferentes.

5 Según Ballesta, lo que más vende es el "paquete todo incluido", el cual tiene un costo de 1.850 euros e incluye alquiler de vestido, limusina, decoración (del evento y de la niña, con maquillaje y peluquería) y el trabajo de una decena de personas entre costureras, DJ, fotógrafo, maestro de ceremonias y coreógrafo. No obstante, la quinceañera de Elena costó cerca de 4.000 euros porque sus amigos pagaron por unos mariachis y un viaje en helicóptero.

6 Los amigos de Elena hoy son damas y caballeros de su corte de honor. Ellas llevan uniformes blancos con vestidos cortos y largas melenas. Ellos van vestidos de negro, con corbatas rosas y tupés perfectos. Muchos de los amigos de Elena son hijos de españoles, pero esta noche se sienten tan colombianos como ella.

Después de leer el artículo, completa las siguientes tareas.

1 Contesta las siguientes preguntas.
- a ¿Dónde vive Elena?
- b ¿De dónde son los papás de Elena?
- c ¿Quién es Rosa Ballesta?
- d ¿Cómo llega el concepto de quinceañeras a España?
- e ¿Qué simboliza la quinceañera?
- f ¿Cuánto costó la fiesta de Elena?
- g Menciona dos detalles sobre la decoración de la fiesta de Elena.
- h ¿A qué se refiere "las nuevas mujeres" en el párrafo 3?

2 De acuerdo con el texto anterior, selecciona las **cinco** ideas que son verdaderas.
- a Elena vive en un barrio cerca de Madrid.
- b El pastel de Elena es de cinco pisos.
- c El DJ de la fiesta de Elena toca música de mariachi.
- d Las quinceañeras se celebran cuando las chicas cumplen 15 años.
- e La cantidad de compañías que organizan fiestas de quince años en España aumenta cada año.
- f La fiesta de Elena costó 1.850 euros.
- g El "paquete todo incluido" cuesta 1.850 euros.

10 Invitación a la quinceañera

Enfoques del aprendizaje

- Habilidad de comunicación: Escriben con diferentes propósitos

Tu hermana cumple quince años en seis meses. Tu trabajo es diseñar las invitaciones para la fiesta.

Escribe la invitación que tu familia enviará a los amigos de tu hermana para asistir a la ceremonia religiosa, a la cena y a la fiesta. Presta atención al ejemplo en la página 124. Utiliza información real de tu ciudad.

¿De qué manera son las celebraciones y los rituales muestras de la identidad y la cultura de un país?

■ El festival del agua en Myanmar; los Sanfermines en Pamplona, España; la Feria de las Flores en Medellín, Colombia; y el festival de barriletes gigantes en Guatemala.

11 Observa–escribe–pregúntate

1 De manera individual, **observa** las imágenes.

2 **Escribe** ideas sobre la situación en cada una. Menciona actividades, posibles relaciones entre las personas, ropa, etc.

3 Haz una lista de **preguntas** que te gustaría hacer sobre estas celebraciones.

Comparte tus ideas en equipos pequeños. Toma turnos para opinar y responder.

12 Tradiciones y celebraciones alrededor del mundo

Enfoques del aprendizaje

- Habilidad de comunicación: Utilizan e interpretan una variedad de términos

Lee información acerca de algunas celebraciones y festivales en diferentes países.

Escribe ideas sobre cada tradición en la columna de la izquierda. Utiliza verbos y vocabulario sobre celebraciones. Conjuga los verbos correctamente. Lee las preguntas con atención.

País y tradición	Responde esta pregunta	País y tradición	Responde esta pregunta
El Carnaval, Río de Janeiro, Brasil	¿Qué hacen **las personas de Brasil durante** el carnaval?	Día de los Muertos, México	¿Qué actividades hace **Mario** en el Día de los Muertos?
Festival de las Linternas, Tailandia	¿Qué actividades hace **tu hermano** en el Festival de las Linternas?	Día del Maestro, Argentina	¿Qué hacen **los estudiantes** en el Día del Maestro en Argentina?
Festival de Ganesha, India	¿Qué haces con **tu familia** en el Festival de Ganesha?	Día de la Hispanidad, España	¿Qué hacen **los españoles** en el Día de la Hispanidad?
Hanukkah, Festival judío	¿Qué hace **Esther** en Hanukkah?	Desfile de San Patricio, Irlanda	¿Qué hacen **las personas de Irlanda** en el Desfile de San Patricio?
Feria de las Flores, Colombia	¿Qué actividades hago **yo** en la Feria de las Flores?	Festival de la Primavera, Año Nuevo Chino	¿Qué hace **Tong Ling**, mi amigo, en el Festival de la Primavera?

13 Tarjetas postales

Enfoques del aprendizaje

- Habilidad de comunicación: Escriben con diferentes propósitos

Imagina que estás viajando por varios países y tienes la oportunidad de disfrutar de la manera en que celebran diferentes tradiciones.

Selecciona tres países diferentes y una celebración tradicional en cada uno. Escribe una tarjeta postal para tus familiares y amigos sobre cada una de las celebraciones. Menciona en qué país estás, describe algunas características de la celebración, qué te gusta y qué actividades son comunes. Escribe 50 palabras en cada tarjeta.

14 Los parachicos

Enfoques del aprendizaje

- Habilidad de comunicación: Escriben con diferentes propósitos

A **Mira el vídeo acerca de la Fiesta de los Parachicos en este enlace: https://youtu.be/dOMjAJYzlhl**

Toma notas sobre lo qué observas, en qué piensas cuando ves el vídeo y las emociones que te provocan las escenas.

Imagina que eres un blogger que escribe sobre las tradiciones en diferentes países y en este momento estás en Chiapas.

Escribe un texto para tu blog. Describe la tradición de la fiesta de los Parachicos. Menciona las actividades típicas de la fiesta. Expresa tu opinión acerca del festival, los detalles que lo hacen especial, e incluye una comparación con otro festival similar que conozcas.

15 Celebraciones del Mundo Hispano

Enfoques del aprendizaje

- Habilidad de gestión de la información: Acceden a la información para estar informados e informar a otros
- Habilidad de gestión de alfabetización mediática: Localizan, organizan, analizan, evalúan, sintetizan y utilizan de manera ética información procedente de diversas fuentes y medios (incluidas las redes sociales y en línea)

A **Selecciona una de las siguientes celebraciones e investiga información relevante sobre ella. Toma notas acerca de la fecha en la que se celebra, las actividades que toman lugar, las comidas tradicionales, los colores característicos, la ropa que usa la gente y lo que te parece interesante.**

Celebraciones:

- Día de Reyes (España, Panamá)
- Las Fallas (España)
- Fiestas Patrias (Perú)
- Día de la Revolución (México)
- Día de la Hispanidad (España)
- Día de la Raza (Latinoamérica)
- La Fiesta de las Flores (Colombia)
- Festividad del Señor del Gran Poder (Bolivia)
- Carnaval de Guaranda (Ecuador)

B **Después de terminar tu investigación, trabaja en grupos pequeños. Comparte los resultados de tu investigación. Escucha las presentaciones de tus compañeros y haz preguntas cuando sea necesario.**

C **Utiliza los datos de tu investigación y escribe un texto de blog. Los receptores audiencia meta de tu texto son estudiantes internacionales de español. En tu texto, resume la información más importante acerca de la celebración que investigaste e incluye un par de preguntas que inviten al lector a hacer una comparación con un festival similar en su país.**

16 La Feria de Málaga

Enfoques del aprendizaje

- Habilidad de comunicación: Leen con actitud crítica y para comprender

Lee el siguiente texto acerca de la Feria de Málaga.

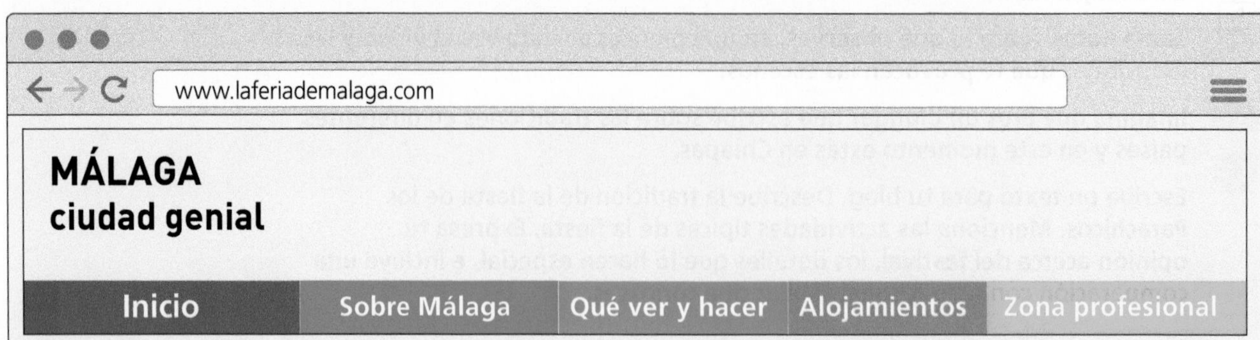

La Feria de Málaga

La Feria de Málaga celebra la llegada del Rey Fernando y de la Reina Isabel a las costas de Málaga el 19 de agosto de 1487. A mediados de agosto, los malagueños celebran durante nueve días en dos partes distintas de la ciudad. Diariamente, al mediodía, los amantes de la feria se reúnen en el Real para apreciar bailes de flamenco, para apreciar el desfile de cientos de carruajes conocido como el paseo. Durante la Feria de Málaga muchos artistas tocan música. Los grupos de músicos se llaman *panda*, y las canciones que tocan se llaman *verdiales*; los instrumentos que generalmente tocan son guitarras, panderos y platillos o címbalos.

Durante el día los asistentes pueden disfrutar música en vivo, bailes y canciones hasta las 6 p.m. La feria continúa por la noche y termina en la madrugada. Durante la noche, los asistentes se reúnen en casetas públicas y privadas para disfrutar de piezas de teatro, música, bailes y comida típica.

La noche de clausura de la feria termina con un concierto patrocinado por el Ayuntamiento de la ciudad, seguido de una impresionante muestra de fuegos pirotécnicos.

Después de leer el texto, completa las siguientes tareas.

1. ¿Cuándo se celebra la Feria de Málaga?
2. ¿A qué hora se puede apreciar los bailes de flamenco?
3. ¿Cómo se llaman las canciones que tocan grupos de los músicos?
4. ¿Cuándo es el concierto patrocinado por el Ayuntamiento de la ciudad?
5. ¿Qué pueden hacer los participantes en las casetas?
6. Elige la respuesta correcta.

   Este texto es:

   a un artículo de periódico
   b parte de una página web
   c una entrada de diario
   d una entrada de blog

17 Una llamada de teléfono

Enfoques del aprendizaje

- Habilidad de comunicación: Utilizan una variedad de técnicas de expresión oral para comunicarse con diversos destinatarios

A **Mira el vídeo acerca de la feria de Málaga en este enlace: https://youtu.be/HOjgzlmy6FM y toma notas.**

B **Imagina que en este momento estás en la Feria de Málaga. Trabaja con un compañero.**

Simula una conversación de teléfono con uno de tus padres. Considera las siguientes instrucciones en la interacción.

Hijo	Padre
Responde las preguntas y comparte cómo te sientes en la feria.	Pregunta acerca de la feria, acerca de las actividades que hacen las personas, la ropa que llevan, la comida y la bebida que hay, y la atmósfera en general.

18 El Día de Simón Bolívar

Enfoques del aprendizaje

- Habilidad de comunicación: Leen con actitud crítica y para comprender

Lee el siguiente texto acerca del Día de Simón Bolívar.

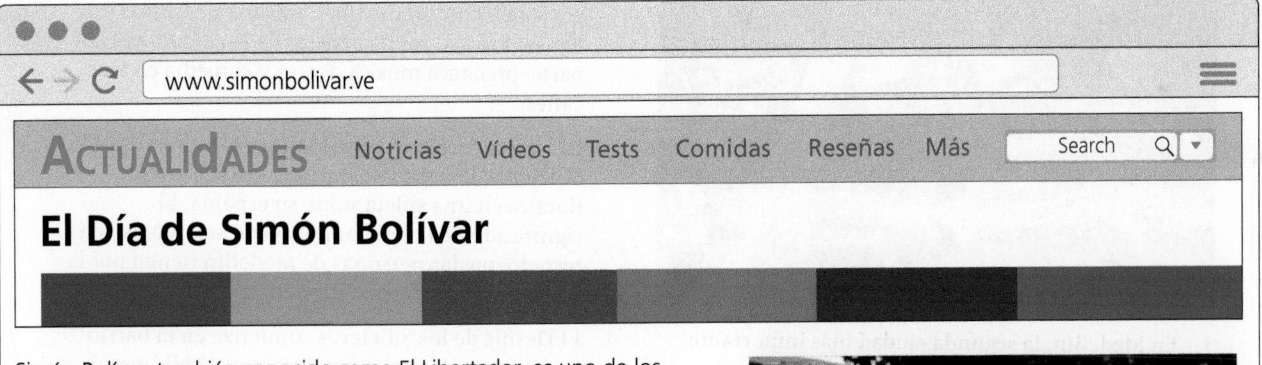

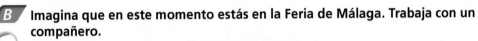

El Día de Simón Bolívar

Simón Bolívar, también conocido como El Libertador, es uno de los héroes más celebrados en la historia de los países latinoamericanos. En Venezuela, Ecuador, Bolivia y otros países del sur del Continente Americano, se celebra el Día de Simón Bolívar el 24 de julio, es decir en el cumpleaños de esta importante figura histórica. En muchas ciudades, los gobiernos organizan desfiles y realizan discursos; también, muchas escuelas aprovechan para celebrar con los estudiantes. Generalmente, en muchas instituciones, en el Día de Simón Bolívar, los profesores y los alumnos recuerdan las contribuciones más importantes de Bolívar y reflexionan sobre la historia de sus países.

Para celebrar su integridad como líder, su patriotismo y su carácter humano, existen monumentos en honor a Simón Bolívar en varias ciudades de Latinoamérica y el mundo.

Después de leer el texto, completa las siguientes tareas.

1 Elige las **cuatro** ideas que son correctas, de acuerdo con el texto.
   a El Día de Simón Bolívar se celebra en todos los países donde se habla español.
   b Simón Bolívar también es llamado El Libertador.
   c El 24 de julio es el cumpleaños de Simón Bolívar.
   d Simón Bolívar es un héroe latinoamericano.
   e Para el Día de Simón Bolívar los gobiernos organizan fiestas.
   f Muchas escuelas celebran el Día de Simón Bolívar.

2 Contesta la siguiente pregunta:
   Menciona **dos** atributos de Simón Bolívar que se festejan en su día.

3 Elige la respuesta correcta.
   Este texto es:
   a un artículo
   b el texto de un discurso
   c una entrada de diario
   d una entrada de blog

19 La Feria de las Flores

Enfoques del aprendizaje

- Habilidad de comunicación: Leen con actitud crítica y para comprender

Lee el siguiente texto acerca de la Feria de las Flores.

La Feria de las Flores

1 En Medellín, la segunda ciudad más importante de Colombia, hay una tradición antigua que las personas celebran en el mes de agosto, todos los años. En la feria de las flores, las personas de Medellín festejan la satisfacción de cultivar flores. Este festival es una demostración del ingenio de los colombianos, porque las flores son una industria importante, como el café, y también son un arte.

2 En la feria, las personas de Medellín decoran sus jardines y las calles con adornos florales; los turistas que visitan Medellín describen la ciudad como la "Ciudad de la eterna primavera". Durante la feria, hay decoraciones de colores en la ciudad entera; el gobierno organiza una feria de diez días, desfiles de caballos, de automóviles clásicos, exhibiciones de orquídeas, pájaros y flores, y la parte más importante: la Caravana de Chivas y Flores. Los grupos de artistas de la ciudad, por su parte, preparan música, teatro y comedia en las calles.

3 La feria también es popular por el Desfile de los Silleteros. Los silleros transportan sus arreglos florales en una silleta sobre su espalda. El significado de la feria es muy especial: representa el respeto que las personas de Medellín tienen por la naturaleza, las flores y la estética.

4 El Desfile de los Silleteros comienza en el barrio Santa Elena; las personas caminan 17 kilómetros para llegar a Medellín. El desfile comienza a las 6 p.m. del sábado y termina el domingo a las 9 a.m; en este tiempo los coches no pueden utilizar las calles principales. Finalmente cuando el festival llega a ciudad, las personas admiran las decoraciones en los carros alegóricos, toman fotografías y beben agua de panela caliente, una bebida típica.

5 Al final, las personas de Medellín y los turistas conviven durante el festival y disfrutan las exhibiciones de flores. Muchos turistas aprovechan esta ocasión para comprar flores como presente para su familia.

Después de leer el texto, completa las siguientes tareas.

1 ¿Qué significan las siguientes palabras? Elige una palabra de las palabras en el recuadro de al lado.

a demostración (párrafo 1, línea 6)
b decoran (párrafo 2, línea 1)
c transportan (párrafo 3, línea 2)
d coches (párrafo 4, línea 5)
e turistas (párrafo 5, línea 1)

i automóviles	**v** expresión
ii examen	**vi** cargan
iii viajeros	**vii** producen
iv adornan	

2 Elige la respuesta correcta.

Este texto es:

a un artículo
b un artículo de periódico
c una entrada de blog
d un informe de laboratorio

TEORÍA DEL CONOCIMIENTO

Varios países del mundo hispanohablante comparten algunas festividades y / o celebran valores similares. Muchas de las celebraciones en Latinoamérica, por ejemplo, son el resultado de la mezcla de los valores y las tradiciones de las culturas indígenas de cada país y las españolas.

Si utilizamos la historia como área de conocimiento, ¿qué evidencia encontraríamos acerca de la manera en que las interacciones entre diferentes civilizaciones influyeron en la creación del sistema de valores que ciertos países tienen en el presente?

¿Cuán diferente sería nuestra apreciación del sistema de valores de las sociedades actuales si la evaluáramos por medio de áreas de conocimiento como la historia o las ciencias sociales?

¿Hasta qué punto respetamos y comprendemos las celebraciones de culturas diferentes?

El respeto a las prácticas y creencias de otros es la paz.

20 Piensa–compara–comparte

Responde las siguientes preguntas y después comparte tus ideas con tus compañeros.

1 ¿Cuáles son algunos festivales en tu país y en el mundo que te gustan? ¿Por qué?

2 ¿Qué aspectos de algunos festivales no te gustan? Por ejemplo, el ruido.

Punto de indagación

Algunas fiestas o celebraciones de ciertos países son muy populares internacionalmente. Sin embargo, algunas personas no conocen realmente el significado de tal celebración o festejan un suceso falso.

Trabaja en equipos pequeños y contesta las siguientes preguntas.

1 ¿Qué se celebra el Cinco de Mayo en México?
2 ¿Cuál es la historia real del Día de Acción de Gracias en Estados Unidos?
3 ¿Qué se celebra en navidad en diferentes países?
4 ¿Qué se celebra el 12 de octubre en las Américas?

Después de compartir tus ideas, investiga sobre estas celebraciones.

21 Celebración del Día de la Hispanidad en Miami

Enfoques del aprendizaje

- Habilidad de comunicación: Escuchan con actitud crítica y para comprender

Escucha el siguiente texto acerca de la celebración del Día de la Hispanidad en Miami. Utiliza este enlace: https://tinyurl.com/y9u8krnm

Después de escuchar el texto, contesta las siguientes preguntas.

1 ¿En qué lugar se celebró el Día de la Hispanidad en Miami?

2 ¿Cuántas personas asistieron a la celebración?

3 ¿Quién es Carlos Vasallo?

4 ¿De qué partes de España son algunos de los asistentes? Menciona **dos** lugares.

5 ¿Cómo celebraron el Día de la Hispanidad?

6 Elige las **tres** ideas que son verdaderas, según el texto.
   a La celebración se realiza en Miami desde 1971.
   b Varias personas en la celebración opinan que se debe celebrar una España unida.
   c Hay muy pocos españoles en Miami.
   d A la fiesta sólo asistieron españoles.
   e España ayudó a México en el temblor.

22 Opiniones encontradas sobre el Día de la Hispanidad

Enfoques del aprendizaje

- Habilidad de comunicación: Escuchan con actitud crítica y para comprender

Escucha el siguiente texto acerca de la celebración del Día de la Hispanidad. Utiliza este enlace: https://tinyurl.com/y9kodlb9

Después de escuchar el texto completa las siguientes tareas.

1 Responde las siguientes preguntas.
   a ¿Quién descubrió América?
   b ¿Qué celebra España en el Día de la Hispanidad?

2 Empata las ideas de la izquierda con las opciones en la derecha. Puedes repetir las opciones.

a Evo Morales es	i el Presidente de Venezuela
b exigió a España la suspensión de su fiesta	ii el Presidente de Bolivia
c Nicolás Maduro es	
d denunció el racismo	

23 Comparación cultural: Dahi Handi y los Castells de Cataluña

Enfoques del aprendizaje

- Habilidad de comunicación: Escriben con diferentes propósitos

Mira los vídeos en estos enlaces y toma notas:

1 http://tinyurl.com/dahihanx: el vídeo trata sobre el Festival indio llamado Dahi handi

2 https://tinyurl.com/yaobcgoq: el vídeo trata sobre los Castells de Cataluña

Eres un turista que escribe un blog acerca de sus viajes. En tu blog, te gusta compartir similitudes entre diferentes aspectos de las culturas.

Utiliza tus notas para escribir un artículo para tu blog. En tu artículo, compara Dahi Handi y los Castells de Cataluña. Menciona similitudes y diferencias. Incluye ideas sobre las oportunidades que existen para aprender sobre otras culturas cuando se estudia una lengua extranjera y cuando viajamos.

Utiliza vocabulario sobre celebraciones.

24 Inti Raymi

Enfoques del aprendizaje

- Habilidad de comunicación: Leen con actitud crítica y para comprender

Lee el siguiente texto acerca del Inti Raymi.

Inti Raymi

El Inti Raymi o La Fiesta del Sol se celebra en Perú el 24 de junio para festejar el solsticio de invierno del hemisferio sur. Varias comunidades de la zona andina, particularmente en Perú y Bolivia, realizan ceremonias para prolongar la presencia del sol y acortar las noches largas de invierno. El Inti Raymi es un festival de origen inca en el que los nativos honran al sol como fuente de luz, calor y vida al principio de la temporada de siembra.

Inti Raymi proviene del quechua: Inti significa "sol" y Raymi significa "festival". El festival más largo y conocido toma lugar en Cuzco, Perú, la antigua capital del Imperio Inca. En el presente el Inti Raymi es una de las atracciones turísticas de Cuzco. Los turistas visitan la ciudad para disfrutar los espectáculos preparados por grupos de música y danza folclóricas, y para presenciar las procesiones incas, las cuales son el gran atractivo.

Después de leer el texto sobre el Inti Raymi, completa las siguientes tareas.

1 Contesta las siguientes preguntas.
   a ¿Qué celebran las comunidades Inca durante el Inti Raymi?
   b ¿En cuáles **dos** países se celebra el Inti Raymi con grandes ceremonias?
   c ¿En cuál ciudad de Perú se festeja el Inti Raymi más largo?

2 Elige las cuatro ideas que son correctas, de acuerdo con el texto.
   a El Inti Raymi es una atracción turística.
   b Durante el Inti Raymi, los incas nativos honran al sol.
   c En el Inti Raymi se celebra el veinticinco de julio.
   d Durante el Inti Raymi es posible disfrutar procesiones.
   e El Inti Raymi es un espectáculo en TV.
   f La palabra *Inti Raymi* es originaría del quechua.

25 Presentación sobre el Inti Raymi

Enfoques del aprendizaje

- Habilidad de comunicación: Utilizan una variedad de técnicas de expresión oral para comunicarse con diversos destinatarios

A **Eres un turista que está en Perú de vacaciones. En este momento estás en un café viendo las fotos que tomaste en la celebración del Inti Raymi en Cuzco.**

Realiza una búsqueda de imágenes en internet sobre el Inti Raymi.

B **Prepara una breve descripción de cada una de las fotos. Trabaja con un compañero. Toma turnos para presentar las imágenes. Describe qué ves, qué está pasando y tus impresiones sobre ese momento. Responde las preguntas de tu compañero.**

26 El Día de Muertos

Enfoques del aprendizaje

- Habilidad de comunicación: Leen con actitud crítica y para comprender

Lee el siguiente texto acerca del Día de Muertos.

El Día de Muertos

Por Brenda Mendoza

1 Hay una tradición única en su especie que no existe en otras culturas. El 1 de noviembre, los mexicanos celebran el Día de Muertos y festejan de una forma original y alegre. Este festival no es triste ni terrorífico; es un día para recordar a las personas queridas que no viven más.

2 El Día de Muertos es una tradición con muchos colores y mucho humor negro. En las escuelas, por ejemplo, los estudiantes y los profesores adornan el aula con decoraciones de color amarillo y violeta y con cempasúchiles, una flor tradicional de México. También, en ocasiones construyen altares dedicados a personas importantes.

3 Muchas personas comparan el Día de Muertos con Halloween, pero las dos tradiciones no tienen nada en común. Por ejemplo, en el Día de Muertos, muchas personas compran dulces llamados "calaveras", o pan de muerto; otras personas decoran las tumbas de sus familiares en el cementerio; muchos actores locales organizan piezas de teatro cómicas por la noche en los cementerios o en las plazas centrales.

4 Actualmente algunas fundaciones organizan competiciones de diseño de catrinas y muchos artistas participan en ellas. En este evento, los artistas seleccionan una imagen representativa de México y construyen una escultura. Muchas personas también escriben poemas llamados "calaveritas" y en estos generalmente bromean con sus amigos.

5 El Día de Muertos es un festival muy mexicano y en la actualidad también es popular en las comunidades mexicanas en Estados Unidos, en España y en Francia. Incluso Karin Ontiveros, Miss México 2010 usó ropa representativa de la Catrina, el símbolo del Día de Muertos, en Miss Universo 2010. Entonces, en conclusión, podemos observar que los mexicanos aprecian y respetan mucho esta tradición. También podemos afirmar que el Día de Muertos es una celebración que define y representa la cultura mexicana y que podemos comprender muchos aspectos de sus hábitos, experiencias, prácticas e identidad.

Después de leer el texto sobre el Día de Muertos, completa las siguientes tareas.

1 ¿Qué significan las siguientes palabras del texto? Elige la palabra correcta de la lista.

a	original (párrafo 1, línea 3)	i	parientes
b	estudiantes (párrafo 2, línea 3)	ii	hoy en día
c	familiares (párrafo 3, línea 4)	iii	única
d	actualmente (párrafo 4, línea 1)	iv	agrupaciones
e	comunidades (párrafo 5, línea 2)	v	alumnos

2 ¿A qué o a quién se refieren las palabras subrayadas? Contesta utilizando las palabras tal como aparecen en el texto.
- a … pero las dos tradiciones no tienen… (párrafo 3, línea 1)
- b … muchos artistas participan en ellas. (párrafo 4, línea 2)
- c … en estos generalmente bromean con sus amigos… (párrafo 4, línea 4)
- d … aspectos de sus hábitos, experiencias, prácticas e identidad. (párrafo 5, línea 7)

3 Contesta las siguientes preguntas.
- a ¿Cuál es el **propósito** del texto?
- b ¿Quiénes podrían ser los **receptores** de este texto?

27 El Día de Muertos vs Halloween

Enfoques del aprendizaje

- Habilidades de gestión de la información: Acceden a la información para estar informados e informar a otros. Establecen conexiones entre diversas fuentes de información

A  **Localiza artículos de periódico o revistas en línea que comparen al Día de Muertos con Halloween. Con un marcador, resalta las diferencias y las razones por las que muchas personas piensan que las celebraciones son similares. Cada artículo es una fuente. Refiérete a ellos como fuente 1, fuente 2, fuente 3, etc.**

B  **Trabaja en parejas o en grupos pequeños. Compara la información que encontraste en tus fuentes. Comparte las ideas que identificaste. Haz preguntas a tus compañeros sobre la información que compartan. Considera las siguientes frases y preguntas como ejemplos:**

- a Mi fuente 1 es _____ y menciona que _____
- b En la fuente 2, se dice que _____
- c La fuente 3 es diferente de la fuente 1 porque _____
- d ¿Qué información nueva tienes?
- e ¿Qué información nueva tienen algunas de tus fuentes?
- f ¿Qué datos o ideas interesantes puedes ver en tus fuentes?

■ TEORÍA DEL CONOCIMIENTO

Algunos nombres de celebraciones actuales alrededor del mundo hacen alusión a un momento importante en la historia, o son Días Internacionales declarados por la Organización de las Naciones Unidas (ONU).

Si utilizamos los sistemas de conocimiento indígenas como área de conocimiento, ¿qué podemos descubrir acerca de la forma en que se utilizaba o apreciaba el lenguaje como forma de conocimiento en las grandes civilizaciones del pasado? ¿Qué podemos inferir acerca del sistema de valores de diferentes culturas? ¿qué relación podemos encontrar entre el verbo "recordar" y la memoria como forma de conocimiento?

¿Qué rol juega la historia como área de conocimiento en casos como este?

28 La Tomatina

■ Enfoques del aprendizaje

- Habilidad de pensamiento crítico: Elaboran argumentos en contra u opuestos
- Habilidad de pensamiento creativo: Consideran múltiples alternativas, incluidas aquellas que puedan parecer poco probables o imposibles
- Habilidad de comunicación: Escriben con diferentes propósitos

Muchos extranjeros piensan que aunque la Tomatina es una celebración propia de la cultura española, sin embargo, es importante resaltar que la Tomatina se volvió popular debido a los extranjeros, y que también es un mal ejemplo sobre el desperdicio de comida, particularmente porque los tomates que se usan fácilmente pueden servir de comida en países necesitados.

Trabaja en equipos. Colabora con tus compañeros, pero trabaja individualmente. Diseña un volante sobre la Tomatina. Incluye información sobre la celebración y estadísticas sobre la cantidad de tomates que se usan cada año. La información en el volante debe motivar a tu comunidad a reflexionar sobre el mal uso de la comida en celebraciones.

Escribe entre 100 y 150 palabras. Incluye imágenes para enriquecer tu mensaje. No olvides crear una rúbrica para tu diseño. Considera estos puntos en tu rúbrica:

- Tamaño del volante
- Colores que quieres utilizar
- Imágenes que quieres utilizar
- Estructura del texto
- Materiales necesarios

Con tus compañeros, reflexiona sobre este punto y prepara una asamblea en la que invites a tu escuela entera a participar en esta reflexión.

CREATIVIDAD, ACTIVIDAD Y SERVICIO

Creatividad y servicio

¿Cuáles serían buenas ideas para crear conciencia acerca de los festivales que dañan el medio ambiente o invitan al desperdicio de recursos?

¿Qué productos puedes crear para informar a los demás e invitarlos a reflexionar sobre el tema?

¿De qué manera los distribuirías para que el mensaje llegue a tantas personas como sea posible?

¿Qué medidas debes tomar para que esta sea una iniciativa sustentable?

Por medio de esta actividad mostrarás evidencia para los siguientes **resultados de aprendizaje**: Mostrar cómo iniciar y planificar una experiencia de CAS; mostrar compromiso con cuestiones de importancia global.

29 La quinceañera

Enfoques del aprendizaje

- Habilidad de pensamiento crítico: Extraen conclusiones y realizan generalizaciones razonables

Mira el vídeo en el siguiente enlace: http://tinyurl.com/15a-erax y responde las preguntas.

1 ¿Qué otras dos formas de llamar a las quinceañeras se mencionan en el vídeo?
2 Menciona cinco de los elementos más importantes de una fiesta de quinceañera.
3 ¿Qué pasó con las decoraciones que se ponían en las paredes?
4 ¿Qué significado tiene esta celebración, de acuerdo con la frase al final del vídeo: "la niña se convirtió en mujer"?
5 ¿Qué tipo de vídeo es este?

Punto de indagación

Toma en cuenta tu experiencia con las tareas de esta unidad. Contesta estas preguntas y comparte tus respuestas con tus compañeros.

1 ¿Qué es una celebración cultural?
2 ¿Por qué son importantes las celebraciones culturales?
3 ¿Qué nos enseñan sobre la comunidad y las personas?
4 ¿Qué tradiciones y celebraciones culturales son el resultado de la mezcla de culturas?
5 ¿Qué celebraciones son originales de un país determinado?

30 Los Sanfermines

Enfoques del aprendizaje

- Habilidad de comunicación: Escriben con diferentes propósitos

A Mira estos vídeos acerca de los Sanfermines en los siguientes enlaces. Toma notas sobre los vídeos y después realiza las siguientes tareas.

- El encierro: https://youtu.be/vOCLWmyoi20
- Protesta: https://youtu.be/CbipGGgw42M
  https://youtu.be/AHKO2DyPBnc

Tarea 1

B Imagina que eres un español que no está de acuerdo con el maltrato a los animales durante los Sanfermines, y que quiere demostrar que no todos los españoles apoyan el festival.

Escribe un texto para tu blog. Explica tu punto de vista sobre los Sanfermines y su significado cultural. Habla sobre los derechos de los animales y enfatiza que aunque es un festival de España, no todos los españoles están de acuerdo con la idea del maltrato a los animales. Tu objetivo es pedir a tus lectores que no es buena idea generalizar.

Utiliza verbos como "pensar", "creer", "respetar", "aceptar" y construcciones con "deber" / "poder" / "debería" / "podría" + infinitivo.

Tarea 2

Imagina que eres una de las personas que están protestando en contra del maltrato a los animales en los Sanfermines.

Participa en una charla con tu profesor acerca de tus sentimientos sobre el maltrato a los animales y el significado de la protesta. Expresa tu punto de vista sobre la cultura, las celebraciones y las responsabilidades.

La interacción debe durar dos minutos.

CREATIVIDAD, ACTIVIDAD Y SERVICIO

Creatividad y servicio

¿Estás de acuerdo con el uso de animales en diferentes celebraciones tradicionales? ¿Por qué o por qué no?

Diseña carteles que inviten a crear conciencia sobre el buen trato a los animales. Explora las posibilidades para invitar a tu comunidad en charlas en tu escuela sobre este tema.

Invita a varios expertos en el tema a charlar con los estudiantes y profesores de tu escuela.

También puedes contactar otra escuelas IB de tu país o el mundo para coordinar una campaña para concientizar a las personas acerca del maltrato a los animales en diferentes celebraciones.

Por medio de esta actividad mostrarás evidencia para los siguientes **resultados de aprendizaje**: Mostrar cómo iniciar y planificar una experiencia de CAS; mostrar compromiso con cuestiones de importancia global.

CREATIVIDAD, ACTIVIDAD Y SERVICIO

Creatividad y servicio

Muchas tradiciones y celebraciones se están perdiendo debido a la globalización. Colabora con algunos de tus compañeros. Piensa en una forma de crear conciencia e informar a las personas para mantener vivas estas festividades y tradiciones.

Puedes escribir a diferentes consulados, embajadas u oficinas culturales en tu ciudad para solicitar apoyo en tu proyecto.

Por medio de esta actividad mostrarás evidencia para los siguientes **resultados de aprendizaje**: Mostrar cómo iniciar y planificar una experiencia de CAS; mostrar habilidades de trabajo en equipo y reconocer los beneficios del trabajo colaborativo.

TEORÍA DEL CONOCIMIENTO

Muchas personas piensan que algunas celebraciones en diferentes países son violentas, irrespetuosas o simplemente "cosas de otro siglo", y que debemos adaptarlas a los nuevos valores de este siglo.

¿De qué manera puede la historia como área de conocimiento ayudarnos a comprender el origen y significado de festivales que están arraigados a una sociedad o cultura?

¿Qué otra área del conocimiento puede apoyarnos a comprender más acerca de festejos como los Sanfermines?

Reflexión

Enfoques del aprendizaje

- Habilidad de reflexión: Consideran los contenidos y se preguntan: ¿Qué información es familiar? ¿Sobre qué aprendí hoy? ¿Hay algo que aún no haya entendido? ¿Qué preguntas tengo ahora?

Aspecto	Básico	En desarrollo	Apropiado	Excepcional
Conocimiento de vocabulario y gramática	Tengo el conocimiento básico de las estructuras gramaticales y palabras relevantes de la unidad.	El conocimiento básico de las estructuras gramaticales y palabras relevantes de la unidad comienza a profundizarse.	Mi dominio del conocimiento de las estructuras gramaticales y palabras relevantes de la unidad cubre los estándares ideales.	Mi dominio del conocimiento de las estructuras gramaticales y palabras relevantes de la unidad va más allá de las expectativas.
Uso de la lengua en los diferentes contextos	Logro utilizar la lengua únicamente de manera básica en los contextos presentados en la unidad.	Comienzo a utilizar la lengua de manera adecuada en los contextos presentados en la unidad.	Logro utilizar correctamente la lengua en los contextos presentados en la unidad.	Logro utilizar la lengua de manera excepcional en los contextos presentados en la unidad.
Habilidades de comprensión auditiva	Únicamente logro comprender la información más básica de los textos de audio.	Logro comprender la información básica y comienzo a comprender las ideas más complejas de los textos de audio.	Logro comprender ampliamente toda la información de los textos de audio.	Logro comprender ampliamente toda la información del texto de audio, y puedo responder espontáneamente al texto.
Habilidades de lecto-comprensión	Únicamente logro comprender la información más básica de los textos escritos.	Logro comprender la información básica y comienzo a comprender las ideas más complejas de los textos escritos.	Logro comprender ampliamente toda la información de los textos escritos.	Logro comprender ampliamente toda la información de los textos escritos, y puedo responder espontáneamente a los textos.
Habilidades de producción escrita	Únicamente logro utilizar palabras aisladas y estructuras con oraciones simples en las tareas escritas.	Logro utilizar una variedad de vocabulario simple y combinar algunas estructuras simples en las tareas escritas.	Logro producir textos escritos que responden correctamente a las tareas escritas de la unidad.	Logro producir textos escritos creativos que responden correctamente a las tareas escritas de la unidad, y van más allá de lo que piden las directrices.
Habilidades de producción oral	Únicamente logro utilizar frases simples en las tareas orales. No logro reconocer el contexto ni la audiencia.	Logro utilizar y combinar algunas estructuras simples en las tareas orales, reconociendo el contexto y la audiencia.	Logro responder correctamente de manera oral a las tareas escritas de la unidad, demostrando mi comprensión del contexto y audiencia.	Logro responder correcta y creativamente de manera oral a las tareas escritas de la unidad, reconociendo el contexto y la audiencia, personalizando la información.
Comprensión de los conceptos	Tengo una comprensión básica de los conceptos que estudiamos en esta unidad.	Logro comprender la relación entre los conceptos que estudiamos y las tareas que realizamos en esta unidad.	Logro comprender y articular la relación entre los conceptos que estudiamos y las tareas que realizamos en esta unidad.	Logro comprender y articular la relación entre los conceptos que estudiamos y las tareas que realizamos en esta unidad, y puedo generalizar mi comprensión conceptual.

UNIDAD 7 ¿Viajamos para aprender o por entretenimiento?

¿Qué ropa llevar
si viajas en julio?
Viste por capas, con ropa térmica y una chaqueta con piel de cordero en el interior
Cubre siempre el cuello, las manos y la cabeza
Pantalones gruesos de pana cubriendo los tobillos
Calcetines abrigados y botas o calzado alto
15°C
DESTINO CULTURAL Y NATURAL
RECOMENDADO CON 15°C
CHRISTCHURCH
PAÍS: NUEVA ZELANDA
HUSO HORARIO: NZST +12
COORDENADAS: 43°31'48"S172°37'13"E
ESTANCIA PROMEDIO: 3 A 5 DÍAS
VISITAR DE: NOVIEMBRE A FEBRERO
Dos capas de algodón y un suéter con cuello
Chaqueta fina, con interior de polar u otra tela térmica y exterior impermeable
Pantalón largo de jean o de tela media a gruesa
Calcetines que cubran los tobillos y zapatos cerrados
15°C
DESTINO CULTURAL Y NATURAL
RECOMENDADO CON 15°C
JOHANNESBURGO
PAÍS: SUDÁFRICA
HUSO HORARIO: UTC +2
COORDENADAS: 26°08'42"S28°03'01"E
ESTANCIA PROMEDIO: 1 A 2 DÍAS
VISITAR DE: NOVIEMBRE A FEBRERO
Chaqueta liviana de manga larga para llevar abierta
Camiseta de algodón de manga larga
Pantalón largo y fino
Calzado abierto o semi-cerrado que deja respirar a tus pies
20°C
DESTINO CULTURAL
RECOMENDADO CON 20°C
MÉXICO DF
PAÍS: MÉXICO
HUSO HORARIO: UTC / GMT –5
COORDENADAS: 19°25'10"N99°08'44"O
ESTANCIA PROMEDIO: 4 A 6 DÍAS
VISITAR DE: ENERO A MARZO
México DF
Camiseta de algodón de mangas cortas
Pantalones cortos o mini-falda
Calzado abierto: chancleta, sandalias, etc.
30°C
DESTINO DE PLAYA
RECOMENDADO CON 30°C
PARATI
PAÍS: BRASIL
HUSO HORARIO: UTC / GMT –3
COORDENADAS: 23°13'04"S44°19'05"O
ESTANCIA PROMEDIO: 4 A 6 DÍAS
VISITAR DE: ENERO A MARZO
Parati

■ Tu verano puede ser el invierno para otras personas.

OBJETIVOS DE COMUNICACIÓN

En esta unidad vas a:

- Expresar ideas acerca de los lugares que te gusta visitar
- Compartir experiencias acerca de viajes que has realizado
- Comparar diferentes destinos turísticos
- Comparar experiencias que viviste en vacaciones
- Describir costumbres, comidas y tradiciones de los lugares que visitaste
- Intercambiar ideas acerca de diferentes tipos de información turística
- Expresar ventajas y desventajas de diferentes medios de transporte
- Reflexionar sobre el uso responsable del transporte privado y público

EN ESTE CAPÍTULO INVESTIGARÁS ESTAS PREGUNTAS:

Fácticas	Conceptuales	Debatibles
¿A qué lugares te gusta viajar? ¿Qué actividades podemos hacer en distintos destinos? ¿Cómo podemos clasificar los destinos turísticos?	¿Qué lecciones de vida podemos aprender en nuestros viajes? ¿De qué manera nos motivan los viajes a ser mejores personas? ¿De qué manera demuestran su responsabilidad social los viajeros en los lugares que visitan?	¿De qué manera nos ayudan los viajes a comprender otras culturas? ¿Qué criterios consideramos cuando elegimos un destino turístico? ¿Hasta qué punto la globalización hace que los países parezcan similares?

¿A qué lugares te gusta viajar?

■ El código de barras en el pase de abordar incluye información que debemos proteger.

A mí me gusta viajar en tren. Y a ti, ¿qué medio de transporte te gusta usar cuando viajas?

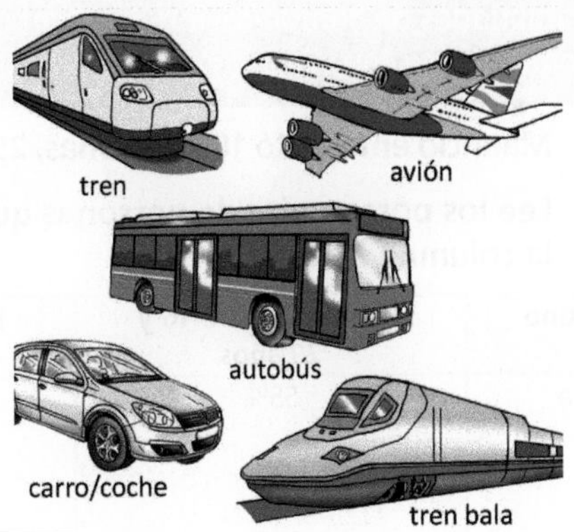

Punto de indagación

Individualmente, contesta las siguientes preguntas.

1 ¿Cuál medio de transporte es el más conveniente en tu ciudad?
2 ¿Qué tomas en cuenta cuando decides utilizar un medio de transporte u otro?
3 ¿Cuáles son algunos inconvenientes frecuentes cuando viajamos en avión?
4 ¿Qué te agrada más: una ciudad donde se necesita coche para desplazarse o una ciudad con un buen sistema de transporte público?
5 ¿Qué trae más beneficios a una ciudad: la construcción de diferentes líneas de metro o de diferentes rutas de autobús?

Después comparte tus ideas en equipos pequeños. Escucha las ideas de tus compañeros.

1 Destinos comunes

Enfoques del aprendizaje

- habilidades de comunicación- Utilizan una variedad de técnicas de expresión oral para comunicarse con diversos destinatarios.

Lee las preguntas en la columna de la izquierda y respóndelas. Después pregunta a tres compañeros.

¿Te gusta viajar ....?	Tu respuesta	Persona 1	Persona 2	Persona 3
a la playa				
a las montañas				
al bosque				
a ciudades modernas				
a ciudades históricas				
a parques temáticos				
en cruceros				
a la selva				
al desierto				
a zonas rurales				
a reservas naturales				
a islas				
a lugares exóticos				

2 Destinos y edades

Enfoques del aprendizaje

- habilidades de comunicación- Utilizan una variedad de técnicas de escritura para formular ideas.
- habilidades de comunicación- Utilizan una variedad de técnicas de expresión oral para comunicarse con diversos destinatarios.

Mauricio entrevistó 100 personas, 25 para cada uno de los cuatro siguientes grupos.

Lee los porcentajes de personas que prefieren ir a cada uno de los destinos en la columna izquierda.

Destino	Hombres entre 16 y 29 años	Mujeres entre 16 y 29 años	Hombres mayores de 30 años	Mujeres mayores de 30 años
Playa	55%	70%	40%	60%
Montañas	13%	3%	25%	10%
Ciudades Modernas	25%	17%	15%	15%
Bosque	7%	10%	20%	15%

1 Infiere y escribe 10 oraciones acerca de las razones por las que las personas de cada grupo prefiere unos lugares más que otros.

2 Trabaja en grupos pequeños y comparte las oraciones que escribiste. Expresa tu punto de vista y menciona por qué o por qué no estás de acuerdo.

3 Piensa–compara–comparte

A Individualmente, escribe ideas sobre los siguientes temas.

Tema 1 ¿Qué tipo de personas prefieren viajar a la playa? ¿Por qué?

Tema 2 ¿Qué tipo de personas prefieren viajar en grupos de turismo masivo? ¿Por qué?

Tema 3 ¿Qué tipo de personas prefieren viajar con paquetes todo incluido? ¿Por qué?

Tema 4 ¿Qué tipo de personas prefieren viajar "de mochilazo"? ¿Por qué?

B Después comparte tus ideas en equipos pequeños. Escucha las ideas de tus compañeros.

4 Observa–piensa–pregúntate

Países más visitados

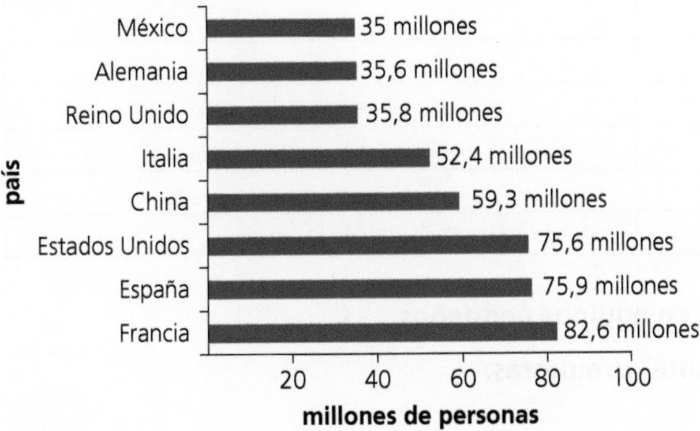

A Observa las estadísticas anteriores.

B Individualmente, responde estas preguntas y escribe cinco preguntas más que consideras que es necesario explorar.

1 ¿Qué es popular en cada uno de estos países?

2 ¿Qué atrae a los turistas a cada uno de estos países?

3 ¿Conoces algunos de estos países? ¿Cuáles? ¿Qué recuerdas?

4 ¿Qué aspectos de los países que visitas consideras al viajar?

5 ¿Qué elementos influyeron para que otros países no estén en la lista?

C Trabaja en equipos pequeños. Comparte tus respuestas y toma turnos para preguntar y responder las preguntas que preparaste.

5 Mejores destinos 2018

Enfoques del aprendizaje

- Habilidad de gestión de la información: Establecen conexiones entre diversas fuentes de información

A **Realiza una investigación breve sobre los siguientes países. Investiga sobre los lugares que se pueden visitar, y las actividades que se pueden realizar en diferentes estaciones del año.**

Escribe tus ideas en una tabla como esta.

País	Actividades que se pueden hacer en la primavera	Actividades que se pueden hacer en el verano	Actividades que se pueden hacer en el otoño	Actividades que se pueden hacer en el invierno
1 Argentina				
2 Chile				
3 China				
4 Colombia				
5 Cuba				
6 España				
7 Francia				
8 India				
9 Italia				
10 México				
11 Perú				

B **Después de completar la tabla, comparte tus ideas en equipos pequeños.**

Toma turnos para responder y preguntar las siguientes preguntas.

1 ¿Qué similitudes encontraste?
2 ¿Qué diferencias encontraste?
3 ¿De cuáles países conoces más información? ¿Por qué?
4 ¿Qué otros detalles conoces de estos países?
5 ¿Cómo son estos países diferentes de tu país natal?

■ ¿Cómo se verían juntos todos los monumentos y edifícios representativos de Latioamérica?

Gramática

El pretérito indefinido

Conjugación de los verbos regulares:

Pronombre(s)	Cantar	Beber	Vivir
yo	canté	bebí	viví
tú	cantaste	bebiste	viviste
él / ella / usted	cantó	bebió	vivió
nosotros / nosotras	cantamos	bebimos	vivimos
vosotros / vosotras	cantasteis	bebisteis	vivisteis
ellos / ellas / ustedes	cantaron	bebieron	vivieron

Excepciones:

Algunos verbos en indefinido se conjugan de manera irregular.

La siguiente tabla presenta la conjugación irregular en pretérito indefinido de algunos de los verbos más comunes.

Infinitivo	Pretérito indefinido
dar	di, diste, dio, dimos, disteis, dieron
decir	dije, dijiste, dijo, dijimos, dijisteis, dijeron
estar	estuve, estuviste, estuvo, estuvimos, estuvisteis, estuvieron
haber	hube, hubiste, hubo, hubimos, hubisteis, hubieron
hacer	hice, hiciste, hizo, hicimos, hicisteis, hicieron
ir	fui, fuiste, fue, fuimos, fuisteis, fueron
oír	oí, oíste, oyó, oímos, oísteis, oyeron
poder	pude, pudiste, pudo, pudimos, pudisteis, pudieron
poner	puse, pusiste, puso, pusimos, pusisteis, pusieron
querer	quise, quisiste, quiso, quisimos, quisisteis, quisieron
saber	supe, supiste, supo, supimos, supisteis, supieron
ser	fui, fuiste, fue, fuimos, fuisteis, fueron
tener	tuve, tuviste, tuvo, tuvimos, tuvisteis, tuvieron
traer	traje, trajiste, trajo, trajimos, trajisteis, trajeron
venir	vine, viniste, vino, vinimos, vinisteis, vinieron
ver	vi, viste, vio, vimos, visteis, vieron

En ocasiones necesitamos cambiar la consonante final de la raíz en la primera persona del singular (yo) de los verbos terminados en *-ar*, por ejemplo:

- de *c* a *qu* → atracar – atraqué
- de *g* a *gu* → colgar – colgué
- de *gu* a *gü* → averiguar – averigüé
- de *z* a *c* → empezar – empecé

Con los verbos que terminan en *-er* e *-ir* y que contienen un vocal al final de la raíz no usamos una *i* sino una *y* en la tercera persona del singular (él, ella, usted) y del plural (ellos, ellas, ustedes), por ejemplo:

- leer – leí, leíste, leyó, leímos, leísteis, leyeron
- distribuir – distribuí, distribuiste, distribuyó, distribuimos, distribuisteis, distribuyeron

6 Tres amigos

Enfoques del aprendizaje

- Habilidades de comunicación: Leen con actitud crítica y para comprender. Utilizan una variedad de técnicas de expresión oral para comunicarse con diversos destinatarios

A **Lee la siguiente tabla con atención.**

Estímulo	Patricia/o	Roberto/a	Francisco/a
Fecha de partida	30 de abril	13 de diciembre	5 de mayo
Destino	Cancún	Patagonia	La Habana
Duración del viaje	Una semana	Dos semanas	Dos semanas
Compañía	Dos amigas y un amigo	Familia	Profesor y compañeros de clase
Algunas actividades	Nadar en los cenotes Visitar Xel-Ha Tomar fotos	Montar a caballo Acampar Tomar fotos	Bailar salsa Caminar en la ciudad Tomar fotos
Compras	Un sombrero Una guayabera Recuerdos	Un sombrero argentino Mate Recuerdos	Un sombrero cubano Recuerdos Postales
Comida	Mariscos	Carne de res	Arroz y banana
Bebida	Limonada	Mate	Jugos de frutas
Fecha de regreso	7 de mayo	28 de diciembre	20 de mayo

B **Trabaja en equipos de tres. Selecciona uno de los tres nombres en la tabla. Practica el pretérito indefinido con tus compañeros. Pregunta acerca de los estímulos en la tabla.**

Sugerencia: Primero decide cuál pregunta es la correcta para cada estímulo.

Observa el **patrón** en el ejemplo:

Fecha de partida: ¿Cuándo saliste de viaje?

Piensa–Compara–Comparte

Presta atenció a la siguiente imágen y responde las siguientes preguntas.

1 ¿Te gustaría ir a este lugar y pasar un par de horas en esa banca?

2 ¿A quién te gustaría invitar? ¿Por qué?

3 ¿Qué opinas de este lugar?

7 Cinco destinos

Enfoques del aprendizaje

- Habilidad de comunicación: Leen con actitud crítica y para comprender
- Habilidad de colaboración: Ofrecen y reciben comentarios pertinentes

A Lee el siguiente texto y analiza la información.

Carlos, María, Diana, Mónica y Juan son cinco amigos. Los cinco amigos están planeando unas vacaciones juntos, pero es muy complicado. Analiza las posibilidades y ayúdalos.

Carlos es muy deportista y no le gusta pasar tiempo en casa; le gusta explorar y caminar mucho; es muy práctico y relajado; le gusta comer mucho y le gusta el calor. María es muy culta y le gusta aprender y apreciar el arte; le gustan las ciudades y no le gusta la playa. Diana es muy divertida y sociable, le gustan las tendencias modernas y tomar fotografías, pero no le gusta el frío y no le gusta caminar tampoco. Mónica es muy estudiosa y le gusta la historia, la arquitectura y tomar fotografías; en el futuro quiere ser arqueóloga; no le gusta la playa. A Juan le gustan las actividades al aire libre y practicar muchos deportes; le gusta la naturaleza y la playa; también le gusta tomar fotografías.

Los chicos tienen cinco opciones: Los Cabos, Guanajuato, San Luis Potosí, Puebla y Mérida; sin embargo, las cinco ciudades son muy diferentes. Por ejemplo, Los Cabos es una playa; Guanajuato es una ciudad histórica muy pequeña; es muy caminable, tiene muchos museos y muchos restaurantes. San Luis Potosí también es una ciudad histórica, pero es muy grande; hay lagos y bosques muy cerca. Puebla es una ciudad colonial y hay bosques y montañas cerca; la comida de Puebla es muy deliciosa y famosa. Mérida es una ciudad colonial y moderna, y está cerca de la playa; sin embargo, la comida de Mérida no es buena.

También, los chicos deben considerar algunos aspectos particulares de las ciudades. Por ejemplo, Los Cabos está muy lejos y es muy caro. Guanajuato es muy turístico y siempre hay muchos turistas; los hoteles en Guanajuato son muy caros, y además es necesario caminar mucho. Puebla es muy frío, pero es un lugar muy colorido y artístico y es posible tomar fotos increíbles; el transporte en Puebla no es muy bueno y los taxis son caros. San Luis Potosí es popular por las actividades al aire libre, pero las distancias son muy grandes y necesitan tener mucho tiempo. Mérida es muy caliente y húmeda, pero es una buena opción para caminar y está cerca de la playa; además hay muchas zonas arqueológicas cerca.

Los chicos únicamente tienen un fin de semana largo, tres días, entonces necesitan seleccionar un destino que sea apropiado para todos. En Guanajuato, San Luis Potosí, Mérida y Puebla hay muchos edificios históricos, museos, galerías y cafés; en Puebla hay muchas tiendas muy exclusivas; y en Guanajuato el arte es muy popular; en Los Cabos es posible practicar deportes extremos y deportes acuáticos, y tomar un paseo en bote para ver las ballenas y los delfines. Los chicos viven en la Ciudad de México y estas son las distancias: Guanajuato está a tres horas en autobús; Puebla está a dos horas en autobús; para ir a Mérida y a Los Cabos es necesario tomar un avión; y para San Luis Potosí los chicos pueden ir en autobús (cuatro horas) o en avión. ¿Cuál es la mejor opción?

B Completa una tabla como la siguiente. Menciona el nombre de las personas, sus actividades favoritas, el destino y las características de cada lugar.

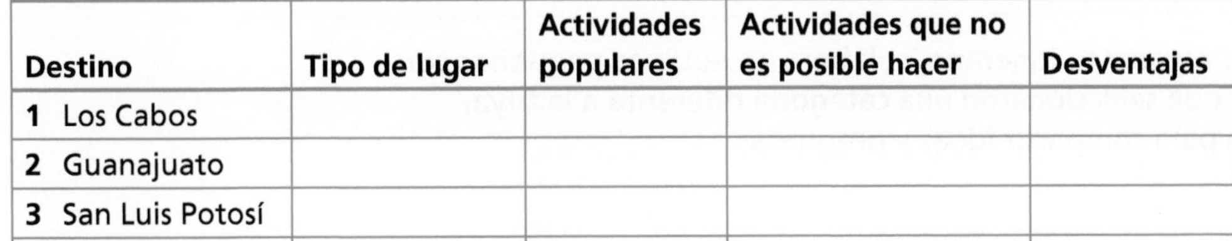

Destino	Tipo de lugar	Actividades populares	Actividades que no es posible hacer	Desventajas	¿A quién le puede gustar?
1 Los Cabos					
2 Guanajuato					
3 San Luis Potosí					
4 Puebla					
5 Mérida					

C Compara tus respuestas con un compañero. Justifica cuando sea necesario.

8 Belice: El gran desconocido

Enfoques del aprendizaje

- Habilidad de gestión de la información: Acceden a la información para estar informados e informar a otros
- Habilidad de comunicación: Escriben con diferentes propósitos

El ministro de Turismo de Belice asegura que muchas personas no saben dónde está su país, pero que su calidad de desconocido lo ha transformado en uno de los destinos más visitados del mundo.

Eres un blogger que escribe acerca de destinos poco usuales. Realiza una investigación breve sobre Belice.

Escribe un texto para tu blog. Presenta ideas acerca de las actividades que podemos hacer en Belice; incluye información sobre los lugares que podemos visitar. Menciona algunas razones por las que es buena idea visitar Belice, así como información sobre la comida y la gente.

9 Auténtica Cuba

Enfoques del aprendizaje

- Habilidad de alfabetización mediática: Localizan, organizan, analizan, evalúan, sintetizan y utilizan de manera ética información procedente de diversas fuentes y medios (incluidas las redes sociales y en línea)
- Habilidad de comunicación: Escriben con diferentes propósitos

Visita el sitio web www.cuba.travel y estudia los destinos que podemos visitar en Cuba. Presta atención particular a las distancias entre las ciudades, los diferentes lugares que se pueden visitar y la variedad de actividades que se pueden hacer. Selecciona una de las siguientes categorías de turismo y planea un itinerario de una semana. Toma en cuenta las particularidades de cada opción.

a Una familia de cinco personas adultas

b Un chico que viaja solo

c Una pareja con dos hijos menores de 10 años

Organiza tu información en una tabla similar a la siguiente.

Lugar	Tiempo destinado	Clima	Posibles actividades	Ropa necesaria

Después de preparar tu itinerario, colabora en equipos pequeños con compañeros que seleccionaron una categoría diferente a la tuya. Toma turnos para compartir ideas y preguntas.

10 Bolivia te espera

Enfoques del aprendizaje

- Habilidad de comunicación: Escriben con diferentes propósitos

A **Mira el vídeo en este enlace: https://youtu.be/3oDyrqlRBs0**

Toma notas sobre los lugares y las actividades que veas.

B **Eres un turista que hizo un viaje a Bolivia.**

Escribe tres entradas de diario. En cada entrada describirás un día de tu viaje en Bolivia. Menciona las actividades que hiciste y tus impresiones sobre los lugares que visitaste y lo que comiste. Comparte ideas sobre las fotografías que tomaste y por qué lo hiciste.

Escribe en pretérito indefinido y usa indicadores temporales.

11 Preparándonos para un viaje

Enfoques del aprendizaje

- Habilidad de comunicación: Negocian ideas y conocimientos con compañeros y profesores
- Habilidad de pensamiento creativo: Utilizan la técnica de lluvia de ideas *(brainstorming)* y diagramas visuales para generar nuevas ideas e indagaciones

A **Trabaja con un compañero. Realiza una lluvia de ideas para completar las siguientes tablas.**

1

Ítem	**la primavera**	**el verano**	**el otoño**	**el invierno**
Ropa que necesitamos para viajar durante				

2

Ítem	**la playa**	**una ciudad moderna**	**la montaña**	**el bosque**
Ropa que necesitamos para viajar a				

3

Ítem	**amigo?**	**familia?**	**compañeros de la escuela?**	**un grupo de turismo masivo?**
¿Qué necesitamos considerar cuando viajamos con				

B **Compara tus ideas con otra pareja. Comparte tus opiniones sobre las similitudes y diferencias en las opiniones.**

Gramática

Preposiciones y artículos

Recuerda que algunos artículos se contraen cuando están al lado de una preposición:

Esta es la ropa que necesitamos para viajar **al** bosque.

12 Genera–organiza–conecta–explica

Imagina un viaje a la playa.

Trabaja en equipos pequeños. Prepara varios trozos de papel o Post-its®. Con tu equipo, realiza una lluvia de ideas acerca de los siguientes puntos. Escribe una idea en cada uno de los trozos de papel o Post-its®:

- Costo del viaje
- Espacio
- Precio
- Transporte
- Comida
- Qué hacer en el destino
- Seguridad

Después de escribir tus ideas, organízalas en diferentes categorías. Estos son algunos ejemplos de categorías: servicios, accesibilidad, etc.

Ahora, en otros papeles o Post-its®, escribe una serie de soluciones para resolver los problemas.

Presta atención a los problemas que se observan en cada categoría. Conecta los problemas con las posibles soluciones y explica la conexión.

Puedes compartir tus opiniones con otros equipos.

13 Saludos desde Buenos Aires

Enfoques del aprendizaje

- Habilidad de comunicación: Leen con actitud crítica y para comprender

Lee la carta en la página 153.

Después de leer la carta, completa las siguientes tareas.

1 ¿A qué o a quién se refieren las palabras subrayadas? Contesta utilizando las palabras tal como aparecen en el texto.

a … les tomé una foto (párrafo 7, línea 3)

b … la envié a mis amigos (párrafo 7, línea 3)

c … y te llamaré por teléfono. (párrafo 10, línea 1)

2 Con la información del texto, selecciona la respuesta correcta.

a ¿Quién escribió la carta?
i Ricardo
ii Roberto

b ¿Cuándo visitó San Telmo?
i el sábado
ii el domingo
iii el lunes

c ¿Dónde compró tarjetas postales?
i en San Telmo
ii en el centro de la Ciudad
iii en la Boca

d ¿De dónde son los turistas con quienes habló el autor de la carta?
i de España
ii de Argentina
iii de Francia

3 Selecciona la respuesta correcta.

Este texto es:

a una entrada de diario

b un correo electrónico

c una carta

15 de diciembre, 2015

Querido tío Ricardo,

1 ¿Cómo estás? Yo estoy muy bien. En este momento estoy en Argentina, en Buenos Aires. Llegué el viernes pasado y estoy muy contento. Tomé un avión en Madrid y llegué a Buenos Aires 12 horas después. El cambio de horario es fatal: hay una diferencia de cinco horas entre España y Argentina. Al día siguiente, me desperté temprano, tomé un baño, desayuné frutas y bebí un zumo de naranja y salí a caminar por la ciudad.

2 Buenos Aires es una ciudad enorme y bonita. Ayer caminé por el malecón, al lado del río, y me gustó mucho. Hizo buen tiempo, así que no tuve problemas. En el parque al lado del río vi mucha gente y muchos niños. Tomé muchas fotos y después tomé un taxi para ir a La Boca. Cuando llegué a La Boca compré una botella de agua y un helado. La Boca es una parte muy bonita de Buenos Aires: la gente es muy feliz y las casas están pintadas de muchos colores.

3 Por la noche, entré a una tienda de recuerdos y compré muchas cosas: compré un reloj para mi papá; una blusa típica para mi mamá; un CD de tango para mi hermano y una camiseta de la selección de fútbol Argentina para ti.

4 Por la noche fui a Palermo. Palermo es una zona muy elegante y moderna. Caminé más de dos horas, compré y comí helado y escuché música en mi iPhone. Mi amigo me dijo que hace mucho tiempo, mucha gente de Italia y Alemania se mudaron a Buenos Aires y construyeron sus casas aquí.

5 El domingo tomé el consejo de un amigo y visité San Telmo. En San Telmo hay casas muy antiguas; no es moderno, pero tiene mucha personalidad. En San Telmo visité el Museo de La Ciudad y la Casa del Mate, un restaurante muy famoso. Bebí Mate, una infusión típica Argentina, comí entrañas de ternera, la carne típica en Argentina.

6 El domingo por la tarde fui al estadio Antonio Liberti. Cuando salí del metro y caminé hacia el estadio, crucé la calle. Cerca de mí estaba un coche negro muy elegante y pensé que alguien muy popular estaba dentro del coche, pero no presté mucha atención. Sin embargo, cuando la luz del semáforo cambió a verde, el conductor del coche bajó el cristal de la ventana y vi que era Juanes, el cantante de Colombia.

7 Pero eso no es todo, también vi a Messi sentado al lado de Juanes. No pude creerlo y grité de emoción. Cuando entré al estadio me sorprendí más porque me senté detrás de esas dos personalidades; ellos iban de incógnitos, pero yo soy muy buen observador y pude reconocerlos; estaba muy emocionado, saqué mi teléfono, les tomé una foto y la envié a mis amigos.

8 El lunes por la mañana tomé el metro y fui a la Avenida 9 de Julio. ¡Es impresionante! ¡Es enorme! El tráfico es ridículo, pero esta parte de la ciudad me fascinó. Al final de la avenida, llegué a la Plaza Principal y vi el Obelisco a la independencia. Tomé muchas fotos y hablé con unos turistas de Francia y de Canadá. Los turistas no hablaban español, así que practiqué mi francés. Creo que ellos fueron buena compañía.

9 Comí empanadas en un restaurante que se llama "Ché," y después tomé el autobús para ir a La Casa Rosada, el lugar donde vive el presidente de Argentina. La casa es fantástica, y muy impresionante. No había muchos turistas, entonces fue posible explorar el lugar libremente. Más o menos como a las 8 de la noche fui al centro de la ciudad y compré muchas tarjetas postales y un libro, regresé a mi hotel, leí el libro por 30 minutos y dormí.

10 Mañana viajaré a La Patagonia. Tomaré muchas fotos y te llamaré por teléfono.

Hasta pronto,

Roberto.

14 Respuesta a la carta

Enfoques del aprendizaje

- Habilidad de comunicación: Escriben con diferentes propósitos

Imagina que eres Ricardo, el tío de Roberto.

Responde la carta que te envió. Escribe un correo electrónico. En este momento tú estás de vacaciones también. Menciona dónde estás, las actividades que has hecho; lo que más te ha gustado y otros planes que tienes.

Utiliza el pretérito indefinido.

Incluye preguntas sobre el viaje de Roberto a Patagonia.

¿De qué manera nos ayudan los viajes a comprender otras culturas?

15 Piensa–compara–comparte

A **Piensa y escribe en una respuesta para la siguiente pregunta:**

¿Cuál idea te parece mejor durante un viaje: visitar tantos lugares como sea posible o visitar un lugar y conocerlo a fondo?

B **Compara y comparte tu respuesta de la siguiente manera:**

a en parejas
b en grupos de cuatro
c en grupos de ocho

16 Observa–piensa–escribe–pregúntate–conecta

1 "No existen tierras extrañas. Es el viajero el único que es extraño".
Robert Louis Stevenson

2 "Necesitas escalar la montaña para disfrutar el paisaje".
Pablo Neruda

3 "Viajamos para cambiar, no de lugar, sino de ideas".
Hipólito Taine

4 "Viajar es como las drogas porque requiere un aumento constante de la dosis".
John Dos Passos

5 "La forma más segura de saber si amas u odias a alguien es hacer un viaje con él".
Mark Twain

6 "Cuando regresamos a un lugar que no ha cambiado descubrimos cuánto cambiamos nosotros".
Nelson Mandela

7 "El único verdadero viaje de descubrimiento no consiste en buscar nuevos paisajes, sino en mirar con nuevos ojos".
Marcel Proust

8 "Un viaje se mide en amigos, no en millas".
Tim Cahill

9 "Viajar enseña tolerancia".
Benjamín Disraeli

Lee las citas célebres anteriores con atención.

Utiliza una tabla como la siguiente para organizar información sobre ellas.

Cita	Palabra(s) clave(s)	Emociones que evoca en ti	Situación en la que la podrías usar
1			
2			
3			
4			
5			
6			
7			
8			
9			

B Después organiza las citas en diferentes categorías. Considera las palabras clave y las emociones que identificaste. Algunas opciones pueden ser: entendimiento internacional, crecimiento personal, etc.

Escribe una serie de preguntas que te gustaría hacer acerca de las citas.

C Trabaja en equipos pequeños.

Toma turnos para compartir tus ideas y para preguntar acerca de las ideas que compartan tus compañeros.

Conecta las ideas que mencionen tus compañeros con las tuyas. Menciona ejemplos concretos cuando sea necesario.

Comparte una síntesis de la actividad con la clase entera.

17 Ideas–enigmas–exploraciones

Lee las siguientes oraciones. Toma notas y responde de manera individual.

Piensa en los aspectos positivos y negativos de las siguientes experiencias. ¿Qué tanto logran los viajeros conocer y ser parte de la cultura local de los lugares que visitan?

a Las personas que se hospedan en hoteles 5 estrellas y únicamente salen de compras.

b Las personas que no prueban la comida local.

c Las personas que visitan los lugares que los residentes de la ciudad frecuentan.

d Las personas que basan sus decisiones en sugerencias de los residentes de la ciudad.

1 ¿Qué piensas sobre estos temas? Menciona algunas ideas.

2 ¿Qué enigmas puedes identificar en cada situación?

3 ¿Qué sería interesante explorar en estas situaciones?

Después comparte en equipos pequeños y encuentra similitudes.

18 Estereotipos

Enfoques del aprendizaje

- Habilidad de pensamiento crítico: Reconocen los sesgos y los supuestos no explícitos
- Habilidad de colaboración: Escuchan con atención otras perspectivas e ideas

A **En la tabla siguiente, lee los estereotipos en la columna de la izquierda.**

Copia y completa la tabla: En la columna del centro, indica a qué países se les atribuyen. Finalmente, en la columna de la derecha, menciona las razones por las que existen estos estereotipos.

Estereotipo	País	Razones
1 Son puntuales		
2 Saben bailar		
3 Son románticos		
4 Son alcohólicos		
5 Son tacaños		
6 Tienen una pistola en casa		
7 Son obesos		
8 Son tontos		
9 Son arrogantes		
10 Usan sombreros y botas vaqueras		
11 Sólo comen queso y baguettes		
12 Hablan con las manos		
13 Copian o imitan ideas		
14 Tienen reglas muy estrictas		
15 Son ruidosos		

B **Después de completar la tabla, trabaja en equipos pequeños.**

Toma turnos para preguntar y compartir tus ideas. Pregunta sobre las ideas que consideres interesantes.

Después de debatir los estereotipos, responde las siguientes preguntas en equipo, como conclusión.

Recuerda el contexto: los viajes.

1 ¿Qué estereotipos comparten varios países? ¿Por qué?
2 ¿Qué estereotipos te parecen ilógicos? ¿Por qué?
3 ¿Qué estereotipos puedes comprobar que son incorrectos? ¿Cómo?

■ TEORÍA DEL CONOCIMIENTO

En general, los estereotipos se refieren de manera generalizada a grupos de personas, a menudo arbitrarias, y en muchas ocasiones minorías. Los estereotipos no necesariamente tienen que ser peyorativos o derogatorios, aunque la mayoría sí lo son. Lo cierto, es que en la mayoría de las ocasiones la manera en que reaccionamos al escuchar la nacionalidad de alguien es pensando en los estereotipos que habitan en nuestra mente.

¿Consideras que los estereotipos representan conocimiento real y verdadero?

¿Qué **áreas de conocimiento** podemos emplear para comprender el origen de los estereotipos, y los comportamientos asociados a ellos?

¿Qué rol juegan los estereotipos en **formas de conocimiento** como el **lenguaje**, la **percepción sensorial**, la **emoción** y la **razón**?

¿Hasta qué punto podemos afirmar que los estereotipos son parte del **conocimiento compartido de una comunidad?**

19 Viajar es un arte y no hay una receta

■ Enfoques del aprendizaje

■ Habilidad de comunicación: Escuchan con actitud crítica y para comprender

Después de escuchar la conversación, completa las siguientes tareas.

Pista 5

1 Indica quién mencionó las ideas en la columna de la izquierda.

Idea	David	Fabián	Rubén	Fátima	Jaime
a Hay diferentes tipos de viajes y de viajeros.					
b Viajar es cuestión de actitud.					
c Muchas personas sólo viajan para tomarse fotos en los lugares populares.					
d No viajé con lujos.					
e No creo en los viajes cómodos.					

2 Contesta las siguientes preguntas.

a ¿Por qué David piensa que viajar es una de las mejores inversiones en la vida?

b ¿De qué manera pudo Fabián conocer el lado auténtico de los lugares que visitó?

c Explica por qué Fátima está o no está de acuerdo con Fabián.

20 Viajar es la mejor universidad de la vida

- Habilidad de comunicación: Leen con actitud crítica y para comprender

Lee el siguiente texto acerca del valor de los viajes.

www.viajar.es

Viajar es la mejor universidad de la vida

1 ¡Hola a todos! Hoy quiero compartirles algunas ideas acerca de uno de mis más grandes placeres: viajar. Viajar es conocer a personas de otros países. Durante la interacción con ellas, me encanta observar las diferencias que existen en cuanto a la forma de interpretar las situaciones, lo que vemos, lo que nos sucede, siempre influenciados por la cultura en la que crecimos desde que nacimos.

2 Después de conocer muchas personas, pienso que los irlandeses, por ejemplo, son atrevidos y despreocupados; en general viven sin apego, y todo ello les facilita el proceso de toma de decisiones y una admirable ausencia de miedo al fracaso.

3 Los alemanes, por otra parte, necesitan orden en sus vidas, aunque anhelan ese sentimiento de libertad que tienen otros porque, curiosamente, son esclavos de su necesidad de control y organización. Los mediterráneos somos risueños, ruidosos y acostumbramos a animar las fiestas. Los escandinavos son curiosos y aventureros, aunque a la vez protectores de sí mismos, pues no pierden el control fácilmente. Los australianos son dinámicos, atrevidos y algo narcisistas. Los tailandeses son muy alegres pero seguros, confiados y también astutos.

4 En fin, espero que nadie se ofenda. Las opiniones que les comparto son las lecciones que viajar me ha dado. Cada viaje que he tomado ha sido como una clase en la universidad: una prueba a mi capacidad de adaptación y comprensión del mundo.

5 Viajar es como la universidad de la vida porque nos permite experimentar situaciones que jamás viviríamos en casa; nos permite cuestionar ideas que posiblemente en nuestro país es difícil percibir; pero sobre todo, nos ayuda a comprender otras culturas y a reconocer que el color de piel, la nacionalidad y el idioma sólo son decoraciones. Al final, todos somos personas, todos somos humanos.

6 Lo más interesante de viajar es que podemos comenzar por nuestro propio país. Muchas personas piensan que antes de explorar el mundo es necesario conocer el lugar donde vivimos. Personalmente, considero que estas personas tienen razón, pues cuando viajamos es muy común darnos cuenta de cuánto valoramos y apreciamos nuestra cultura.

7 Viajar nos ofrece múltiples oportunidades de aprender acerca de situaciones que no aparecen en los libros; y también nos ayuda a destruir estereotipos. Para mí, el regalo más grande que me han dado mis viajes es el silencio: ese momento especial cuando no tengo nada que decir y tengo mil preguntas que respondo a medida que avanza el viaje.

8 La gran ventaja de viajar es que no existen exámenes, pero resulta interesante reconocer que todo lo que aprendemos cuando viajamos está tan presente en nuestra vida diaria, que es imposible negar la manera en que los viajes nos transforman. Si ya te graduaste de la universidad académica y aún no has viajado, recuerda que aún necesitas completar tus estudios en la escuela de la vida.

Después de leer el texto, completa las siguientes tareas.

1 Selecciona las **cinco** ideas que se mencionan en el texto.

a Los irlandeses no tienen miedo a fracasar.

b A los alemanes les gusta el control y la organización.

c Los escandinavos evitan las aventuras.

d Los australianos tienen una opinión positiva un tanto exagerada de sí mismos.

e Los tailandeses son personas muy alegres.

f El autor comparte ideas que leyó en libros.

g El autor aprecia el silencio cuando viaja.

2 ¿Qué significan las siguientes palabras?
Elige una palabra de las palabras en el recuadro de abajo.

a interpretar (párrafo 1, línea 6)

b fracaso (párrafo 2, línea 5)

c alegres (párrafo 3, línea 10)

d comprensión (párrafo 4, línea 5)

e cuestionar (párrafo 5, línea 3)

f regalo (párrafo 7, línea 4)

g escuela (párrafo 8, línea 4)

i entendimiento	**v** falla
ii descifrar	**vi** éxito
iii academia	**vii** contentos
iv debatir	

3 Este texto es:

a una página web

b un artículo digital

c una entrada de blog

Punto de indagación

Contesta las siguientes preguntas y comparte tus respuestas con tus compañeros.

1 ¿Qué lección de vida aprendiste en alguno de tus viajes?

2 ¿Qué habilidades sociales o de comunicación o practicaste en algunos de tus viajes?

3 ¿Por qué o por qué no te gusta viajar?

4 Comparte una experiencia que viviste en tu último viaje.

21 Un viaje memorable

Enfoques del aprendizaje

- Habilidad de comunicación: Escriben con diferentes propósitos

Imagina que realizaste un viaje a un destino poco común donde no hablabas el idioma local.

Escribe una entrada para tu blog. Menciona a dónde fuiste, cuántos días estuviste allá, con quién fuiste y las actividades que hiciste. Describe algunas de las experiencias que viviste y algunas de las cosas que aprendiste. Utiliza el pretérito indefinido, vocabulario y verbos relacionados con los viajes.

Cómo escribir un artículo de prensa / artículo de periódico

En las páginas 125–126 encontrarás un artículo de prensa.

Observa qué hizo el escritor para producir un texto efectivo.

Una de las reglas doradas del periodismo es que las cosas importantes siempre aparecen al principio del texto, y que las ideas deben ser breves y concisas. Observa la idea que el escritor escribió justo después del título.

El tipo de público: Este texto apareció en un periódico y podemos generalizar que los jóvenes o los adultos serán los receptores de este. Por esta razón, el texto no muestra características de un texto escrito para niños.

Contexto: En el párrafo 1, el escritor explicó el contexto de la información sobre la cual escribió.

Tema central: En los párrafos 2 y 3, el escritor explicó el significado del tema del artículo: las quinceañeras.

Fuentes: En los párrafos 4 y 6, el autor incluyó una fuente primaría: la opinión de una experta en el tema. De esta manera, el autor apoya su argumento.

Conclusión: En el párrafo 7, el autor mencionó información acerca de la persona sobre quien escribió en el párrafo 1 para cerrar el artículo de forma orgánica.

Recuerda estas sugerencias:

- Al escribir debes menciona de dónde obtuviste la información.
- Escribe párrafos de cuatro o cinco líneas.
- Considera los aspectos éticos de ser escritor: escribe solo información verdadera.
- Selecciona un título atractivo.

22 No me preguntes de dónde soy, pregúntame en dónde soy nativo

Enfoques del aprendizaje

- Habilidad de comunicación: Escuchan con actitud crítica y para comprender

Escucha el debate que toma lugar en una mesa redonda.

A **Identifica el contexto en el que sucede la conversación.**

B **Después de escuchar el diálogo, completa las siguientes tareas.**

Pista 6

1 Indica quién realizó las actividades en la columna de la izquierda.

Idea	Iván	Adela	Inés	Amanda
a Da la bienvenida a los participantes en el diálogo.				
b Menciona que le gusta intercambiar ideas.				
c Tiene una conexión especial con el TEDTalk de Taiye.				
d Nunca ha vivido en otro lugar.				
e Menciona que no todos los jóvenes pueden viajar.				

2 Contesta las siguientes preguntas.

a Considera las secuencias del diálogo. ¿Quién es el anfitrión del programa?

b ¿Por qué se hizo una pausa en las interacciones?

c ¿Cuál es el propósito de esta conversación?

d ¿Quiénes pueden ser los receptores de este texto?

¿De qué manera demuestran su responsabilidad social los viajeros en los lugares que visitan?

■ La contaminación ambiental de las playas es resultado del turismo masivo e irresponsable.

23 Observa–piensa–pregúntate

A **Observa la imagen anterior.**

B **Realiza una lluvia de ideas de todas las palabras que puedes asociar con la imagen. Escribe cinco oraciones que representen diferentes opiniones sobre la situación en la imagen. Escribe cinco preguntas que es buena idea preguntarse sobre este problema. Trabaja individualmente y después comparte en equipos pequeños. Comparte las conclusiones de tu equipo con la clase entera.**

¿Encontraron preguntas e ideas similares?

24 Un artículo de prensa

■ Enfoques del aprendizaje

■ Habilidad de comunicación: Escriben con diferentes propósitos

Eres un periodista interesados en los temas relacionados con el medio ambiente.

En estos momentos estás escribiendo acerca de la manera en que el turismo masivo afecta el medio ambiente.

Escribe un artículo de prensa. Describe el problema que observas en muchas de las playas del mundo. Menciona las razones por las que este problema existe. Incluye algunas sugerencias para solucionar el problema. Incluye tu opinión personal acerca de nuestras responsabilidades como turistas.

25 Tu opinión de un problema

Enfoques del aprendizaje

- Habilidad de comunicación: Utilizan una variedad de técnicas de expresión oral para comunicarse con diversos destinatarios

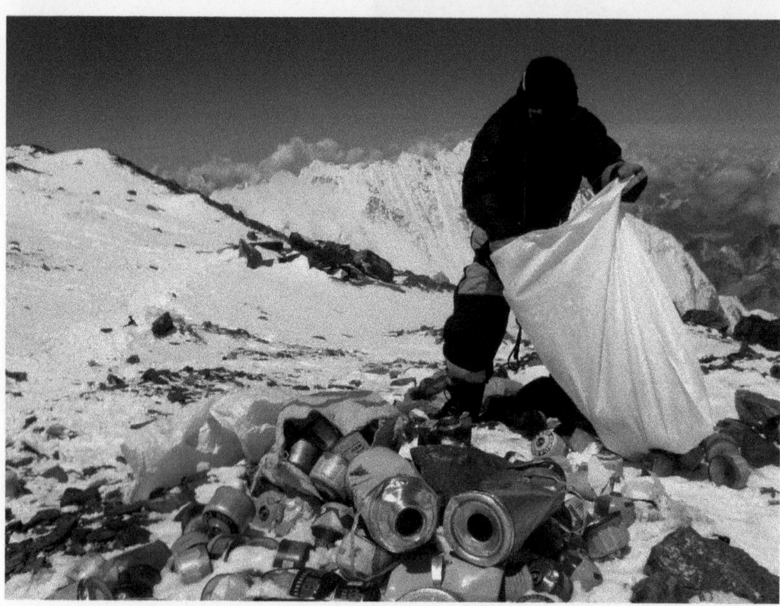

■ El Monte Everest es el punto más alto en el mundo. Muy pocas persona llegan a estas alturas, sin embargo parece que la basura no respeta lugar ni altura. ¿O son los turistas?

Presta atención a la imagen anterior y lee el subtítulo con atención.

Prepara una presentación sobre el problema que se muestra en la imagen. Especula acerca de las razones por las que existe el problema. Menciona tu punto de vista e incluye detalles para enriquecer tus ideas.

Después de tu presentación, tu profesor te hará preguntas acerca de las ideas que compartiste.

26 Basura en el techo del mundo

Enfoques del aprendizaje

- Habilidad de comunicación: Escuchan con actitud crítica y para comprender

Escucha la siguiente opinión acerca de la basura en el Monte Everest en el siguiente enlace: https://tinyurl.com/ybzquuvf

Después de escuchar la opinión, responde las siguientes preguntas.

1. ¿Cómo describe la situación el comentarista?
2. ¿Qué país ha comenzado a limpiar el Monte Everest?
3. ¿Cuántas personas han comenzado a limpiar la montaña desde el pasado mes de abril?
4. ¿Cuándo comenzaron con la limpieza del Everest?
5. ¿Cuánta basura han recopilado los voluntarios?
6. ¿De qué tipo de basura habla el comentarista?
7. ¿Qué han comenzado a hacer las autoridades del Tibet?
8. ¿Qué pasa a los escaladores que no colaboran con la iniciativa de las autoridades del Tibet?

27 Turismo basura

Enfoques del aprendizaje

- Habilidad de pensamiento crítico: Consideran ideas desde múltiples perspectivas
- Habilidad de colaboración: Escuchan con atención otras perspectivas e ideas
- Habilidad de comunicación: Escriben con diferentes propósitos

Lee el texto titulado "La voz de los ciudadanos" y realiza las siguientes tres tareas.

La voz de los ciudadanos

1 No sé ustedes, pero yo estoy harta del turismo en este bello puerto. Comprendo que el turismo es la fuente principal de ingreso para muchos de nosotros y una parte muy importante de nuestra economía, pero ya no puedo con esta situación. Entiendo que hay muchos turistas respetuosos y educados, pero otros se comportan como animales y sólo vienen a hacer lo que no pueden hacer en sus países y, en el proceso, destruyen nuestro hogar. No sé si estos turistas maleducados comprenden que muchos de nosotros vivimos aquí y que no tenemos otro lugar adónde ir, como ellos.

2 Lo más preocupante de esta situación es que estos turistas basura están afectando la reputación de este bello puerto. Nuestras playas tienen una mala reputación en nuestro país y esto afecta nuestra convivencia. Muchos turistas piensan que su dinero les da permiso a hacer todo, sin límites. Estos tipos de turistas no deberían existir.

3 A todos mis conciudadanos los invito a reflexionar y a actuar cuando vean a turistas comportándose de manera inapropiada, porque es fácil limpiar la basura física que dejan cuando se van, pero es imposible limpiar la basura que dejan en nuestros recuerdos.

Atentamente,
Griselda Mora.

Tarea 1

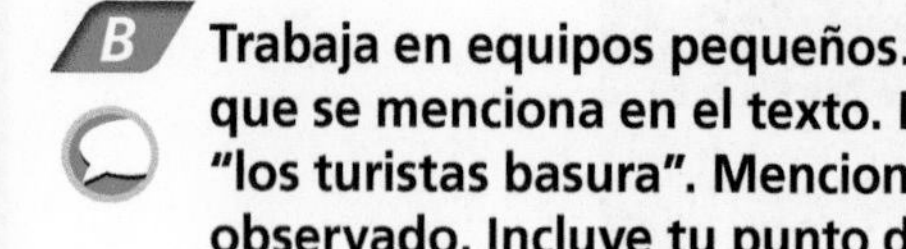

B **Trabaja en equipos pequeños. Imagina que eres un habitante de la playa que se menciona en el texto. De manera oral, comparte tus opiniones sobre "los turistas basura". Menciona ejemplos específicos de incidentes que has observado. Incluye tu punto de vista sobre estos turistas y también sugiere ideas sobre las reglas que se deben implementar. Presenta la charla / juego de rol frente al grupo.**

Tarea 2

C **Individualmente, escribe un correo electrónico al Ayuntamiento de tu ciudad. Denuncia la falta de respeto que muchos turistas muestran y la falta de intervención por parte de las autoridades. Menciona la manera en que la reputación de la ciudad se ve afectada por estos incidentes. Intenta sonar preocupado.**

Tarea 3

D **Trabaja en parejas. Imagina que tu compañero y tú viven en la playa que se describe en este texto. Prepara una presentación de PowerPoint o Keynote de 10 diapositivas. Describe la manera en que "el turismo basura" afecta tu ciudad y presenta un plan de acción que te gustaría implementar. Tu compañero y tú deben hablar. Invita a tu audiencia a participar con preguntas después de tu presentación.**

28 La irresponsabilidad de los turistas y los *"trending topics"*

Enfoques del aprendizaje

- Habilidad de reflexión: Consideran las implicaciones éticas, culturales y ambientales
- Habilidad de pensamiento crítico: Consideran ideas desde múltiples perspectivas
- Habilidad de comunicación: Escriben con diferentes propósitos

En febrero de 2016, en una playa argentina, un grupo de turistas encontró un delfín de la Plata, también conocido como franciscana, uno de los delfines más pequeños del mundo. El delfín de la Plata es una especie vulnerable a la extinción, según la Unión Internacional para la Conservación de la Naturaleza (UICN), y únicamente se puede encontrar en Argentina, Uruguay y Brasil. El mamífero murió deshidratado porque un grupo de bañistas lo sacó del agua para tomarse una *"selfie"*. Algunas personas gritaron que lo devolvieran al agua, pero nadie les escuchó.

Imagina que estuviste en la playa el día que sucedió el incidente mencionado en el texto.

Escribe un texto para tu blog en el que menciones las faltas de responsabilidad de los turistas y tu opinión. Enfatiza las cosas que muchas personas ignoran al intentar agradar a los demás o cuando quieren crear un *"trending topic"*. Invita a tus lectores a ser turistas responsables.

CREATIVIDAD, ACTIVIDAD Y SERVICIO

Creatividad y servicio

Construye una página en Facebook para promover el turismo responsable. Comparte información relevante sobre las responsabilidades de los turistas en los destinos a los que viajan. Puedes compartir vídeos con sugerencias o con datos de investigaciones.

Diseña "memes" o infografías que indiquen los efectos negativos del turismo masivo y que inviten a reflexionar la destrucción del medio ambiente por parte de los turistas que carecen de conciencia ecológica. Comparte tu trabajo en diferentes redes sociales.

Investiga sobre el tema de la contaminación de los destinos turísticos y realiza una presentación para los padres de tu escuela o para algunas escuelas de tu comunidad. Invítalos a crear conciencia acerca del turismo basura y a ser turistas responsables.

Por medio de esta actividad mostrarás evidencia para los siguientes **resultados de aprendizaje**: Mostrar cómo iniciar y planificar una experiencia de CAS; mostrar compromiso con cuestiones de importancia global; reconocer y considerar el aspecto ético de las decisiones y las acciones.

■ TEORÍA DEL CONOCIMIENTO

Parece que varias compañías de turismo masivo están más interesadas en las remuneraciones económicas que reciben al organizar viajes e ignoran el impacto en el medio ambiente.

¿De qué manera pueden ayudarnos áreas de conocimiento tales como la ética en el proceso de toma de decisiones sobre los actos que debemos de llevar a cabo como empresarios, así como en la reflexión de nuestras obligaciones con los demás?

¿Cómo podemos utilizar la ética como área de conocimiento para generar reglas o directrices que regulen la manera en la que operan ciertas compañías de turismo masivo?

¿Cuáles de las ciencias naturales podemos utilizar como áreas de conocimiento para comprender más profundamente el impacto del turismo irresponsable?

29 Cómo ser un turista responsable "antes, durante y después del viaje"

■ Enfoques del aprendizaje

- Habilidades de pensamiento crítico: Reconocen los sesgos y los supuestos no explícitos. Extraen conclusiones y realizan generalizaciones razonables
- Habilidad de reflexión: Consideran las implicaciones éticas, culturales y ambientales

A **Trabaja en equipos pequeños.**

Con tus compañeros, realiza una lluvia de ideas acerca de los comportamientos que podemos mostrar en los siguientes contextos: para ser un turista responsable antes, durante y después del viaje.

B Escribe tus ideas en una tabla como la siguiente.

Antes	Durante	Después

C Compara tus ideas con otros equipos.

30 Diario de periodista

Enfoques del aprendizaje

- Habilidades de comunicación: Hacen deducciones y extraen conclusiones. Estructuran la información en resúmenes, ensayos e informes
- Habilidad de colaboración: Escuchan con atención otras perspectivas e ideas

A **Mira el vídeo en el siguiente enlace: https://youtu.be/Edp_L45CJ0U**

Considera la información en el vídeo. Copia y completa la siguiente tabla.

¿Qué observas?	Ideas y emociones	¿Qué te hace pensar?

B **Colabora en equipos pequeños. Comparte las ideas que escribiste en la tabla. Agrega ideas interesantes que mencionaron tus compañeros.**

C **Imagina que eres un periodista que está documentando el proceso de limpieza de esta playa en Mumbai, India. Utiliza la información en el vídeo.**

Escribe tres entradas de diarios acerca de los acontecimientos que observas en la playa. Cada entrada de diario representa un día diferente. Considera la cronología de la información que escribes en tu diario y asegúrate de describir con detalles las escenas que observas, lo que sientes, las preguntas que te haces y lo que deberíamos hacer como ciudadanos.

31 Debate sobre el turismo responsable

Enfoques del aprendizaje

- Habilidad de comunicación: Utilizan una variedad de técnicas de expresión oral para comunicarse con diversos destinatarios
- Habilidad de colaboración: Escuchan con atención otras perspectivas e ideas

A **Considera las siguientes ideas. Organízalas de la más a la menos importante, según tu opinión.**

- Aprender un mínimo de vocabulario si uno no habla la lengua local
- Viajar de forma independiente para evitar masificaciones
- Alojarse en establecimientos hoteleros comprometidos con el medio ambiente
- Consumir los productos y servicios de negocios independientes
- Reservar directamente con los sitios web de los alojamientos si son pequeños hoteles o negocios familiares para evitar la cuota que cobran los sitios de reservas en línea
- Evitar los paquetes "todo incluido"

B **En equipos pequeños, participa en un debate con tus compañeros. Comparte tu decisión con tus compañeros y justifica tus ideas.**

Escucha las ideas de tus compañeros y pregunta sobre las ideas que consideres interesantes.

Reflexión

Enfoques del aprendizaje

- Habilidad de reflexión: Consideran los contenidos y se preguntan: ¿Qué información es familiar? ¿Sobre qué aprendí hoy? ¿Hay algo que aún no haya entendido? ¿Qué preguntas tengo ahora?

Aspecto	Básico	En desarrollo	Apropiado	Excepcional
Conocimiento de vocabulario y gramática	Tengo el conocimiento básico de las estructuras gramaticales y palabras relevantes de la unidad.	El conocimiento básico de las estructuras gramaticales y palabras relevantes de la unidad comienza a profundizarse.	Mi dominio del conocimiento de las estructuras gramaticales y palabras relevantes de la unidad cubre los estándares ideales.	Mi dominio del conocimiento de las estructuras gramaticales y palabras relevantes de la unidad va más allá de las expectativas.
Uso de la lengua en los diferentes contextos	Logro utilizar la lengua únicamente de manera básica en los contextos presentados en la unidad.	Comienzo a utilizar la lengua de manera adecuada en los contextos presentados en la unidad.	Logro utilizar correctamente la lengua en los contextos presentados en la unidad.	Logro utilizar la lengua de manera excepcional en los contextos presentados en la unidad.
Habilidades de comprensión auditiva	Únicamente logro comprender la información más básica de los textos de audio.	Logro comprender la información básica y comienzo a comprender las ideas más complejas de los textos de audio.	Logro comprender ampliamente toda la información de los textos de audio.	Logro comprender ampliamente toda la información del texto de audio, y puedo responder espontáneamente al texto.
Habilidades de lecto-comprensión	Únicamente logro comprender la información más básica de los textos escritos.	Logro comprender la información básica y comienzo a comprender las ideas más complejas de los textos escritos.	Logro comprender ampliamente toda la información de los textos escritos.	Logro comprender ampliamente toda la información de los textos escritos, y puedo responder espontáneamente a los textos.
Habilidades de producción escrita	Únicamente logro utilizar palabras aisladas y estructuras con oraciones simples en las tareas escritas.	Logro utilizar una variedad de vocabulario simple y combinar algunas estructuras simples en las tareas escritas.	Logro producir textos escritos que responden correctamente a las tareas escritas de la unidad.	Logro producir textos escritos creativos que responden correctamente a las tareas escritas de la unidad, y van más allá de lo que piden las directrices.
Habilidades de producción oral	Únicamente logro utilizar frases simples en las tareas orales. No logro reconocer el contexto ni la audiencia.	Logro utilizar y combinar algunas estructuras simples en las tareas orales, reconociendo el contexto y la audiencia.	Logro responder correctamente de manera oral a las tareas escritas de la unidad, demostrando mi comprensión del contexto y audiencia.	Logro responder correcta y creativamente de manera oral a las tareas escritas de la unidad, reconociendo el contexto y la audiencia, personalizando la información.
Comprensión de los conceptos	Tengo una comprensión básica de los conceptos que estudiamos en esta unidad.	Logro comprender la relación entre los conceptos que estudiamos y las tareas que realizamos en esta unidad.	Logro comprender y articular la relación entre los conceptos que estudiamos y las tareas que realizamos en esta unidad.	Logro comprender y articular la relación entre los conceptos que estudiamos y las tareas que realizamos en esta unidad, y puedo generalizar mi comprensión conceptual.

UNIDAD 8 ¿Por qué debemos interesarnos en nuestro bienestar físico, mental y emocional?

Una buena alimentación y un estilo de vida sano son las mejores herramientas para la plenitud.

OBJETIVOS DE COMUNICACIÓN

En esta unidad vas a:

- Expresar ideas acerca de los deportes y actividades que te gustan
- Expresar ideas acerca de malestares y lesiones
- Comparar diferentes deportes
- Establecer relaciones entre los deportes y la personalidad
- Producir diferentes tipos de texto acerca de los deportes y la salud
- Reflexionar sobre la relación entre la ética y los deportes
- Explorar el rol de los deportes en la salud mental y emocional
- Hablar de experiencias generales y concretas relacionadas con los deportes
- Encontrar oportunidades para trabajar con la lengua relacionada con los deportes, la salud y los estilos de vida por medio de CAS

EN ESTE CAPÍTULO INVESTIGARÁS ESTAS PREGUNTAS:

Fácticas	Conceptuales	Debatibles
¿Qué actividades te hacen feliz? ¿Qué deportes te gusta practicar? ¿Cuáles son algunas prácticas antiéticas en los deportes? ¿Qué rol tiene la alimentación balanceada en la felicidad de las personas?	¿Por qué es necesario ser equilibrado para estar mentalmente, físicamente y emocionalmente sanos? ¿Cómo cambia la calidad de nuestra felicidad debido a la competición excesiva? ¿Por qué es importante el componente de "Actividad" en el IB PD?	¿Qué rol tienen los deportes en la felicidad de las personas? ¿Podemos crear una mejor sociedad promoviendo ideas de prácticas deportivas éticas? ¿Podemos estar sanos y ser felices al mismo tiempo?

¿Qué actividades te hacen feliz?

■ Podemos explorar el mundo trotando, escalando, nadando y en bicicleta.

1 Piensa–compara–comparte

A **Contesta las siguientes preguntas de manera individual.**

1 ¿Cuál pasatiempo es tu favorito?
2 ¿Qué actividad te aburre?
3 ¿Disfrutas más estar solo que con otras personas? ¿Por qué?
4 ¿Cómo afectan positivamente tus emociones las actividades y comida que te gustan?
5 Para ti, ¿quién es un ejemplo de una persona feliz? ¿Por qué?
6 ¿Qué opinas de la ilustración que introduce esta unidad y del subtítulo que la acompaña?
7 ¿Qué otras actividades te gustaría agregar al collage de imágenes de este tema? ¿Por qué?

B **Comparte tus respuestas en equipos pequeños.**

¿Qué tan similares o diferentes son tus ideas?

2 Los pasatiempos y la personalidad

Enfoques del aprendizaje

- Habilidad de colaboración: Escuchan con atención otras perspectivas e ideas

A **¿A qué tipo de personas les pueden gustar los pasatiempos que se indican en la siguiente tabla? Copia y completa la tabla y escribe una justificación.**

Observa el ejemplo.

Pasatiempo	Personalidad	Justificación
1 Pintar	Artístico	A los chicos y chicas artísticas les gusta pintar porque pueden explorar su creatividad.
2 Escalar montañas		
3 Bucear		
4 Meditar		
5 Ejercitarse en el gimnasio		
6 Hacer yoga		
7 Bailar		

B **Después de completar la tabla, comparte tus ideas en equipos pequeños.**

C **¿Qué tan similares o diferentes son tus ideas?**

Escribe 10 oraciones como el ejemplo.

Observa el patrón:

José y yo estamos de acuerdo en que a las personas artísticas les gusta pintar porque pueden explorar su creatividad.

Léxico

los deportes	el fútbol	el voleibol
la equitación	el ciclismo	el esquí
el bádminton	el patinaje	el tenis
el béisbol	el golf	la natación
el boliche	la pesca	la danza
el baloncesto	las artes marciales	la gimnasia
el boxeo	el rugby	

3 ¿Deportes en equipo o deportes individuales?

Enfoques del aprendizaje

- Habilidad de colaboración: Escuchan con atención otras perspectivas e ideas

A Copia y completa las siguientes tablas.

Ejemplos de deportes individuales	Ejemplos de deportes en equipo

Habilidades necesarias para practicar deportes individuales	Habilidades necesarias para practicar deportes en equipo

Deportes individuales		Deportes en equipo	
Ventajas	Desventajas	Ventajas	Desventajas

B Trabaja con un compañero y compara tus respuestas de manera oral. Justifica tus decisiones.

C Después de compartir tus opiniones con tu compañero, escribe oraciones utilizando estos patrones.

a Cuando practicamos deportes en equipo es necesario…
b Cuando practicamos deportes individuales debemos…
c Cuando practicamos deportes en equipo aprendemos a…
d Cuando practicamos deportes individuales desarrollamos…

Piensa–Pregúntate–Opina

Presta atención a la siguiente imagen, y lee el sutítulo.

Para que una actividad se considere deporte olímpico debe cumplir varios requisitos. La Carta Olímpica indica que para ser aceptado, un deporte debe ser practicado ampliamente por hombres en al menos 75 países y en cuatro continentes y por mujeres en no menos de 40 países y en tres continentes.

Ahora responde estas preguntas. Comparte tus ideas en equipos pequeños.

1 ¿Estás de acuerdo?
2 ¿Crees que deberían cambiar las reglas para incluir más deportes?
3 ¿Qué actvidades se deberían considerar deportes olímpicos según tú?
4 ¿Qué deportes se deberían eliminar de la lista de deportes olímpicos? ¿Por qué?

4 Una encuesta sobre las actividades escolares

Enfoques del aprendizaje

- Habilidad de comunicación: Obtienen información para las indagaciones disciplinarias e interdisciplinarias utilizando una variedad de medios

A **Dibuja una tabla como la siguiente y complétala. Indica las actividades que se pueden realizar en las diferentes dinámicas. Observa el ejemplo.**

		Personas									
Dinámica	**Actividades**	**1**	**2**	**3**	**4**	**5**	**6**	**7**	**8**	**9**	**10**
Deportes	Planificar estrategias										
Actividades al aire libre	Acampar										
Actividades con animales	Caminar con tu mascota										
Actividades sociales	Trabajar como voluntario										

B **Utiliza las actividades que indicaste en cada asignatura para realizar una encuesta sobre las actividades escolares favoritas de las personas que estudian en tu clase de español.**

Después pregunta a 10 personas si les gusta realizar esas actividades.

Considera este patrón:

¿Te gusta planificar estrategias cuando practicas deportes?

C **Después de realizar tu encuesta, organiza los datos que obtuviste representálos en gráficas o tablas.**

5 El perfil de aprendizaje de tu clase de español

Enfoques del aprendizaje

- Habilidad de comunicación: Estructuran la información en resúmenes, ensayos e informes

Eres la persona encargada de redactar los perfiles de aprendizaje de las clases en tu escuela. Necesitas preparar un informe acerca de las actividades en común que prefieren los estudiantes de una clase de español.

Utiliza la información que obtuviste por medio de la encuesta acerca de las actividades escolares. Escribe un informe de la encuesta para informar a tu comunidad escolar acerca de los estilos de aprendizaje de tus compañeros.

6 Observa–escribe–comparte

A **Observa la ilustración sobre las partes del cuerpo en la página 19.**

En una tabla como la siguiente, indica qué partes del cuerpo están directamente relacionadas con cada uno de los deportes. También incluye la función de tales partes, mencionando la acción que realiza cada parte del cuerpo. Observa el ejemplo.

Deporte	Partes del cuerpo	Acciones que realizan
1 Baloncesto	Manos	Botamos el balón con las manos.
2 Fútbol		
3 Tenis		
4 Gimnasia olímpica		
5 Halterofilia		
6 Natación		
7 Voleibol		

B **Comparte tus respuestas con tus compañeros.**

7 Correr como estilo de vida

Enfoques del aprendizaje

- Habilidad de comunicación: Escuchan con actitud crítica y para comprender

Pista 7

Escucha la entrevista con Julieta Galván acerca de su experiencia con los deportes.

Después de escuchar la entrevista, completa las siguientes tareas.

1 Contesta las siguientes preguntas.
   a ¿Quién es el anfitrión de la entrevista?
   b ¿Por qué el anfitrión entrevistó a Julieta?
   c ¿Por qué le gusta nadar y correr a Julieta?

2 Elige las **cinco** ideas que son verdaderas, según el texto.
   a A Julieta le gusta el silencio.
   b Julieta usa drogas.
   c A Julieta le gusta practicar deportes sola.
   d A Julieta le gusta correr por las mañanas.
   e Julieta tiene problemas del corazón.
   f Correr y sudar ayudan a Julieta a ser más productiva durante el día.
   g Mario invita a los espectadores a correr.

8 Deportes poco comunes

Enfoques del aprendizaje

- Habilidad de gestión de la información: Acceden a la información para estar informados e informar a otros

A **Realiza una investigación breve sobre los deportes en la tabla. Investiga los detalles que se mencionan en las columnas a la derecha.**

Deporte	A qué deporte es similar	Equipo necesario para jugar	Espacio donde se juega (nombre, dimensiones)	Actividades que incluye
1 Snookball				
2 Pádel				
3 Kitesurf				
4 Quidditch Muggle				
5 Ultimate Frisbee				
6 Petanca				
7 Hurling				
8 Tchoukball				
9 Indiaca				
10 Kinball				

B **Después de completar la tabla, comparte tus ideas en equipos pequeños. Toma turnos para preguntar y responder. Formula preguntas como estas:**

A: ¿A qué deporte se parece el pádel?

B: El pádel se parece a… porque…

A: ¿Dónde se juega el pádel?

B: El pádel se juega en…

9 Promocionando deportes poco conocidos

Enfoques del aprendizaje

- Habilidad de comunicación: Escriben con diferentes propósitos

Eres un periodista que escribe para una revista cuya audiencia meta son las escuelas internacionales. Generalmente escribes artículos sobre deportes.

Selecciona uno de los deportes que investigaste y escribe un artículo de revista acerca de ese deporte. El objetivo de tu artículo es informar a las escuelas acerca de las oportunidades de incluir deportes pocos conocidos en su programa de actividades. Incluye información sobre:

- si es un deporte que se juega en equipos
- el número de jugadores por equipo
- el lugar donde se juega
- el objetivo del juego
- las actividades que hacen los jugadores
- las oportunidades para colaborar y aprender de los demás

10 La importancia de la educación física

Enfoques del aprendizaje

- Habilidad de comunicación: Leen con actitud crítica y para comprender

Lee la siguiente "declaración personal", uno de los componentes del Common App.

Escriba sobre su experiencia en una asignatura que permite desarrollar diferentes habilidades, y que es generalmente subestimada.

La escuela es un lugar muy importante en mi vida; prácticamente es mi segundo hogar; incluso puede ser el primero porque paso más tiempo en la escuela que en mi casa con mis padres. Por lo tanto, los maestros y estudiantes de mi escuela son como mi familia. Mis asignaturas favoritas son las artes y los deportes, aunque también me gustan las clases de lengua. Además de estudiar literatura en español, tengo clases de japonés Ab Initio.

Las clases de Educación Física en mi escuela son muy diferentes a otras escuelas del Bachillerato Internacional (IB). En mi escuela, tanto los alumnos del PAI como los del PD tenemos Educación Física y para la Salud todos los días de la semana, durante la primera hora. Cada día es un deporte diferente: los lunes tenemos natación, los miércoles tenemos atletismo, los viernes tenemos deportes en equipos y los martes y jueves tenemos el deporte de nuestra elección. Yo estoy en el equipo de voleibol.

Pienso que todos los estudiantes de mi escuela somos buenos amigos porque practicamos todo tipo de deportes juntos. Competimos todo el tiempo, pero también aprendemos a ser pacientes, a ayudar a los demás y a desarrollar hábitos de aceptación y cooperación. Personalmente, las actividades deportivas en mi escuela me han ayudado a ser un estudiante más equilibrado, a pensar en cómo resolver mis errores y a establecer metas y objetivos.

Tengo amigos en muchas escuelas en diferentes países y dicen que en sus escuelas a muchos estudiantes no les gustan los deportes o que no existe una variedad grande de actividades deportivas. Pienso que el programa de mi escuela es muy bueno y que ayuda a no tener violencia, a apreciar el espíritu de trabajo en equipo y a consolidar nuestras convicciones u opiniones sobre el liderazgo y el crecimiento personal. También pienso que en mi escuela no hay mucho estrés porque todos practicamos los deportes. Los profesores también tienen oportunidad de practicar yoga, natación y deportes en equipo como fútbol y baloncesto.

Hay dos días muy importantes e interesantes en la escuela: las olimpiadas inter-escolares, cuando varias escuelas de la región vienen a competir; y el día de los deportes, cuando las sociedades o casas de mi escuela compiten por el trofeo de campeones. Yo estoy orgulloso de jugar en el equipo de voleibol porque siempre somos los campeones de las olimpiadas, somos invencibles. El día de los deportes en la escuela también me gusta mucho porque los alumnos tenemos la oportunidad de jugar varios deportes con los profesores. Los juegos de basquetbol y fútbol entre las estudiantes y las profesoras siempre son los más apasionantes y estremecedores. Hasta ahora, hay un empate; cada año hay sorpresas y es difícil saber si ganan las chicas o las profesoras.

Estudiar en mi escuela es fantástico y pienso que yo no sería feliz en otra escuela. Comprendo que las notas académicas son importantes, pero los deportes me ayudan a pensar, a planear, a organizarme y a trabajar duro por lo que quiero. Además, cuando descubro que puedo utilizar lo que aprendo en otras clases mientras hago deportes, me convenzo de que los deportes son como mi laboratorio de ciencias naturales y ciencias sociales.

Después de leer la declaración personal, completa la siguiente tarea.

Las siguientes afirmaciones son verdaderas o falsas. Indica la opción correcta y luego justifícala usando palabras tal como aparecen en el texto.

1 Las clases de educación física en la escuela de este estudiante son parecidas a las de otras escuelas.
2 El autor piensa que las clases de educación física ayudan a los estudiantes trabajar juntos, a apreciar las diferencias, y a ser solidarios.
3 Los alumnos del PAI y del PD en esta escuela practican deportes separados.
4 Los alumnos de esta escuela nunca participan en actividades deportivas con los profesores.
5 El autor cree que puede aplicar sus conocimientos de otras asignaturas en las clases de educación física.
6 Los deportes estresan al autor del texto.

11 Afirma–apoya–pregunta

Presta atención a las preguntas en las siguientes columnas.

¿Existe una relación entre algunos de los atributos del perfil de la comunidad de aprendizaje del IB y los deportes? ¿Con qué atributos podrías establecer conexiones?

Responde las preguntas en la siguiente tabla.

1 Escribe una **afirmación** sobre el tema.	
2 Menciona por lo menos 3 ideas para **apoyar** tu afirmación.	
3 Escribe 3 **preguntas** relacionadas con tu afirmación.	

Trabaja en equipos pequeños y comparte tus ideas. Toma turnos para preguntar y responder.

CREATIVIDAD, ACTIVIDAD Y SERVICIO

Creatividad y actividad

Identifica algunas actividades físicas que podrían contribuir a aumentar o mejorar tu condición física y el equilibrio en tus estudios. Considera actividades que te relajen, que te ayuden a fortalecer tu concentración, que te inspiren a mejorar tu estado de ánimo, etc.

Marca ciertas metas para cada una de estas actividades y escribe una reflexión de un par de párrafos en español después de realizar cada actividad. Esto te ayudará a practicar tu español, y a mantenerte en forma.

Por ejemplo, puedes decidir meditar durante dos semanas y, en tu diario, puedes escribir sobre la manera en que esta actividad te está ayudando.

Por medio de esta actividad mostrarás evidencia para los siguientes **resultados de aprendizaje**: Identificar en uno mismo los puntos fuertes y las áreas en las que se necesita mejorar; mostrar compromiso y perseverancia en las experiencias de CAS; mostrar cómo iniciar y planificar una experiencia de CAS.

12 ¿Algunos deportes son más exigentes que otros?

Enfoques del aprendizaje

- Habilidad de comunicación: Utilizan una variedad de técnicas de expresión oral para comunicarse con diversos destinatarios

A **Estudia y analiza la siguiente ilustración. Toma nota acerca de la información más importante.**

Considera estas preguntas:

1 ¿Qué puedes ver en la ilustración?
2 ¿Qué tipo de texto se muestra en la ilustración?
3 ¿Dónde es posible ver esta ilustración?
4 ¿Qué mensaje comunica?
5 ¿Cuál es el propósito del texto?
6 ¿Cuáles elementos del texto te gustan?

Sugerencia: Primero, haz una lista del vocabulario que te puede ayudar a expresar tus ideas más fácilmente.

Presenta tu trabajo a tu profesor. Tu profesor hará preguntas acerca de las ideas que compartiste.

Comisión Nacional del Deporte

Los deportes requieren y exigen disciplina. No todos los deportes son "juegos". ¿Con cuál deporte te identificas?

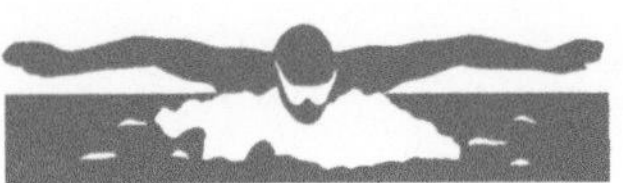

Asiste al taller informativo para conocer más acerca de los deportes que ofrecemos.

Para más información,
visita www.conadepo.org/beca

¿Por qué es necesario ser equilibrado para estar mentalmente, físicamente y emocionalmente sanos?

La ciencia detrás de los deportes y la felicidad.

Beneficios de jugar deportes

16% de las personas mayores de 15 años practican un deporte de manera frecuente.

Las investigaciones indican que practicar deportes ayuda a las mujeres y hombres a estar más felices.

El caso de los niños es similar:
Los niños y niñas que practican deportes en equipos tienden a estar más satisfechos con sus vidas que aquellos que no practican deportes, de acuerdo con un estudio de estudiantes de 7° y 8° grado.

Los que juegan deportes también…

tienen mejor autoestima

se deprimen con menos facilidad

Las investigaciones indican que no basta con estar activos para estar felices. Aprender a socializar eleva el espíritu de equipo.

¡Ahí está la clave!
Un estudio en 2011 menciona que los deportes con interacción social nos hacen más felices.

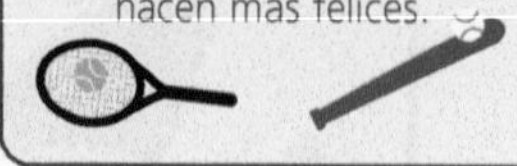

Jugar deportes puede tener efectos largos y duraderos para una vida plena porque mejora:

nuestra salud

nuestra comunicación

la calidad de cooperación

¿Vives cerca de un polideportivo?
Las personas que viven cerca de polideportivos practican deportes con más frecuencia y muestran niveles de felicidad muy altos también.

¿Sabías que…
55% de los deportistas olímpicos dicen que estar felices les ayuda a mejorar su desempeño? ¿Por qué?
Sus sentimientos de euforia se transfieren a la competición.
Tener afecto de otras personas aligera sus responsabilidades.

26,3 millones de estadounidenses juegan baloncesto más que cualquier otro deporte, de acuerdo con la asociación de la industria del deporte.

¡1 de cada 4 jugadores de baloncesto amateurs es una mujer!

Observa–escribe–comparte

 **Lee la información en la infografía.**

 **Escribe 5 oraciones con las que estás de acuerdo y menciona por qué.**

Beneficios de jugar deportes

¡Atención amantes del esquí!

Encontrarse en "la zona" es lo que más satisface a los que practican esquí de acuerdo con un estudio reciente.

El estado psicológico de absorción, concentración total y disfrute pleno en una actividad se conoce como flujo de felicidad.

Grandes atletas mencionan que los factores que les ayudan a alcanzar el flujo de felicidad son:

estar bien preparados para todos sus retos

contar con altos niveles de motivación

saber que tienen el nivel ideal de energía

tener un plan claro de su desempeño

mantenerse enfocados en la tarea que realizan

tener confianza en sí mismos

experimentar buen trabajo en equipo

saber manejar distracciones

Las buenas noticias son que todos estos factores son controlables.

Para maximizar el flujo de felicidad:

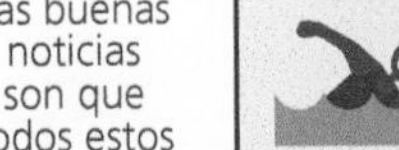
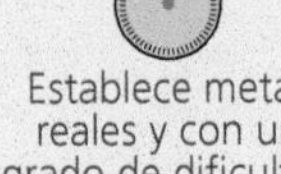
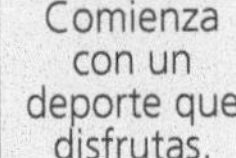
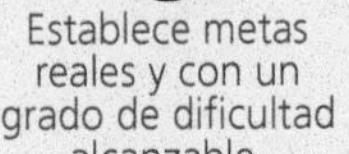
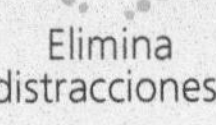

Comienza con un deporte que disfrutas.

Establece metas reales y con un grado de dificultad alcanzable.

Elimina distracciones.

Los aficionados de los deportes y la felicidad

Varios estudios demuestran que las personas que se llaman a sí mismos aficionados de deportes muestran niveles más bajos de depresión, menos estrés y una autoestima más alta que las personas a quienes no les gustan los deportes.

Además, los aficionados de equipos locales generalmente se muestran más felices que los aficionados de los equipos visitantes.

¿Por qué? El doctor Daniel Wann menciona que ser parte de un grupo que muestra simpatía por un equipo de deportes en común ayuda a construir amistades y a sentirse parte de una comunidad.

Las víctimas y los villanos

Varias investigaciones de la Universidad de Oregón sugieren que disfrutamos ver deportes en la televisión cuando conocemos aspectos de la vida de los jugadores y tenemos razones para apoyarlos (o abuchearlos).

Entre más estremecedor sea el encuentro hay más felicidad

Los aficionados del fútbol viven experiencias más personales cuando sus equipos están a punto de perder o cuando es posible que el equipo rival empate el juego, según investigaciones de la Universidad del Estado de Ohio.

1030 millones de dólares es lo que muchas compañías de Estados Unidos pierden debido a la baja productividad de sus empleados cuando hay un juego de sus equipos favoritos

Lo más estresante de ser un espectador

Varios estudios demuestran que lo que pasa en el campo de juego puede afectar los niveles de hormonas de estrés en nuestros cuerpos.

¿Cómo tranquilizarse?

Cuando alguien está agitado mientras ve un partido y los resultados no son tan favorables, Ken Yeager, profesor de psiquiatría en el Centro Médico Wexner de la Universidad del Estado de Ohio , sugiere:

beber menos bebidas azucaradas

no apostar

bajar el volumen de la televisión

evitar roces con aficionados alterados

¿Qué pasa en el cerebro de un aficionado molesto?

Varios psicólogos mencionan que, para los aficionados, ver jugar a sus equipos favoritos produce un químico en su cerebro llamado dopamina, el cual los hace sentirse bien. Sin embargo, al final del juego pueden experimentar efectos opuestos.

Para eliminar el síndrome de fin de temporada deportiva, es buena idea usar YouTube para revivir los momentos más emocionantes de los partidos.

"Ganar, obtener medallas, mejorar la marca personal, o romper un record son importantes porque nos mantienen motivados al principio, pero si les damos mucha importancia, nos pueden cegar y entonces no será posible disfrutar de la felicidad que nos produce practicar deportes.

El flujo de la felicidad en los deportes
Por Susan Jackson y Mihaly Csikszentmihalyi.

Lee–clasifica–comparte

Lee la información en las páginas 178 y 179.

Selcciona palabras relacionadas con los temas en las columnas de la siguiente tabla. Escríbelas.

Cuestión física	Cuestión emocional	Cuestión mental

13 ¿Podemos estar sanos y ser felices al mismo tiempo?

Enfoques del aprendizaje

- Habilidades de comunicación: Leen con actitud crítica y para comprender. Hacen deducciones y extraen conclusiones

A **Lee la información en la infografía en las páginas 178 – 179 y presta atención a las imágenes.**

Después copia y completa la siguiente tabla. Considera las ideas que se mencionan en cada ítem e escribe datos de la infografía que estén relacionados con ellas. Incluye tu opinión.

Ítem	Datos de la infografía	Tu opinión
1 Ideas que consideras que no son verdaderas. Presenta pruebas para refutarlas.		
2 Ideas que consideras que no son válidas en todos los países. Explica.		
3 Casos más comunes con los hombres que con las mujeres. Justifica.		
4 Información que es relevante para la vida en la escuela. Explica.		
5 Detalles que únicamente son relevantes para los niños y no para los adultos. Explica.		

B **En equipos pequeños, comparte tus ideas con tus compañeros.**

Escucha con atención y realiza preguntas sobre información que consideres interesante.

14 Malestares y lesiones

A **Estudia el significado de las siguientes palabras.**

Léxico

accidente
ambulancia
clínica
consulta
consultorio
doler
dolor
emergencia
enfermera
hospital
medicina
médico
molestia
receta
sentir

Malestares y lesiones

erupción / salpullido

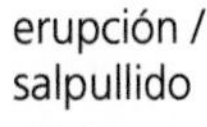

fiebre

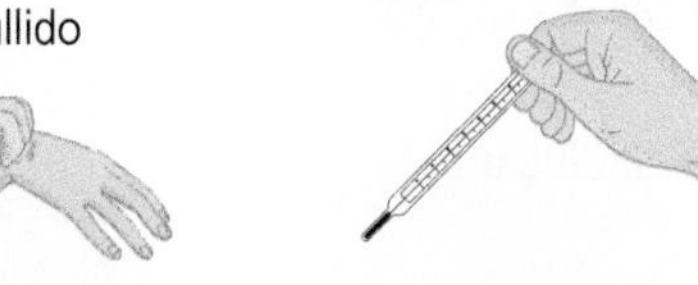

piquete de insecto

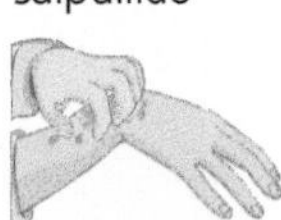

escalofríos

quemadura

morete

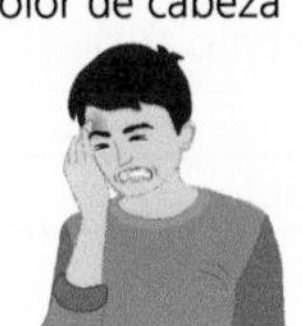

dolor de cabeza

malestar estomacal

dolor de espalda

magulladura

dolor de muelas

presión alta

resfriado

dolor de garganta

esguince

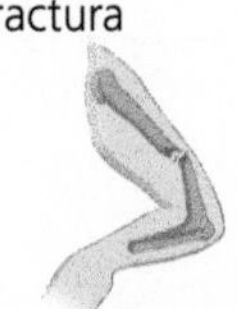

fractura

cortada

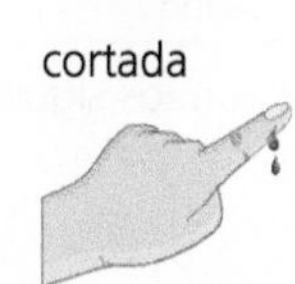

infección

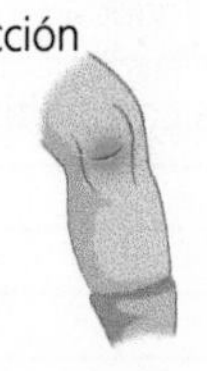

B **Lee con atención el nombre de los malestares y de las lesiones.**

¿Qué patrón puedes utilizar para expresar que tienes problemas con una parte de tu cuerpo?

15 Las lesiones y los deportes

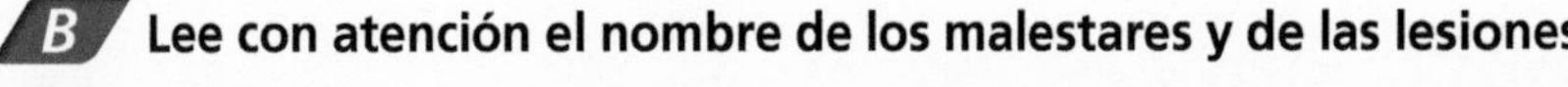

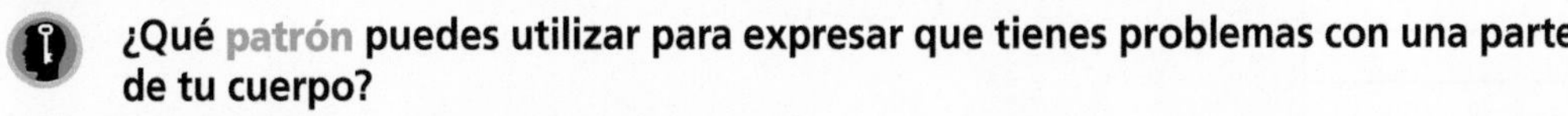

Enfoques del aprendizaje

- Habilidad de comunicación: Escuchan con actitud crítica y para comprender

¿Qué lesiones pueden suceder cuando practicamos deportes? Considera el vocabulario sobre los malestares y las lesiones y copia y completa esta tabla.

Deporte	Lesiones	¿Cuándo o cómo suceden?
1 Voleibol		
2 Levantamiento de pesas		
3 Esquí		
4 Gimnasia Olímpica		
5 Fútbol		
6 Equitación		
7 Maratón		

Gramática

El pretérito perfecto

Uso

El pretérito perfecto se utiliza en español para expresar acciones ya terminadas que dan lugar a un estado o situación que aún es cierta en el presente.

Forma

Para conjugar un verbo en pretérito perfecto es necesario utilizar el verbo "haber" como auxiliar, así como el participio del verbo principal.

Pronombre(s)	Haber	Ejemplos de verbos en participio
		hablado
yo	he	trabajado
tú	has	nadado
él / ella / usted	ha	bebido
nosotros / nosotras	hemos	aprendido
vosotros / vosotras	habéis	vivido
ellos / ellas / ustedes	han	vestido
		salido

Algunos ejemplos de verbos con participios irregulares son los siguientes:

escribir	escrito
decir	dicho
hacer	hecho
morir	muerto
poner	puesto
ver	visto
volver	vuelto
romper	roto
abrir	abierto

Estructura

Observa la estructura de algunas oraciones en pretérito perfecto. Presta atención a las preposiciones "desde" y "por".

- *Mi papá **ha viajado** a españa más de cinco veces.*
- *Yo **he vivido** en Japón <u>por</u> más de 10 años.*
- *Laura **ha escrito** novelas de terror <u>desde</u> 1999.*

16 Observa–piensa–generaliza

A **Lee la explicación del pretérito perfecto. Presta atención a los verbos en participio.**

¿Cuál es la forma en infinitivo de los verbos?

Participio	Infinitivo
1 hablado	hablar
2 trabajado	
3 nadado	
4 bebido	
5 aprendido	
6 vivido	
7 vestido	
8 salido	

B **¿Cuál es el patrón para cambiar el infinitivo de algunos verbos regulares a su forma en participio?**

Uso de las preposiciones "desde" y "por"

C **Considera los ejemplos en los que se utilizan las preposiciones "desde" y "por".**

1 Considera la estructura de las oraciones y el patrón que se muestra. Escribe **dos** ejemplos más para cada caso.

Yo he vivido en Japón por más de 10 años.	Laura ha escrito novelas de terror desde 1999.

2 Considera la estructura de las oraciones y responde: ¿en qué cuáles situaciones se debe utilizar "desde" y en cuáles se debe utilizar "por"?

17 Experiencias con los deportes

Enfoques del aprendizaje

- Habilidad de comunicación: Escuchan con actitud crítica y para comprender

A **Trabaja en equipos pequeños.**

Toma turnos para preguntar si tus compañeros han tenido las experiencias que se indican en la tabla aquí abajo. Cuando las respuestas de tus compañeros sean afirmativas, pregunta detalles utilizando "cuándo", "dónde", "con quién" y "cómo". Observa los ejemplos:

A: ¿Alguna vez has aparecido en televisión?

B: Sí.

A: ¿Cuándo apareciste en televisión?

B: En 2016.

A: ¿Dónde apareciste?

B: En un reportaje sobre los juegos olímpicos.

A: ¿Con quién apareciste?

B: Con mis amigos.

A: ¿Por qué apareciste en un reportaje?

B: Porque una televisora me entrevistó para preguntar mi opinión sobre la ceremonia de clausura.

Presta atención al uso del pretérito perfecto y del pretérito indefinido.

Experiencia	Cuándo	Dónde	Con quién	Cómo o por qué
1 Competir en un evento deportivo				
2 Ganar medallas o trofeos en una competición				
3 Representar a tu escuela, ciudad, estado o país en una competición				
4 Organizar un evento deportivo				
5 Sufrir una lesión jugando deportes				
6 Ir al hospital debido a una lesión				
7 Acompañar a alguien al doctor después de un accidente				

B **Existen variantes en el uso del pretérito perfecto en diferentes países de habla hispana. Investiga las diferencias.**

18 Evita ir al gimnasio

Enfoques del aprendizaje

- Habilidad de comunicación: Escuchan con actitud crítica y para comprender

Después de escuchar el podcast, contesta las siguientes preguntas.

Pista 8

1 Escoge la respuesta correcta.
  a El narrador piensa que el gimnasio es…
    i un lugar para mejorar la salud.
    ii un lugar para conocer amigos.
    iii un lugar intimidante.
  b El narrador menciona que muchas personas en el gimnasio sólo están interesadas en…
    i sus amigos.
    ii su apariencia.
    iii sus problemas.
  c ¿Qué siente el narrador cuando va al gimnasio?
    i Terror.
    ii Alegría.
    iii Diversión.
  d El narrador invita a sus escuchas a…
    i ir al gimnasio.
    ii perder peso.
    iii comentar.

2 Contesta las siguientes preguntas.
  a ¿Cuáles **dos** razones menciona el narrador acerca de esta idea: El gimnasio es una fantasía y un universo paralelo?
  b Según el narrador, ¿cuáles **dos** actividades que hacen muchas personas en el gimnasio en lugar de ayudar a otros?
  c Según el narrador, ¿por qué es difícil para las personas que tienen problemas de peso sentirse cómodas en el gimnasio?
  d Según el narrador, ¿de qué manera puede ser el gimnasio un espacio para la superación personal?

19 ¡Disfruta de la felicidad!

Enfoques del aprendizaje

- Habilidad de comunicación: Leen con actitud crítica y para comprender

Lee el siguiente texto acerca de la felicidad.

¡Disfruta de la felicidad!

Por Esther Lugo

1 La ciencia nos puede decir cómo ser feliz. Investigaciones recientes revelan datos reales y concretos sobre una cuestión que muchos consideran filosófica: ¿Qué nos hace feliz?

2 El equipo formado por Ed Diener y su hijo Robert Biswas-Diener, la psicóloga de Stanford Sonja Lyubomirsky, y el especialista en ética Stephen Post estudiaron a centenas de personas de todo el mundo para comprender de qué manera el dinero, la actitud, la cultura, la memoria, la salud, el altruismo y nuestros hábitos diarios afectan nuestro bienestar.

3 La psicología positiva moderna sugieren que nuestras acciones pueden tener un efecto positivo en la felicidad y satisfacción con la vida, y comparten diez estrategias científicamente demostradas para ser feliz:

4 **Saborea los momentos pequeños.** Avanza con calma; haz una pausa para oler una rosa o mirar jugar a los niños y niñas, porque cuando pensamos en momentos agradables, estamos más abiertos a la felicidad, dice la psicóloga Sonja Lyubomirsky.

5 **Evita comparaciones.** No es necesario estar al nivel de los vecinos, ni compararnos con los demás. Debemos cuidar nuestra autoestima, porque enfocarnos en nuestra realización personal nos ayuda a sentirnos satisfechos, según Lyubomirsky.

6 **El dinero no es prioridad.** Si pensamos que el dinero es importante, podemos sufrir de depresión, ansiedad y baja autoestima, según los investigadores Tim Kasser y Richard Ryan.

7 **Establece metas significativas.** Cuando aprendemos una nueva habilidad, elevamos nuestra moral y nos sentimos más felices.

8 **Toma la iniciativa.** Estar felices es nuestra responsabilidad y nosotros debemos ser los primeros en luchar por las cosas que nos hacen felices. En ocasiones esperar ayuda o posponer planes no es bueno.

9 **Haz amigos y valora a tu familia.** La gente más feliz tiene buenas familias, amigos y relaciones amistosas. No es necesario ser el alma de la fiesta si estás rodeado de conocidos superficiales, necesitamos relaciones, no interacciones.

10 **Siempre sonríe.** Parece simple, pero funciona. "La gente feliz... ve posibilidades, oportunidades y éxito. Cuando piensan en el futuro, son optimistas, y cuando revisan el pasado, recuerdan los buenos momentos", dice Diener y Biswas-Diener.

11 **¡Di gracias con el corazón!** La investigación de Martin Seligman, fundador de la psicología positiva, revela que las personas que escriben "cartas de agradecimiento" a alguien que les ayudó disfrutan de paz por mucho tiempo.

12 **Haz ejercicio.** Un estudio de la Universidad de Duke menciona que el ejercicio es tan efectivo como las drogas para tratar la depresión, sin los efectos secundarios.

13 **Regala, ayuda y comparte.** Ser altruista, compartir y trabajar como voluntario nos ayuda a ser compasivos y empáticos.

Después de leer el texto, completa las siguientes tareas.

1 Elige el final apropiado de la lista abajo para completar las siguientes oraciones. Hay más respuestas de las necesarias.

a Sonja Lyubomirsky es
b Ed Diener es
c Stephen Post es
d Martin Seligman es
e Robert Biswas-Diener es

i estudiante de Stanford.
ii padre de Robert Biswas-Diener.
iii el hijo de Ed Diener.
iv psicóloga de Stanford.
v especialista en ética.
vi fundador de la psicología positiva.
vii Profesor de la universidad de Duke.

2 ¿Qué significan las siguientes palabras? Elige una palabra de las palabras en el recuadro de abajo.

a concretos (párrafo 1, línea 3)
b altruismo (párrafo 2, línea 6)
c estrategias (párrafo 3, línea 4)
d calma (párrafo 4, línea 2)
e superficiales (párrafo 9, línea 4)

i tácticas
ii filantropía
iii torpezas
iv precisos
v paz
vi ricos
vii frívolos

CREATIVIDAD, ACTIVIDAD Y SERVICIO

Creatividad

Considera la pregunta de esta parte de la unidad: ¿Por qué es necesario ser equilibrado para estar mentalmente, físicamente y emocionalmente sanos? Realiza las siguientes tareas.

Escribe una reflexión acerca de la manera en que "Creatividad–actividad–servicio" te ayuda a demostrar los atributos de la comunidad de aprendizaje, y te invita a encontrar tu equilibrio.

Considera tu reflexión y utiliza la información que escribiste. **Diseña** pósters y trípticos. Los pósters deben promover la plenitud y el bienestar. Los trípticos deben informar sobre algunas alternativas que se pueden considerar para estar sanos y ser felices.

Por medio de esta actividad mostrarás evidencia para los siguientes **resultados de aprendizaje**: Identificar en uno mismo los puntos fuertes y las áreas en las que se necesita mejorar; mostrar compromiso y perseverancia en las experiencias de CAS; mostrar cómo iniciar y planificar una experiencia de CAS.

TEORÍA DEL CONOCIMIENTO

¿Qué impulsa o motiva a las personas a tomar la decisión de ir al gimnasio?

¿Qué formas de conocimiento influyen en la decisión?

¿Qué áreas de conocimiento pueden ayudar a las personas a validar las sugerencias sobre la salud y el bienestar que encontramos en diferentes revistas?

¿Cuáles afirmaciones de conocimiento son las más comunes entre los "expertos de la salud y gimnasios"?

¿Existe una relación entre la felicidad que producen los deportes y las formas de conocimiento? ¿Qué áreas de conocimiento puedes utilizar para probar tus ideas?

¿Podemos crear una mejor sociedad promoviendo ideas de prácticas deportivas éticas?

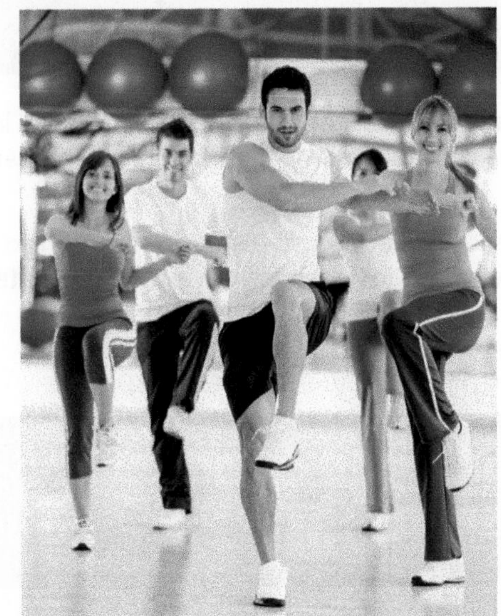

1 Unidades deportivas están en el abandono.
(El Informador)

2 Deportistas y ayuntamiento pactan acuerdos para mejorar seguridad en las unidades deportivas.
(La Jornada)

3 El Municipio apuesta por mejorar unidades deportivas.
(El Siglo)

4 Mejora en la calidad de vida de millones de colombianos que viven en centros urbanos con la construcción de nuevo polideportivo.
(El Heraldo)

5 Mejor infraestructura y conectividad en el polideportivo para mejorar la calidad de vida en la capital.
(El Nacional)

6 Transformación social a través del deporte y los valores olímpicos.
(Mural)

7 Mejoran áreas verdes del Polideportivo Nacional.
(El País)

20 Piensa–compara–comparte

Lee los encabezados anteriores.

Clasifica los encabezados. Escribe una "P" si consideras que el encabezado hablará de aspectos positivos, y una "N" si piensas que abordará aspectos negativos. Justifica tus respuestas.

Comparte y compara tus ideas con tus compañeros.

21 Encabezados

Enfoques del aprendizaje

- Habilidad de gestión de alfabetización mediática: Demuestran conciencia de las diferentes interpretaciones que los medios hacen de los hechos y las ideas (incluidas las redes sociales)
- Habilidad de comunicación: Escriben con diferentes propósitos

A **Presta atención a los encabezados anteriores. Localiza la palabra más importante o que comunique una idea fuerte en cada encabezado.**

B **Selecciona tres encabezados y escribe el primer párrafo para cada uno. Presta atención al contexto y a los posibles receptores de tu texto. Comparte tus párrafos con tus compañeros.**

22 Algunos problemas y sus causas

Enfoques del aprendizaje

- Habilidad de pensamiento crítico: Extraen conclusiones y realizan generalizaciones razonables

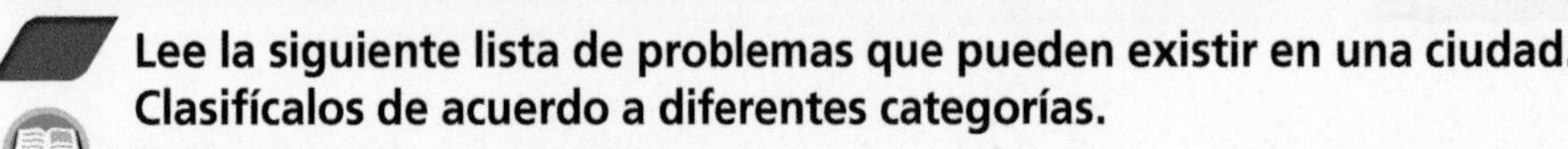

Lee la siguiente lista de problemas que pueden existir en una ciudad. Clasifícalos de acuerdo a diferentes categorías.

Problemas

- Drenaje
- Violencia
- Inseguridad
- Insalubridad
- Segregación socio-espacial
- Congestión vehicular
- Contaminación ambiental
- Mala calidad del aire
- Falta de confianza y "guetificación"
- Calidad de vida
- Hacinamiento
- Marginalidad
- Producción de basura
- Mala infraestructura

23 Categorías de problemas

Enfoques del aprendizaje

- Habilidad de pensamiento crítico: Extraen conclusiones y realizan generalizaciones razonables

Considera los problemas anteriores y menciona cuáles podrían ser las causas para cada uno.

Copia y completa la tabla siguiente con tus ideas.

Problema	Posibles causas
1 Violencia	
2 Insalubridad	
3 Congestión vehicular	
4 Hacinamiento	
5 Producción de basura	
6 Segregación socio-espacial	

24 Genera–organiza–explica

Considera la siguiente pregunta.

¿Pueden los deportes contribuir a mejorar la calidad de vida de una ciudad?

En trozos de papel o Post-its®, escribe las razones por las cuales los deportes pueden (o no pueden) contribuir a mejorar la calidad de vida de una ciudad. Escribe una razón en cada papel o Post-it®.

Después organiza los papeles o Post-its®, y establece una conexión con una idea que justifique la razón por la que los deportes pueden contribuir a mejorar la calidad de vida de una ciudad. Presta atención al ejemplo abajo.

Promueven una vida sana – los deportes promueven una vida sana. Si las personas practican deportes, evitan la drogadicción.

25 El conmovedor relato de Mariana Pajón

Enfoques del aprendizaje

- Habilidad de comunicación: Leen con actitud crítica y para comprender

Lee el siguiente texto acerca de una deportista colombiana.

Semanario Deportivo

El conmovedor relato de Mariana Pajón

1 ¡Soy de Medellín! dice con orgullo Mariana Pajón, quien recuerda que el deporte fue una de las estrategias para cambiar los ruidos de las balas y violencia en Medellín por el sonido de las sonrisas y el golpeteo de las medallas de plata y oro de los grandes atletas de la ciudad colombiana.

2 Dice Mariana que una vez, mientras competía fuera de Colombia, alguien le preguntó: "¿De dónde eres?", y ella tomó unos diez segundos antes de responder porque escuchar la palabra "Medellín" no creaba las impresiones más positivas que le gustaría producir. Por varios años, Mariana tenía vergüenza de presentar el pasaporte en las ventanillas de inmigración y recibir miradas condenatorias. Sin embargo, todo cambió desde que el gobierno de la ciudad tomó la decisión de utilizar el deporte para darle una nueva vida a esta gran ciudad que ahora está llena de esperanza.

3 Mariana Pajón creció en una ciudad que fue un campo de batalla, donde las personas honestas vivían escondidas en sus hogares. Pero también creció en esa capital que se levantó de entre los escombros de los carros bomba y entendió que tenía dos caminos: seguir viviendo con miedo o demostrar que en Medellín había buenas personas que tenían muchas cosas valiosas por demostrar. "Hoy la historia corrobora que mi ciudad eligió la segunda opción," comparte Mariana.

4 Pero, ¿cómo es que Medellín consiguió convertirse en una ciudad ejemplar? Hay miles de testimonios que responden a esa pregunta, porque la respuesta está en la gente que se cansó del terror, y comenzó a trabajar unida para regresarle la vida a la ciudad donde nacieron. "Yo soy testigo de una de las herramientas transformadoras que utilizamos para luchar contra esa violencia: el deporte," afirma Mariana con una gran sonrisa en su cara.

5 El deporte es sinónimo de unidad, de disciplina, de hazañas y por eso, con el fin de recuperar la confianza, se convirtió en parte importante de nuestra sociedad. Medellín se cubrió de escenarios y programas deportivos, y ese fue el plan trasformador que cambió todo. Donde antes hubo miedo hoy hay canchas, gimnasios y competencias. La cultura del deporte nos permitió a los deportistas convertirnos en embajadores positivos de nuestra ciudad. Nos permitió elegir el buen camino y le devolvió el color a la capital más hermosa del planeta. "Mi ciudad se transformó y eso se ve en los logros de los campeones de esta tierra. Hoy yo puedo gritar con orgullo: "¡Soy de Medellín!", concluyó Mariana, con lágrimas en los ojos.

Después de leer el texto, completa las siguientes tareas.

1 Contesta estas preguntas:
  a ¿Por qué tuvo vergüenza Mariana cuando le preguntaron de dónde era?
  b Explica “el plan transformador” que cambió Medellín.
  c ¿Cuál de las dos opciones tomó Medellín para transformarse?
  d ¿Cuál papel jugaron y juegan los deportistas en Medellín?
  e ¿Cuáles sonidos sustituyeron los ruidos de las balas y violencia en Medellín?

2 De acuerdo con el texto en la pagina de al lado, selecciona las **cinco** ideas que son verdaderas.
  a Medellín sufrió de violencia en el pasado.
  b Actualmente Mariana tiene vergüenza al decir que es de Medellín.
  c Mariana vivió la transformación de Medellín.
  d Mariana es de Colombia.
  e Actualmente, en Medellín hay muchos espacios para practicar deportes.
  f Mariana es Embajadora de Colombia.
  g Hay muchos deportistas exitosos en Medellín.

3 Escoge la respuesta correcta.
  a Este texto es…
    i un artículo de revista.
    ii un artículo de periódico.
    iii un ensayo.
  b Para escribir este texto, el autor hizo…
    i una encuesta.
    ii una entrevista.
    iii un experimento.

26 El diario de Mariana

Enfoques del aprendizaje

- Habilidad de comunicación: Escriben con diferentes propósitos

Considera el día en que Mariana Pajón viajó al extranjero para participar en una competición y tuvo vergüenza al mostrar su pasaporte y al responder de dónde era. Imagina que eres Mariana.

Escribe una entrada en tu diario. Narra la serie de eventos desde que saliste de Colombia, hasta que llegaste a la ciudad donde competiste y comenzaste a conocer a tus compañeros deportistas. Comparte por qué sentiste vergüenza al mostrar su pasaporte y al responder de dónde eras. Concluye tu entrada con una reflexión. Explica los cambios que te gustaría ver en Medellín.

27 Embajador de los deportes

Enfoques del aprendizaje

- Habilidad de comunicación: Utilizan una variedad de técnicas de expresión oral para comunicarse con diversos destinatarios

Actualmente, Medellín es una de las ciudades ejemplares en el mundo. Medellín utilizó los deportes como herramienta para transformar la ciudad. Ahora, los deportistas de Medellín son embajadores de la ciudad y participan en diferentes iniciativas para promover los deportes y para invitar a la sociedad a cuidar la ciudad.

Trabaja con un compañero.

Simula una entrevista entre Mariana Pajón y un periodista. Mariana está promoviendo un nuevo programa de deportes en Medellín. El periodista quiere conocer en qué consiste el programa, quiénes pueden participar en él, y de qué manera.

Toma turnos para representar ambos roles.

28 Deportes en el TEC de Monterrey Campus Querétaro

Enfoques del aprendizaje

- Habilidad de comunicación: Escuchan con actitud crítica y para comprender

Mira el vídeo en el siguiente enlace: http://tinyurl.com/depxtec

Después de mirar el vídeo, contesta estas preguntas.

1 Menciona **cinco** deportes que se muestran en el vídeo.
2 ¿Cuántas disciplinas deportivas hay en el TEC de Monterrey Campus Querétaro?
3 Según Zoila Aridt, ¿en cuáles **tres** aspectos la filosofía del TEC de Monterrey es formar estudiantes competitivos?
4 Según Natalia Gasque, ¿cuáles son los dos valores principales que debemos aprender?
5 Con la información del vídeo, selecciona la respuesta correcta.
   a ¿Qué atributo del perfil de la comunidad de aprendizaje ha aprendido Alejandro de la Brena en el golf?
      i solidario
      ii íntegro
      iii buen comunicador
   b ¿Este vídeo es…?
      i un vídeo promocional
      ii un documental
      iii un telediario

TEORÍA DEL CONOCIMIENTO

Durante la Guerra Fría, los países de las Repúblicas Soviéticas eran enormemente competitivos en ciertas disciplinas olímpicas como la gimnasia. ¿Qué áreas de conocimiento podemos utilizar para estudiar de manera efectiva la relación entre la política y los triunfos deportivos?

Algunos países en vías de desarrollo tienden a triunfar en competiciones olímpicas complejas como el maratón. ¿Qué áreas de conocimiento podríamos utilizar para estudiar de manera efectiva la relación entre el contexto donde uno crece y las aptitudes deportivas?

En algunos países existe un énfasis particular en la cultura deportiva y cuentan con incentivos para los estudiantes sobresalientes en diferentes disciplinas deportivas. ¿Qué áreas de conocimiento podemos utilizar para comprender la manera en que una cultura de deportes contribuye a diferentes ámbitos de un país tales como la educación, la economía, por mencionar algunos?

CREATIVIDAD, ACTIVIDAD Y SERVICIO

Creatividad y servicio

¿Consideras que existen oportunidades en tu ciudad para implementar programas de deportes y mejorar o elevar la calidad de vida? ¿Existen en tu ciudad oportunidades para desarrollar proyectos deportivos para personas con acceso limitado a infraestructuras deportivas? De ser así, ¿qué puedes hacer al respecto?

Charla con tus compañeros de clase y realiza una lluvia de ideas sobre las iniciativas que pueden llevar a cabo.

Por medio de esta actividad mostrarás evidencia para los siguientes **resultados de aprendizaje**: Mostrar compromiso y perseverancia en las experiencias de CAS; mostrar habilidades de trabajo en equipo y reconocer los beneficios del trabajo colaborativo.

Si tu equipo y tú logran desarrollar programas que beneficien a diferentes sectores de la sociedad de manera efectiva y sostenible, también mostrarán evidencia para los siguientes **resultados de aprendizaje**: Mostrar compromiso con cuestiones de importancia global; y reconocer y considerar el aspecto ético de las decisiones y las acciones.

Reflexión

Enfoques del aprendizaje

- Habilidad de reflexión: Consideran los contenidos y se preguntan: ¿Qué información es familiar? ¿Sobre qué aprendí hoy? ¿Hay algo que aún no haya entendido? ¿Qué preguntas tengo ahora?

Aspecto	Básico	En desarrollo	Apropiado	Excepcional
Conocimiento de vocabulario y gramática	Tengo el conocimiento básico de las estructuras gramaticales y palabras relevantes de la unidad.	El conocimiento básico de las estructuras gramaticales y palabras relevantes de la unidad comienza a profundizarse.	Mi dominio del conocimiento de las estructuras gramaticales y palabras relevantes de la unidad cubre los estándares ideales.	Mi dominio del conocimiento de las estructuras gramaticales y palabras relevantes de la unidad va más allá de las expectativas.
Uso de la lengua en los diferentes contextos	Logro utilizar la lengua únicamente de manera básica en los contextos presentados en la unidad.	Comienzo a utilizar la lengua de manera adecuada en los contextos presentados en la unidad.	Logro utilizar correctamente la lengua en los contextos presentados en la unidad.	Logro utilizar la lengua de manera excepcional en los contextos presentados en la unidad.
Habilidades de comprensión auditiva	Únicamente logro comprender la información más básica de los textos de audio.	Logro comprender la información básica y comienzo a comprender las ideas más complejas de los textos de audio.	Logro comprender ampliamente toda la información de los textos de audio.	Logro comprender ampliamente toda la información del texto de audio, y puedo responder espontáneamente al texto.
Habilidades de lecto-comprensión	Únicamente logro comprender la información más básica de los textos escritos.	Logro comprender la información básica y comienzo a comprender las ideas más complejas de los textos escritos.	Logro comprender ampliamente toda la información de los textos escritos.	Logro comprender ampliamente toda la información de los textos escritos, y puedo responder espontáneamente a los textos.
Habilidades de producción escrita	Únicamente logro utilizar palabras aisladas y estructuras con oraciones simples en las tareas escritas.	Logro utilizar una variedad de vocabulario simple y combinar algunas estructuras simples en las tareas escritas.	Logro producir textos escritos que responden correctamente a las tareas escritas de la unidad.	Logro producir textos escritos creativos que responden correctamente a las tareas escritas de la unidad, y van más allá de lo que piden las directrices.
Habilidades de producción oral	Únicamente logro utilizar frases simples en las tareas orales. No logro reconocer el contexto ni la audiencia.	Logro utilizar y combinar algunas estructuras simples en las tareas orales, reconociendo el contexto y la audiencia.	Logro responder correctamente de manera oral a las tareas escritas de la unidad, demostrando mi comprensión del contexto y audiencia.	Logro responder correcta y creativamente de manera oral a las tareas escritas de la unidad, reconociendo el contexto y la audiencia, personalizando la información.
Comprensión de los conceptos	Tengo una comprensión básica de los conceptos que estudiamos en esta unidad.	Logro comprender la relación entre los conceptos que estudiamos y las tareas que realizamos en esta unidad.	Logro comprender y articular la relación entre los conceptos que estudiamos y las tareas que realizamos en esta unidad.	Logro comprender y articular la relación entre los conceptos que estudiamos y las tareas que realizamos en esta unidad, y puedo generalizar mi comprensión conceptual.

UNIDAD 9 ¿Qué podemos esperar del futuro?

¿Hacia dónde nos llevará lo que sabemos y lo que podemos hacer?

OBJETIVOS DE COMUNICACIÓN

En esta unidad vas a:

- Describir sucesos pasados
- Explicar sucesos que acontecen actualmente
- Especular acerca del futuro
- Hablar y escribir acerca de las ventajas y las desventajas de los avances tecnológicos
- Reflexionar acerca de la evolución de las formas de comunicación humana
- Debatir los cambios de los roles de las personas en las diferentes instituciones sociales en el futuro
- Indagar acerca del futuro de los hombres y las mujeres en el futuro
- Imaginar la interacción entre los humanos y las ciudades inteligentes
- Examinar los problemas de la actualidad y los del futuro
- Escribir diferentes tipos de textos con diferentes propósitos

EN ESTE CAPÍTULO INVESTIGARÁS ESTAS PREGUNTAS:

Fácticas	Conceptuales	Debatibles
¿Cómo viviremos en el futuro? ¿De qué manera utilizamos el futuro y el condicional para hablar acerca de sucesos venideros?	¿De qué manera cambiarán las relaciones sociales en el futuro? ¿De qué manera evolucionarán las formas de comunicación humana? ¿De qué manera cambiarán los roles de las personas en instituciones sociales en el futuro?	¿Qué retos tendrán los jóvenes del futuro? ¿Lograremos la igualdad de género en el futuro? ¿Conseguiremos la justifica social en el futuro? ¿Tendrán los hombres y las mujeres las mismas oportunidades? ¿Qué comportamientos del presente tendrán repercusiones en nuestro futuro?

¿Cómo viviremos en el futuro?

■ Las ciudades inteligentes son el resultado de la necesidad cada vez más imperiosa de orientar nuestra vida hacia la sustentabilidad.

1 Piensa–compara–comparte

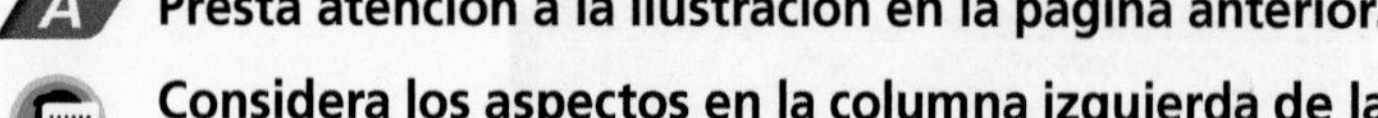

A **Presta atención a la ilustración en la página anterior.**

Considera los aspectos en la columna izquierda de la siguiente tabla y escribe los problemas que tenemos con cada uno de ellos en la actualidad.

Aspecto	Problemas que tenemos en la actualidad
1 Movilidad	
2 Desarrollo económico	
3 Transparencia con el manejo de los datos	
4 Acceso a internet	
5 Medio ambiente	
6 Administración eficaz	
7 Edificios inteligentes	
8 Educación	
9 Uso eficiente de la energía.	

B **Trabaja en equipos pequeños. Comparte tus respuestas. Escucha con atención y pregunta sobre las ideas que consideres interesantes.**

2 Conecta–extiende–pregúntate

A **Considera las ideas que escribiste acerca de los problemas que tenemos con los siguientes aspectos. Escribe qué necesitamos hacer para solucionar estos problemas.**

Aspecto	¿Qué necesitamos hacer para solucionar el problema?
1 Movilidad	
2 Desarrollo económico	
3 Transparencia con el manejo de los datos	
4 Acceso a internet	
5 Medio ambiente	
6 Administración eficaz	
7 Edificios inteligentes	
8 Educación	
9 Uso eficiente de la energía	

B **Trabaja en equipos pequeños. Comparte tus respuestas. Escucha con atención y pregunta sobre las ideas que consideres interesantes.**

3 Léxico

A **Estudia el significado de las siguientes palabras.**

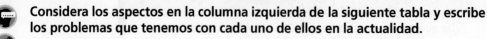

Léxico

abusar	consumir	desechar	elevar	optimizar
agravar	corregir	desperdiciar	empeorar	prosperar
aprovechar	dañar	deteriorar	lograr	purificar
conseguir	desarrollar	disminuir	mejorar	reformar

B **¿Qué relación tienen las palabras en el recuadro de léxico en la página 196 con las reflexiones acerca del futuro?**

Gramática

El futuro

Forma

Es muy fácil conjugar un verbo en futuro. Para conjugar verbos regulares en futuro, utilizamos el infinitivo del verbo y después añadimos las terminaciones que se muestran en la siguiente tabla.

Pronombre(s)	Verbos terminados en -ar (hablar)	Verbos terminados en -er (beber)	Verbos terminados en -ir (vivir)
yo	habla**ré**	bebe**ré**	vivi**ré**
tú	habla**rás**	bebe**rás**	vivi**rás**
él / ella / usted	habla**rá**	bebe**rá**	vivi**rá**
nosotros / nosotras	habla**remos**	bebe**remos**	vivi**remos**
vosotros / vosotras	habla**réis**	bebe**réis**	vivi**réis**
ellos / ellas / ustedes	habla**rán**	bebe**rán**	vivi**rán**

Excepciones

A continuación se presentan algunos verbos irregulares que no siguen el **patrón** en la tabla anterior. Los verbos se muestran en su conjugación con la primera persona del singular.

decir	diré
haber	habré
hacer	haré
poder	podré
poner	pondré
saber	sabré
tener	tendré
venir	vendré

Significado

El futuro de indicativo en español se utiliza para expresar una acción que sucederá, una intención o una probabilidad.

Uso

El futuro en español se utiliza para expresar:

- nuestra intención de realizar una acción en el futuro; por ejemplo:
  *Mañana **haré** la reservación de mi viaje.*
- una suposición respecto al futuro; por ejemplo:
  Tengo tantos trabajos *pendientes que no **acabaré** mañana.*
- una suposición respecto al presente; por ejemplo:
  *Son las 7:00p.m, me imagino que la tienda **todavía estará** abierta.*

Presta atención a la palabra "todavía" en el último ejemplo.

Si deseas repasar detalles acerca del futuro, consulta el vídeo en este enlace: https://youtu.be/0XrlplWHXxl

4 Los supersónicos

Enfoques del aprendizaje

- Habilidades de comunicación: Hacen deducciones y extraen conclusiones. Escriben con diferentes propósitos

A ***Los Supersónicos*, titulado *The Jetsons* en inglés, es una serie animada creada por William Hanna y Joseph Barbera creada en 1962, la cual muestra una familia que vive en el año 2026.**

Mira el vídeo en el siguiente enlace: https://youtu.be/TejwqaneXEI

Toma notas acerca de lo que sucede en el vídeo.

B **Imagina que tuviste un sueño acerca de una familia en el futuro.**

Con la información del vídeo, escribe una entrada para tu diario. Narra las actividades de la familia que soñaste. Describe lo que hacen, cómo lo hacen, y enfatiza las diferencias con el presente. Utiliza el futuro en tu texto.

Punto de indagación

Piensa acerca del futuro.

Contesta las siguientes preguntas.

1 ¿Qué cosas cambiarán en los próximos 10 años?
2 ¿Qué cambios experimentarán nuestros estilos de vida?
3 ¿Cuándo decimos que una cosa es "algo del pasado"?
4 ¿Cuáles cambios generarán nuevas necesidades?

Después trabaja en pares o grupos pequeños y comparte tus ideas con tus compañeros.

5 Práctica de gramática

Enfoques del aprendizaje

- Habilidad de comunicación: Hacen deducciones y extraen conclusiones

Escribe especulaciones acerca del futuro de las siguientes cosas. Observa el ejemplo.

Los coches: En el futuro, los coches funcionarán con energía solar.

1 Los teléfonos móviles
2 La ropa
3 El entretenimiento
4 La comida
5 Los deportes
6 Los animales

6 El futuro está aquí

Enfoques del aprendizaje

- Habilidad de comunicación: Hacen deducciones y extraen conclusiones

A **Las imágenes en este enlace: https://tinyurl.com/y7xjjmpf aparecieron en un artículo de la versión latina de la revista "Muy Interesante."**

Presta atención a cada una de las imágenes y contesta las siguientes preguntas.

1. ¿Cómo será un día ordinario en la vida de cada una de las personas en las imágenes?
2. ¿Serán felices las personas? ¿Por qué o por qué no?
3. ¿Serán sus vidas más interesantes? ¿Por qué o por qué no?
4. ¿Qué tan diferente serán los hábitos de las personas en las imágenes en comparación con los tuyos?
5. ¿Tendrán las personas de diferentes clases sociales acceso a los avances que se muestran en las fotos?

B **Comparte tus respuestas en equipos pequeños.**

7 La casa del futuro

Enfoques del aprendizaje

- Habilidad de comunicación: Leen con actitud crítica y para comprender

Mira el vídeo en este enlace: https://youtu.be/1UqM_e7B6W8

Contesta la siguiente pregunta con la información en el vídeo:

¿Qué función tendrá cada uno de los siguientes artículos? Utiliza el futuro simple en tus respuestas.

Artículo, producto o función	¿Cómo nos ayudará?
1 El felpudo	
2 La heladera	
3 La alacena	
4 La tostadora	
5 El microondas	
6 La balanza	
7 El espejo	
8 La mesa táctil	
9 La pared digital (en el cuarto de los chicos)	
10 La bici	
11 El tender en la terraza	
12 La parrilla	
13 El modo vacaciones	

8 El futuro de los libros

Enfoques del aprendizaje

- Habilidad de comunicación: Leen con actitud crítica y para comprender

Lee la infografía en el siguiente enlace: https://tinyurl.com/ybggxqeo

Contesta las siguientes preguntas.

1 Menciona **tres** ventajas de los libros digitales.
2 Menciona **dos** desventajas de los libros digitales.
3 Explica la gráfica que muestra datos acerca de las ventas de libros de papel y digitales.
4 Considerando la imagen y la información que contiene, ¿cuál es su objetivo?
5 ¿Cómo funciona el papel electrónico?
6 ¿Qué sucedió en 1971?

9 El libro en la era digital

Enfoques del aprendizaje

- Habilidad de comunicación: Escuchan con actitud crítica y para comprender

Después de escuchar la conversación, responde las siguientes preguntas.

Pista 9

1 Contesta las siguientes preguntas.
   a ¿Cuál es la profesión de Sergio?
   b ¿Qué tipos de libro prefiere Sergio?
   c ¿Cuándo comprendió don Pedro que era necesario adaptarse al cambio?
   d Menciona **dos** razones por las que Sergio promueve los textos digitales en el lugar donde trabaja.

2 Indica quién mencionó las ideas en la columna de la izquierda.

Idea	Don Pedro	Sergio
a A los libros reales no se les acaba la batería.		
b No había notado que te gustaba comprar libros reales de literatura.		
c Me gusta el olor de un libro nuevo.		
d No puedo dibujar en un Kindle.		
e Se utiliza papel para producir libros.		
f Los mensajes de texto reemplazaron la correspondencia postal.		

10 El futuro de las bibliotecas en las escuelas

Enfoques del aprendizaje

- Habilidades de comunicación: Utilizan una variedad de técnicas de expresión oral para comunicarse con diversos destinatarios. Escriben con diferentes propósitos

A Trabaja en equipos pequeños.

Realiza una lluvia de ideas acerca del futuro de las bibliotecas en las escuelas.
Considera los siguientes puntos:

- La digitalización de libros
- El acceso a diferentes recursos
- El espacio que se destina a una biblioteca
- Oportunidades de investigar
- El place de leer

Después de realizar la lluvia de ideas, utiliza las ideas que recolectaste para completar la siguiente tarea.

Eres un bibliotecario que tiene un blog por medio del cual informa a sus lectores acerca del rol de las bibliotecas en la educación.

Escribe un texto de blog para informar a los profesores y estudiantes acerca del futuro de los libros. El objetivo de tu texto es informar a tus lectores acerca de las funciones de las bibliotecas podrían cambiar en el futuro.

11 El futuro del transporte público

Enfoques del aprendizaje

- Habilidad de comunicación: Leen con actitud crítica y para comprender

Lee el siguiente texto acerca del futuro del transporte público.

www.transportepublico.com

El futuro podría estar basado en la integración modal

1 Las tecnologías que hoy conocemos, pueden ser obsoletas en unos 20, 10 o quizás en menos de 5 años. Actualmente, la viabilidad comercial del *hyperloop*, o el posible éxito de los taxi-drones puede ser la respuesta a los problemas de movilidad y transporte que enfrentan diferentes países. En varias ciudades del mundo, el número de bicicletas y la variedad de servicios de alquiler de estas aumenta día a día. Esto representa el movimiento más claro acerca del futuro de las formas de transporte.

2 Algunas ciudades han cancelado por completo el uso de automóviles y han invertido en sistemas de transporte público ecológico; otras ciudades han reducido la cantidad de autobuses y los han sustituido con sistemas de metros que contaminan menos y permiten una movilidad menos estresante. Estos dos ejemplos nos dejan ver que el transporte del futuro podría estar basado en la integración modal.

¿Qué podríamos esperar en el futuro acerca del transporte público?

3 Para conectar a los pasajeros con sus destinos, las agencias de transporte posiblemente ofrecerán conexiones atractivas con bicicletas, automóviles eléctricos, o incluso patinetas. Esto implicará mejorar la infraestructura de las ciudades para priorizar comodidad y calidad; y será responsabilidad de la ciudad garantizar la existencia de medios para pagar todos los servicios con el mismo medio.

4 Posiblemente muchas agencias de transporte comenzarán a utilizar vehículos autónomos. Esta medida permitirá contar con medios de transporte las 24 horas del día, sin crear riesgos para los conductores. Ciudades tales como Helsinki han comenzado a poner a prueba tecnologías de este tipo con mucho éxito.

Un vehículo autónomo en Helsinki, Finlandia.

5 No cabe duda que comenzaremos a ver una sustitución de servicios, comenzando por aquellos que tienen poca demanda y que han dejado de ser viables. Así como Uber reemplazó los servicios de taxis en diferentes países, es lógico pensar que aparecerán servicios que eventualmente podrán ser más eficientes y que ofrecerán una mejor experiencia para el consumidor. Hoy en día no es nada raro encontrarse con tuk-tuks eléctricos o bici-taxis en destinos turísticos en lugar de taxis, por lo que podemos suponer que la diversidad de los medios de transporte simplemente crecerá.

6 Definitivamente la tecnología no será lo único que dictará los cambios. En general, el ingenio humano será lo que permitirá identificar las necesidades a los futuros hombres de negocios y así responder a ellas.

Después de leer el texto, completa las siguientes tareas.

1 Contesta las siguientes preguntas.

a Menciona en qué ciudad se han realizado pilotos de transporte sin conductor.

b Menciona **dos** medios de transporte alternativo comunes en varios destinos turísticos.

c ¿Cuáles **dos** cambios necesitarán garantizar las ciudades para lograr conexiones atractivas?

d ¿En qué se deberán basar los servicios de transporte público del futuro?

e ¿Qué deberán identificar los hombres de negocio en el futuro?

2 ¿A qué o a quién se refieren las palabras subrayadas? Contesta utilizando las palabras tal como aparecen en el texto.

a Esto representa el movimiento más claro… (párrafo 1, línea 8)

b … a prueba tecnologías de este tipo con mucho éxito. (párrafo 4, línea 6)

c … comenzando por aquellos que tienen poca demanda… (párrafo 5, línea 2)

d … hombres de negocios y así responder a ellas. (párrafo 6, línea 4)

TEORÍA DEL CONOCIMIENTO

Hoy en día existe demasiado conocimiento fáctico y resulta difícil pensar que somos capaces de comprender todo. Del mismo modo, actualmente se produce tanta información de manera excesiva que existe el riesgo de llegar a un futuro lleno de información incoherente.

Si no existe coherencia entre la información proveniente de diferentes fuentes, será difícil hablar de una verdad coherente respecto al conocimiento; esto, inevitablemente, nos llevaría a vivir en una verdad relativa.

¿Qué métodos de investigación podríamos emplear para reconocer datos e información verídica en los tiempos de la llamada post-verdad? ¿Qué áreas del conocimiento nos pueden ayudar?

¿Hasta qué punto las diferentes áreas de conocimiento comparten los mismos criterios para determinar qué información es coherente y válida?

¿Pueden la ética y las ciencias humanas como áreas de conocimiento ayudarnos a tener estándares y valores comunes para unificarnos como sociedad?

¿De qué manera cambiarán las relaciones sociales en el futuro?

El internet ha modificado la manera en que nos comunicamos y relacionamos con el resto de personas.

Léxico

Estudia el **significado** de las siguientes palabras.

amistad	contar con
compañía	criticar
confianza	desconfiar
conflicto	perdonar
cualidades	reconciliarse
malentendido	resolver
diferencia de opinión	hacer caso
acusar	tener algo en común
apoyar	tener la culpa
confiar	

12 Organiza–conecta–explica

A **Clasifica el vocabulario anterior en las siguientes categorías. Puedes agregar categorías si así lo deseas.**

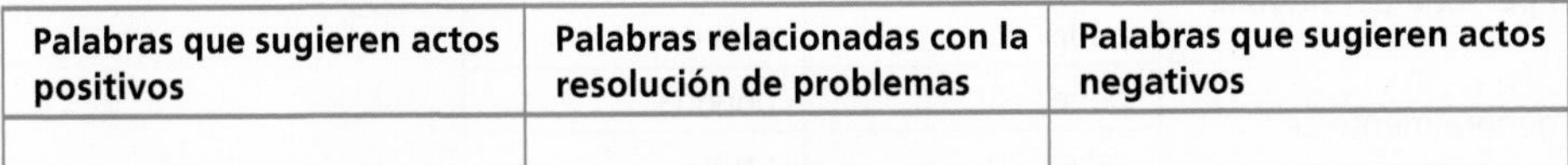

Palabras que sugieren actos positivos	Palabras relacionadas con la resolución de problemas	Palabras que sugieren actos negativos

B **Trabaja en equipos pequeños. Compara tus respuestas.**

13 Piensa–compara–comparte

A **¿De qué manera vivimos nuestras relaciones sociales?**

Presta atención a las experiencias en la tabla siguiente y escribe de qué manera logramos que sucedan.

Experiencia	De qué manera las logramos
1 Hacer amigos	
2 Encontrar una pareja sentimental	
3 Aprender acerca de otros países	
4 Expresar nuestro punto de vista	
5 Hablar sobre nuestros problemas	
6 Compartir experiencias	
7 Compartir pasiones	

B **Trabaja en equipos pequeños. Comparte tus respuestas. Escucha con atención y pregunta sobre las ideas que consideres interesantes.**

Gramática

El condicional

Forma

Es muy fácil conjugar un verbo en el condicional. Para conjugar verbos regulares en el condicional, utilizamos el infinitivo del verbo y después añadimos las terminaciones que se muestran en la siguiente tabla.

Pronombre(s)	Verbos terminados en -ar (hablar)	Verbos terminados en -er (beber)	Verbos terminados en -ir (vivir)
yo	hablar**ía**	beber**ía**	vivir**ía**
tú	hablar**ías**	beber**ías**	vivir**ías**
él / ella / usted	hablar**ía**	beber**ía**	vivir**ía**
nosotros / nosotras	hablar**íamos**	beber**íamos**	vivir**íamos**
vosotros / vosotras	hablar**íais**	beber**íais**	vivir**íais**
ellos / ellas / ustedes	hablar**ían**	beber**ían**	vivir**ían**

Excepciones

En la tabla de al lado se presentan algunos verbos irregulares que no siguen el **patrón** en la tabla anterior. Los verbos se muestran en su conjugación con la primera persona del singular.

decir	diría
haber	habría
hacer	haría
poder	podría
poner	pondría
saber	sabría
tener	tendría
venir	vendría

Significado

El condicional en español generalmente se utiliza para expresar acciones o situaciones hipotéticas, y también para hacer preguntas con un tono de cortesía, o para expresar deseos.

Uso

En español, podemos utilizar el condicional para:

- hacer una invitación con cortesía; por ejemplo:
  *¿**Querrías** venir a cenar a mi casa?*
  *¿Te **gustaría** venir a cenar a mi casa?*
- pedir algo con cortesía o amablemente; por ejemplo:
  *¿**Podrías** ayudarme a mover estas cajas?*
- expresar un deseo; por ejemplo:
  *¡Me **encantaría** conocer a Shakira!*
- hacer una sugerencia; por ejemplo:
  ***Deberías** practicar esta estrategia con más frecuencia.*
- expresar una hipótesis o suposición; por ejemplo:
  *¿**Sería** más fácil hacerlo de una manera diferente?*
- repetir lo que una persona dijo en un momento pasado; por ejemplo:
  *Sandra dijo que **llegaría** temprano.*

Observa que en el último ejemplo el hablante está repitiendo las palabras de Sandra.

Podemos pensar que la interacción ocurrió de esta manera:

Lunes 15 de abril, 2019

Sandra: *Mañana llegaré temprano.*

Martes 16 de abril, 2019

Jorge: *Ayer, Sandra dijo que llegaría temprano.*

Si deseas repasar detalles acerca del condicional, puedes consultar el vídeo en este enlace: https://youtu.be/XCsAg8cz5AI

14 Práctica del condicional

Enfoques del aprendizaje

- Habilidad de comunicación: Hacen deducciones y extraen conclusiones

Practica el condicional de acuerdo a los siguientes usos:

Escribe *dos* oraciones para cada caso.

1 Recomendaciones y sugerencias
   - a María tiene problemas de salud porque no come comida saludable.
   - b José tiene problemas de salud pasa mucho tiempo sentado.

2 Deseos
   - a Tu papá te pregunta: ¿Cómo quieres remodelar tu recámara?
   - b Tu mejor amigo te pregunta: ¿Adónde quieres ir de vacaciones?

3 Hacer una invitación
   - a Invita a tu amigo al cine.
   - b Invita a tus abuelos a tu graduación.

15 El tiempo del narrador

Enfoques del aprendizaje

- Habilidad de comunicación: Hacen deducciones y extraen conclusiones

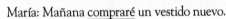

Repite la información que compartió cada una de las personas el día de ayer. Utiliza el condicional. Observa el ejemplo.

María: Mañana compraré un vestido nuevo.

María dijo que compraría un vestido nuevo.

1 Esteban: Prepararé mi presentación de teoría del conocimiento este fin de semana.
2 Gloria: Investigaré tres nuevas fuentes para mi monografía.
3 Luis: Mañana tendré mi proyecto del grupo 4 con una escuela de Malasia.
4 Cecilia: Cambiaré mi estado en Facebook.
5 Juan: Actualizaré mi perfil en LinkedIn.
6 Tomás: Responderé todos los correos en mi bandeja de entrada.

Punto de indagación

Considera los aspectos positivos y negativos de los avances tecnológicos y la evolución de las sociedades en el futuro.

Contesta las siguientes preguntas.

1 ¿Sería el mundo mejor sin avances tecnológicos?
2 ¿Tendríamos mejores relaciones sociales sin las redes sociales?
3 ¿Comprenderíamos menos el mundo sin la información que tenemos gracias al internet?
4 ¿Aprenderíamos de la misma manera sin las oportunidades que nos da el internet?
5 ¿Sería buena idea tener más reglas acerca del uso de las tecnologías?
6 ¿Sería buena idea eliminar el control de los datos y tecnologías por parte de los gobiernos?
7 ¿Sería buena idea educarnos sin herramientas tecnológicas?

Después trabaja en pares o grupos pequeños y comparte tus ideas con tus compañeros.

16 Observa–piensa–generaliza

A **Lee la información gramatical acerca del futuro y del condicional.**

B **Observa el patrón de conjugación del futuro y del condicional. ¿Qué similitudes puedes identificar?**

C **Observa el significado y el uso del futuro y del condicional. ¿Qué diferencias puedes identificar?**

17 ¿Cómo los educaban?

Enfoques del aprendizaje

- Habilidad de comunicación: Leen con actitud crítica y para comprender

Lee la siguiente historia corta.

1 "Parece que eran esclavos del tiempo" - compartió Eduardo mientras hablaba con Janet. "Lo más triste de todo es que tenían aparatos que les recordaban a qué horas se tenían que levantar y también tenían vehículos que los recogían y los llevaban al edificio que llamaban 'escuela'" - agregó Janet, mientras veía el documental que se proyectaba desde su dispositivo móvil, en el cual realizaba una conferencia con Eduardo.

2 Janet y Eduardo viven en países diferentes mas son compañeros de clase en un par de asignaturas. En estos días el concepto de educación ha cambiado radicalmente. Ahora todos los jóvenes estudian en casa y utilizan la internet como medio de colaboración con estudiantes de otros países. Aunque muchas veces no hablan la misma lengua, sus dispositivos son capaces de traducir automáticamente sus conversaciones y los mensajes escritos que intercambian.

3 Cada uno de los estudiantes es responsable de compartir recursos relevantes de su país de origen para ayudar a sus compañeros a comprender el tema o problema que estudian de una manera más amplia. Y por si eso no fuera todo, todos los vídeos y audios que graban los suben a un espacio compartido con todo el mundo.

4 "Alguien pregunta si hemos pensado cómo deberíamos referirnos a la manera en que aprendemos en el presente"- pregunta Janet después de leer el comentario más reciente que apareció en el área de charlas. "¿Crees que sea necesario definir algo que está cambiando constantemente y que se modifica con cada avance?"- respondió Eduardo con el estilo de conversación que lo ha hecho famoso: respondiendo a las preguntas con otras preguntas.

5 "Recuerda el debate que tuvimos hace meses sobre la educación en la escuela, la educación en la casa, la educación a distancia, y la educación mixta, Janet"- puntualizó Eduardo. "Lo único que esas etiquetas lograron era sugerir las herramientas y el espacio en que se estudiaba, y según he entendido pasaban más tiempo explicando cómo entender cada uno y cuando menos lo esperaban, aparecía una nueva tendencia", concluyó.

6 "Tienes razón"- respondió Janet. "En lugar de gastar energías buscando un nombre a nuestras acciones debemos enfocarnos en aprender". "Exacto", asintió Eduardo, "especialmente cuando sabemos de los malentendidos que causaría al algoritmo de traducción. A nadie le gustaría vivir otro el caso Sucre una vez más".

7 Sucede que alguien en Sucre quiso acuñar un término con la intención de ayudar a sus compañeros a comprender algo particular de Sucre, sin embargo el algoritmo de traducción no comprendió el término y produjo diferentes palabras en los idiomas a los que traducía. Muchas de estas palabras resultaron ofensivas e hirieron la sensibilidad de muchas personas, por ello ahora los estudiantes utilizan lenguaje concreto y claro que no da pie a dudas o mal interpretaciones. Palabras como deseo, pasión, amor, ahora se encapsulan en dos conceptos simples: querer o necesitar.

8 "Alguien en la sala de charlas sobre antigüedades pregunta si alguien tiene una camiseta con la leyenda de 'yo 😍 Madrid' o cualquier otra ciudad"- mencionó Janet, demostrando sus habilidades para participar en diferentes conversaciones al mismo tiempo. "Sabes que nunca he comprendido por qué la gente compraba esas camisetas con mensajes tan vagos y ambiguos: ¿qué era lo que les atraía: la ciudad, es decir las construcciones, la gente, el ambiente?"- indagó Eduardo. "No cabe duda de que les gustaba la ausencia de claridad". "¡Estoy de acuerdo!"- exclamó Janet, "especialmente porque no es tan difícil escribir "Madrid tiene edificios con diferentes tipos de arquitectura; Madrid ofrece oportunidades de explorar lugares para personas con diferentes intereses. ¡Qué complicado es poner tanto significado en un símbolo". "Creo que los llamaban emoticonos"- mencionó Eduardo, "lo cual pudiera haber sido un buen término en mi opinión, pero no soy parte del departamento de curación lingüística así que no me corresponde decir cuál término es efectivo y cuál no lo es".

9 "¿De casualidad leíste el artículo que circuló por mucho tiempo en el cual comparaban estos emoticonos ridículos con los jeroglíficos egipcios?"- preguntó Janet a Eduardo con una mueca que se podría confundir con sonrisa. "Ese tipo de artículos es lo que hizo que el sistema educativo del pasado colapsara, pues creían todo lo que se publicaba en las redes sociales"- contribuyó Eduardo al debate. "A mí me hubiera incomodado vivir en una época en la que es difícil reconocer si las noticias eran verdaderas. Eso de las noticias falsas sí que afectó a los jóvenes del pasado"- comentó Eduardo. "Pero eso habla mucho del abuso de libertades y de la poca responsabilidad ciudadana y ética de las personas entonces. ¡Qué bueno que ahora tenemos sistemas que se ocupan de asegurar que la información que se comparte es verídica y confiable"- concluyó Eduardo con un suspiro.

10 Pensante, Janet imaginó qué se sentiría tener la libertad de publicar lo que cada individuo pensaba y compartirlo sin temer a las reglas de control y calidad que existían en los canales de comunicación que utilizan actualmente. Por un momento quiso poder hablar sin temor a que le corrigieran la falta de claridad y la ambigüedad de sus ideas. Aunque apreciaba la facilidad para comprender las ideas de los demás, no dejaba de pensar en lo robótico de la experiencia.

11 Janet se despidió de Eduardo, cerró las salas de charla que tenía abiertas y sacó del cajón de su escritorio el álbum de recortes con fragmentos de periódico que encontró hace un par de años y en el que escribe reflexiones secretas. Sobre la página en la que lo abrió leyó el siguiente encabezado: "se casó con alguien que conoció en línea". Antes de comenzar a escribir sonrió al pensar que sucedería si los jóvenes como ella tuvieran el permiso de establecer relaciones de esa manera.

Después de leer el texto, completa las siguientes tareas.

1 Contesta las siguientes preguntas. Considera la información en los párrafos indicados.
  a ¿Qué debatían Janet y Eduardo? (párrafo 1)
  b ¿Qué es especial acerca de la manera en que Janet y Eduardo aprenden? (párrafo 2 y 3)
  c ¿Qué problema sucedió en Sucre? (párrafo 7)
  d ¿De qué manera utilizan la lengua chicos como Janet y Eduerdo y los chicos del pasado? (párrafo 8)
  e Explica la crítica que hace Eduardo a las conductas y responsabilidades de las personas. (párrafo 9)
  f ¿Qué experiencias vive Janet con frecuencia? (párrafo 10)

2 ¿Qué significan las siguientes palabras? Elige una palabra de las palabras en el recuadro de abajo.
  a vehículos (párrafo 2, línea 3)
  b dispositivos (párrafo 2, línea 5)
  c avance (párrafo 4, línea 5)
  d ambiguos (párrafo 8. línea 6)
  e verídica (párrafo 9, linea 6)

i cierta	**v** automóviles
ii adelanto	**vi** ambos
iii falsa	**vii** aparatos
iv confusos	

18 La escuela de tus sueños

Enfoques del aprendizaje

- Habilidad de comunicación: Escriben con diferentes propósitos

¿Qué es lo que más aprecias de la escuela? ¿Qué aspectos de tu escuela te gustaría cambiar? ¿Qué cambios te gustaría hacer a las escuelas del presente?

Escribe una entrada en tu diario. Describe la escuela de tus sueños. Explica el tipo de experiencias que vivirían los alumnos, las actividades que habría y el tipo de relaciones que los alumnos tendrían con los profesores. Utiliza el futuro y el condicional correctamente.

19 El futuro del entretenimiento

Enfoques del aprendizaje

- Habilidad de comunicación: Utilizan una variedad de técnicas de expresión oral para comunicarse con diversos destinatarios

¡La nueva super estrella!

■ INGENIO HUMANO: Hatsune Miku, la estrella pop virtual que modifica el negocio musical otra vez.

Estudia la imagen anterior. Presta atención al contexto y a lo que está pasando en ella. Toma notas acerca de lo que aprecias. Haz una lista del vocabulario que consideres importante.

Prepara una presentación para tu profesor. Explica el significado de la imagen y menciona las conexiones que puedas establecer con el tema de la unidad: ingenio humano. Comparte ideas acerca de las relaciones que las personas podrían tener con el entretenimiento en el futuro.

Tu profesor te hará preguntas acerca de tu presentación.

■ TEORÍA DEL CONOCIMIENTO

Las escuelas deben ayudar a los estudiantes a convertirse en usuarios creativos de la tecnología digital y a gestionar la información de forma efectiva y ética, para que los estudiantes puedan agregar valor a la información, en lugar de ser simples consumidores pasivos de ella. Sin embargo, es necesario que los estudiantes del presente se pregunten: en nuestra era digital, ¿qué consideran aprender? Y ¿cómo consideran que se les debe enseñar?

¿Cómo podemos utilizar los conocimientos de **áreas de conocimiento** tales como las **ciencias humanas** para comprender las relaciones que el hombre debe desarrollar con la información, el conocimiento y otros individuos?

¿Qué criterios deberíamos utilizar para definir qué conocimiento se puede considerar útil en la actualidad?

En Teoría del Conocimiento apreciamos el enfoque en los **problemas del mundo real** y utilizamos las **preguntas de conocimiento** para explorarlos. Entonces, ¿de qué manera pueden los **problemas del mundo** real ayudarnos a desarrollar modelos de educación que nos ayuden a mejorar la calidad de vida en el mundo?

¿Hasta qué punto supone la manera en que se crean nuevos conocimientos la creación de nuevos modelos de conocimiento?

¿De qué manera podemos utilizar la información en diferentes **áreas de conocimiento** para determinar la manera en que el rol de nuestras **formas de conocimiento** se adaptan a nuevos tiempos?

¿Qué retos tendrán los jóvenes del futuro?

■ Los Objetivos de Desarrollo Sostenible son un llamado universal a la adopción de medidas para poner fin a la pobreza, proteger el planeta y garantizar que todas las personas gocen de paz y prosperidad.

Punto de indagación

Lee las siguientes preguntas y respóndelas.

1 ¿Qué retos podrían tener los jóvenes del futuro?
2 ¿Qué retos podrían tener los ancianos del futuro?
3 ¿Qué retos podrían tener las personas discapacitadas que se resistan al cambio?
4 ¿Qué retos podríamos tener si no somos responsables con el uso de los recursos naturales en la actualidad?
5 ¿Qué retos podríamos tener debido a las maneras en que nos relacionamos en ambientes virtuales?
6 ¿Qué retos podríamos tener si los países no consiguen lograr una forma de dialogar efectiva y pacíficamente?

Después trabaja en pares o grupos pequeños y comparte tus ideas con tus compañeros. Escucha con atención y pregunta sobre lo que consideres interesante.

20 Condiciones

Enfoques del aprendizaje

- Habilidad de comunicación: Hacen deducciones y extraen conclusiones

Combina el presente simple y el futuro simple del modo indicativo para escribir oraciones que indiquen las consecuencias de no poner atención a ciertas acciones.

Considera las condiciones de tu ciudad en cada aspecto. Escribe por lo menos tres ideas en cada caso.

Por ejemplo:

Contaminación: Si las personas no ponen la basura en su lugar, la ciudad lucirá muy sucia.

1 Ruido
2 Servicios públicos (agua, luz, electricidad)
3 Utilización de los recursos naturales
4 Promoción de medios alternativos de transporte
5 Conservación de lugares históricos
6 Asistencia social y médica

Compara tus ideas con las de tus compañeros.

¿Qué tan similares o diferentes son?

21 La basura que producimos

Enfoques del aprendizaje

- Habilidad de pensamiento creativo: Utilizan la técnica de lluvia de ideas *(brainstorming)* y diagramas visuales para generar nuevas ideas e indagaciones

Trabaja en equipos pequeños. Realiza una lluvia de ideas acerca de los productos que consumimos, el tipo de basura que estos producen y los problemas que ocasionan. Organiza tus ideas en una tabla como la siguiente.

Producto que consumimos	Tipo de basura produce	Problemas que ocasiona

22 Observa–piensa–generaliza

A **Considera los problemas que ocasiona la basura que es el resultado de los productos que consumimos.**

¿Qué retos crearán estos problemas para la generación de tus hijos en el futuro?

B **Escribe los problemas que identificaste en una tabla como la siguiente y, al lado de cada problema, escribe el reto que surgirá.**

Problemas	Retos

C **Después de escribir los retos, trabaja en equipos pequeños y comparte tus ideas. Escucha las ideas de tus compañeros con atención y pregunta acerca de lo que consideres interesante.**

Punto de indagación

Contesta las siguientes preguntas.

1 ¿Qué provoca el consumismo tecnológico?
2 ¿Qué tipo de educación necesita recibir la gente sobre el control de desechos tecnológicos?
3 ¿Qué responsabilidades tienen las compañías que producen tecnologías? ¿Qué medidas deben tomar los gobiernos?
4 ¿Cómo pueden contribuir las escuelas en este tipo de educación?

Comparte tus respuestas con tus compañeros.

23 Los desechos del futuro

Enfoques del aprendizaje

- Habilidad de comunicación: Escriben con diferentes propósitos

El crecimiento acelerado de nuestra sociedad, especialmente las industrias de tecnología, ha producido un nuevo problema ambiental, social e incluso moral: la contaminación tecnológica.

La basura electrónica (*e-waste*) incluye todos los ordenadores, teléfonos móviles y aparatos eléctricos y electrónicos que no se utilizan más. Estos objetos no son reciclados porque poseen metales y sustancias altamente tóxicos. Muchas personas compran tecnología pero no saben qué hacer con ella cuando ya no es necesaria. Algunas personas tienen un iPhone 6, pero también compraron un iPhone 5S y un iPhone 5, entonces estas personas acumulan tecnología innecesaria que solamente ocupa espacio.

A **Eres un activista interesado en informar a las personas acerca de los efectos negativos que pueden tener sus hábitos. Realiza una búsqueda de imágenes acerca de la basura electrónica.**

B **Considera el texto anterior y las imágenes que encontraste y escribe un artículo para la revista en la que trabajas. El propósito de tu artículo es crear conciencia sobre la basura electrónica en los profesores, padres y estudiantes. Contesta todas las preguntas incluidas en el punto de indagación en la página de al lado y concluye enfatizando las ventajas de ser responsables.**

24 El futuro de la comida

Enfoques del aprendizaje

- Habilidades de comunicación: Escuchan con actitud crítica y para comprender. Escriben con diferentes propósitos

Mira el vídeo en el siguiente enlace: https://youtu.be/WbLkBGNHlEk

1 ¿Por qué en el presente las aerolíneas, operadores de tours, hoteles y conferencias necesitan tener precaución con la comida que ofrecen a las personas que usan sus servicios?

2 ¿Qué cambios podemos predecir para el futuro?

3 ¿Cómo cambiará la manera de producir alimentos considerando las preferencias alimenticias que existen en el presente?

4 ¿Qué nuevas tendencias surgirán?

5 ¿Qué tipo de educación necesitaremos?

6 ¿Qué tipo de reglas se deben crear para prevenir el desperdicio de alimentos?

TEORÍA DEL CONOCIMIENTO

¿De qué manera debemos utilizar los conocimientos científicos para mejorar las formas de cultivar y producir alimentos?

¿Qué consideraciones éticas se deben respetar en el cultivo y la distribución de alimentos?

¿Hasta qué punto debemos creer que los datos que las compañías comparten acerca de los procesos éticos de producción de alimentos son ciertos? ¿Qué criterios consideraríamos para llegar a esta conclusión?

¿Cuál área de conocimiento tiene un marco de conocimiento que nos ayude a comprender nuestra responsabilidad social en la producción y distribución de alimentos?

25 Terranova

Enfoques del aprendizaje

- Habilidad de comunicación: Leen con actitud crítica y para comprender

Lee el siguiente texto acerca de Terra Nova.

Terra Nova

Se dice que en un futuro no muy cercano, gracias a los viajes espaciales, los humanos comenzaremos a poblar otros planetas. En preparación para ese momento, un grupo de científicos se ha reunido para preparar un proyecto experimental que les ayude a decidir quiénes son las personas indicadas para crear la primer comunidad humana en Terra Nova, el nuevo espacio habitable.

Por esta razón, han seleccionado un espacio en Ayuni, el salar / desierto blanco de Bolivia, para crear una comunidad cerrada en forma de invernadero o vivero para investigar las cualidades y habilidades necesarias que se necesitarán en Terra Nova. Así, han convocado a un número de personas con perfiles diferentes para definir quiénes podrían convivir más fácilmente, quiénes tienen destrezas esenciales y necesarias en la nueva comunidad, y quiénes son los individuos que podrían encargarse de la repoblación de la primera colonia humana en el espacio. Observa la lista de perfiles y considera el potencial y capacidades de cada uno para seleccionar el mejor equipo.

En este momento sólo se han seleccionado un grupo de agricultores: tres hombres y dos mujeres, todos entre 20 y 25 años, mas todavía necesitas seleccionar a 10 personas clave para que el experimento tenga éxito. Lee los siguientes perfiles para conocer los detalles particulares de cada candidato.

Elías, sacerdote, 45 años, estudió lenguas y filosofía durante su formación.

Rubí, ex-voluntaria de Greenpeace, 35 años, estudió ecología y biología en la universidad.

Jacobo, enfermero, 40 años, fue voluntario de Doctores sin Fronteras en África durante cinco años. Está divorciado.

Sofía, ingeniera especializada en tratamiento de residuos químicos, 30 años, embarazada.

Esteban, policía, 40 años. Es el esposo de Sofía y padre del hijo que espera.

Enrique, político, 50 años, experto en finanzas y economía. Se ha divorciado tres veces. Tiene tres hijos.

Maya, artista visual, 27 años. Estudió psicología en la universidad, fue chica scout en la secundaria y bachillerato.

Miguel, 50 años, ingeniero agrónomo. Tiene mucha experiencia en reactivación de terrenos para cultivos.

Alejandro, 43 años, astronauta.

Mayté, 38 años, profesora de ciencias de bachillerato. Le gusta el yoga y está interesada en la sustentabilidad. Sufre de varias alergias.

Cristina, nutrióloga e instructora de aerobics y zumba. 27 años.

Tristán, 60, exgeneral de las fuerzas armadas. Tiene experiencia en evacuación de expatriados y en asistencia en crisis ambientales.

Patricio, químico farmacobiólogo, 24 años. Comprometido. Tiene un hijo con su prometida.

Eva, trabajadora social, 33 años, especializada en trabajo con ONG.

Adalberto, ingeniero civil, 30 años, homosexual. Su proyecto de tesis de universidad fue reconocido, premiado y adoptado por la Organización para la Cooperación y el Desarrollo Económicos (OCDE) por sus ideas innovadoras sobre las ciudades sustentables.

Andrés, ingeniero civil, tiene estudios de física, química y mecánica. 60 años.

Después de leer el texto, completa las siguientes tareas.

1 Contesta las siguientes preguntas.
   a ¿Quién es el candidato más joven?
   b ¿Cuántas personas ya se han seleccionado?
   c ¿Dónde se construirá Terra Nova?
   d ¿Cuáles **dos** candidatos forman una familia?
   e ¿Quién es el candidato con la mayor cantidad de años?

2 Las siguientes afirmaciones son verdaderas o falsas. Indica la opción correcta y luego justifícala usando palabras tal como aparecen en el texto.
   a Patricio está casado.
   b Jacobo estuvo casado.
   c Enrique es padre.
   d Adalberto es menor que Eva.
   e Uno de los candidatos fue chico scout.

26 ¿Quiénes son los candidatos perfectos?

Enfoques del aprendizaje

- Habilidad de colaboración: Delegan y comparten responsabilidades a la hora de tomar decisiones

Trabaja en equipos pequeños. Tu equipo y tú están encargados de seleccionar a las 10 personas que completarán el grupo perfecto para poblar la nueva comunidad.

Debate tus puntos de vista con tus compañeros acerca de quiénes son los mejores candidatos e intenta llegar a un consenso. Después de acordar quiénes serán los candidatos, colabora con otro equipo y presenta tus propuestas. Explica las decisiones de tu equipo, menciona detalles para apoyar tus selecciones e intenta llegar a un nuevo consenso con el otro equipo.

Compara las decisiones con la clase entera.

Prepara un informe que leerás frente al grupo.

27 ¿Quiere ser parte de un proyecto futurista?

Enfoques del aprendizaje

- Habilidad de colaboración: Ejercen liderazgo y asumen diversos roles dentro de los grupos
- Habilidad de comunicación: Utilizan una variedad de técnicas de expresión oral para comunicarse con diversos destinatarios

En la actividad anterior, participaste en la selección de 10 personas que completarían el equipo ideal para realizar investigaciones sobre las posibilidades de construir una comunidad de humanos en el espacio.

Colabora con un compañero.

Simula una entrevista donde una persona será uno de los líderes del proyecto Terra Nova y la otra persona será uno de los candidatos seleccionados.

Selecciona el rol que interpretarás, y, con tu compañero, decide cuál candidato participará.

El líder deberá presentar la oportunidad para fundar la nueva comunidad al candidato; el candidato deberá indagar para obtener toda la información que sea posible.

28 Soñar el futuro

Enfoques del aprendizaje

- Habilidad de comunicación: Escuchan con actitud crítica y para comprender

Después de escuchar el podcast acerca del proyecto Odisea, completa la siguiente tarea.

Elije las cuatro ideas que son correctas, de acuerdo con el texto.

Pista 10

1 En el programa se debatirán ideas acerca de las nuevas tecnologías aplicadas al manejo de residuos.
2 Lucas Fuentes es el conductor del programa.
3 El conductor del programa piensa que a las personas les interesa el medio ambiente.
4 Actualmente producimos 2050 millones de basura.
5 El programa del día de hoy se llama “Soñar el futuro”.
6 En el programa del día de hoy habrá tres invitados.

Punto de indagación

Contesta las siguientes preguntas.

1 ¿Qué avances tecnológicos cambiarán nuestro estilo y la calidad de vida en los próximos 40 años?
2 ¿Qué problemas con los recursos naturales encontraremos en los próximos 40 años?
3 ¿Qué iniciativas crees que algunos grupos comenzarán para solucionar esos problemas?

Compartan sus respuestas y sus listas.

¿Qué tan diferentes son las iniciativas que mencionaron tus compañeros y tú, imaginando que vivían en el pasado, en comparación con las necesidades del presente?

CREATIVIDAD, ACTIVIDAD Y SERVICIO

Creatividad

Reflexiona sobre lo que podrías hacer acerca de estas situaciones.

Diseña diferentes tipos de carteles, vídeos o podcasts para crear conciencia acerca de los retos que enfrentarán jóvenes como tú en el futuro.

Asiste a conferencias para informarte aún más acerca de la manera en que puedes actuar para ayudar a tu comunidad a operar de manera más ética y responsable.

Charla con los profesores de primaria de tu escuela acerca de los temas relacionados con los objetivos del desarrollo sustentable y participa con tus compañeros más pequeños para que tu experiencia enriquezca sus conocimientos.

Por medio de esta actividad mostrarás evidencia para los siguientes **resultados de aprendizaje**: Mostrar que se han afrontado desafíos y se han desarrollado nuevas habilidades en el proceso; mostrar cómo iniciar y planificar una experiencia de CAS; mostrar compromiso y perseverancia en las experiencias de CAS.

29 Los desechos electrónicos

Enfoques del aprendizaje

- Habilidad de comunicación: Utilizan una variedad de técnicas de expresión oral para comunicarse con diversos destinatarios

A **Estudia la siguiente imagen. Presta atención al propósito del texto que representa. Toma notas acerca de lo que aprecias. Haz una lista del vocabulario que consideres importante.**

BASURA ELECTRÓNICA

Cuando el ingenio humano enferma al futuro

B **Prepara una presentación para tu profesor. Explica el significado de la imagen y menciona las conexiones que puedas establecer con el tema de la unidad: ingenio humano. Comparte ideas acerca de los retos que tendrán los jóvenes del futuro con respecto a la basura.**

Tu profesor te hará preguntas acerca de tu presentación.

Reflexión

Enfoques del aprendizaje

- Habilidad de reflexión: Consideran los contenidos y se preguntan: ¿Qué información es familiar? ¿Sobre qué aprendí hoy? ¿Hay algo que aún no haya entendido? ¿Qué preguntas tengo ahora?

Aspecto	Básico	En desarrollo	Apropiado	Excepcional
Conocimiento de vocabulario y gramática	Tengo el conocimiento básico de las estructuras gramaticales y palabras relevantes de la unidad.	El conocimiento básico de las estructuras gramaticales y palabras relevantes de la unidad comienza a profundizarse.	Mi dominio del conocimiento de las estructuras gramaticales y palabras relevantes de la unidad cubre los estándares ideales.	Mi dominio del conocimiento de las estructuras gramaticales y palabras relevantes de la unidad va más allá de las expectativas.
Uso de la lengua en los diferentes contextos	Logro utilizar la lengua únicamente de manera básica en los contextos presentados en la unidad.	Comienzo a utilizar la lengua de manera adecuada en los contextos presentados en la unidad.	Logro utilizar correctamente la lengua en los contextos presentados en la unidad.	Logro utilizar la lengua de manera excepcional en los contextos presentados en la unidad.
Habilidades de comprensión auditiva	Únicamente logro comprender la información más básica de los textos de audio.	Logro comprender la información básica y comienzo a comprender las ideas más complejas de los textos de audio.	Logro comprender ampliamente toda la información de los textos de audio.	Logro comprender ampliamente toda la información del texto de audio, y puedo responder espontáneamente al texto.
Habilidades de lecto-comprensión	Únicamente logro comprender la información más básica de los textos escritos.	Logro comprender la información básica y comienzo a comprender las ideas más complejas de los textos escritos.	Logro comprender ampliamente toda la información de los textos escritos.	Logro comprender ampliamente toda la información de los textos escritos, y puedo responder espontáneamente a los textos.
Habilidades de producción escrita	Únicamente logro utilizar palabras aisladas y estructuras con oraciones simples en las tareas escritas.	Logro utilizar una variedad de vocabulario simple y combinar algunas estructuras simples en las tareas escritas.	Logro producir textos escritos que responden correctamente a las tareas escritas de la unidad.	Logro producir textos escritos creativos que responden correctamente a las tareas escritas de la unidad, y van más allá de lo que piden las directrices.
Habilidades de producción oral	Únicamente logro utilizar frases simples en las tareas orales. No logro reconocer el contexto ni la audiencia.	Logro utilizar y combinar algunas estructuras simples en las tareas orales, reconociendo el contexto y la audiencia.	Logro responder correctamente de manera oral a las tareas escritas de la unidad, demostrando mi comprensión del contexto y audiencia.	Logro responder correcta y creativamente de manera oral a las tareas escritas de la unidad, reconociendo el contexto y la audiencia, personalizando la información.
Comprensión de los conceptos	Tengo una comprensión básica de los conceptos que estudiamos en esta unidad.	Logro comprender la relación entre los conceptos que estudiamos y las tareas que realizamos en esta unidad.	Logro comprender y articular la relación entre los conceptos que estudiamos y las tareas que realizamos en esta unidad.	Logro comprender y articular la relación entre los conceptos que estudiamos y las tareas que realizamos en esta unidad, y puedo generalizar mi comprensión conceptual.

UNIDAD 10 ¿El entretenimiento y el conocimiento se oponen?

■ El entretenimiento puede ser un reflejo de la realidad de las sociedades, sus prácticas y rituales.

J. Rafael Ángel

OBJETIVOS DE COMUNICACIÓN

En esta unidad vas a:

- Expresar ideas acerca de las formas de entretenimiento que prefieres
- Comparar diferentes formas de entretenimiento
- Establecer relaciones entre diferentes formas de entretenimiento y la personalidad de la gente
- Comentar sobre el entretenimiento que prefieren los demás
- Debatir la relación entre las diferentes formas de entretenimiento y las interacciones sociales
- Indagar sobre las formas de entretenimiento cultural en diferentes países
- Redactar diferentes tipos de texto relacionados con el entretenimiento

EN ESTE CAPÍTULO INVESTIGARÁS ESTAS PREGUNTAS:

Fácticas	Conceptuales	Debatibles
¿Cuáles son algunas formas de entretenimiento populares? ¿Cuáles formas de expresión cultural son observables en los diferentes formatos de entretenimiento? ¿De qué manera aprovechamos nuestro tiempo de ocio y nos relacionamos en la actualidad?	¿De qué manera refleja el entretenimiento el estilo de vida de una cultura? ¿Cómo se utilizan las diferentes formas de entretenimiento para transmitir información? ¿De qué manera influyen los juegos y el entretenimiento en la manera en que nos relacionamos?	¿Pueden algunas formas de entretenimiento enseñarnos acerca de las relaciones sociales? ¿Existe una relación entre el entretenimiento, el ocio y el bienestar? ¿Eran las formas de entretenimiento del pasado más educativos que los de hoy en día?

¿Cuáles son algunas formas de entretenimiento populares?

1 Piensa–compara–comparte

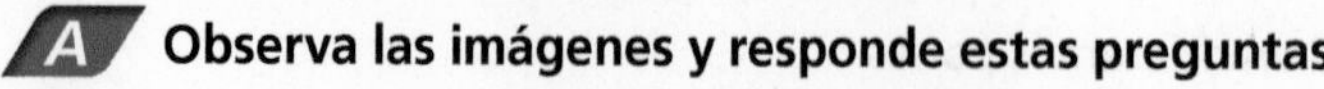

A Observa las imágenes y responde estas preguntas.

1 ¿Cuántas actividades puedes identificar?
2 ¿Cuáles actividades te gustan más? ¿Por qué?
3 ¿Cuáles actividades te gusta hacer solo y cuáles te gusta hacer con tus amigos? ¿Por qué?
4 ¿Cuáles actividades haces con más frecuencia?
5 ¿De qué depende que hagas o no hagas ciertas actividades?

B Comparte tus respuestas con tus compañeros. Toma turnos para preguntar y responder.

2 Pasatiempos

Enfoques del aprendizaje

- Habilidad de comunicación: Utilizan una variedad de técnicas de expresión oral para comunicarse con diversos destinatarios

Observa la siguiente ilustración.

Nombre	Lunes	Martes	Miércoles	Jueves	Viernes	Sábado	Domingo
Teresa							
Octavio							
Los gemelos							

Trabaja en parejas. Toma turnos para preguntar sobre las actividades que hacen estas tres personas. Utiliza el presente y una variedad de preguntas. Por ejemplo:

1. ¿Quién juega vídeo juegos los sábados?
2. ¿Cuándo lee Octavio?
3. ¿Teresa juega ajedrez los viernes?

Ahora, individualmente, informa a tu compañero que tan seguido haces tú las actividades en la ilustración.

Menciona oraciones como el ejemplo. Utiliza "siempre" / "todos los días" / "frecuentemente" / "rara vez" / "nunca".

Yo nunca voy al cine los lunes.

3 Clasificación de las actividades recreativas

Enfoques del aprendizaje

- Habilidades de comunicación: Negocian ideas y conocimientos con compañeros y profesores. Escriben con diferentes propósitos

Trabaja en parejas.

Utiliza una tabla como la siguiente para clasificar la lista de actividades que se muestran a continuación.

Motrices	Culturales	Sociales

B **Estudia el significado de las siguientes palabras.**

Léxico

concierto	exhibición de fotografía	teatro
charlas (al estilo TED)	juegos de mesa	tertulias
festival de cine	kermese	paseos o excursiones
danza	conferencias	clubes de lectura
competiciones deportivas	meditación	actividades con mascotas
fiesta	paseos	

4 Clasificación de las actividades recreativas

Enfoques del aprendizaje

- Habilidad de comunicación: Escriben con diferentes propósitos

Utiliza la clasificación de actividades que realizaste. Eres un periodista que escribe sobre las diferentes formas de entretenimiento en la ciudad.

Escribe un artículo para la revista de expatriados de tu ciudad. Informa a los lectores acerca de las oportunidades de entretenimiento en la ciudad, y las actividades que los locales prefieren. Incluye una lista de sugerencias de actividades que te gusta hacer.

5 Popularidad de las actividades de ocio

Enfoques del aprendizaje

- Habilidad de colaboración: Ofrecen y reciben comentarios pertinentes
- Habilidad de comunicación: Escriben con diferentes propósitos

A **Lee con atención la siguiente lista de actividades de ocio:**

- Comer en restaurantes de comida rápida
- Pasar tiempo con amigos
- Hacer deportes con amigos
- Practicar instrumentos con amigos
- Andar en bicicleta
- Crear arte con amigos
- Crear arte en solitario
- Salir a correr
- Ir al cine
- Jugar videojuegos
- Ver televisión
- Meditar
- Asistir a conciertos de música clásica
- Asistir a conciertos de música pop
- Ir al teatro
- Ir a la ópera
- Ir a exhibiciones de arte

De manera individual, determina si las actividades de ocio son más comunes entre adolescentes o adultos. Organiza las actividades de acuerdo a la popularidad que tienen en tu ciudad.

B **Después, compara tus respuestas con un compañero y justifica tus decisiones.**

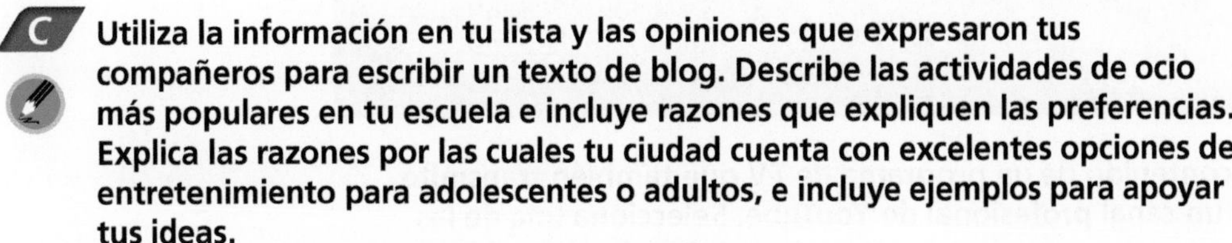

C **Utiliza la información en tu lista y las opiniones que expresaron tus compañeros para escribir un texto de blog. Describe las actividades de ocio más populares en tu escuela e incluye razones que expliquen las preferencias. Explica las razones por las cuales tu ciudad cuenta con excelentes opciones de entretenimiento para adolescentes o adultos, e incluye ejemplos para apoyar tus ideas.**

6 Entretenimiento virtual o en vivo

Enfoques del aprendizaje

- Habilidad de colaboración: Escuchan con atención otras perspectivas e ideas

A **Contesta las preguntas en la siguiente tabla e incluye una justificación.**

B **Después interactúa con dos compañeros y comparte tus opiniones. Toma nota de las diferencias entre las opiniones.**

¿Prefieres...	**Tus respuestas**	**Compañero 1**	**Compañero 2**	**Diferencias**
1 jugar juegos de mesa o videojuegos?				
2 video juegos con amigos en casa o en línea?				
3 ver películas en el cine o en casa?				
4 escuchar música en CDs o en plataformas en línea (*streaming*)?				
5 charlar con amigos en persona o en vídeo llamadas?				
6 ir a conciertos al aire libre o ir conciertos en auditorios?				

C **Utiliza las respuestas de tus compañeros y las notas que tomaste.**

Escribe una comparación en la que indiques qué tan similar o diferente eres a tus compañeros. ¿Qué puedes mencionar acerca de la forma en que usas tu tiempo de ocio con los demás? Menciona ejemplos.

7 Autores de contenido

Enfoques del aprendizaje

- Habilidad de pensamiento creativo: Crean obras e ideas originales; utilizan obras e ideas existentes de formas nuevas

A **Eres el director de contenido de un programa de TV que también transmite sus programas por un canal profesional de YouTube. Selecciona una de las siguientes opciones y prepara una propuesta sobre el tipo de contenido que sería buena idea ofrecer a ese auditorio:**

- Jóvenes interesados en las actividades al aire libre
- Jóvenes interesados en viajes
- Jóvenes interesados en hacer trabajo voluntario
- Jóvenes interesados en hacer deportes de manera independiente
- Jóvenes interesados en comida sana y diferentes estilos dietéticos
- Jóvenes interesados en la creación de aplicaciones de la tecnología (Apps)

En una presentación en PowerPoint o Keynote, incluye por lo menos cinco programas de contenido interesante y relevante para el público que seleccionaste. Piensa en el mejor nombre para los programas, en el contenido que cada uno trataría y cómo serían diferentes.

B **Presenta tu trabajo frente a tu clase. Toma turnos para explicar tu programación a tus compañeros.**

C **Escribe una semblanza sobre tu canal. Describe qué programas ofrece, el contenido de cada uno y por qué recomiendas el canal.**

8 La cartelera

Enfoques del aprendizaje

- Habilidad de comunicación: Leen con actitud crítica y para comprender

Utiliza el siguiente enlace: http://tinyurl.com/qf6chrk

1 Después de leer el póster, contesta las siguientes preguntas.
   a ¿Qué es "Las esfinges"?
   b ¿Cuál es el mensaje de "La Familia Perfecta"?
   c ¿Qué podemos ver y apreciar en la exposición titulada Recordando a Elvis Presley?
   d ¿Quién es la autora de "Imágenes mi mejor pretexto"?

2 Las siguientes afirmaciones son verdaderas o falsas. Indica la opción correcta y luego justifícala usando palabras tal como aparecen en el texto.
   a Tatiana, una cantante famosa, cantará el 11 y el 18 de agosto.
   b En el concierto de Heavy Metal sólo hay una banda.
   c Es posible obtener información sobre el programa en diferentes medios.

9 Turista en tu propia ciudad

Enfoques del aprendizaje

- Habilidad de comunicación: Leen con actitud crítica y para comprender

Después de escuchar el texto de audio acerca de las actividades que los locales pueden hacer en su ciudad, completa las siguientes tareas.

A Contesta las siguientes preguntas:

Pista 11

1. ¿Cómo se llama el locutor del programa de radio?
2. ¿Cómo se llama el programa de radio?
3. ¿Cómo se llama la experta en Buenos Aires?
4. Elige la respuesta correcta.
   a. Los tours de Graffiti Mundo son una buena opción para cuando…
      i. queremos pintar muros.
      ii. no queremos ir al museo.
      iii. queremos gastar dinero.
   b. ¿Quiénes tienen descuento en los tours de Graffiti Mundo?
      i. los residentes de la ciudad
      ii. los turistas
      iii. los profesores
   c. Cuarto Oscuro 638 y Eureka 835 son…
      i. libros.
      ii. restaurantes.
      iii. juegos de escape en vivo.
   d. ¿Cuáles son las dos opciones de los tours de Graffiti Mundo?
      i. En autobús privado y en taxi.
      ii. A pie y en bicicleta.
      iii. En bicicleta y en tren.
   e. Para una sola persona, ¿cuál opción es más cara?
      i. juegos de escape en vivo
      ii. los tours de Graffiti Mundo

B Escucha nuevamente el audio e identifica la variante argentina para los siguientes verbos.

1. quieres
2. puedes
3. disfrutas
4. sigue
5. resuelve
6. encuentra
7. necesitas
8. tienes

TEORÍA DEL CONOCIMIENTO

Si consideramos el entretenimiento como parte de la creatividad y autorrealización humana en la pirámide de Maslow, ¿de qué manera podemos utilizar las ciencias humanas como área de conocimiento para comprender el comportamiento humano?

Si utilizamos las ciencias humanas, especialmente la economía, como área de conocimiento para estudiar las tendencias de entretenimiento en una sociedad, ¿qué resultados obtendríamos?

¿De qué manera serían estos resultados diferentes si utilizáramos la psicología o las artes?

10 Redefiniendo la industria del entretenimiento para conquistar a los milénicos

Enfoques del aprendizaje

- Habilidad de comunicación: Leen con actitud crítica y para comprender

https://pulsosocial.com/2017/03/30/redefiniendoindustria-entretenimiento-conquistar-millennials/

Redefiniendo la industria del entretenimiento para conquistar a los milénicos

1 Los milénicos son jóvenes que en 2018 tienen entre 20 y 35 años, que ganan su propio dinero, que son seguros de sí mismos, innovadores y participativos. Por lo general, se les define como personas independientes que consumen marcas y suelen asistir a múltiples eventos de su interés sin reparar en el costo por entrada; verifican su celular muy seguido, están permanentemente conectados y reclaman rapidez a la hora de recibir respuestas. Evidentemente, son un grupo de consumidores con características muy especiales.

2 La plataforma de organización de eventos en línea, Eventbrite, realizó un estudio con una muestra de 32.000 jóvenes para conocer y analizar sus hábitos de consumo. Los resultados de tal estudio revelan que cuando estos chicos asisten a fiestas, conciertos o capacitaciones profesionales de cualquier área, su teléfono inteligente se transforma en su principal aliado y lo utilizan para gestionar todos los datos y servicios, desde adquirir las entradas, chequear con quiénes compartirán asistencia y las reseñas después del evento. Una de las conclusiones del estudio indica que en cuestión del entretenimiento, la creación de comunidad es lo que más les interesa a los milénicos.

3 Otro dato interesante que menciona el estudio es el rol multifuncional que tienen las redes sociales para los milénicos. La forma más práctica de encontrar y compartir información acerca de espectáculos y eventos de interés es por medio de sus redes sociales. El estudio revela que muchos milénicos deciden asistir a eventos rápidamente y sin titubeos cuando ven las fotos o vídeos que se comparten en las redes, algo que evidentemente influye en su decisión.

4 Eventbrite compartió las siguientes cifras: 89% opta por ir al cine, un 69% prefiere asistir a recitales o conciertos y un 58%, a fiestas. Las opciones restantes se reparten entre festivales (36%), obras de teatro (30%) y shows (28%). Y lo más interesante es que esta generación ha popularizado y elevado el valor de las reseñas, pues después de participar en eventos o de consumir servicios, no vacilarán en dejar sus comentarios sobre estos en diferentes plataformas.

5 Muchas fuentes de información califican a los milénicos de impacientes, exigentes, activos, y con una pronunciada preferencia por las transacciones en línea. Por todo esto consumen entretenimiento de un modo muy diferente al de las generaciones anteriores: el móvil es una extensión de sus cuerpos, no salen sin su teléfono, pues por medio de este logran tener acceso a un universo de información y oportunidades.

6 Para los milénicos, el mundo digital es algo natural y lo reconocen como su ambiente primario. Lo anti-natural justamente es aquello donde no hay bits, Apps, iconos y pantallas y una buena y veloz conexión a internet, la cual es cómo la gasolina de su modo de vida.

Después de leer el texto, completa las siguientes tareas.

1 ¿A qué o a quién se refieren las palabras subrayadas? Contesta utilizando las palabras tal como aparecen en el texto.

- a … se les define como personas independientes… (párrafo 1, línea 4)
- b … su principal aliado y lo utilizan para gestionar todos los datos y servicios… (párrafo 2, línea 8)
- c … en dejar sus comentarios sobre estos en diferentes plataformas. (párrafo 4, línea 9)
- d … de este logran tener acceso a un universo de información y oportunidades. (párrafo 5, línea 7)
- e … es algo natural y lo reconocen como su ambiente primario. (párrafo 6, línea 2)

2 Selecciona las **cinco** ideas que se mencionan en el texto.

- a El internet es el combustible de los milénicos.
- b La apreciación de las reseñas cambió gracias a los milénicos.
- c Los milénicos consumen mucho más entretenimiento que otras generaciones.
- d La información que se comparte en las redes sociales influye en las decisiones de los milénicos.
- e Los milénicos no prestan mucha atención al costo de cosas y servicios.
- f Los milénicos no tienen paciencia.
- g Los milénicos hicieron una investigación.

Punto de indagación

¿En qué piensas cuando lees la palabra "entretenimiento"?

¿Piensas que el entretenimiento que existe en una ciudad está relacionado con la cultura de una sociedad?

¿Cuáles experiencias prefieren las personas: las sensoriales, o las intelectuales?

¿Consumimos diferentes formas de entretenimiento únicamente cuando estamos aburridos?

B ¿Qué tipo de entretenimiento prefieres?

Enfoques del aprendizaje

- habilidades de colaboración: Escuchan con atención otras perspectivas e ideas.

Escribe oraciones acerca del entretenimiento que prefieren personas:

- Introvertidas
- Extrovertidas
- Deportistas
- Creativas
- Considera este ejemplo:
- Las personas introvertidas prefieren ir al teatro.

Después comparte tus oraciones con tus compañeros y debate si están de acuerdo o no con ellas. Menciona por qué.

¿De qué manera refleja el entretenimiento el estilo de vida de una cultura?

La industria del entretenimiento es un sector en expansión todos muchos países. Tanto los aspectos culturales, como los avances tecnológicos influyen en las oportunidades de entretenimiento en diferentes ciudades y países.

11 Observa–piensa–pregúntate

Observa las imágenes y contesta las siguientes preguntas.

1. ¿Cuántas de estas formas de entretenimiento conoces?
2. ¿Cuántas de estas formas de entretenimiento has visto en persona?
3. En tu opinión, ¿qué es especial acerca de cada una de estas formas de entretenimiento?
4. ¿Qué pensamientos o ideas sobre su país de origen provocan las imágenes de estas formas de entretenimiento?
5. ¿En cuáles de estas formas de entretenimiento podemos participar, y en cuáles sólo podemos ser espectadores?
6. ¿Qué preguntas es posible hacer sobre las culturas de origen de estas formas de entretenimiento?
7. ¿Existe relación entre el arte y el entretenimiento? Explica.

Comparte tus respuestas en equipos pequeños.

12 Representaciones de culturas

Enfoques del aprendizaje

- Habilidad de gestión de la información: Acceden a la información para estar informados e informar a otros

A **Trabaja en equipos de seis personas. Selecciona una de las siguientes formas de entretenimiento y mira el vídeo en el enlace.**

Copia la tabla. Completa tu sección y comparte tu información con tus compañeros para completar toda la tabla.

Forma de entretenimiento	¿Quiénes son los actores principales?	¿Qué detalles observas? (ropa, música, escenario, colores)	¿Qué rol tiene la audiencia?	¿A quiénes les puede gustar esta actividad?	¿Qué puedes inferir sobre la cultura?
1 Teatro El Ramayana en la India: http://tinyurl.com/hnst6br					
2 Teatro Noh en Japón: http://tinyurl.com/trtnoh					
3 Carreras de caballo en Perú: http://tinyurl.com/carbabcus					
4 Teatro callejero en Madrid: http://tinyurl.com/teatcall					
5 Lucha libre en México: http://tinyurl.com/luclibr					
6 Teatro chino tradicional: http://tinyurl.com/teatzg					

B **Haz preguntas que consideres interesantes sobre la información que compartieron con tus compañeros.**

Comparte las ideas de tu grupo con la clase entera.

13 Escala de complejidad

A **Las siguientes palabras están relacionadas con el cine.**

Presta atención a la lista:

- entretenimiento
- expresión
- actriz
- dinero
- historia real
- actor famoso
- presupuesto
- guión inteligente
- creatividad
- tema arriesgado
- controversia
- dirección
- arte
- fotografía
- nueva tecnología
- original
- historia inteligente
- historia intelectual
- festival

B **Trabaja en equipos pequeños.**

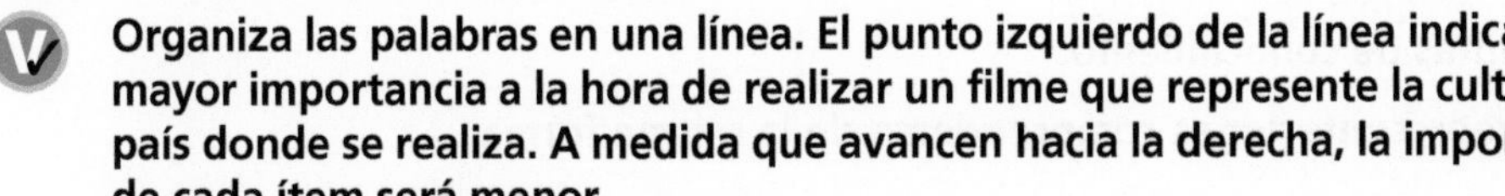

Organiza las palabras en una línea. El punto izquierdo de la línea indica una mayor importancia a la hora de realizar un filme que represente la cultura del país donde se realiza. A medida que avancen hacia la derecha, la importancia de cada ítem será menor.

C **Explica tus decisiones e intenta llegar a un consenso.**

Escribe tus respuestas en un póster y compártelo con la clase entera.

D **Observa las líneas que produjeron tus compañeros y comparte ideas sobre las diferencias y similitudes.**

14 Hollywood versus Bollywood

Enfoques del aprendizaje

- Habilidad de comunicación: Utilizan el entendimiento intercultural para interpretar la comunicación

¿Qué tanto conoces sobre las películas estadounidenses que se producen en Hollywood y las películas que se producen en Bollywood, en la India?

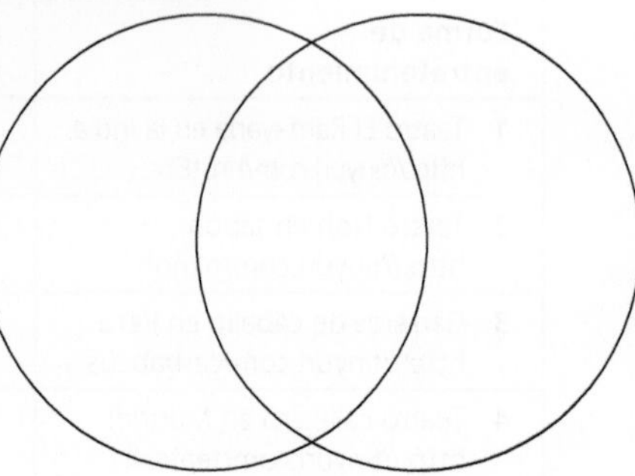

A **Realiza una lluvia de ideas. Organízalas en un diagrama de Venn para identificar similitudes y diferencias.**

B **Comparte tus ideas en equipos pequeños y observa la afinidad entre las opiniones.**

Después de compartir ideas, mira el video en el siguiente enlace: http://tinyurl.com/holvsbol, y realiza las siguientes tareas.

Tarea 1

C **Eres un aficionado de cine. Escribe un texto para tu blog en el que compares las características de la manera en que los actores actúan en la industria del cine de Hollywood y Bollywood. Incluye ideas sobre el tipo de escenas que se incluyen los temas que se muestran y el rol de la música. Incluye tu opinión sobre la influencia que la cultura tiene en el cine.**

Tarea 2

D **Trabaja con un compañero. Uno de ustedes será un actor que tiene experiencia en Bollywood y en Hollywood y el otro será un periodista.**

El periodista preguntará sobre las diferencias de trabajar en ambas industrias, sobre el tipo de cine que el actor prefiere y los papeles que es posible interpretar. Comparte ideas acerca de las razones por las cuales el gusto por las películas varía en diferentes culturas.

TEORÍA DEL CONOCIMIENTO

¿De qué manera **áreas de conocimiento** como los **sistemas de conocimientos indígenas** pueden ayudarnos a comprender el valor que diferentes sociedades le dan a las ideas que se muestran en diferentes formas de entretenimiento?

Considera las siguientes preguntas de conocimiento:

¿Hasta qué punto pueden las representaciones comprenderse de la misma forma en otras culturas?

¿Hasta qué punto podemos aplicar la comprensión que las civilizaciones antiguas tenían del entretenimiento a las formas de entretenimiento que existen actualmente?

15 Los jubilados y el ocio en Japón

Enfoques del aprendizaje

- Habilidad de comunicación: Leen con actitud crítica y para comprender

Los jubilados y el ocio en Japón

1 Actualmente, es común leer sobre las opciones de ocio y entretenimiento que las ciudades ofrecen para los jóvenes y para los niños, pero no es frecuente leer acerca de la manera en que debemos prepararnos para continuar aprovechando nuestro tiempo de ocio después de jubilarnos. En Japón los jubilados son una parte de la sociedad que continúa participando en la vida social de sus ciudades, y esto los hace un ejemplo para el mundo.

2 Los jubilados japoneses emplean su tiempo libre de una forma muy bien pensada en comparación a muchos otros países. Muchos adultos japoneses eligen disfrutar de actividades que van de acuerdo con su perfil espiritual. Los jubilados que se interesan por temas de salud dedican su tiempo libre a jugar al tenis o al golf, a correr o a divertirse realizando montañismo o excursiones con amigos. Asimismo, muchos jubilados demuestran un fuerte interés en ampliar sus conocimientos sobre temas que agregan valor a su vida, y se apuntan a todo tipo de clases y seminarios que se realizan en centros culturales o universidades locales.

3 Muchos jubilados también viajan a diferentes destinos por muy variadas razones, ya sea por el placer de visitar lugares de gran belleza escénica o históricos o bien acudir a balnearios para disfrutar de aguas termales con el fin de mejorar su salud. También son muchos los que viajan al extranjero, lo que ha hecho aumentar la proporción de personas mayores entre los viajeros al exterior. En Japón hay días de vacaciones consecutivos durante las festividades del Año Nuevo, la Semana de Oro, desde finales de abril a principios de mayo, y el Obon a mediados de agosto; y muchas personas utilizan esas fechas para realizar viajes con sus familias.

4 Hoy en día cada vez son más los adultos que dedican sus días libres a actividades familiares. Así mismo, es muy común observar como muchos jubilados también están más dispuestos a tener un rol social activo a través de acciones de voluntariado en sus comunidades.

5 La infraestructura de las ciudades japonesas también contribuye mucho a la variedad de actividades de ocio y los jubilados pueden seleccionar una de ellas. Existen muchas instalaciones por todo Japón pensadas para el disfrute de las familias, como zoológicos, acuarios y museos. Asimismo, muchas áreas fuera de la ciudad se han acondicionado para recibir viajeros y promover el camping, por lo que muchos grupos de jubilados salen de camping o realizan actividades de montañismo junto, con grupos de amigos o como parte de clubes.

6 No obstante, las actividades de ocio que se han convertido en elementos fundamentales del estilo de vida de los jubilados son la jardinería, el cuidado de árboles bonsái y la carpintería en casa. Esto ha provocado la aparición y crecimiento de "escuelas de pasiones".

7 Japón siempre ha sido un país que produce modas y tendencias, y en esta ocasión nos da un ejemplo más de cómo es posible seguir en contacto con nuestras pasiones sin importar la edad.

Después de leer el texto, completa las siguientes tareas.

1 Elige el final apropiado de la lista abajo para completar las siguientes oraciones. Hay más respuestas de las necesarias.

a Los jubilados japoneses
b La infraestructura de las ciudades japonesas
c La aparición y crecimiento de "escuelas de pasiones"
d El turismo de jubilados japoneses que viajan al extranjero
e El Año Nuevo, la Semana de Oro, y el Obon

i es el resultado de los intereses en el conocimiento que tienen los jubilados japoneses.
ii trabajan más que en otros países.
iii está pensada para crear oportunidades de tener actividades de ocio.
iv les gusta el cuidado de árboles bonsái.
v son ejemplos de días feriados en Japón.
vi ha sido un país que produce modas.
vii tienen interés en ampliar sus conocimientos.
viii es una industria que crece día con día.

2 Las siguientes afirmaciones son verdaderas o falsas. Selecciona la opción correcta y luego justifícala usando palabras tal como aparecen en el texto.

a Es común leer sobre las opciones de ocio para jubilados.
b Muchos jubilados japoneses continúan estudiando.
c Los visitantes que llegan a Japón pueden hacer camping.
d Los jubilados japoneses no apoyan a las causas sociales.
e Japón no ofrece ejemplos para el mundo sobre qué hacer con el ocio.

16 Dos de los grandes circos del mundo

Enfoques del aprendizaje

- Habilidad de comunicación: Leen con actitud crítica y para comprender

Escucha la entrevista acerca de dos de los más grandes circos del mundo.

Después de escuchar la entrevista, completa las siguientes tareas.

Pista 12

1 Indica quién mencionó las ideas en la columna de la izquierda.

Idea	Alfonso	Mago Ramsés
a Habla del circo como si fuera arte.		
b El circo moderno nació en Londres.		
c El circo como la expresión más popular del arte no morirá.		
d La defensa de los derechos de los animales cambiará el concepto del circo.		
e Usted trabajo en Europa y Asia.		

2 Elige las **cinco** ideas que son verdaderas, según el texto.

a El mago Ramsés trabajó en Londres.
b El Circo Nikulin tiene una trayectoria más larga que el Circo Estatal de Moscú.
c El Cirkus Krone se ubica en Alemania.
d El circo moderno comenzó en Londres.
e Las organizaciones que protegen los derechos de los animales critican al Cirkus Krone.
f El Circo Estatal de Moscú utiliza animales.
g El Mago Ramsés considera que el circo es arte.

CREATIVIDAD, ACTIVIDAD Y SERVICIO

Creatividad

La apropiación cultural es la adopción o uso de elementos culturales por parte de miembros de otra cultura. También se conoce como apropiación cultural indebida.

Un ejemplo común de apropiación cultural es la adopción de la iconografía de otra cultura, y usarla con fines no intencionados por la cultura original o incluso ofensivo para sus costumbres. Algunos ejemplos, pueden incluir a equipos deportivos que utilizan nombres tribales de diferentes grupos indígenas u originarios del mundo.

Colabora con algunos de tus compañeros y realicen una lluvia de ideas acerca de las diferentes formas por medio de las cuales pueden crear conciencia en su escuela acerca de la importancia de respetar el arte, la iconografía y las decoraciones propias de otras culturas en los eventos escolares y en los elementos de publicidad de la escuela.

¿Por medio de qué elementos comunicarían sus ideas a la comunidad?

¿Qué ideas promoverían a través de los documentos que decidan crear?

Promover el respeto hacia estos elementos es un ejemplo de la manera en que mostramos nuestra comprensión internacional.

Por medio de esta actividad mostrarás evidencia para el siguiente **resultado de aprendizaje**: Mostrar cómo iniciar y planificar una experiencia de CAS; mostrar habilidades de trabajo en equipo y reconocer los beneficios del trabajo colaborativo; y reconocer y considerar el aspecto ético de las decisiones y las acciones.

¿Pueden algunas formas de entretenimiento enseñarnos acerca de las relaciones sociales?

■ Algunas formas de entretenimiento pueden limitar nuestras interacciones sociales.

17 Piensa–compara–comparte

Observa las imágenes anteriores y lee el subtítulo que las acompaña.

¿Qué crees que intenta decir el subtítulo?

Haz una lista de formas de entretenimiento en las que es difícil socializar con los demás.

Compara tu lista con la de otros compañeros.

¿Qué diferencias y similitudes encuentras?

Punto de indagación

Contesta las siguientes preguntas y compara tus respuestas con algunos compañeros.

1 ¿Qué tipo de entretenimiento es ideal para la gente introvertida?
2 ¿Qué tipo de entretenimiento es ideal para la gente extrovertida?
3 ¿Qué tipo de entretenimiento es ideal para la gente que prefiere la tranquilidad?
4 ¿Qué tipo de entretenimiento es ideal para la gente que le gusta conocer nuevas personas?
5 ¿Qué tipo de entretenimiento es ideal para toda la familia?

18 ¿Qué hacen los jóvenes con su tiempo de ocio?

Enfoques del aprendizaje

- Habilidad de gestión de la información: Utilizan la capacidad crítica para analizar e interpretar los contenidos de los medios de comunicación
- Habilidad de pensamiento crítico: Analizan conceptos y proyectos complejos desglosando las partes que los conforman y las sintetizan para dar lugar a una nueva comprensión.

La Universidad Argentina de la Empresa (UADE) realizó una muy interesante encuesta sobre tiempo libre y ocio. A continuación, el resumen de los resultados:

¿Cuántas horas diarias dedica al tiempo libre?

No sabe
Más de 5 horas
3 a 5 horas
1 a 3 horas
Menos de 1 hora

21,2%
20,0%
13,2%
14,1%
31,5%

¿Qué prefiere hacer principalmente en su tiempo libre?

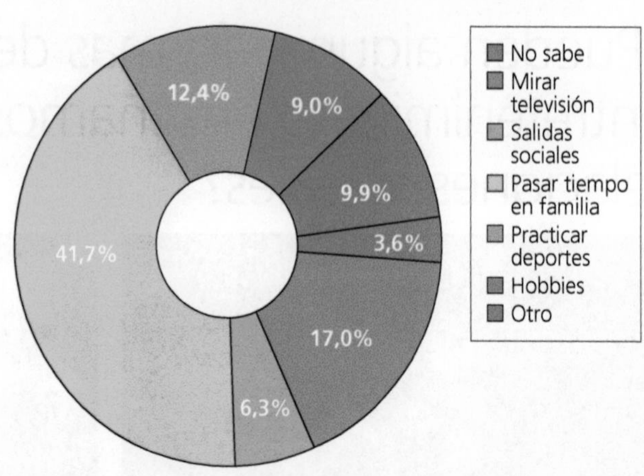

En términos generales ¿qué es lo que más le gusta hacer durante sus vacaciones?

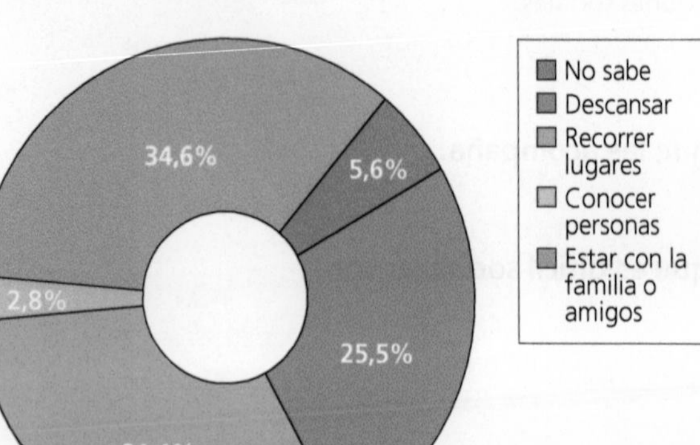

¿Cuál de los siguientes lugares prefiere usted para vacacionar?

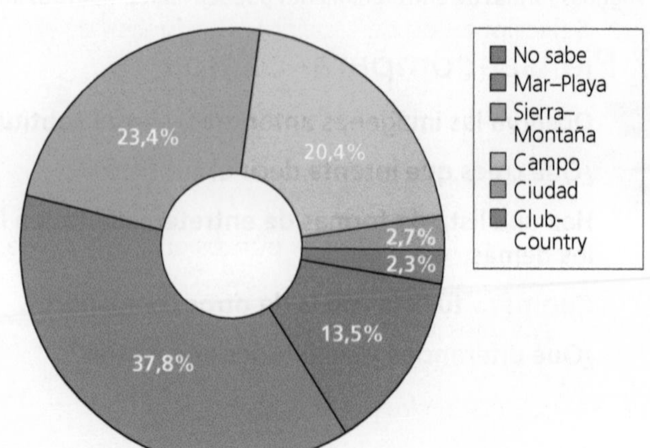

Tarea 1

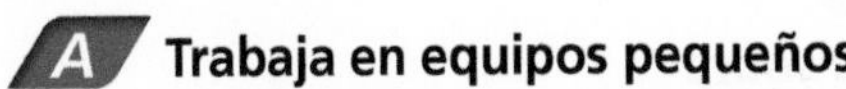

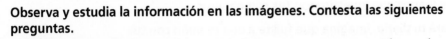

A Trabaja en equipos pequeños.

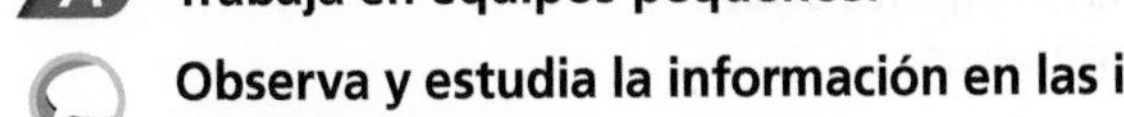

Observa y estudia la información en las imágenes. Contesta las siguientes preguntas.

1 ¿Qué información sobre el estilo de vida de los jóvenes argentinos podemos observar en las imágenes?
2 ¿Cómo son diferentes las preferencias de los jóvenes argentinos y los jóvenes de tu escuela?
3 Interpreta el significado de las estadísticas. Especula sobre las razones por las que algunos jóvenes "no saben" qué preferir.
4 ¿Qué cinco preguntas consideras interesantes preguntar?

Trabaja en equipos pequeños y compara las respuestas que escribieron para las preguntas.

Tarea 2

B Prepara un cuestionario para investigar qué hacen con su tiempo de ocio los jóvenes de tu escuela. Después de terminar el cuestionario, realiza una encuesta.

C Eres un periodista que trabaja en una revista cuyos lectores, en su mayoría, son los estudiantes de todas las escuelas internacionales de la ciudad; y estás interesado en las formas de entretenimiento más populares en diferentes escuelas.

Utiliza los datos de tu encuesta y escribe un artículo para una revista estudiantil. Describe las formas de entretenimiento que prefieren los chicos de tu escuela. Compara las tendencias de las preferencias de los jóvenes argentinos y los jóvenes de tu escuela. Indaga sobre las similitudes y diferencias. Explica las posibles razones por las que existen diferencias. Menciona ejemplos que apoyen tus ideas.

19 ¿Cómo se juega?

Enfoques del aprendizaje

- Habilidad de gestión de la información: Acceden a la información para estar informados e informar a otros
- Habilidad de colaboración: Escuchan con atención otras perspectivas e ideas
- Habilidad de comunicación: Escriben con diferentes propósitos

A Selecciona uno de los siguientes juegos de mesa e investiga cómo se juega.

- Juego de la oca
- Serpientes y escaleras
- El lince
- Caras y gestos
- *Pictionary*
- Tabú
- *Trivial Pursuit*

Considera los siguientes puntos en tu investigación.

1 ¿Qué materiales o equipo se necesita?
2 ¿Cuántos jugadores pueden participar?
3 ¿Cuáles son algunas reglas?
4 ¿Cuáles son los pasos del juego?

Menciona otras consideraciones importantes.

B **Después, colabora en equipos pequeños con compañeros que investigaron diferentes juegos. Comparte la información que encontraste. Utiliza ilustraciones para explicar tus ideas cuando sea necesario. Pregunta sobre ideas específicas de los juegos que investigaron tus compañeros.**

C **Escribe una entrada para tu diario. Imagina que fuiste a una reunión con tus amigos y jugaron varios juegos de mesa.**

Realiza una de las siguientes tareas.

Opción a

No lo pasaste muy bien en la fiesta porque en lugar de charlar y compartir, pasaron todo el tiempo jugando juegos de mesa. Explica por qué piensas que los juegos de mesa no son una buena idea para las fiestas.

Opción b

Menciona ejemplos acerca de los juegos que jugaste y qué tanto te gustaron. Explica qué habilidades sociales y de estrategia los juegos te ayudaron a explorar. Incluye información acerca de cómo los juegos nos ayudan a compartir. Utiliza el pretérito imperfecto.

20 Las habilidades del juego

Enfoques del aprendizaje

- Habilidades de comunicación: Obtienen información para las indagaciones disciplinarias e interdisciplinarias utilizando una variedad de medios. Escriben con diferentes propósitos

A **Trabaja en equipos pequeños. Considera los juegos que se mencionan en la siguiente tabla. Realiza una lluvia de ideas sobre las habilidades necesarias para jugar esos juegos. Después piensa en qué otras habilidades se pueden desarrollar por medio de ellos. Organiza tus ideas en una tabla como la siguiente. Agrega un par de juegos similares.**

Juego	Habilidades necesarias	Habilidades que se pueden desarrollar
1 El domino		
2 El ajedrez		
3 El Scrabble		
4 El Sudoku		
5 Turista mundial		
6 La Lotería mexicana		
7 El lince		

B **Después, compara las ideas en tu tabla con otro equipo.**

¿Qué similitudes y diferencias encontraste?

¿Qué juegos agregaron tus compañeros?

C **Después, escribe 10 oraciones acerca de los juegos y las habilidades. Observa los siguientes patrones.**

a Cuando jugamos ajedrez podemos practicar la concentración.

b Para jugar ajedrez necesitamos saber cómo se mueve cada pieza.

D **Eres un aficionado a los juegos de mesa y tienes un blog especializado en el tema. Te gusta escribir acerca de los juegos de mesa que están de moda.**

Escribe un texto para tu blog acerca de los juegos de mesa que más te gustan. Escribe por qué es buena idea jugar este tipo de juegos. Menciona las habilidades que se pueden desarrollar, y cómo estas habilidades nos pueden ayudar en la vida diaria. Incluye ejemplos para ilustrar tus ideas.

21 El teléfono celular es mi mejor amigo

Enfoques del aprendizaje

- Habilidades de comunicación: Escriben con diferentes propósitos. Utilizan una variedad de técnicas de expresión oral para comunicarse con diversos destinatarios

A **Mira el vídeo en el siguiente enlace: http://tinyurl.com/hv83nqf**

Elimina el volumen completamente y toma notas sobre lo que veas en él.

Realiza las siguientes tareas.

Tarea 1

B **Imagina que eres Charlotte, el personaje central de la historia.**

Escribe una entrada en tu diario. Comparte tus experiencias respecto a las formas de entretenimiento que tú y tus amigos prefieren. Narra tus vivencias con tus amigos el fin de semana pasado. Describe la manera en que los teléfonos celulares no te permitieron disfrutar de la compañía de tus amigos. Expresa tu punto de vista al respecto. Utiliza el pretérito indefinido e indicadores temporales.

Tarea 2

C **Trabaja en parejas.**

Participa en una interacción entre Charlotte y su profesor de lengua.

Decide quién será Charlotte y quién será el profesor.

Charla sobre la manera en que el teléfono celular puede intervenir en las relaciones entre las personas, y las distracciones que puede crear. Menciona ejemplos sobre la manera en que las personas no participan completamente en las actividades sociales por prestar atención a su teléfono. Incluye ejemplos de la experiencia que se mostró en el vídeo.

Expresa tu punto de vista al respecto.

22 P.I.N.O.

Considera las ideas que tus compañeros y tú han compartido acerca de las diferentes formas de entretenimiento, los juegos de mesa, así como los roles de las personas en diferentes tipos de juegos.

La siguiente tabla incluye dos formas por medio de las cuales podemos disfrutar las diferentes formas de entretenimiento. Escribe ideas sobre cada tipo de juegos, considerando cada ítem.

Ítem	Entretenimiento con tecnología	Entretenimiento sin tecnología
Aspectos **P**ositivos		
Información que debe considerarse		
Aspectos **N**ocivos		
Opinión personal		

Después, colabora en equipos pequeños y comparte tus ideas. ¿Qué diferencias y similitudes encontraste?

23 ¿Qué es más perjudicial?

Enfoques del aprendizaje

- Habilidad de comunicación: Escriben con diferentes propósitos

Eres un periodista que escribe en una revista de actualidad. Te gusta escribir acerca de las diferencias generacionales.

Utiliza las ideas en la tabla de la actividad "P.I.N.O."

Escribe un texto de blog en el que respondas a la siguiente pregunta:

"¿Cómo han cambiado las formas de entretenimiento, los conceptos de diversión e interacción debido a la tecnología?"

Incluye tu punto de vista y ejemplos para ilustrar tus ideas. Puedes mencionar casos específicos de los temas que estudiaste en esta parte de la unidad.

24 Piensa–compara–comparte

De manera individual responde las siguientes preguntas.

En juegos tales como el billar, el boliche, el hockey de aire, y los futbolitos…

1 ¿Cómo se motivan los amigos que practican estas actividades juntos?
2 ¿Cómo establecen retos entre ellos?
3 ¿Cómo se ayudan a mejorar?
4 ¿Qué tipo de competitividad puede surgir entre amigos?
5 ¿Cómo pueden los amigos promover la competitividad positiva?
6 ¿Cómo se puede practicar la resiliencia cuando practicamos deportes con amigos?

Después, colabora en equipos pequeños y comparte tus ideas. Toma turnos para responder y preguntar sobre las ideas que consideres interesantes.

25 ¿Cómo consumen entretenimiento los milénicos?

Enfoques del aprendizaje

- Habilidad de comunicación: Leen con actitud crítica y para comprender

¿Cómo consumen entretenimiento los milénicos?

1 Día a día la tecnología forma parte de nuestras vidas y estar conectados parece ser indispensable para enterarse de eventos, para saber qué pasa en el mundo que nos rodea, para saber a dónde irán nuestros amigos la semana que viene o el próximo mes, entre otras cosas. La manera en que los milénicos utilizan sus teléfonos y diferentes plataformas virtuales ha redefinido la manera en que las diferentes compañías de entretenimiento hacen publicidad de sus servicios, y la manera en que estos se consumen.

2 Anteriormente, para ver un programa de televisión, era necesario estar en casa. No obstante, ahora, gracias a los servicios de *streaming*, podemos ver nuestro programa favorito a la hora que queramos, siempre y cuando tengamos internet. Un estudio reciente indica que la mayoría de los milénicos prefiere ver programas de televisión en su móvil en lugar de hacerlo en su casa. El estudio también menciona que las ventas de discos de música han bajado mucho debido a que la tendencia actual entre los jóvenes es escuchar la música en diferentes plataformas.

3 Muchos adultos de la generación X recuerdan con nostalgia los programas de vídeos que eran populares en la televisión en los años 80 y 90 y la comparan con la actual costumbre de ver vídeos en YouTube. Resulta interesante pensar que a medida que el número de vistas en YouTube crecen, las ventas de discos bajan, y ahora incluso existen opciones de paga en la plataforma para ver su programación sin comerciales.

4 Posiblemente el aspecto más interesante acerca del conocimiento de la actualidad es la diversidad de contenido a la que se tiene acceso hoy en día. Actualmente, todo el mundo puede producir contenido, crear su canal para una audiencia específica, y ganar diferentes tipos de patrocinios, dependiendo de la popularidad de su canal. En pocas palabras, la cantidad de contenido existente puede ser más grande que la demanda.

5 A los milénicos les gusta llevar su entretenimiento consigo; les gusta pasar de un estímulo a otro; documentar sus vivencias; y comentar en las diferentes plataformas en las que interactúan con frecuencia. Estos jóvenes encuentran la forma de entretenimiento que mejor se adecua al momento en que la necesitan y, lo más importante, siempre expresaran su opinión acerca de qué tanto les gusta o no.

6 Así como la vida es cada vez más rápida hoy en día, la manera en que muchas ofertas de entretenimiento desaparecen lo es también. ¿Recuerdan el verano de Pokemon Go? ¿Qué pasó con el juego después de unos meses? A veces parece que los milénicos se aburren rápidamente de las modas y buscan nuevas formas de divertirse, lo que representa un reto para las compañías de servicios y de entretenimiento, pues se han topado con individuos muy exigentes.

Después de leer el texto, completa las siguientes tareas.

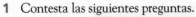

1 Contesta las siguientes preguntas.

a ¿Cuál objeto ha cambiado la manera en que los milénicos consumen entretenimiento?

b ¿Qué pasa con la industria de la música hoy en día? Menciona **dos** ideas.

c ¿Cuál es la principal diferencia entre la manera en que los milénicos y los adultos de la generación X ven programas de televisión?

d ¿Cuál es la diferencia entre la manera en la que se produce contenido actualmente y en el pasado?

e ¿Cuál reto tienen las compañías que producen formas de entretenimiento en el presente?

2 Elige las **cuatro** ideas que son verdaderas, según el texto.

a Las compañías de servicios y de entretenimiento crean o renuevan sus ofertas constantemente.

b Las ventas de discos eran más grandes en el pasado.

c Pokemón Go está de moda.

d Es fácil ser autor de contenido.

e Los adultos de la generación X prefieren YouTube.

f Los milénicos utilizan servicios de *streaming* en lugar de comprar discos.

26 Leer, jugar, mirar y escuchar

Estudia la imagen con atención. Toma cinco minutos para preparar una presentación de dos a tres minutos acerca del tema que se presenta en la imagen. Toma notas. No puedes utilizar diccionario en esta tarea.

Presenta tu trabajo a tu profesor; puedes utilizar tus notas, pero no puedes leer.

Después de tu presentación el profesor te hará preguntas que debes responder.

La interacción total deberá durar cinco minutos.

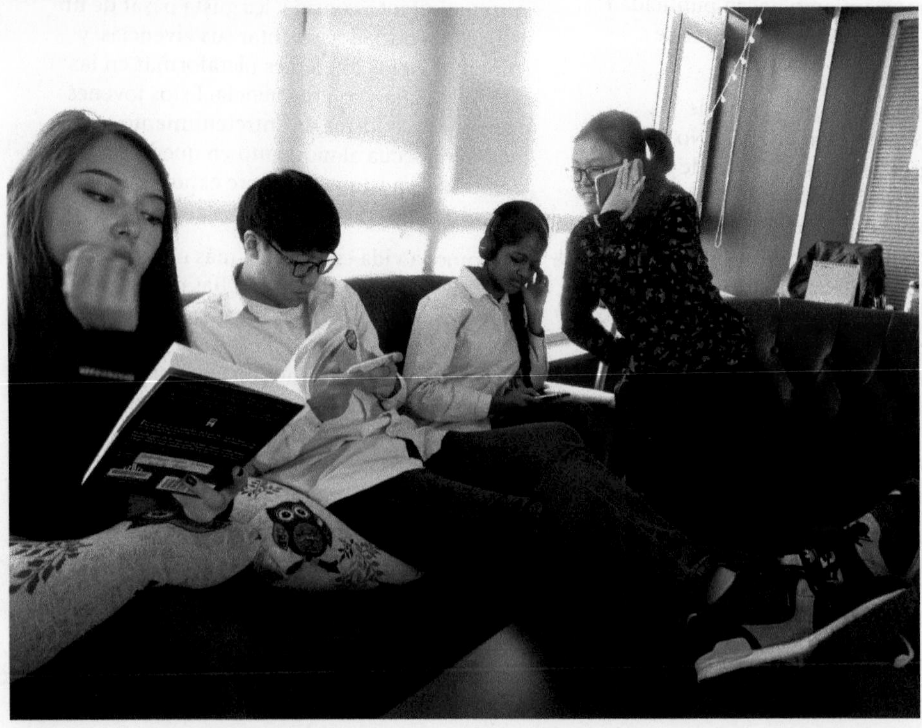

Reflexión

Enfoques del aprendizaje

- Habilidad de reflexión: Consideran los contenidos y se preguntan: ¿Qué información es familiar? ¿Sobre qué aprendí hoy? ¿Hay algo que aún no haya entendido? ¿Qué preguntas tengo ahora?

Aspecto	Básico	En desarrollo	Apropiado	Excepcional
Conocimiento de vocabulario y gramática	Tengo el conocimiento básico de las estructuras gramaticales y palabras relevantes de la unidad.	El conocimiento básico de las estructuras gramaticales y palabras relevantes de la unidad comienza a profundizarse.	Mi dominio del conocimiento de las estructuras gramaticales y palabras relevantes de la unidad cubre los estándares ideales.	Mi dominio del conocimiento de las estructuras gramaticales y palabras relevantes de la unidad va más allá de las expectativas.
Uso de la lengua en los diferentes contextos	Logro utilizar la lengua únicamente de manera básica en los contextos presentados en la unidad.	Comienzo a utilizar la lengua de manera adecuada en los contextos presentados en la unidad.	Logro utilizar correctamente la lengua en los contextos presentados en la unidad.	Logro utilizar la lengua de manera excepcional en los contextos presentados en la unidad.
Habilidades de comprensión auditiva	Únicamente logro comprender la información más básica de los textos de audio.	Logro comprender la información básica y comienzo a comprender las ideas más complejas de los textos de audio.	Logro comprender ampliamente toda la información de los textos de audio.	Logro comprender ampliamente toda la información del texto de audio, y puedo responder espontáneamente al texto.
Habilidades de lecto-comprensión	Únicamente logro comprender la información más básica de los textos escritos.	Logro comprender la información básica y comienzo a comprender las ideas más complejas de los textos escritos.	Logro comprender ampliamente toda la información de los textos escritos.	Logro comprender ampliamente toda la información de los textos escritos, y puedo responder espontáneamente a los textos.
Habilidades de producción escrita	Únicamente logro utilizar palabras aisladas y estructuras con oraciones simples en las tareas escritas.	Logro utilizar una variedad de vocabulario simple y combinar algunas estructuras simples en las tareas escritas.	Logro producir textos escritos que responden correctamente a las tareas escritas de la unidad.	Logro producir textos escritos creativos que responden correctamente a las tareas escritas de la unidad, y van más allá de lo que piden las directrices.
Habilidades de producción oral	Únicamente logro utilizar frases simples en las tareas orales. No logro reconocer el contexto ni la audiencia.	Logro utilizar y combinar algunas estructuras simples en las tareas orales, reconociendo el contexto y la audiencia.	Logro responder correctamente de manera oral a las tareas escritas de la unidad, demostrando mi comprensión del contexto y audiencia.	Logro responder correcta y creativamente de manera oral a las tareas escritas de la unidad, reconociendo el contexto y la audiencia, personalizando la información.
Comprensión de los conceptos	Tengo una comprensión básica de los conceptos que estudiamos en esta unidad.	Logro comprender la relación entre los conceptos que estudiamos y las tareas que realizamos en esta unidad.	Logro comprender y articular la relación entre los conceptos que estudiamos y las tareas que realizamos en esta unidad.	Logro comprender y articular la relación entre los conceptos que estudiamos y las tareas que realizamos en esta unidad, y puedo producir generalizar mi comprensión conceptual.

UNIDAD 11 ¿De qué forma empleamos nuestros conocimientos en el mundo laboral?

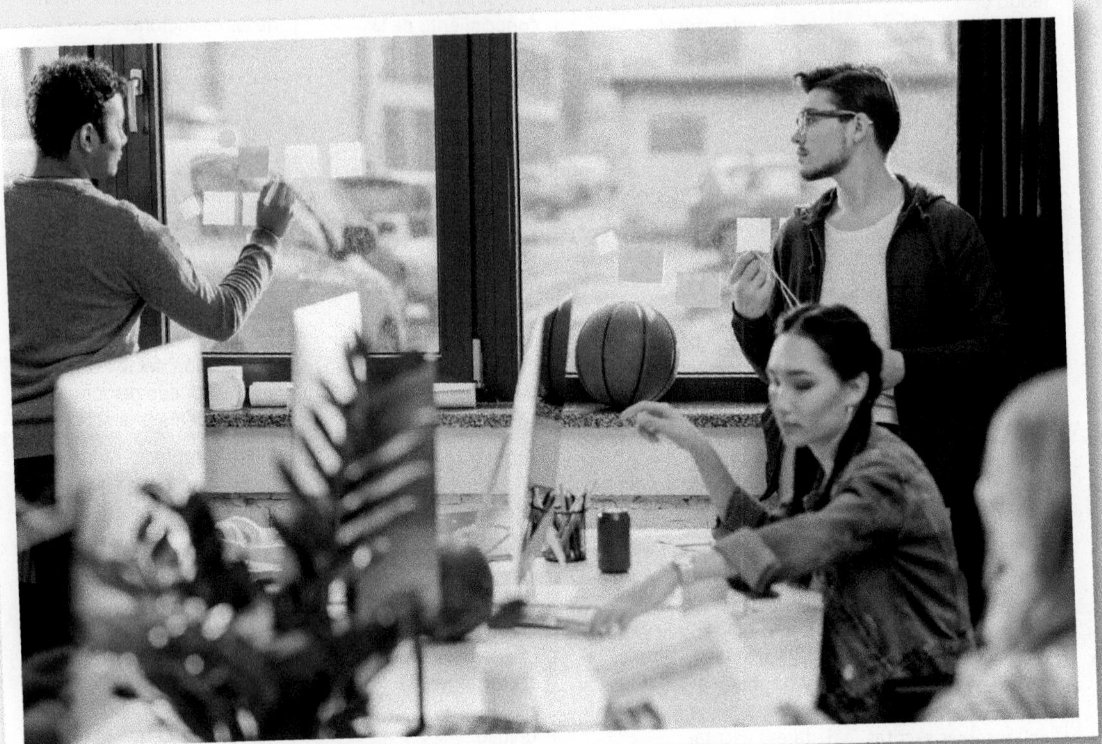

■ La unión de talentos crea los equipos más eficaces.

OBJETIVOS DE COMUNICACIÓN

En esta unidad vas a:

- Describir las diferentes actividades que se requieren en diferentes trabajos
- Debatir acerca de la relevancia de diferentes oficios y profesiones
- Estudiar situaciones relacionadas con la vida laboral
- Redactar tu currículum vitae
- Explorar protocolos y comportamientos en diferentes ambientes laborales
- Apreciar la manera en que los receptores y el propósito de comunicación influyen en las interacciones
- Tomar un test de orientación vocacional
- Simular entrevistas
- Leer y explicar el rol de los anuncios clasificados

EN ESTE CAPÍTULO INVESTIGARÁS ESTAS PREGUNTAS:

Fácticas	Conceptuales	Debatibles
¿Qué habilidades se requieren en diferentes trabajos? ¿Cuáles trabajos dejaron de ser necesarios? ¿Qué información se incluye en el curriculum vitae?	¿Qué tipos de comportamientos y protocolos son comunes en diferentes ámbitos laborales? ¿De qué manera influyen los receptores y el propósito de comunicación en las interacciones que ocurren en diferentes ámbitos laborales?	¿De qué manera me prepara la escuela para mi futuro laboral? ¿Cuáles trabajos se necesitarán en el futuro? ¿Cuáles estereotipos existen acerca de ciertas profesiones? ¿Es necesario ir a la universidad para demostrar nuestras habilidades?

¿Qué habilidades se requieren en diferentes trabajos?

■ ¿Hasta qué punto necesitamos desarrollar las mismas habilidades para diferentes trabajos?

Léxico

Estudia el **significado** de las siguientes profesiones.

profesor	programador	dentista
médico	chofer	electricista
arquitecto	gerente	bombero
ingeniero	asistente	juez
enfermero	actor	farmacéutico
abogado	astronauta	conserje
hombre de negocios	arqueólogo	investigador
comerciante	albañil	agente de viajes
diseñador gráfico	empresario	camarero
cocinero	consultor	escritor

1 Gramática

Enfoques del aprendizaje

- Habilidad de reflexión: Consideran los contenidos y se preguntan: ¿Qué información es familiar? ¿Sobre qué aprendí hoy? ¿Hay algo que aún no haya entendido? ¿Qué preguntas tengo ahora?

Contesta las siguientes preguntas.

1 ¿Cuál es la regla para identificar el género de un sustantivo?
2 ¿Cómo podemos cambiar la forma de un sustantivo de masculino a femenino?
3 ¿En cuál caso la forma del sustantivo es la misma para masculino y para femenino?
4 ¿Cuál es el artículo que acompaña a los sustantivos femeninos? ¿Y a los masculinos?

2 Trabajos y lugares de trabajo

Enfoques del aprendizaje

- Habilidad de comunicación: Hacen deducciones y extraen conclusiones

Lee las profesiones en la columna izquierda de la siguiente tabla y escribe el lugar donde trabajan tales personas. Observa el ejemplo.

Profesión	Lugar de trabajo
1 profesor	la escuela
2 médico	
3 camarera	
4 recepcionista	
5 sobrecargos	
6 director	
7 entrenador	
8 payaso	
9 empresario	
10 diseñador gráfico	
11 actor	
12 chef	

3 Las profesiones y el género

Enfoques del aprendizaje

- Habilidad de comunicación: Hacen deducciones y extraen conclusiones

A **Utiliza la lista de profesiones anterior, y considera otras profesiones que no se mencionaron.**

Clasifica las profesiones de acuerdo a su popularidad.

Profesiones más comunes entre hombres	Profesiones más comunes entre mujeres

¿Qué observaciones puedes hacer acerca de la popularidad de las profesiones y el género de las palabras?

B **Trabaja en equipos pequeños.**

Debate las siguientes preguntas.

- ¿Por qué muchas personas creen que algunas profesiones son "más adecuadas" para los hombres y otras para las mujeres?
- ¿Hasta qué punto ha cambiado esta perspectiva con el paso del tiempo?
- ¿Qué ha contribuido al cambio?
- ¿Por qué piensas que es muy difícil aceptar el cambio para muchas personas?

4 ¿Qué habilidades necesitamos en diferentes profesiones?

Enfoques del aprendizaje

- Habilidad de pensamiento creativo: Utilizan la técnica de lluvia de ideas (*brainstorming*) y diagramas visuales para generar nuevas ideas e indagaciones
- Habilidad de comunicación: Hacen deducciones y extraen conclusiones

A **Trabaja en equipos pequeños. Considera las profesiones en la columna izquierda de la siguiente tabla, y escribe las habilidades y aptitudes que son cruciales en cada una. Observa el ejemplo.**

Profesión	Habilidades y aptitudes que se necesitan
1 Profesor	■ gusto por la lectura ■ habilidades de investigación ■ capacidad para adaptarse a diferentes ambientes
2 Arquitecto	
3 Chofer de autobús	
4 Piloto de avión	
5 Recepcionista	
6 Asistente de ventas por teléfono	
7 Enfermera	
8 Entrenador físico	
9 Diseñador de páginas web	

B **Comparte tu trabajo con otros equipos. Ofrece justificaciones para tus ideas y pregunta acerca de las ideas que consideres interesantes.**

TEORÍA DEL CONOCIMIENTO

Las formas de conocimiento proporcionan un punto de partida para el conocimiento personal.

¿Cuáles de las ocho formas de conocimiento: lenguaje, percepción sensorial, emoción, razón, imaginación, fe, intuición y memoria, juegan un papel crucial cuando hacemos una reflexión de nuestros logros o cuando preparamos nuestro currículo de vida (CV)?

5 Se busca

Enfoques del aprendizaje

- Habilidades de comunicación: Leen con actitud crítica y para comprender. Hacen deducciones y extraen conclusiones

Lee el siguiente perfil de un puesto de trabajo.

Perfil del puesto

Habilidades de lecto-comprensión

El candidato debe ser capaz de

- Leer las instrucciones y las precauciones en etiquetas y productos.
- Leer descripciones de nuevos productos en catálogos y folletos.
- Leer artículos en revistas especializadas para mantenerse informado sobre las tendencias de la industria.
- Leer con rapidez las etiquetas en el empaque del producto para obtener información sobre los ingredientes, el manejo y el almacenamiento adecuados.
- Seguir los procedimientos descritos en diagramas de líneas de arte y secuencias de fotografías para lograr reproducir el modelo adecuado.

Aritmética

El candidato debe ser capaz de

- Medir cantidades de líquidos, tales como soluciones colorantes y peróxidos, utilizando vasos graduados y tubos.
- Estimar longitudes y volúmenes.
- Preparar facturas y cobrar pagos.

Comunicación escrita

El candidato debe ser capaz de

- Escribir notas cortas de recordatorio en tarjetas de historial de clientes.
- Escribir cartas a proveedores y fabricantes expresando opiniones sobre productos y servicios específicos.

Comunicación oral

El candidato debe ser capaz de

- Saludar a los clientes en persona de manera cortés y calurosa.
- Escuchar mensajes de voz y responder preguntas por teléfono.
- Hablar con los clientes sobre una amplia variedad de temas, como estilo de vida, preferencias de peinado, técnicas de aplicación, nuevos productos y tendencias de la moda.
- Hablar con asistentes, proveedores y supervisores.
- Proporcionar tranquilidad y resolver conflictos con clientes angustiados.

Habilidades de pensamiento

El candidato debe ser capaz de

- Solicitar la ayuda de sus compañeros de trabajo en casos de emergencia.
- Seleccionar herramientas y productos para crear peinados específicos.
- Evaluar el rendimiento de productos para el cuidado del cabello, como colorantes, champús y acondicionadores.
- Determinar la idoneidad de las opciones de peinado del cliente, teniendo en cuenta elementos como la estructura ósea, la forma del rostro, los patrones de crecimiento del cabello y el tono de la piel.
- Ubicar especificaciones tales como los tiempos de aplicación, los códigos de color, la cobertura de grises y los ingredientes, inspeccionando las etiquetas de los productos.
- Encontrar información sobre las tendencias de la moda observando los peinados que usan los modelos y hablando con otros estilistas.

Uso de computadora

El candidato debe ser capaz de

- Usar bases de datos como software de gestión de salón para ingresar datos de clientes y productos, para buscar cantidades de inventario, citas futuras, nombres de clientes, números de teléfono y preferencias de estilo de peinado.
- Usar software de facturación y contabilidad.
- Utilizar el software de comunicaciones para enviar o recibir correos electrónicos que confirmen las citas de los clientes.
- Usar internet para buscar información, como nuevos productos.

Aprendizaje continuo

El candidato debe ser capaz de

- Mantenerse al día con el cambio de peinados y nuevos productos leyendo artículos y analizando fotografías en el comercio, interés general y revistas de moda.
- Aprender por medio de la interacción con compañeros de trabajo y participando en entrenamiento interno programado o capacitación ofrecida por los principales proveedores de productos.

Después de leer el texto, complete las tareas siguientes.

1 Con la información del texto, selecciona la respuesta correcta. Justifica tu decisión. ¿A cuál trabajo se refiere el perfil anterior?

a cocinero

b estilista

c mecánico

2 Contesta las siguientes preguntas.

a Menciona dos de los documentos escritos que la persona con este trabajo debe completar con frecuencia.

b Menciona dos tipos de interacciones orales en las que la persona con este trabajo debe participar con frecuencia.

c Menciona dos ejemplos de colaboración en los que la persona con este trabajo debe participar con frecuencia.

d Menciona dos tipos de textos impresos que la persona con este trabajo debe leer con frecuencia.

e Menciona dos actividades relacionadas con la tecnología que la persona con este trabajo debe realizar con frecuencia.

3 Las siguientes afirmaciones son verdaderas o falsas. Indica la opción correcta y luego justifícala usando palabras tal como aparecen en el texto.

a Para realizar este trabajo es necesario escuchar los problemas de los clientes.

b Este trabajo requiere conocimientos de matemáticas.

c Este trabajo requiere la habilidad de hablar lenguas extranjeras.

d Para obtener este trabajo, el candidato necesita estar dispuesto a continuar aprendiendo.

6 Test de Orientación Vocacional

Enfoques del aprendizaje

- Habilidad de comunicación: Leen con actitud crítica y para comprender

Descarga un test de orientación vocacional utilizando el siguiente enlace: https://tinyurl.com/ydhqecw9

Descarga una hoja de respuestas en este enlace: https://tinyurl.com/yazcmqns

Encierra con un círculo únicamente el número de la pregunta que contestes afirmativamente.

Contesta todas las preguntas.

7 Tu vocación

Enfoques del aprendizaje

- Habilidades de comunicación: Hacen deducciones y extraen conclusiones. Escriben con diferentes propósitos

A **Estudia los resultados de tu test de vocación e interpreta las tendencias que observas.**

B **Escribe un correo electrónico a tu consejero universitario. Infórmale que tomaste un test de vocación profesional. Incluye un resumen de los resultados que obtuviste. Menciona si estás o no estás de acuerdo con los resultados.**

Solicita una cita para hablar acerca de tus opciones universitarias y tus sueños.

8 Entrevista con tu consejero universitario

Enfoques del aprendizaje

- Habilidad de comunicación: Utilizan una variedad de técnicas de expresión oral para comunicarse con diversos destinatarios

Trabaja con tu profesor o con un compañero. Tu compañero o tu profesor será tu consejero universitario.

Comparte los resultados de tu test vocacional y el correo electrónico que escribiste. Toma unos minutos para leer y preparar la interacción.

Simula una conversación con tu consejero universitario. Explica qué te gustaría estudiar, dónde te gustaría estudiar, y qué tan acertados fueron los resultados del test vocacional.

El consejero universitario hará preguntas acerca de tus habilidades, de tus pasiones, entre otros.

Si realizas esta tarea con un compañero, toma turnos para desempeñar uno de los roles.

CREATIVIDAD, ACTIVIDAD Y SERVICIO

Creatividad, Servicio

Colabora con tus compañeros para preparar una "Bolsa de Oportunidades CAS".

Pide permiso en tu escuela para crear un tablón de anuncios que funcione como bolsa de oportunidades.

Invita a los profesores de tu escuela a publicar trabajos en los que soliciten ayuda; y a tus compañeros a compartir actividades por medio de las cuales podrías desarrollar tareas relacionadas con "Actividad" o "Creatividad".

Toma turnos para actualizar el tablón cuando sea necesario.

Por medio de esta actividad mostrarás evidencia para los siguientes resultados de aprendizaje: Mostrar cómo iniciar y planificar una experiencia de CAS; mostrar habilidades de trabajo en equipo y reconocer los beneficios del trabajo colaborativo; y mostrar compromiso y perseverancia en las experiencias de CAS.

¿De qué manera me prepara la escuela para mi futuro laboral?

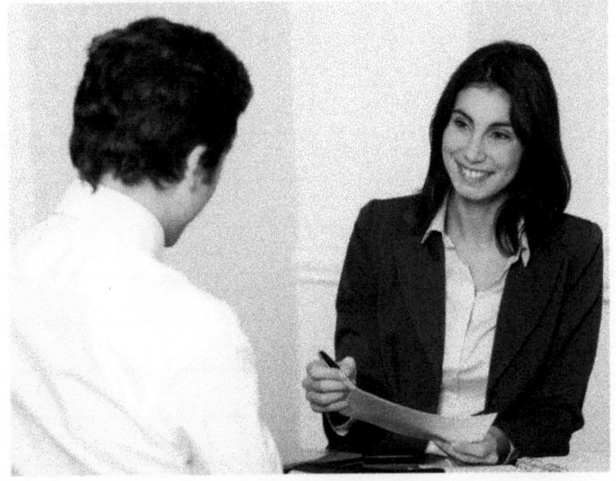

Una entrevista de trabajo

9 Piensa–compara–comparte

A **Presta atención a las preguntas en la columna izquierda de la siguiente tabla. Considera los dos contextos que se indican a la derecha y decide en cuál de los dos contextos se utilizaría cada pregunta.**

Preguntas	En una entrevista con una universidad	En una entrevista de trabajo
1 ¿Por qué le interesa laborar aquí?		
2 ¿Qué le apasiona de esta carrera?		
3 ¿Dónde se ve en 10 años?		
4 ¿Qué cualidades cree tener?		
5 ¿Qué espera aprender?		
6 ¿Qué proyecto de vida espera construir?		
7 ¿Ha consultado otros programas de estudio?		
8 ¿Por qué debería contratarle?		
9 ¿Cuál ha sido uno de los obstáculos más grandes que ha superado?		
10 ¿Qué piensa del trabajo en grupo?		
11 ¿Cómo reacciona a la retroalimentación constructiva?		
12 ¿Se considera un líder?		
13 ¿Cuál es su filosofía de la vida?		
14 ¿Qué expectativas salariales tiene?		

B **Después de completar la tabla, comparte tus respuestas en equipos pequeños.**

¿Qué detalles te ayudaron a decidir el contexto de cada pregunta?

10 La escuela de la vida

Enfoques del aprendizaje

- Habilidad de comunicación: Hacen deducciones y extraen conclusiones

A **Presta atención a las habilidades que se indican en la columna de la izquierda en la siguiente tabla. Considera los contextos en las columnas de en medio y de la derecha. Después indica en dónde se aprenden o adquieren esas habilidades.**

Habilidades	Se aprende en la escuela	Se aprende en la vida
1 Leer		
2 Cómo pedir un préstamo		
3 Cómo tomar decisiones		
4 Cómo solucionar problemas		
5 Colaboración		
6 Pensamiento crítico		
7 Cómo calcular los impuestos		
8 Cómo evaluar el riesgo de una inversión		
9 Cómo proteger los derechos de autor de tus creaciones		
10 Cómo producir trabajo de calidad		
11 Ser cortés		
12 El deseo por el trato justo		
13 Cómo reconocer mis fortalezas		
14 Responder preguntas de exámenes		
15 Habilidades de comunicación		

 **Compara tus respuestas con tus compañeros, en equipos pequeños.**

Responde las siguientes preguntas.

- ¿Por qué crees que algunas habilidades esenciales para la vida no son parte de diferentes programas de estudio?
- ¿Qué debemos hacer para estar listos para operar efectivamente en la vida después de terminar nuestra educación?
- Qué podemos hacer como estudiantes para contribuir a una mejor preparación en las escuelas?

11 El currículum vitae

Enfoques del aprendizaje

- Habilidad de comunicación: Leen con actitud crítica y para comprender

Lee el siguiente currículum vitae.

CURRICULUM VITAE

DATOS PERSONALES

Nombre y Apellidos: *Fabián Padilla González*

Lugar y fecha de nacimiento: *Asunción, 19 de mayo de 1993*

Edad: *25 años*

Estado civil: *soltero*

Dirección: *Calle Simón Bolívar N° 109*

Ciudad: *Zona Metropolitana Gran Asunción / Luque*

Teléfono: *(021) 560-937, móvil: (0981) 392-142*

email: *fabian.padilla.go@gmail.com*

Licencia de Conducir: *Particular N° 10.143.399*

FORMACIÓN ACADÉMICA

2009: Licenciatura en Trabajo Social. Universidad La Salle. Facultad de Filosofía, sede Central.

2004: Bachillerato con énfasis en Ciencias Sociales. Colegio La Salle.

2002–2003: Educación media, Instituto Paraguayo.

1993–2001: Educación Escolar Básica. Instituto Sudamericano No 1.

FORMACIÓN COMPLEMENTARIA

2006: Primer simposio de psicología y salud mental. Categoría: Participante.

2007: Jornadas informativas sobre Biotécnica y Bioética, desarrolladas en la UCA.

2007: Semestre de Diplomado en Filosofía

2008: Jornadas informativas sobre alcohólicos anónimos y los profesionales.

INFORMÁTICA

Plataformas: Windows y Apple; Office Suite, Adobe Suite, Aplicaciones Google.

IDIOMAS

	Nivel
Español	Avanzado
Guaraní	Intermedio
Inglés	Avanzado
Portugués	Avanzado
Italiano	Intermedio

EXPERIENCIA LABORAL

2008–Presente: Co-Coordinador de Proyectos Pro-Bono para la Fundación Omnia.

2006–2008: Asistente de Proyectos de Asistencia Social a Distancia para la organización Somos Todos.

2005–2006: Gestor de Servicios Tecnológicos en IconTec.

REFERENCIAS PERSONALES

Arq. Verónica Guerra. Teléfono: 0961 025 709

Dr. José Armando Báez. Teléfono: 0981 527 445

Ing. Enriqueta Mendiola. Teléfono: 021 976 123

REFERENCIAS LABORALES

Dra. Raquel Martínez, Directora de la Fundación Omnia. Teléfono 021 498 503

Después de leer el documento, completa las siguientes tareas.

1 Contesta las siguientes preguntas.

- a ¿Cuál es el estado civil del autor de este currículo?
- b ¿Cuál es la dirección del autor de este currículo?
- c ¿En dónde estudió el bachillerato el autor de este currículo?
- d ¿Cuántos años trabajó en la Organización Somos Todos?
- e ¿Cuáles son los apellidos del autor de este currículo?

2 Elige las **cinco** ideas que son correctas, de acuerdo con el texto.

- a Fabián es alcohólico.
- b Actualmente, Fabián trabaja con la Dra. Raquel Martínez.
- c Fabián no está casado.
- d Fabián puede conducir su vehículo legalmente.
- e Fabián puede hablar Guaraní tan fluidamente como habla el español.
- f Fabián nació en Asunción.
- g Fabián trabajó en Google.
- h Fabián estudió en la Universidad La Salle.

12 Tu currículum vitae

Enfoques del aprendizaje

- Habilidad de comunicación: Escriben con diferentes propósitos

Considera el modelo del currículum vitae que leíste en las páginas 251–252.

Utiliza el siguiente enlace: https://tinyurl.com/yd3jod9q para descargar una plantilla para completar tu currículum vitae.

Después de descargar la plantilla, rellénala con los datos necesarios e imprímela. Compara tu currículo con el de tus compañeros.

13 Anuncios clasificados

Enfoques del aprendizaje

- Habilidad de comunicación: Leen con actitud crítica y para comprender

Lee los siguientes anuncios clasificados.

Ingeniero(a)

CARACTERÍSTICAS BÁSICAS

Nivel: Operativo
Área: Ingeniería
Puesto: Ingeniera
Años de Experiencia: 5 años como mínimo
Nivel de Estudio: Profesionista
País: México
Estado: Hidalgo
Ciudad: Toluca

DESCRIPCIÓN

Constructora transnacional ofrece varias vacantes con disponibilidad inmediata, contratación directa, y con salarios y prestaciones sociales superiores a las que indica la ley. Esencial hablar portugués. Interesados enviar hoja vida completa.

Auxiliar contable

CARACTERÍSTICAS BÁSICAS

Nivel: Oficina
Área: Contabilidad
Puesto: Auxiliar Contable
Años de Experiencia: 1 año como mínimo
Nivel de Estudio: Técnico
País: México
Estado: Guanajuato
Ciudad: León

DESCRIPCIÓN

Empresa de productos agrícolas requiere auxiliar contable con habilidades numéricas y analíticas; capaz de elaborar informes y preparar estados financieros. El manejo de Microsoft Office es esencial, así como conocimientos comprobables en legislación contable. El candidato ideal aprobar un examen de habilidades de comunicación y de relaciones interpersonales.

Guardia de Seguridad

CARACTERÍSTICAS BÁSICAS

Nivel: Personal general
Área: Seguridad y Vigilancia
Cargo: Guarda de Seguridad
Años de Experiencia: sólo recomendación
Nivel de Estudio: Bachillerato
País: Perú
Departamento: La Libertad
Ciudad: Trujillo

DESCRIPCIÓN

Empresas Beta requiere guardias de seguridad con o sin experiencia. Contratación inmediata. Preferencia a los residentes de La Libertad. Enviar C.V. con copia digital de tarjeta de identificación a trabajos@betainternacional.com a partir del 03 al 07 de Septiembre 2018 y hasta el 13 de noviembre.

Agente de ventas

CARACTERÍSTICAS BÁSICAS

Nivel: Operativo
Área: Telemercadeo
Cargo: Auxiliar
Años de Experiencia: 2 años
Nivel de Estudio: Técnico
País: Panamá
Provincia: Chiriquí
Ciudad: David

DESCRIPCIÓN

Nueva compañía inmobiliaria requiere auxiliar comercial con o sin experiencia. El candidato debe contar con transporte particular. Las habilidades de comunicación y socialización son cruciales para el puesto. La compañía ofrece contrato indefinido, salario mínimo con comisiones de acuerdo a rendimiento. Enviar CV a inmobiliaria@glome.com.pa

Después de leer el texto, completa las siguientes tareas.

1 Indica con una 'X' el trabajo al que se refieren las ideas en la columna de la izquierda.

Idea	Ingeniería	Contabilidad	Guardia de seguridad	Ventas telemercadeo
a con o sin experiencia				
b experiencia de 5 años				
c varios puestos disponibles				
d preparar estados financieros				
e requiere nivel de estudio profesional				
f requiere que el candidato tenga transporte propio				
g ofrece contratación inmediata				

2 De acuerdo con el texto anterior, selecciona las **cuatro** ideas que son verdaderas.

a Para conseguir el trabajo de ingeniero es necesario dominar el portugués
b El puesto de agente de ventas ofrece contrato por tiempo definido.
c Los trabajos se ofrecen en diferentes países.
d Para solicitar al puesto de agente de ventas es necesario enviar el CV por correo electrónico.
e Para solicitar al trabajo de guardia de seguridad es necesario presentar el CV personalmente.
f Para obtener el trabajo de auxiliar contable es necesario pasar un examen.

14 Solicita un trabajo

Enfoques del aprendizaje

- Habilidad de comunicación: Escuchan con actitud crítica y para comprender

Imagina que eres una persona que está desempleada. En este momento estás buscando trabajo y has visto los anuncios clasificados en el periódico. Considera los anuncios clasificados anteriores.

Escribe un correo al Ingeniero Eslí Menéndez al correo e.mend@trabajos.com.co. En el correo, preséntate, menciona los datos básicos acerca de ti y pregunta acerca del trabajo que te interese más. Incluye detalles acerca de tu experiencia previa y tus estudios. Pide información adicional acerca del trabajo que elegiste. Utiliza un tono formal.

15 Entrevista de trabajo

Enfoques del aprendizaje

- Habilidad de comunicación: Escuchan con actitud crítica y para comprender

Escucha la entrevista de trabajo en el siguiente enlace: https://tinyurl.com/y8xa7j2t

Después de escuchar la entrevista, selecciona la respuesta correcta.

1 El chico se llama…
   a Armando.
   b Renaldo.
   c Fernando.

2 La entrevista comienza con…
   a una oferta de trabajo.
   b un resumen de quién es el candidato.
   c una historia.

3 El chico estudia…
   a Ingeniería en petróleo.
   b Administración del petróleo.
   c Ciencias.

4 La compañía valora…
   a el conocimiento que los candidatos tienen de ella.
   b a los candidatos guapos.
   c los datos.

5 El candidato tiene experiencia con…
   a la industria de la educación.
   b el saneamiento y la seguridad industrial.
   c la industria de la salud.

6 El candidato ha…
   a dirigido a contratistas.
   b contratado equipos.
   c estudiado en Yale.

7 Una expectativa de este candidato es…
   a ser el jefe.
   b ganar mucho dinero.
   c obtener más experiencia.

8 ¿Qué sucede después de esta interacción?
   a El candidato comienza a trabajar.
   b Hay otra entrevista.
   c Nada.

16 Mis habilidades y mis pasiones

Enfoques del aprendizaje

- Habilidad de comunicación: Hacen deducciones y extraen conclusiones

A **Considera las habilidades que posees, las pasiones que tienes y tus mejores fortalezas. Considera la siguiente ilustración y dibuja una similar. Escribe tus pasiones en el cuadrante correcto. Presta atención a los niveles de habilidades que posees, y a la fuerza de tu pasión.**

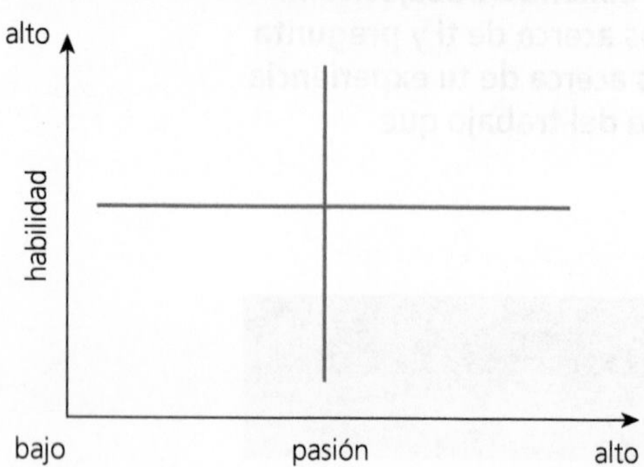

B **Compara tus resultados con algunos compañeros en equipos pequeños.**

17 ¿Qué trabajo estoy listo para realizar?

Enfoques del aprendizaje

- Habilidad de comunicación: Hacen deducciones y extraen conclusiones

A **Considera las decisiones que expresaste en los cuadrantes de la ilustración anterior. Lee la lista de profesiones abajo y decide cuál de ellas estarías listo para realizar en este momento.**

- Asistente administrativo
- Animardor Turístico
- Salvavidas
- Agente de ventas de artículos de lujo
- Cuidador de mascotas
- Coordinador de cuentas de publicidad
- Voluntario con una organización no gubernamental (ONG)
- Barista
- Guía de turistas
- Fotógrafo
- Blogger de moda o de viajes

B **Charla con tu profesor. Utiliza la información que incluiste en los cuadrantes de la actividad anterior y las opciones que indicaste en esta actividad. Explica por qué crees que estás listo para realizar ese trabajo. Tu profesor hará preguntas acerca de tus habilidades y acerca de las certificaciones que pudieras necesitar.**

¿Qué tipos de comportamientos y protocolos son comunes en diferentes ámbitos laborales?

■ ¿Hasta qué punto es posible saber a qué se dedica una persona con simplemente ver la ropa que lleva?

18 Observa–piensa–generaliza

Presta atención a las imágenes anteriores.

Contesta las siguientes preguntas.

1 ¿A qué se dedica cada una de las personas en la imagen de la izquierda?
2 ¿Cuál es la profesión de cada una de las personas en la imagen de la derecha?
3 ¿En cuál imagen es más fácil identificar la profesión u ocupación de las personas? ¿Por qué?
4 ¿Hasta qué punto crees que son importantes las reglas acerca de la ropa que debemos llevar y los comportamientos que debemos demostrar en nuestro trabajo?

19 Reglas de comportamiento

Enfoques del aprendizaje

■ Habilidad de comunicación: Leen con actitud crítica y para comprender

A **Considera los trabajos en los lugares que se indican en la columna de la izquierda en la siguiente tabla, e indica cuáles reglas de comportamiento son comunes en cada uno.**

Empleos y lugares de trabajo	Comportamientos esperados
1 Barista en un café	
2 Recepcionista en una empresa transnacional	
3 Relaciones públicas de un restaurante	
4 Editor de un periódico	
5 Profesor en una escuela privada	
6 Conductor de taxi	
7 Fotógrafo independiente	
8 Anfitrión en un restaurante de lujo	
9 Enfermera en un hospital	

B **Compara tus respuestas en equipos pequeños. ¿Qué diferencias y similitudes encontraste?**

20 La ética y el comportamiento en el lugar de trabajo

Enfoques del aprendizaje

- Habilidad de comunicación: Escuchan con actitud crítica y para comprender

Después de escuchar el podcast, elige las *cinco* ideas que son verdaderas.

Pista 13

1 La responsabilidad es uno de los elementos que permiten crecer en una compañía.
2 Las compañías definen lo que es comportamiento aceptable y no aceptable.
3 Una persona ética y responsable se convierte en un bien rentable.
4 El podcast describe cinco pilares de la ética en el trabajo.
5 Muchas empresas quieren que sus trabajadores no se involucren en chismes.
6 La consistencia y la honestidad ayudan a ser popular.
7 El podcast presenta una reflexión.
8 Algunas empresas hablan acerca del comportamiento que esperan de sus empleados durante la entrevista.

21 Carta de promoción

Enfoques del aprendizaje

- Habilidad de comunicación: Escriben con diferentes propósitos

Imagina que eres el director de una ONG que maneja diferentes proyectos de servicio a la comunidad en tu ciudad. Uno de tus empleados ha demostrado excelentes habilidades, lealtad con la misión de la organización, ética intachable, comportamiento admirable.

Escribe una carta a este empleado y comunícale tus observaciones acerca de su desempeño. Menciona que has decidido ofrecerle un puesto más alto en el cual puede inspirar a más personas y tener un impacto mayor. Incluye una lista de las habilidades que valoras y que tendrá que utilizar. Explica las razones sobre tu decisión.

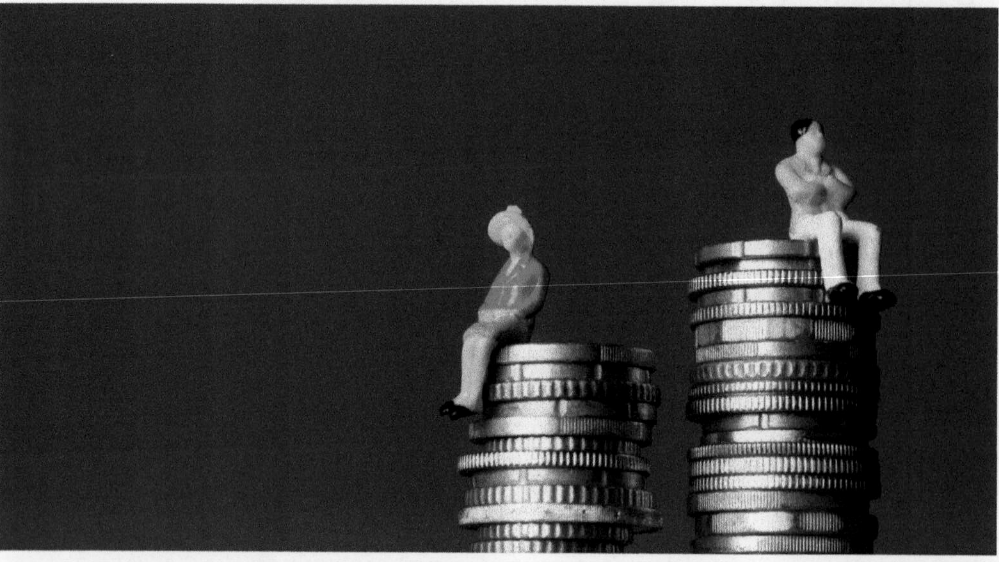

La brecha salarial de género es uno de los problemas que deben desaparecer en la actualidad.

22 ¿Qué trabajos buscan los adultos entre 20 y 30 años?

Enfoques del aprendizaje

- Habilidad de comunicación: Leen con actitud crítica y para comprender

¿Qué trabajos buscan los adultos entre 20 y 30 años?

Actualmente, los chicos entre 20 y 30 años, que también son conocidos como milénicos, no sólo se caracterizan por su conocimiento de la tecnología y las redes sociales, sino también por trabajar en varias actividades al mismo tiempo, por ser idealistas y ambiciosos. Sin embargo, la manera en que utilizan su tiempo libre y las responsabilidades que están dispuestos a aceptar influyen de gran manera en las formas de comunicación y entretenimiento. Por ello, no es raro que hoy en día las empresas desarrollen estrategias para retener a los jóvenes de esta generación en sus puestos de trabajo. De hecho un estudio reciente resumió lo que busca la generación de los chicos del milenio en diez puntos.

1 **Flexibilidad**

Para los milénicos, los horarios de oficina son anticuados y reducen su potencial, por lo que es más probable que consideren compañías con horarios flexibles que les permitan trabajar de diferentes maneras. Por ello, cada vez es más común ver la manera en que las empresas les permiten elegir sus horarios y se les ofrece la oportunidad de trabajar desde casa.

2 **Ambiente laboral divertido**

Hoy en día, los jóvenes valoran la diversión e incluso la relacionan con la productividad y los resultados exitosos. Muchas compañías reportan que impulsar las relaciones entre empleados por medio de actividades regulares como juegos, carreras y campeonatos ayuda a mejorar las relaciones, el buen humor, y la colaboración.

3 **Internet y redes sociales**

Muchas compañías ya no bloquean las plataformas de diferentes redes sociales porque han comprendido que las conexiones que los jóvenes establecen en Facebook y Twitter representan una gran parte de su vida y su trabajo. Además, algunas compañías han aprovechado esto y motivan a sus trabajadores a utilizar las redes como medio de colaboración.

4 **Colaboración**

Los jóvenes de la actualidad quieren compartir sus conocimientos y habilidades, y aspiran a aprender nuevas destrezas. Estas metas se logran por medio de la colaboración y la apreciación de las fortalezas de los demás. Por ello, muchas compañías han eliminado los cubículos y crean espacios abiertos y flexibles para que sus trabajadores charlen, se inspiren en ellos.

5 **Balance entre trabajo y vida personal**

Nadie debe vivir únicamente para trabajar; el tiempo personal se ha vuelto tan importante como el salario; y esto ha provocado que muchas compañías eviten alterar sus horarios de entrada y salida para así respetar la vida de sus trabajadores dentro y fuera de la oficina. Actualmente, los jóvenes valoran mucho tener tiempo para realizar diferentes actividades, para llevar a cabo actividades que disfrutan, y para perseguir sus pasiones.

6 **Independencia**

Un espíritu controlador no funciona con los milénicos. Muchas compañías comparten que brindar libertad de pensamiento, y dar oportunidades para opinar les ha ayudado a formar equipos con más altos niveles de colaboración y empoderamiento.

7 **Oportunidades para viajar y conocer gente**

Aprender por medio de las redes sociales y de sus conexiones se ha convertido en un hábito básico para los milénicos. Las empresas que les ofrecen estos incentivos consiguen formar equipos leales que valoran la compañía y que la representan con gusto.

8 **Prestaciones poco comunes**

Los seguros de vida y los préstamos bancarios son importantes para todo mundo, pero también son beneficios comunes. A la hora de ofrecer beneficios adicionales, muchas compañías han descubierto que los jóvenes buscan prestaciones creativas que van de acuerdo con su estilo de vida tales como préstamo de bicicletas, cupones de descuentos, desarrollo profesional, entre otras.

9 **Ser *intrapreneurs***

Algunas empresas han descubierto que los jóvenes buscan formar parte de compañías que se interesen en su crecimiento y que les permite ser líderes, y sentirse realizados y felices. Por ello, hoy en día es común escuchar que muchas compañías impulsan la pro-actividad y permiten a sus trabajadores poner a prueba sus iniciativas dentro de la compañía misma.

10 **Una cultura empresarial atractiva**

Si fuera necesario resumir todo en una idea, tendríamos que hablar de la cultura de trabajo en las compañías; del ambiente laboral; y del espíritu que se promueve. ¿Por qué todos los jóvenes quieren trabajar en Google? Porque Google siempre se ha promocionado como una empresa divertida, donde los empleados tienen cosas como comida ilimitada, áreas de juegos, zonas de descanso, etc.

Lee el texto en la página anterior y contesta las siguientes preguntas.

1 ¿Cuál aspecto de los trabajos reduce la motivación y la creatividad según los milénicos?
2 ¿Cuáles prestaciones les interesan más a los milénicos?
3 ¿Cuáles servicios pueden garantizar la felicidad de los milénicos en el trabajo?
4 ¿Cómo pueden las empresas ayudar a los milénicos a ser ***intrapreneurs***?
5 ¿De qué manera pueden las empresas mejorar las relaciones laborales en el espacio de trabajo con los milénicos?
6 ¿A qué o a quién se refieren las palabras subrayadas? Contesta utilizando las palabras tal como aparecen en el texto.
a … las empresas les permiten elegir sus horarios… (párrafo 1, línea 7)
b … algunas compañías han aprovechado esto… (párrafo 3, línea 7)
c … se inspiren en ellos… (párrafo 4, línea 8)
d … Las empresas que les ofrecen estos incentivos… (párrafo 7, línea 4)

23 Los milénicos en el trabajo

Enfoques del aprendizaje

- Habilidad de comunicación: Utilizan una variedad de técnicas de expresión oral para comunicarse con diversos destinatarios

■ Organización Social

Estudia la imagen anterior y prepara una presentación oral individual para tu profesor.

Toma notas acerca de las personas que ves en ella.

Utiliza las siguientes preguntas para preparar tu presentación.

- ¿Qué tipo de compañía es?
- ¿Qué trabajos tienen las personas?
- ¿Cuáles son algunas de las actividades que realiza cada uno?
- ¿Qué puedes inferir acerca del ambiente de trabajo?

Tu profesor te hará preguntas sobre tu presentación.

Reflexión

Enfoques del aprendizaje

- Habilidad de reflexión: Consideran los contenidos y se preguntan: ¿Qué información es familiar? ¿Sobre qué aprendí hoy? ¿Hay algo que aún no haya entendido? ¿Qué preguntas tengo ahora?

Aspecto	Básico	En desarrollo	Apropiado	Excepcional
Conocimiento de vocabulario y gramática	Tengo el conocimiento básico de las estructuras gramaticales y palabras relevantes de la unidad.	El conocimiento básico de las estructuras gramaticales y palabras relevantes de la unidad comienza a profundizarse.	Mi dominio del conocimiento de las estructuras gramaticales y palabras relevantes de la unidad cubre los estándares ideales.	Mi dominio del conocimiento de las estructuras gramaticales y palabras relevantes de la unidad va más allá de las expectativas.
Uso de la lengua en los diferentes contextos	Logro utilizar la lengua únicamente de manera básica en los contextos presentados en la unidad.	Comienzo a utilizar la lengua de manera adecuada en los contextos presentados en la unidad.	Logro utilizar correctamente la lengua en los contextos presentados en la unidad.	Logro utilizar la lengua de manera excepcional en los contextos presentados en la unidad.
Habilidades de comprensión auditiva	Únicamente logro comprender la información más básica de los textos de audio.	Logro comprender la información básica y comienzo a comprender las ideas más complejas de los textos de audio.	Logro comprender ampliamente toda la información de los textos de audio.	Logro comprender ampliamente toda la información del texto de audio, y puedo responder espontáneamente al texto.
Habilidades de lecto-comprensión	Únicamente logro comprender la información más básica de los textos escritos.	Logro comprender la información básica y comienzo a comprender las ideas más complejas de los textos escritos.	Logro comprender ampliamente toda la información de los textos escritos.	Logro comprender ampliamente toda la información de los textos escritos, y puedo responder espontáneamente a los textos.
Habilidades de producción escrita	Únicamente logro utilizar palabras aisladas y estructuras con oraciones simples en las tareas escritas.	Logro utilizar una variedad de vocabulario simple y combinar algunas estructuras simples en las tareas escritas.	Logro producir textos escritos que responden correctamente a las tareas escritas de la unidad.	Logro producir textos escritos creativos que responden correctamente a las tareas escritas de la unidad, y van más allá de lo que piden las directrices.
Habilidades de producción oral	Únicamente logro utilizar frases simples en las tareas orales. No logro reconocer el contexto ni la audiencia.	Logro utilizar y combinar algunas estructuras simples en las tareas orales, reconociendo el contexto y la audiencia.	Logro responder correctamente de manera oral a las tareas escritas de la unidad, demostrando mi comprensión del contexto y audiencia.	Logro responder correcta y creativamente de manera oral a las tareas escritas de la unidad, reconociendo el contexto y la audiencia, personalizando la información.
Comprensión de los conceptos	Tengo una comprensión básica de los conceptos que estudiamos en esta unidad.	Logro comprender la relación entre los conceptos que estudiamos y las tareas que realizamos en esta unidad.	Logro comprender y articular la relación entre los conceptos que estudiamos y las tareas que realizamos en esta unidad.	Logro comprender y articular la relación entre los conceptos que estudiamos y las tareas que realizamos en esta unidad, y puedo producir generalizar mi comprensión conceptual.

UNIDAD 12 ¿Por qué es importante evaluar la información que consumimos?

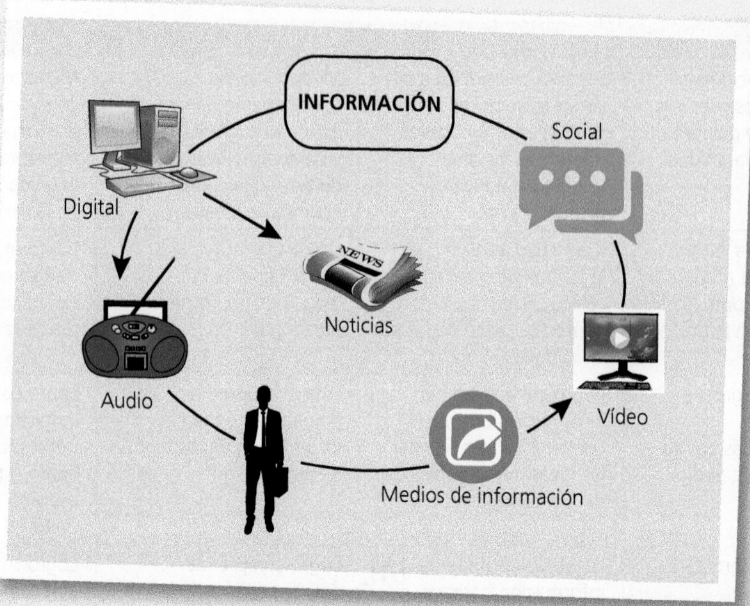

■ Nuestra naturaleza antropológica, histórica y social nos hace producir y consumir información a diario.

OBJETIVOS DE COMUNICACIÓN

En esta unidad vas a:

- Expresar ideas acerca de la manera en que las personas se comunican
- Comparar la manera en que nos comunicamos a través de diferentes medios
- Describir diferentes medios de comunicación
- Comparar los medios de comunicaciones antiguos y modernos
- Reflexionar acerca de nuestro rol como productores y consumidores de información
- Especular acerca del futuro de la comunicación
- Compartir puntos de vista acerca de las cuestiones éticas en los medios de comunicación
- Explorar ideas relacionadas con la comunicación y los avances tecnológicos

EN ESTE CAPÍTULO INVESTIGARÁS ESTAS PREGUNTAS:

Fácticas	Conceptuales	Debatibles
¿Cómo nos comunicamos los humanos? ¿Qué medios y formas de comunicación existen? ¿A través de cuáles medios se transmite más información? ¿Cuáles medios de comunicación tienen menor impacto en la sociedad? ¿Qué temas se discuten con más frecuencia en los medios de comunicación? ¿Qué elementos constituyen el lenguaje?	¿De qué manera han cambiado las formas en que nos comunicamos? ¿Cómo se enriquecen las formas de comunicación gracias a las interacciones culturales? ¿Cómo podemos utilizar el idioma de manera efectiva para comunicar ideas relevantes?	¿Cuáles son los retos de los medios de comunicación en la actualidad? ¿Son el lenguaje oral, el escrito, el de señas y el visual las únicas formas en que nos podemos comunicar? ¿Son las formas de comunicación animal lenguaje? ¿Por qué es importante saber cómo ser comunicadores efectivos?

¿Cómo nos comunicamos los humanos?

Para tener comunicación necesitamos de un emisor y de un receptor.

Los procesos de comunicación pueden ser simples o complejos, pues podemos tener el deseo de expresar emociones, opiniones, quejas, consejos, o puntos de vista, y para realizar cada una de estas metas necesitamos emplear la lengua de una forma específica.

La comunicación humana es el proceso de crear significado a través de la interacción simbólica.

1 ¿Cuántas formas de comunicación conocemos?

¿Conoces el significado de los siguientes vocablos? Consulta con tu profesor el significado de las palabras que no conozcas.

Léxico

Estudia el **significado** de las siguientes palabras.

gestos	lenguaje corporal	revista
palabras	letras	anuncio
sonidos	carta	comercial
símbolos	periódico	

2 Piensa–compara–comparte

A Observa las imágenes al principio de la unidad y al comienzo de esta sección.

Clasifica las diferentes formas y medios de comunicación en las siguientes categorías.

Relacionados con la voz	Relacionados con la escritura	Relacionados con la audición	Relacionados con la lectura	Otra categoría

B Comparte tus ideas en equipos pequeños.

1 ¿Qué similitudes y diferencias encontraste?
2 ¿Qué otras categorías se mencionaron?
3 ¿Cómo resumirías las clasificaciones que se hicieron en tu equipo? Explica.

3 ¿Qué podemos expresar por medio de...?

Enfoques del aprendizaje

- Habilidad de pensamiento creativo: Utilizan la técnica de lluvia de ideas (*brainstorming*) y diagramas visuales para generar nuevas ideas e indagaciones

A Copia y completa la siguiente tabla. Indica qué podemos expresar por medio de los ítems en la columna de la izquierda.

Ítem	¿Qué podemos expresar?
1 Poemas	
2 Entradas de diario	
3 Canciones	
4 Podcasts	
5 Epitafios	
6 Cartas	
7 Emails	

B Comparte tus ideas con tus compañeros e identifica las similitudes y las diferencias.

C Diseña un mapa conceptual para representar la información que reuniste al intercambiar ideas con tus compañeros.

Artículos de revista

En la página 239 hay un artículo de revista titulado "¿Cómo consumen entretenimiento los milénicos?"

¿Qué hizo el autor para producir este texto?

- **a** En el párrafo 1, el autor comenzó su artículo explicando el contexto.
- **b** En la segunda idea del párrafo [1], el autor ayuda al lector a enfocarse en el tema central del texto: los milénicos.
- **c** En el párrafo 2, el autor incluyó un ejemplo del pasado para ayudar al lector a comparar situaciones diferentes.
- **d** En el párrafo 2, el autor mencionó una fuente que utilizó para apoyar sus ideas.
- **e** En el párrafo 3, el autor comparó cosas populares del presente y de los años 80 y 90.
- **f** En el párrafo 4, el autor explica el aspecto más relevante del presente para dar una idea acerca de los intereses de los milénicos.
- **g** En el párrafo 5, el autor describió algunos hábitos, gustos y comportamientos de los milénicos.
- **h** En el párrafo 6, el autor se enfocó en el presente e incluyó preguntas para invitar al lector a refleccionar.
- **i** Al final del párrafo 6, el autor ofreció su reflexión personal y concluyó el artículo.

4 La comunicación y la edad

Enfoques del aprendizaje

- Habilidad de pensamiento creativo: Utilizan la técnica de lluvia de ideas (*brainstorming*) y diagramas visuales para generar nuevas ideas e indagaciones

A

Realiza una lluvia de ideas sobre las ideas esenciales que las personas comunican en cada etapa de su vida y la manera en que lo hacen. Escribe tus ideas en una tabla como la siguiente.

¿Qué ideas esenciales comunican? ¿Cuáles son sus prioridades?	Etapas	¿De qué manera se comunican? ¿Qué herramientas utilizan?
	Niños	
	Adolescentes	
	Adultos	

B

Comparte tus ideas en equipos pequeños. Presta atención a las similitudes y diferencias entre tus opiniones y las de tus compañeros.

5 ¿De qué manera se expresan los niños, los adolescentes y los adultos?

Enfoques del aprendizaje

- Habilidad de comunicación: Estructuran la información en resúmenes, ensayos e informes

Eres un escritor que trabaja en una revista para adolescentes.

Utiliza la información en tu tabla ("La comunicación y la edad") y en tu mapa conceptual ("¿Qué podemos expresar por medio de...?") para escribir un artículo acerca de las diferencias entre la manera en que se comunican los niños, los adolescentes y los adultos. Menciona:

- las ideas que se comunican en cada edad o
- la manera y los instrumentos que se emplean para comunicarse en cada edad.

En tu texto, menciona ejemplos y compara las diferentes edades. Concluye con una reflexión sobre el tema. Utiliza el vocabulario relacionado con la comunicación.

6 Temas de conversación más comunes entre los chicos y las chicas

Enfoques del aprendizaje

- Habilidad de colaboración: Escuchan con atención otras perspectivas e ideas

Trabaja en equipos pequeños. Asegúrate que en tu equipo incluya únicamente chicos o chicas según tu sexo.

En tu equipo realiza una lluvia de ideas sobre los temas más comunes sobre los cuales hablan los chicos o las chicas.

Escribe tus ideas en dos grupos: temas más populares entre los chicos y temas más populares entre las chicas.

Cuando termines tu lluvia de ideas, intercambia tu información con un equipo del sexo opuesto. Recuerda que los chicos comentarán sobre las ideas que las chicas escribieron y viceversa.

Con tu equipo, lee las ideas del otro equipo y comparte tu opinión sobre su tabla.

1. ¿Qué tan acertadas son sus ideas?
2. ¿En qué aspectos exageraron?
3. ¿Cuáles ideas son erróneas?

Comparte tus ideas con la clase entera. Con la clase entera, intenta llegar a un consenso sobre los temas más frecuentes en las conversaciones entre los chicos y las chicas.

7 Desde el punto de vista del sexo opuesto

Enfoques del aprendizaje

- Habilidad de comunicación: Utilizan una variedad de técnicas de expresión oral para comunicarse con diversos destinatarios

Trabaja en parejas. Trabaja con una persona de tu mismo sexo. Los chicos simularán una conversación entre chicas y las chicas simularán una conversación entre chicos.

En tu interacción, habla sobre los temas del consenso al que llegaste en tu intercambio de ideas con tu clase; incluye preguntas para conocer la opinión de tu compañero/a; adapta tu voz de acuerdo al contexto y las emociones necesarias.

Escucha las interacciones de tus compañeros y evalúa qué tan cercanas a la realidad fueron sus interpretaciones.

8 El mensaje de los gestos

Enfoques del aprendizaje

- Habilidad de pensamiento creativo: Establecen conexiones inesperadas o inusuales entre objetos o ideas
- Habilidad de colaboración: Escuchan con atención otras perspectivas e ideas

Realiza una búsqueda de imágenes sobre los mensajes que se transmiten por medio del lenguaje corporal.

Identifica por lo menos 10 imágenes que muestren diferentes mensajes sin decir palabras.

Utiliza las imágenes para preparar una presentación de PowerPoint o Keynote.

Utiliza únicamente imágenes. Toma notas sobre el mensaje que la postura o gesto en cada imagen muestra.

Presenta tu trabajo de manera oral en equipos pequeños. Escucha las ideas de tus compañeros y haz preguntas sobre ideas que consideres interesantes.

■ Podemos tener comunicación sin alcanzar la comprensión.

¿Qué medios y formas de comunicación existen?

Un vistazo a las convenciones de un texto

Periódicos

La imagen abajo muestra la primera página del periódico *El Capital* un día después de los bombardeos en la ciudad de Oklahoma. El periódico utilizó la primera página entera para mostrar artículos sobre el incidente.

Nota como el tamaño del texto en las columnas invita a los lectores a prestar más atención a las imágenes, porque el texto es muy pequeño.

El Capital

¡31 MUERTES INDICA EL CONTEO INICIAL! SE DESCONOCEN CIFRAS EXACTAS TRAS LA EXPLOSIÓN EN OKLAHOMA CITY QUE DEVASTÓ 9 EDIFICIOS FEDERALES.

Un encabezado de cuatro líneas indica que la historia es importante. La mayoría de los encabezados sólo incluyen una o dos líneas.

La imagen de un niño herido evidentemente llama la atención de los lectores, provoca simpatía o lástima e inmediatamente indica que hubo víctimas inocentes en este incidente.

Observa como a las fotos se les ha dado la misma importancia que al texto para permitir que los lectores vean el grado de destrucción masiva que ocurrió.

Los editores toman decisiones sobre la manera en que presentarán las historias en cada diario. Así pues, el diseño que deciden presentar automáticamente indica un punto de vista específico desde el cual se narra la historia.

Noticiario

Muchos programas de televisión brindan oportunidades de mostrar materiales dramáticos de noticias e eventos. Los noticiarios nocturnos, por ejemplo, confían en los primeros planos (*close-up*) del noticiero para así crear más familiaridad con los televidentes. Esta técnica, posiblemente, incita a los televidentes a desarrollar una relación con el noticiero y así volverse fieles seguidores del programa.

Presta atención a los contrastes entre colores e imágenes. El color rojo y los detalles que denotan destrucción ilustran el impacto de la tragedia. El título de la nota invita a recordar y automáticamente transportan al televidente a ese momento.

Mostrar materiales en vivo, con el noticiero en escena, indica la importancia de la historia y crea la sensación de que el televidente "está ahí".

Presta atención al recuadro en la parte inferior derecha. Se pueden apreciar los esfuerzos de inclusión en un programa que cuenta con un traductor de noticias que usa lenguaje corporal.

Es importante notar que los ángulos y diferentes tipos de tomas no sólo son parte del diseño de la información, sino que también ayudan a establecer relaciones.

- Comprender las convenciones de los textos impresos nos ayudan a entender más fácilmente el mensaje de los textos.

Observa–reflexiona–comparte

Responde las siguientes preguntas:

- ¿Qué puedes concluir acerca de la posición del texto y las imágenes en el formato de diferentes textos?
- ¿Qué estrategias se pueden emplear para crear empatía y para ser inclusivos?
- ¿De qué manera podemos indicar un alto nivel de importancia?

Sitio de internet

Esta página de internet no contiene información específica sobre el autor que promueve. Sin embargo, en su lugar, muestra una variedad de enlaces que dirigen a los visitantes del sitio a otras páginas con información más detallada. Todos y cada uno de los elementos de esta página se diseñaron para atraer la atención de los lectores e invitarlos a explorar.

El acercamiento a la cara del niño y del adulto tiene el objetivo de provocar simpatía en los visitantes de la página. También es un ejemplo de "relaciones", algo que quizás es uno de los mensajes implícitos del sitio y, por esta razón, tiene ese lugar privilegiado debajo de las secciones.

Utilizar íconos habla sobre la estética del sitio e invita a los visitantes a pensar en elementos multimedia. Además, el subtítulo que les acompaña resume la información que se encontrará en cada uno. Observa el efecto que los colores en la foto tiene sobre el fondo blanco, así cómo el mensaje escondido en el fondo de la imagen.

Las imágenes de gran tamaño que muestran emociones claras y positivas atraen la atención de los visitantes y son el gancho perfecto para motivar la exploración del resto de las secciones.

Piensa en la cantidad de información que se podrá encontrar en este sitio web, considerando cada una de las secciones que se muestran.

Diseño, gráficos y fotografías

Cuando observamos la primera pagina de un periódico o la página de inicio de un sitio web, ¿qué se puede apreciar? ¿Una foto de grandes dimensiones? ¿Un encabezado atractivo? ¿Una imagen modificada? Es muy probable que lo que se ve es el producto de un largo proceso creativo y de diseño de significado que los editores y diseñadores crearon y seleccionaron meticulosamente.

Este despliegue de dos páginas en una revista muestra una interacción entre imágenes, textos, formas y figuras. El diseño del despliegue es un ejemplo de la manera en que el equilibrio de colores, formas y posiciones se convierte en un atractivo que capta la atención de los lectores y que realiza los elementos importantes del artículo. En este caso: el artista y su nombre.

Los textos estratégicamente colocados en cuadros de diferentes tamaños combinan los colores centrales de la historia, y también, gracias a la simetría que se produce al tener dos cuadros en cada página, ayuda a que la atención fluya, sin perder de vista la imagen central y manteniendo la atención en el nombre de la artista.

Nota como el nombre de la artista ocupa la mitad del despliegue y es visible incluso cuando lees los textos.

Reflexiona–conecta–comparte

Responde las siguientes preguntas:

- ¿Cuáles formas de lenguaje es importante incluir en sitios web para crear una experiencia positiva para los usuarios?
- ¿Por qué es importante considerar los siguientes conceptos cuando diseñamos despliegues o presentaciones: color, equilibrio, alienación, composición?
- ¿Cuáles estrategias podemos utilizar para invitar a los lectores a apreciar los detalles más importantes?

Léxico

Estudia el **significado** de los siguientes vocablos.

argumento	deducción	relato
aviso	discurso	representación
comunicación	interrogante	señales
contexto	mensaje	testimonio
controversia	mentira	verdad
cuestionamiento	noticias	voz
debate	obstáculo	

9 Piensa–compara–comparte

A **Responde la siguiente pregunta y escribe tus ideas en una tabla como la siguiente, en la columna de la derecha.**

¿Qué tipo de información se transmite en cada uno de estos medios de comunicación?

Medio de comunicación	Tipo de comunicación que se transmite
1 La radio	
2 El internet	
3 La televisión	
4 Los periódicos	
5 Las redes sociales	

B **Después comparte tus respuestas en equipos pequeños.**

10 La importancia del lenguaje de señas para la inclusión.

Enfoques del aprendizaje

- Habilidades de pensamiento crítico: Extraen conclusiones y realizar generalizaciones razonables.

Ve el vídeo que un grupo de alumnos de DP en Colombia produjeron para crear conciencia acerca de la importancia del lenguaje de señas. Utiliza este enlace: https://youtu.be/FNVAkhAX8ss

Responde las siguientes preguntas.

1 ¿Qué estrategia utilizaron los autores para contextualizar a los espectadores del vídeo?
2 ¿Qué motivó a los chicos a actuar?
3 ¿Cuál podría ser la hipótesis que los chicos tenían sobre el problema que quieren resolver?
4 ¿Qué hicieron los chicos para comprobar su hipótesis?
5 ¿Qué descubrieron?
6 ¿Cuál es el **propósito** de este vídeo?
7 ¿Quiénes son los **receptores** de este vídeo?

Enfoques del aprendizaje

- Habilidad de comunicación: Leen con actitud crítica y para comprender

El padre de la televisión a color

18/04/2018 | REDACCIÓN |

Guillermo González Camarena murió en un accidente automovilístico.

1 Hace ya más de 50 años desde la muerte del creador de la televisión a color. Guillermo González Camarena (Guadalajara, Jalisco, México, 1917–1965) es uno de los personajes más ilustres de los medios de comunicación durante el siglo XX; fue un inventor que logró el reconocimiento universal por sus aportaciones al desarrollo y mejora de la televisión, y se le recuerda como el padre de la televisión a color.

2 La Organización Mundial de la Propiedad Intelectual (OMPI) le reconoce como el inventor de la televisión a color y le otorgó la medalla de oro para celebrar el primer sistema de televisión a color. González Camarena murió un día como hoy, pero de 1965, en un accidente automovilístico en el cerro de Las Lajas, Veracruz.

3 Camarena fue un hombre con un ingenio increíble, dedicado, y con una pasión enorme por las comunicaciones. En 1939 se graduó en la Escuela Superior de Ingeniería Mecánica y Eléctrica del Instituto Politécnico Nacional y, dos años más tarde, obtuvo su primera licencia de radio.

4 Además de sus invenciones eléctricas, González también fue un astrónomo aficionado y construyó sus primeros telescopios con la ayuda del ingeniero Humberto Ramírez Villareal con quien desarrolló el "electrodisco".
En 1940, a sus 23 años de edad, después de varios años intensos de trabajo, González Camarena completó el invento por el que tanto se había esforzado: pasar de las imágenes en blanco y negro a los colores a través de la pantalla. La patente que consiguió en México reconoce su "sistema tricromático", el cual utiliza los colores primarios, rojo, verde y azul, para la captación y reproducción de las imágenes. Esta innovación inspiró una gran cantidad de procedimientos sofisticados basados en la idea de González Camarena.

5 Cuando cumplió 29 años, el Columbia College de Chicago le comisionó la fabricación de una serie de equipos de televisiones a color para sus laboratorios y le otorgó el *doctorado honoris causa* por sus contribuciones.
En México también le otorgaron la medalla "Mariano Bárcena" y fue nombrado Hijo Predilecto. Del mismo modo, la agencia espacial estadounidense NASA utilizó el sistema de televisión a color de González Camarena en las naves Voyager I y II y el sistema bicolor simplificado para transmitir la llegada del hombre a la Luna mediante la nave Apollo 11 en 1969.

Después de leer el texto, completa las siguientes tareas.

1 ¿A qué o a quién se refieren las palabras subrayadas? Contesta utilizando las palabras tal como aparecen en el texto.
   a … y se le recuerda como el padre de la televisión a color. (párrafo 1, línea 6)
   b … y le otorgó la medalla de oro… (párrafo 2, línea 2)
   c … con quien desarrolló el "electrodisco"… (párrafo 4, línea 3)
   d … le otorgó el *doctorado honoris causa* por sus contribuciones. (párrafo 5, línea 3)

2 Las siguientes afirmaciones son verdaderas o falsas. Selecciona la opción correcta y luego justifícala usando palabras tal como aparecen en el texto.
   a Guillermo González Camarena murió el 18 de abril de 1965.
   b Guillermo González Camarena murió en Guadalajara, Jalisco.
   c Humberto Ramírez Villareal fue el profesor de Guillermo González Camarena.
   d La NASA utilizó el trabajo de Guillermo González Camarena.
   e Guillermo González Camarena comenzó a trabajar en su sistema tricromático en 1940.
   f Cuando Guillermo González Camarena tenía 29 años, realizó un proyecto para el Columbia College de Chicago.

3 Contesta la siguiente pregunta.
   Este texto es…
   a un texto de blog.
   b un artículo de periódico.
   c un artículo de revista.

¿De qué manera han cambiado las formas en que nos comunicamos?

■ Un paseo por la historia de las diferentes formas y medios de comunicar y recibir mensajes.

12 Observa–piensa–generaliza

Presta atención a la ilustración anterior. Contesta las siguientes preguntas.

1. ¿Cuál era el propósito de las cartas? ¿De qué manera ha cambiado?
2. ¿De qué manera han cambiado el uso y la función de los teléfonos?
3. ¿Cuáles palabras con nuevos significados aparecieron gracias a la invención de la computadora y el internet?
4. ¿Qué innovaciones tecnológicas reemplazaron a otras? ¿Por qué?

Punto de indagación

Contesta las siguientes preguntas y después intercambia tus respuestas en equipos pequeños.

1. ¿A través de cuáles medios se transmite más información?
2. ¿Por qué necesitamos diferentes medios de comunicación para expresar nuestras ideas?
3. ¿Existen medios de comunicación que son más populares entre personas de diferentes edades? ¿Por qué crees que es así?

13 Historia de la comunicación

Enfoques del aprendizaje

- Habilidad de pensamiento crítico: Extraen conclusiones y realizan generalizaciones razonables

Mira el vídeo en el siguiente enlace: http://tinyurl.com/histcomcrita

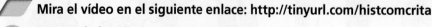

Responde las siguientes preguntas:

1. ¿Quién es el autor de este vídeo?
2. Menciona **tres** ejemplos sobre la historia de la comunicación.
3. ¿A qué se dedica esta empresa? ¿Qué hace?
4. Explica el mensaje que el vídeo presenta sobre esta empresa o compañía.
5. ¿Qué símbolo o imagen utilizó el autor para mostrar cómo una idea era mejor que otra?
6. ¿Por qué piensas que el autor decidió utilizar el color rojo?
7. Según el vídeo, ¿por qué es importante tener una historia, tener contenido de calidad y organizar las ideas apropiadamente? ¿Estás de acuerdo? ¿Por qué o por qué no?

14 El cosmos de los mensajes instantáneos

Enfoques del aprendizaje

- Habilidad de pensamiento crítico: Extraen conclusiones y realizan generalizaciones razonables

Mira el vídeo en el siguiente enlace: http://tinyurl.com/malentmensg

Responde las siguientes preguntas.

1. ¿Qué medio de comunicación se describe en este vídeo?
2. Menciona **dos** ejemplos de los problemas que se presentan en el vídeo.
3. ¿Qué diferentes opiniones se mencionan sobre los "emoticones" o caritas sonrientes?
4. ¿Por qué Alex dice: "no soy seco, soy conciso"?
5. Explica el problema que Olga vive en su trabajo.
6. Describe el vídeo en **tres** oraciones, con tus propias palabras.
7. En tu opinión, ¿por qué el autor creó este vídeo? Explica.
8. Considera el contexto del vídeo, ¿qué podemos hacer para evitar estos malentendidos?

15 ¿Cómo evolucionaron los medios de comunicación?

Enfoques del aprendizaje

- Habilidad de comunicación: Escuchan con actitud crítica y para comprender

Después de escuchar la entrevista acerca de la evolución de los medios de comunicación, completa las siguientes tareas.

Pista 14

1. Contesta las siguientes preguntas.
   a. ¿Cuál es la profesión de Ignacio Solórzano?
   b. ¿Cómo se llama la persona que entrevistó a Ignacio Solórzano?
   c. Según Ignacio Solórzano, ¿qué constituyen los medios de comunicación en la actualidad?
   d. Menciona **tres** ejemplos de los medios de comunicación que ha redefinido el internet.

e Menciona **dos** de los cambios más pronunciados en la vida de las personas que más ha provocado el internet.

f Según Ignacio Solórzano, ¿por medio de qué dispositivo podemos tener acceso a casi todos los medios de comunicación?

2 Selecciona las **seis** etapas claves en la evolución de los medios de comunicación que mencionó el ingeniero.

a La aparición de la imprenta.
b La invención del teléfono.
c La publicación de periódicos.
d La era de los signos y las señales.
e La introducción del telégrafo.
f El acceso al internet.
g La invención de la cámara fotográfica.
h El desarrollo de la radio y la televisión.

16 Comunicar: ¿Qué? y ¿para quién?

Enfoques del aprendizaje

- Habilidad de comunicación: Leen con actitud crítica y para comprender

Lee el siguiente texto acerca de la comunicación en la actualidad.

Comunicar: ¿Qué? y ¿para quién?

1 Para celebrar el Día Mundial de la Libertad de Prensa, VOCES ha preparado una serie de publicaciones con algunas de las personalidades más influyentes en la comunidad de los medios de comunicación. En esta ocasión, presentamos una entrevista con Lolita Estrada, una de las locutoras favoritas de la ciudad.

2 **VOCES: En comparación con los estudios de comunicación actuales, ¿qué tan diferente era estudiar Ciencias de la Comunicación antes?**

LOLITA: Cuando yo estudié Ciencias de la Comunicación (CC) se veía un poco de todo; mi programa de estudios no estaba enfocado únicamente al periodismo. Ahora siento que los programas de CC se enfocan en algo específico, ya sea la televisión, la radio, los medios impresos, o incluso las redes sociales.

3 **V: ¿Cómo era el trabajo de un comunicólogo diferente al trabajo que se hace en la actualidad?**

L: Antes que nada quiero mencionar que cuando yo comencé a trabajar no había celulares; el internet aún no se utilizaba; y básicamente uno tenía que tener excelentes habilidades de relaciones públicas para tener contacto con centros culturales, con la Secretaría de cultura, con librerías, galerías, etc. Ahora todo esto lo puedes hacer por medio de correo electrónico o por medio de las redes sociales, y es un sistema que ahorra mucho tiempo, pero pienso que algunos comunicólogos jóvenes no desarrollan habilidades que son esenciales. En pocas palabras la tecnología cambió todo y eliminó la necesidad de realizar ciertos trabajos.

4 **V: ¿Qué hace Lolita como comunicóloga?**

L: Soy locutora de Radio Universidad de Guadalajara. Esto significa que puedo grabar cápsulas, spots publicitarios, informes y anuncios para programas de campañas. También escribo carteleras universitarias para informar sobre las actividades culturales y académicas de la Universidad de Guadalajara; y soy responsable de *f*, un programa en el que comparto recomendaciones de películas que veo. Lo que más me gusta de mi trabajo es que yo decido qué ver y de qué hablar.

5 **V: ¿Cuál es tu opinión sobre la información y la comunicación?**

L: Primero quiero explicar que informar y transmitir información son acciones muy diferentes.

Informar se trata de proporcionar información útil y veraz; mientras que transmitir información es sólo eso: pasar información. Además, pienso que debemos entender que no podemos comprender completamente toda la información y que no podemos suponer que las personas entendieron algo que comunicamos. Por esta razón, considero que los periodistas responsables, cuando informan, intentan ayudar a la gente a comprender y a crear su propia opinión de las cosas.

6 **V: Hoy en día, ¿se genera y consume información como en el pasado?**

L: En las últimas tres décadas los cambios han sido dramáticos. Antes era básico tener un periódico en tus manos por la mañana. Después, con la radio y la televisión, aparecieron nuevas formas de producir y consumir. Pero ahora, con el internet, la telefonía celular, los blogs, los canales de YouTube y las redes sociales, parece que la información se produce al mismo tiempo que ocurre. Además, la información es tan instantánea, que tiene un impacto diferente en las personas dependiendo del lugar donde apareció, de la hora a la que se transmitió, y del medio por el cual las personas la encontraron. Por esta razón, el bombardeo de datos constante no garantiza que la información sea verdadera. No te asegura veracidad ni certeza.

7 **V: ¿Cuál es el rol de las audiencias en la comunicación?**

L: El rol de las audiencias es muy subjetivo. Creo que las personas que producen información como los conductores de programas de televisión o locutores de radio, tienen una idea de las personas que escuchan o ven sus programas. Pienso que los comunicólogos responsables consideran que sus audiencias son inteligentes y, por esta razón, producen información de calidad, aunque es difícil predecir la reacción que las audiencias tendrán a lo que uno comunica. Yo, por ejemplo, me pregunto cómo hacen los YouTubers para "controlar" las reacciones a sus vídeos o qué consideran calidad.

8 Esta es la primera publicación de una serie de artículos sobre los cambios en la información y la comunicación. En las próximas ediciones, continuaremos charlando con Lolita Estrada.

Después de leer el texto, completa las siguientes tareas.

1 ¿Qué significan las siguientes palabras? Elige una palabra de las palabras en el recuadro de abajo. Hay más respuestas de las necesarias.

a influyentes (párrafo 1, línea 4)
b enfocado (párrafo 2, línea 6)
c comencé (párrafo 3, línea 4)
d trabajo (párrafo 4, línea 11)
e veraz (párrafo 5, línea 5)
f producir (párrafo 6, línea 7)

i labor	**v** cierta
ii crear	**vi** orientado
iii prestigiosos	**vii** intenté
iv ideales	**viii** empecé

2 Contesta las siguientes preguntas. Considera la información en los párrafos indicados.

a ¿Cuál palabra significa lo mismo que "sugerencias"? (párrafo 4)
b ¿Cuál palabra se utiliza para describir a los periodistas que prestan atención a su audiencia? (párrafo 5)
c ¿Cuáles palabras en el texto significan "instantáneamente"? (párrafo 6)
d ¿Cuál palabra en el texto es el opuesto de "objetivo"? (párrafo 7)

17 Las nuevas tecnologías y la información

Enfoques del aprendizaje

- Habilidad de comunicación: Escriben con diferentes propósitos

Eres un escritor que trabaja para una revista para padres de familia. Eres especialista en tecnologías de la información.

Escribe un artículo de revista. Describe sobre la manera en que las tecnologías del presente nos permiten estar mejor informados y nos dan la oportunidad de estudiar en diferentes modalidades, así como practicar diferentes habilidades. Reflexiona sobre la importancia de aprender a distinguir la información que es útil hoy en día. Menciona ejemplos de tu experiencia personal.

¿Cuáles son los retos de los medios de comunicación en la actualidad?

18 Observa–piensa–pregúntate

A **Accede a un documento acerca de una conferencia sobre los retos éticos del periodismo en la era digital por medio de este enlace: https://tinyurl.com/ya89p4lu**

B **Contesta las siguientes preguntas. Presta atención a los conceptos indicados.**

1 ¿Qué información podríamos escuchar en la cátedra titulada "La ética en los estudios de periodismo en la sociedad de la información"?

2 ¿Cuál es el propósito de la presentación titulada "La información no es un espectáculo"?

3 ¿Quiénes podrían ser los receptores ideales para la presentación titulada "Las relaciones empresa-periodista"?

■ El periodismo ha acompañado los grandes cambios del mundo, y también ha vivido grandes cambios que han redefinido su rol en la transmisición de la información.

19 Es difícil ser periodista hoy en día

Enfoques del aprendizaje

■ Habilidad de comunicación: Escuchan con actitud crítica y para comprender

Después de escuchar la interacción en la mesa redonda, completa las siguientes tareas.

Pista 15

1 Indica quién mencionó las ideas en la columna de la izquierda.

Idea	Armando	Victoria	Denise
a Compartan sus opiniones en Twitter.			
b El 17 de mayo de 2008 cambió mi vida.			
c Su trabajo es superior al que se publica en las redes sociales.			
d Yo era la primera en escribir sobre ciertos temas.			
e No todo mundo es periodista.			
f El trabajo de un periodista incluye comunicar e informar de manera responsable.			

2 Con la información del texto, selecciona la respuesta correcta.

a Es el moderador de la mesa redonda.
- i Armando
- ii Denise
- iii Victoria

b Victoria está convencida de que muchos usuarios de las redes sociales…
- i dicen la verdad.
- ii son profesionales.
- iii no son responsables.

c ¿Por qué el editor rechazó una de las noticias de Denise?
- i La noticia no era nueva.
- ii La noticia era de mala calidad.
- iii La noticia estaba incompleta.

d ¿Qué dos actividades hacía Victoria antes de escribir sus artículos?
- i Revisar Twitter y publicar en Facebook.
- ii Investigar y entrevistar a personas.
- iii Utilizar Google.

20 Entrevista con Armando Vega

Enfoques del aprendizaje

- Habilidad de comunicación: Utilizan una variedad de técnicas de expresión oral para comunicarse con diversos destinatarios

Imagina que eres Armando Vega, el periodista del programa "Con y sin acento".

Participarás en una charla con tu profesor. Responde las preguntas que te haga. Tu profesor preguntará sobre tu trabajo como periodista, tus opiniones sobre los medios de comunicación en la actualidad, la manera en que producimos y consumimos información, y sobre el rol de las redes sociales en la manera en que se comparte la información.

Puedes utilizar información del texto en tus respuestas.

Gramática

El presente de subjuntivo

Forma

Para conjugar los verbos en presente de subjuntivo solo hay que cambiar la vocal de la terminación del presente de indicativo como se muestra a continuación.

Pronombre(s)	Verbos terminados en -ar (hablar)	Verbos terminados en -er (beber)	Verbos terminados en -ir (vivir)
yo	hable	beba	viva
tú	hables	bebas	vivas
él / ella / usted	hable	beba	viva
nosotros / nosotras	hablemos	bebamos	vivamos
vosotros / vosotras	habléis	bebáis	viváis
ellos / ellas / ustedes	hablen	beban	vivan

Algunas excepciones:

Infinitivo	Conjugación con "yo"
dar	dé
estar	esté
ir	vaya
saber	sepa
ser	sea
decir	diga
hacer	haga
poner	ponga
venir	venga
ver	vea

Uso

En la lengua española, utilizamos el presente de subjuntivo en las siguientes situaciones:

- para hacer una suposición negativa acerca de la probabilidad de un suceso en el presente o en el futuro mediante las expresiones:

No	**creer que**	*verbo conjugado en presente de subjuntivo*
	pensar que	
	parecer que	
	considerar que	

Por ejemplo:

*No creo que **llueva**.*

- para describir ciertas condiciones hipotéticas con expresiones como: *como, aunque, a pesar de que, por más que, cuanto, de modo que…*

  Por ejemplo:

  *Jugaremos el partido aunque **llueva**.*

- para indicar la probabilidad de un suceso en el presente o en el futuro, con adverbios tales como: *quizá(s), tal vez, probablemente, posiblemente, ojalá…*

  Por ejemplo:

  *Quizás **llueva** por la tarde, así que llevaré un paraguas conmigo.*

- después de las locuciones o expresiones siguientes: *antes de que, sin que, cuando, apenas, después (de), en cuanto, hasta que, mientras, tan pronto como.*

  Por ejemplo:

  *Vamos a jugar al fútbol hasta que no **podamos** más.*

- para dar una orden negativa (en todas su formas).

  Por ejemplo:

  *¡No **camines** solo por la noche!*

Significado

Para aprender más acerca del significado del presente de subjuntivo, ve el vídeo en este enlace: https://youtu.be/_BjUCXTk1jk

21 Practica del subjuntivo

Enfoques del aprendizaje

- Habilidad de reflexión: Desarrollan nuevas habilidades, técnicas y estrategias para lograr un aprendizaje eficaz

En esta actividad vas a practicar el presente de subjuntivo considerando el siguiente contexto: el reto de los medios de comunicación y su futuro. Escribe oraciones en la columna de la derecha como se muestra en el ejemplo.

Expresión / indicador	Ejemplos
1 para que	
2 antes de que	
3 después de que	
4 tan pronto	
5 mientras	
6 quizás / probablemente	
7 espero que	Espero que la calidad de la información en los periódicos **mejore**.
8 deseo que	
9 temo que	
10 es absurdo que	
11 es importante que	Es importante que los alumnos **evalúen** la información que consultan.
12 es lógico que	
13 es probable que	
14 es una pena que	
15 es injusto que	
16 es fantástico que	
17 es bueno que	
18 hace falta que	

22 Verdad

VERDAD
Hector Macdonald
Fragmento

Prefacio

1 Sé que este libro provocará reacciones fuertes. He escrito este libro durante una epidemia de noticias falsas y hechos alternativos, por lo que espero que el público no pierda el interés en la verdad y que sigan insistiendo a los políticos, empresarios, líderes de campañas políticas y otros comunicadores profesionales para que sean responsables de la veracidad de sus palabras. Confío en que valoramos la verdad lo bastante como para luchar por ella.

2 Pero la verdad no es tan sencilla como parece. Hay diferentes maneras de decir la verdad, y no todas son honestas. En la mayoría de las situaciones existen múltiples verdades que podemos elegir y comunicar. Aquella que escojamos influye en el modo en que los que nos rodean perciben determinada cuestión y en la manera en cómo reaccionan ante ella. Podemos elegir verdades que atraen a personas e inspiran actos, o verdades que engañan deliberadamente. La verdad tiene muchas formas y los comunicadores experimentados saben cómo explotar esa inestabilidad para modificar nuestra impresión de la realidad.

3 Este es un libro sobre la verdad, no sobre la mentira, aunque una buena parte de él trata sobre la forma en que la primera puede utilizarse como la segunda. Los mismos instintos, presiones y motivaciones que llevan a los comunicadores a decir cosas que no son ciertas también los inspiran a utilizar la verdad de una manera muy engañosa. Tengo la esperanza de que aumentará el número de personas que detectan y denuncian las verdades que se utilizan para engañar si consigo explicar la forma en que esto sucede.

4 Los diferentes tipos de verdad también pueden utilizarse de una manera constructiva para unir, inspirar y transformar. Seleccionar la verdad adecuada puede ayudar a una empresa a salir adelante, a infundir valentía a un ejército, a acelerar el desarrollo de una tecnología nueva, a congregar a los simpatizantes de un partido político y a impulsar la energía, creatividad y entusiasmo de organizaciones enteras. Los líderes tienen que entender sus opciones de comunicación y saber cómo elegir y presentar las verdades más atractivas.

5 Este libro está dirigido a todos los que desean comunicar de una manera veraz y a la vez entienden que pueden elegir entre varias verdades. Es para los que están cansados de la manera en la que los políticos, los expertos en marketing y los responsables de relaciones públicas les toman el pelo. ¿Qué verdad será más efectiva para comunicar las intenciones que uno tiene? ¿Cuál será más eficaz a la hora de inspirar a una organización? ¿Cuál es la más ética? ¿Qué verdades pueden utilizarse para convencernos de actuar contra nuestros propios intereses? ¿Cómo podemos enfrentarnos a las verdades engañosas? "Verdad" intenta responder esas preguntas.

6 Agradeceré las correcciones que puedan hacerme los lectores más observadores y aquellos que sepan más que yo sobre las cuestiones que aquí se plantean, pues sus comentarios me evitarán situaciones sonrojantes en futuras reimpresiones. También me gustaría enterarme de verdades interesantes, astutas, escandalosas y transformadoras que hayáis encontrado en las noticias, en instituciones o en la vida cotidiana.

Por favor, enviadme vuestras correcciones y sugerencias a través de https://hectormacdonald.com/truth.

 **Después de leer el texto, completa las siguientes tareas.**

1 Contesta las siguientes preguntas.

a ¿Quién es el autor del libro titulado "Verdad"?

b Según el párrafo 5, ¿quiénes son los **receptores** de este libro? Menciona **dos** ejemplos.

c Según el párrafo 2, ¿cuáles **tres** tipos de verdades podemos elegir?

d En el párrafo 3, ¿qué espera conseguir el autor del libro si logra explicar la forma en que la verdad se utiliza para engañar?

e En el párrafo 1, ¿de qué manera se califica a la época en que se escribió el libro?

2 ¿A qué o a quién se refieren las palabras subrayadas? Contesta utilizando las palabras tal como aparecen en el texto.

a … parte de él trata sobre la forma en que la primera… (párrafo 3, línea 2)

b … pues sus comentarios me evitarán situaciones sonrojantes… (párrafo 6, línea 4)

c … enviadme vuestras correcciones y sugerencias… (párrafo 6, línea 9)

■ TEORÍA DEL CONOCIMIENTO

La actual controversia pública en torno a los hechos y la verdad provoca debate y agitación. ¿Quién dice la verdad? ¿Quién la maneja responsablemente? Y ¿Quién la deforma? podría generar problemas.

¿Cuál es el rol que juega la ética como área de conocimiento en los medios de comunicación?

¿Qué situaciones de la vida real conoces en las que la veracidad de los hechos es cuestionable debido a la irresponsabilidad de los hablantes?

Para tratar las "noticias falsas" en el curso de Teoría del Conocimiento dentro de la "tormenta" que ocurre hoy en día en las redes sociales, podemos utilizar el marco de conocimiento de la ética para determinar qué información podemos compartir responsablemente. Considera estos pasos:

1 ¿Qué preguntas críticas acerca de las fuentes podemos hacer?

2 ¿Qué preguntas críticas acerca de las afirmaciones de conocimiento en las fuentes es prudente preguntarnos?

3 ¿Qué preguntas nos podemos hacer a nosotros mismos acerca de las perspectivas y la responsabilidad con la que se compartió la información?

Recordemos que el propósito del lenguaje en la ética funciona de manera diferente al propósito que tiene en las ciencias humanas.

CREATIVIDAD, ACTIVIDAD Y SERVICIO

Creatividad

Diseña carteles y vídeos informativos en los que presentes estrategias para ayudar a tus compañeros del PAI y del PEP a reconocer las noticias falsas.

Incluye algunas estrategias para ayudarles a gestionar la información y a aprender a informarse adecuadamente y así informar a los demás.

Considera la edad de tus **receptores** y el **contexto** social y cultural de tu escuela.

Por medio de esta actividad mostrarás evidencia para los siguientes **resultados de aprendizaje**: Mostrar cómo iniciar y planificar una experiencia de CAS; y mostrar compromiso con cuestiones de importancia global.

Reflexión

Enfoques del aprendizaje

- Habilidad de reflexión: Consideran los contenidos y se preguntan: ¿Qué información es familiar? ¿Sobre qué aprendí hoy? ¿Hay algo que aún no haya entendido? ¿Qué preguntas tengo ahora?

Aspecto	Básico	En desarrollo	Apropiado	Excepcional
Conocimiento de vocabulario y gramática	Tengo el conocimiento básico de las estructuras gramaticales y palabras relevantes de la unidad.	El conocimiento básico de las estructuras gramaticales y palabras relevantes de la unidad comienza a profundizarse.	Mi dominio del conocimiento de las estructuras gramaticales y palabras relevantes de la unidad cubre los estándares ideales.	Mi dominio del conocimiento de las estructuras gramaticales y palabras relevantes de la unidad va más allá de las expectativas.
Uso de la lengua en los diferentes contextos	Logro utilizar la lengua únicamente de manera básica en los contextos presentados en la unidad.	Comienzo a utilizar la lengua de manera adecuada en los contextos presentados en la unidad.	Logro utilizar correctamente la lengua en los contextos presentados en la unidad.	Logro utilizar la lengua de manera excepcional en los contextos presentados en la unidad.
Habilidades de comprensión auditiva	Únicamente logro comprender la información más básica de los textos de audio.	Logro comprender la información básica y comienzo a comprender las ideas más complejas de los textos de audio.	Logro comprender ampliamente toda la información de los textos de audio.	Logro comprender ampliamente toda la información del texto de audio, y puedo responder espontáneamente al texto.
Habilidades de lecto-comprensión	Únicamente logro comprender la información más básica de los textos escritos.	Logro comprender la información básica y comienzo a comprender las ideas más complejas de los textos escritos.	Logro comprender ampliamente toda la información de los textos escritos.	Logro comprender ampliamente toda la información de los textos escritos, y puedo responder espontáneamente a los textos.
Habilidades de producción escrita	Únicamente logro utilizar palabras aisladas y estructuras con oraciones simples en las tareas escritas.	Logro utilizar una variedad de vocabulario simple y combinar algunas estructuras simples en las tareas escritas.	Logro producir textos escritos que responden correctamente a las tareas escritas de la unidad.	Logro producir textos escritos creativos que responden correctamente a las tareas escritas de la unidad, y van más allá de lo que piden las directrices.
Habilidades de producción oral	Únicamente logro utilizar frases simples en las tareas orales. No logro reconocer el contexto ni la audiencia.	Logro utilizar y combinar algunas estructuras simples en las tareas orales, reconociendo el contexto y la audiencia.	Logro responder correctamente de manera oral a las tareas escritas de la unidad, demostrando mi comprensión del contexto y audiencia.	Logro responder correcta y creativamente de manera oral a las tareas escritas de la unidad, reconociendo el contexto y la audiencia, personalizando la información.
Comprensión de los conceptos	Tengo una comprensión básica de los conceptos que estudiamos en esta unidad.	Logro comprender la relación entre los conceptos que estudiamos y las tareas que realizamos en esta unidad.	Logro comprender y articular la relación entre los conceptos que estudiamos y las tareas que realizamos en esta unidad.	Logro comprender y articular la relación entre los conceptos que estudiamos y las tareas que realizamos en esta unidad, y puedo generalizar mi comprensión conceptual.

UNIDAD 13 ¿Cuáles retos enfrentamos en el presente?

■ ¿Hasta qué punto son nuestros retos del presente el resultado de problemas que no solucionamos en el pasado?

OBJETIVOS DE COMUNICACIÓN

En esta unidad vas a:

- Describir algunos de los problemas actuales
- Evaluar el impacto de la urbanización en el medio ambiente
- Debatir diferentes perspectivas acerca de los valores
- Compartir ideas acerca del rol de la mentalidad abierta en la resolución de conflictos
- Escribir y participar en juegos de rol acerca de los retos del presente
- Indagar sobre los valores que definen el presente
- Leer reflexiones que invitan a actuar
- Expresar tu punto de vista acerca de la globalización

EN ESTE CAPÍTULO INVESTIGARÁS ESTAS PREGUNTAS:

Fácticas	Conceptuales	Debatibles
¿Cuáles son algunos ejemplos de impacto social positivo? ¿De qué manera afectan las decisiones de la gente el equilibrio en el medio ambiente?	¿De qué manera ha cambiado la percepción de ciertos valores de generación a generación? ¿De qué manera ha cambiado la percepción de ciertos problemas en la actualidad? ¿De qué manera nos ayuda tener una mentalidad abierta en la solución de conflictos?	¿Cuáles retos enfrentamos en el presente? ¿Qué actitudes y valores definen nuestro presente? ¿Son los conflictos inevitables? ¿Deseables? ¿Evitables?

¿Qué palabras utilizarías para describir el presente?

■ ¿Cuántas de estas palabras describen tu presente?

1 Observa–piensa–escribe

Presta atención a las palabras en la ilustración anterior y completa las siguientes tareas.

1 Selecciona 10 palabras que consideres esenciales para describir la realidad del presente y escribe una oración con cada una. Observa el ejemplo:

En el presente hay mucha injusticia.

2 Completa la siguiente tabla. Indica el problema y la razón por la cual el problema no desaparece.

Problema	¿Por qué no desaparece?
a Hambruna	
b Violencia	
c Noticias falsas	
d Miedo	
e Desigualdad	
f Guerra	

Léxico

Estudia el **significado** de las siguientes palabras.

acontecimiento	privacidad	mejorar	obesidad	privilegios
antecedentes	suceso	empeorar	desigualdad	desconfianza
causa	testigo	recursos	hambruna	rivalidad
cautela	vivencia	creencias	ignorancia	
controversia	calentamiento	incertidumbre	escasez	
polémica	esperanza	globalización	sequía	

2 Observa–piensa–clasifica

1 Considera la lista de vocabulario anterior y clasifica los problemas en diferentes categorías. Justifica las razones de tu clasificación. Algunas categorías pueden ser: medio ambiente, clase social, etc.

2 Después de **clasificar** los problemas, responde las siguientes preguntas:

a ¿Cuáles problemas tienen impacto negativo en el medio ambiente?

b ¿Cuáles problemas afectan negativamente las interacciones entre las personas?

c ¿Cuáles problemas son específicos de ciertos países? ¿A qué se debe esto?

d ¿Cuáles problemas existen en tu comunidad? ¿Por qué?

3 Compara tus categorías y tus respuestas con las de tus compañeros.

3 ¿De qué manera afectan las decisiones de la gente el equilibrio en el medio ambiente?

Enfoques del aprendizaje

- Habilidad de comunicación: Utilizan una variedad de técnicas de expresión oral para comunicarse con diversos destinatarios

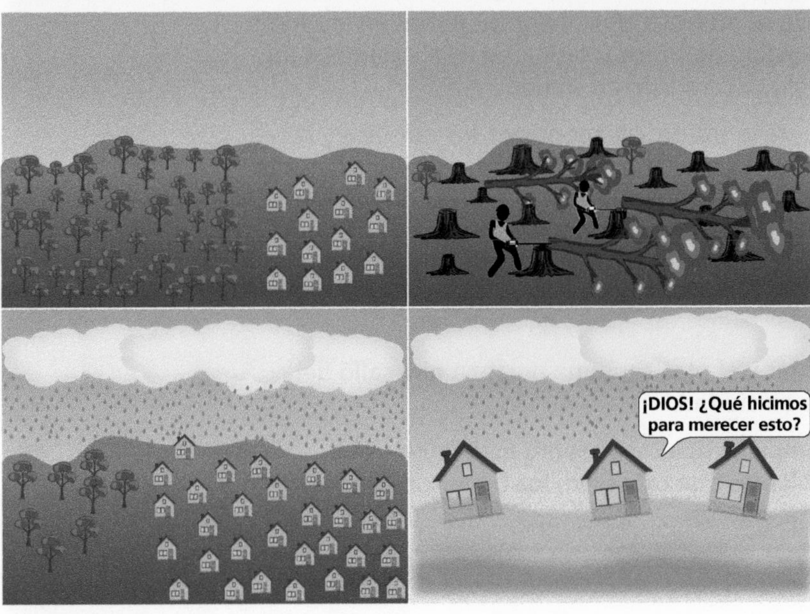

■ ¿Catástrofe natural?

Estudia la ilustración en la página anterior. Toma nota de los detalles relevantes.

Considera las siguientes preguntas:

a ¿Qué sucedió?

b ¿Qué provocó el problema?

c ¿Piensas que las personas que cortaron los árboles consideraron las consecuencias?

d ¿Qué podemos aprender de esta situación?

Utiliza tus respuestas para preparar una presentación para tu profesor. Tu profesor te hará preguntas sobre tu presentación.

4 Infiere–cuestiona–explora

Observa la ilustración en la página anterior.

Describe qué sucede en cada uno de los momentos que se indican.

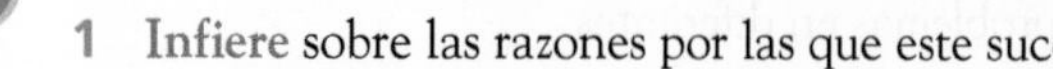

1 Infiere sobre las razones por las que este suceso ocurrió.

2 Cuestiona las decisiones que las personas, instituciones y gobiernos toman en casos como este.

3 Explora posibles conexiones entre la economía, el desarrollo y circunstancias como esta y otras similares.

5 Historia de crecimiento

Enfoques del aprendizaje

- Habilidades de comunicación: Hacen deducciones y extraen conclusiones. Escriben con diferentes propósitos

Observa la imagen en el siguiente enlace: http://tinyurl.com/puecdpix

Toma noToma notas sobre los cambios que sucedieron. Considera los conceptos de tiempo y espacio. Ordena tus ideas en el organizador que puedes descargar utilizando este enlace. http://tinyurl.com/yy2atvk4 Compara tus cronologías con tus compañeros.

Eres un residente de la ciudad que se muestra en la ilustración. Has vivido toda tu vida en este lugar y has sido testigo de todos y cada uno de los cambios que sucedieron a medida que el pueblo se convirtió en ciudad.

Escribe un texto para tu blog. Narra la transición, menciona los cambios y la manera en que tú y otras personas se adaptaron. En tu texto, expresa tu punto de vista acerca de la manera en que los factores ambientales y económicos agregan complejidad a la vida de las personas en el presente.

Utiliza el pretérito indefinido e imperfecto según sea necesario.

Colabora con un compañero.

Uno será un residente de este lugar y el otro será una persona que salió del lugar antes de que se convirtiera en ciudad.

Participa en una interacción y comparte opiniones sobre los cambios que sucedieron en la ciudad, los problemas que causaron, los beneficios que trajeron y las desventajas de estos avances.

6 ¿Estás de parte del arte o del medio ambiente?

Enfoques del aprendizaje

- Habilidad de gestión de la información: Establecen conexiones entre diversas fuentes de información

■ Fotomontaje de lo que hubiera sido el sexto Museo Guggenheim en el mundo.

En 2005, la fundación Salomón Guggenheim anunció la posible construcción de un Museo Guggenheim en Guadalajara, Jalisco, México. Sin embargo, el 26 de octubre de 2009 el proyecto se canceló debido a las protestas sobre la amenaza que representaba para la reserva natural donde se ubicaría, entre otros factores.

A **Realiza una búsqueda de imágenes. Utiliza las palabras clave: Barranca de Huentitán. Toma notas acerca de lo que observas en las imágenes. Escribe algunas ideas e inferencias sobre los puntos en una tabla como la siguiente.**

Punto	Notas, observaciones y preguntas
1 El medio ambiente	
2 Razones por las que se seleccionó esta área para construir el museo	

B **Después mira el vídeo en el siguiente enlace: http://tinyurl.com/gdlgughmus y escribe ideas e inferencias sobre los siguientes puntos.**

Punto	Notas, observaciones y preguntas
1 Ventajas de construir el museo en esta zona	
2 Riesgos que representó la construcción del museo	
3 Tu opinión sobre la clausura	

C **Imagina que es 2005. Eres un activista que defiende el medio ambiente. Eres autor de un blog que denuncia las injusticias e irresponsabilidades políticas y / o sociales. Escribe un texto para tu blog para expresar tu desacuerdo sobre la construcción del Museo Guggenheim en la Barranca de Huentitán. Explica la amenaza que representa para la reserva natural y para el medio ambiente. Menciona tu aprecio por las ventajas culturales, pero enfatiza la responsabilidad con el medio ambiente. Asegúrate de debatir la siguiente idea: Los factores ambientales y las preocupaciones sociales, culturales y cívicas agregan complejidad a la vida de las personas en el presente.**

Utiliza el presente, el pretérito indefinido y construcciones con "debería" / "deber" / "podría" + infinitivo cuando sea necesario.

7 Valorar el presente para mejorar el futuro

Enfoques del aprendizaje

- Habilidad de comunicación: Leen con actitud crítica y para comprender.

Lee el siguiente texto acerca de los retos del presente.

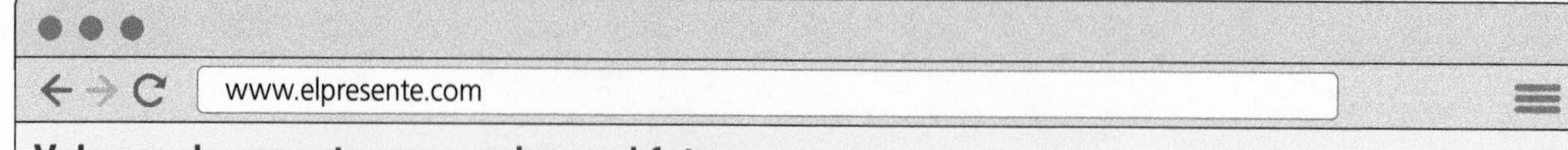

Valorar el presente para mejorar el futuro

Estimados lectores:

1 Acabo de regresar de un viaje por América Central y no puedo dejar de pensar en el contraste de la belleza que pude apreciar en muchos sitos, con la calidad de vida que tienen las personas en muchos lugares. Lo que más me impacta es que en pleno siglo XXI, con las grandes oportunidades que tenemos para comunicarnos, para promover ideas y para apoyar de diferentes formas, parece que somos incapaces de solucionar problemas básicos.

2 Mientras que muchos millonarios en el mundo están considerando organizar viajes a Marte e invertir millones de dólares para estudiar el espacio exterior, parece que a nadie le importa invertir unos cuantos millares de dólares para ayudar a ciertas comunidades a encontrar la solución para problemas que les impiden tener una vida digna. ¿Se han preguntado cuántos pueblos en África se pueden alimentar con lo que cuesta un BMW?

3 Mientras viajaba, no quise quedarme con preguntas, así que decidí investigar un poco acerca de los desafíos que los países que visité enfrentan en materias de salud y descubrí que las tasas inaceptables de enfermedades infecto-contagiosas y la mortalidad materno-infantil son dos de los problemas con los que algunos países en desarrollo tienen que luchar en el presente.

4 Muchos de los jóvenes con quienes conversé me comentaron que algunos de estos problemas son el resultado del pobre tratamiento de enfermedades crónicas que en muchas ocasiones son el resultado de estilos de vida poco saludables y de comportamientos de la salud desfavorables que tienen grandes partes de la población. Algunos extranjeros que actualmente residen en esos países también me compartieron que también existen problemas que son el resultado de terapias notablemente baratas que resultan ser inefectivas.

5 Estos retos que observe en más de tres países me hicieron pensar en lo afortunado que soy y en los privilegios que tengo y que muchas veces no valoro. No voy a negar que me sentí un poco culpable de desperdiciar comida que compro y nunca como; de preferir comprar en cadenas de tiendas que quizás no apoyan a la economía local, y que no apoyo tanto a los negocios pequeños. También me puse a pensar en la cantidad de veces que voy al médico por problemas tan insignificantes, mientras que muchas personas no tienen la oportunidad de recibir servicios médicos en situaciones críticas.

6 Por todo esto, siento que el futuro de los países en desarrollo depende de cierta forma de la manera en que los países desarrollados los traten, pues en muchas ocasiones estos mueven sus industrias de su país de origen a los lugares donde la mano de obra es más barata y, aunque brindan oportunidades de trabajo, abusan de la situación del país. Otro ejemplo son los monopolios que van de país en país, destruyendo los recursos naturales para construir plantas y continuar aumentando su fortuna.

7 ¿Qué podemos hacer nosotros como la generación del futuro? ¿Acaso permitiremos que estos comportamientos negativos sigan existiendo?

Los invito a comentar y a compartir su opinión.

Después de leer el texto, completa las siguientes tareas.

1 Las siguientes afirmaciones son verdaderas o falsas. Indica la opción correcta y luego justifícala usando palabras tal como aparecen en el texto.

a El autor charló con expatriados en los países que visitó.

b El autor expresa su preocupación por las personas de escasos recursos.

c El autor piensa que los países en vías de desarrollo no tienen retos.

d El autor piensa que los países desarrollados tienen un compromiso con los países en vías de desarrollo.

e El autor piensa que las grandes compañías cuidan los recursos de los países donde se establecen.

2 ¿Qué significan las siguientes palabras? Elige una palabra de las palabras en el recuadro de abajo.

a sitios (párrafo 1, línea 2)

b digna (párrafo 2, línea 3)

c inaceptables (párrafo 3, línea 2)

d desfavorables (párrafo 4, línea 3)

e negocios (párrafo 5, línea 4)

i inadmisibles	**iv** compañías
ii liquidación	**v** decente
iii lugares	**vi** nocivo

8 Reflexión sobre tu presente

Enfoques del aprendizaje

- Habilidades de comunicación: Escriben con diferentes propósitos.

Después de leer el texto titulado "Valorar el presente para mejorar el futuro", escribe una respuesta/comentario.

En tu respuesta/comentario, indica si estás de acuerdo o desacuerdo con el autor. Utiliza los ejemplos que el autor mencionó en su texto para formular tu opinión y para debatir tu acuerdo o desacuerdo.

Incluye ejemplos y una variedad de detalles e información adicional en tu argumento para que tu punto de vista sea claro.

Compara y comparte tus respuestas con tus compañeros.

¿De qué manera ha cambiado la percepción de ciertos valores de generación a generación?

■ ¿Qué significado han tenido estos símbolos en diferentes épocas?

9 Observa–piensa–generaliza

A **Responde la siguiente pregunta.**

¿Cuáles palabras crees que son conceptos modernos que no existían anteriormente? Menciona por qué.

Palabra	¿Por qué piensas eso?
1 Sustentabilidad	
2 Paz	
3 Calentamiento global	
4 Justicia	
5 Reciclar	
6 Software	
7 Libertad	
8 Bully (abusador)	
9 Globalización	
10 Espanglish	

B **Compara tus respuestas con tus compañeros. Toma turnos para compartir y preguntar acerca de las justificaciones que escuches.**

10 Infiere–compara–comparte

A **Trabaja en parejas y responde la siguiente pregunta. Escribe las respuestas en una tabla como la que se muestra.**

¿Qué significaban los siguientes conceptos en…?

Concepto	1960	1990	Actualmente
1 Familia			
2 Matrimonio			
3 Trabajo			
4 Autoridad			
5 Tradiciones			
6 Sexo			
7 Hijo/a			

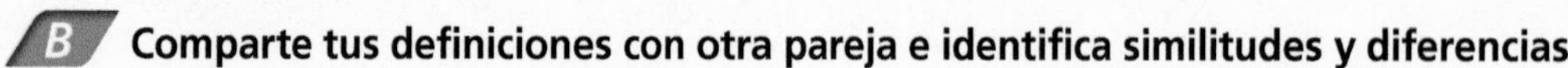

B **Comparte tus definiciones con otra pareja e identifica similitudes y diferencias.**

11 Cambios en la familia y sus valores

Enfoques del aprendizaje

- Habilidad de comunicación: Leen con actitud crítica y para comprender

Lee el siguiente artículo.

https://es.blastingnews.com/tecnologia/2016/09/la-manera-en-que-la-familia-y-sus-valores-han-cambiado-la-tecnologia-nos-ha-alcanzado-001125483.html

Cambios en la familia y sus valores

1 El siglo XX se caracterizó por la producción en serie de inventos que nos ayudaron a tener una vida cada vez más cómoda pero que con el tiempo transformaron la manera en que apreciábamos las cosas. Ahora parece que estamos más lejos que nunca de lo que significa ser humanos.

2 Las dinámicas en las familias fueron cambiando paulatinamente a medida que los inventos se fueron comercializando. Al principio, en los núcleos familiares sólo existía una televisión, por ejemplo; así que todos los miembros de la familia pasaban tiempo juntos pues tenían que compartir y aprender a ser tolerantes con los gustos del resto de su familia. Posteriormente, los padres de familia comenzaron a permitir a sus hijos tener su propia televisión en sus recámaras; y ahora no es necesario estar en casa para verla pues con el simple hecho de tener un teléfono con internet, todo el mundo puede llevar la programación más amplia que pudiéramos imaginar.

3 La radio y la televisión en un principio daban a las familias una oportunidad para convivir; pero ahora es todo lo opuesto pues tener acceso permanente a distintos canales con diferentes ofertas de programación aísla más y más a las personas. Este mismo efecto se puede observar en los juegos que compartían los niños. Antes, los juegos infantiles eran siempre grupales y los niños tenían que tratar con toda clase de formas de ser; sin embargo, en la actualidad, las interacciones cara a cara parecen no tener tanto valor.

4 Con la llegada de la Globalización también arribó el consumismo; así, las casas crecieron, las familias se achicaron debido a la explosión demográfica, las cosas en los hogares han cambiado al grado de que ya cada miembro de la familia tiene su propio cuarto, su propio baño, su propia tele, su propia computadora, su propio teléfono celular, sus propias consolas de videojuegos, sus propios amigos; en pocas palabras, tenemos herramientas que nos acercan pero desconocemos mucho de lo que nos hace ser humanos.

5 Muchos pensadores actuales consideran que esta situación ha provocado que se pierdan los valores morales que han sido importantes para todas las sociedades. Algunas madres se quejan del descaro de los bailes modernos, de la falta de romanticismo entre los jóvenes y de la facilidad con que terminan las relaciones debido a las habilidades sociales y de comunicación tan pobres que existen.

6 ¿Cómo hemos llegado aquí? ¿Acaso la familia ha dejado de ser un elemento vital para los humanos? ¿En dónde terminaremos si seguimos actuando de esta manera? ¿Cómo describirán nuestros hijos su pasado, es decir, el presente en el que vivimos actualmente?

Después de leer el texto, completa las siguientes tareas.

1 Con la información del texto, selecciona la respuesta correcta.

a Con la llegada del siglo XX, la vida se volvió más…
   i difícil. ii cómoda. iii electrónica.

b Anteriormente, cuando las personas veían la TV o escuchaban la radio…
   i tenían que ser tolerantes.
   ii peleaban por ver su programa favorito.
   iii no hablaban.

c Las herramientas que nos permiten estar más cerca de los demás…
   i nos ayudan a tener más amigos.
   ii son baratas.
   iii nos alejan de nuestra humanidad.

d Las habilidades sociales y de comunicación en la actualidad son…
   i poco efectivas. ii claras. iii electrónicas.

2 ¿Qué significan las siguientes palabras? Elige una palabra de las palabras en el recuadro de abajo.

a paulatinamente (párrafo 2, línea 2)
b convivir (párrafo 3, línea 2)
c aísla (párrafo 3, línea 5)
d descaro (párrafo 5, línea 4)
e vital (párrafo 6, línea 2)

i indecencia	**iv** compartir
ii esencial	**v** incomunica
iii acerca	**vi** gradualmente

12 Diferentes épocas, diferentes opiniones

Enfoques del aprendizaje

- Habilidades de colaboración: Ofrecen y reciben comentarios pertinentes. Ejercen liderazgo y asumen diversos roles dentro de los grupos

Utiliza el contexto de las ideas que leíste en la actividad "Cambios en la familia y sus valores".

Trabaja en parejas, y colabora con tu compañero para crear un diálogo en el que compartas tus puntos de vista sobre diferentes actitudes y valores del presente. Considera los puntos de vista que pueden tener tus padres, tus abuelos, tus profesores y tus amigos.

Utiliza el presente, el pretérito indefinido y el pretérito imperfecto correctamente.

Ejemplos de los temas que puedes discutir son:

- responsabilidad
- creatividad
- concepto de familia
- educación
- libertad
- respeto
- amigos

Puedes utilizar preguntas como estas:

- ¿Compartes la misma definición de "responsabilidad" con tus papás?
- ¿Piensas que muestras respeto hacia los demás de la misma forma que lo hacían tus papás?

Presenta tu diálogo frente a la clase entera.

13 Cuéntame

Enfoques del aprendizaje

- Habilidades de pensamiento crítico: Extraen conclusiones y realizan generalizaciones razonables. Formulan preguntas fácticas, de actualidad, conceptuales y debatibles

Mira el vídeo introducción para el programa *Cuéntame cómo pasó* en el siguiente enlace: https://youtu.be/4NsroD7R3dQ

A Responde las siguientes preguntas y comparte tus respuestas en equipos pequeños.

1 ¿Qué elementos representativos de diferentes generaciones observaste?
2 ¿Cómo se utilizó la fotografía para hablar de cambios de generación a generación?
3 ¿Qué aspectos de los cambios familiares identificaste?
4 ¿Cómo se expresaron elementos del presente y del pasado en el vídeo?
5 Escribe **cinco** preguntas sobre algunos detalles que observaste en el vídeo (prepara las respuestas también).

B Compara tus respuestas en equipos pequeños, y pide a un compañero que responda tus preguntas.

14 Cuando tus profesores eran estudiantes

Enfoques del aprendizaje

- Habilidad de colaboración: Escuchan con atención otras perspectivas e ideas
- Habilidad de comunicación: Escriben con diferentes propósitos

A Realiza una entrevista a dos profesores diferentes: un hombre y una mujer. La edad de cada uno de los profesores debe ser diferente. Utiliza las siguientes preguntas.

Graba la entrevista para que tengas acceso a las respuestas completas.

1 ¿Qué valores consideraban que tenía una "buena persona"?
2 ¿Cuáles eran los valores más respetados y apreciados?
3 ¿Qué tan diferentes eran las reglas en las escuelas?
4 ¿De qué manera hacían amigos?
5 ¿Qué pensaban sobre el estilo de música que escuchaban sus padres?
6 ¿Qué palabras estaban de moda? ¿Qué significaban? ¿Qué pensaban las personas mayores de esas palabras?
7 ¿Cuáles temas de conversación causaban controversia?
8 ¿Qué actitudes y valores definieron su presente?
9 ¿Sobre cuáles valores han cambiado el punto de vista de las personas?

Después de la entrevista, utiliza las respuestas de tus profesores y realiza la siguiente tarea:

Artículo de revista

B Escribe un artículo de revista en el que presentes un resumen de una de tus entrevistas. Describe el tema general (las diferencias entre generaciones) para contextualizar la entrevista; selecciona tres preguntas que apoyen tu introducción y concluye con tus impresiones personales.

Utiliza el pretérito imperfecto e indefinido, y el presente correctamente.

15 Todo es relativo

Enfoques del aprendizaje

- Habilidad de comunicación: Escuchan con actitud crítica y para comprender

Después de escuchar el extracto de una conferencia, completa las siguientes tareas:

Pista 16

1 Elige las **cuatro** ideas que son verdaderas, según el texto.

a Los receptores de la cátedra son estudiantes de política.

b Según el ponente, los politólogos aprecian el sesgo.

c Según el ponente, los politólogos deben encontrar armonía entre lo que piensan, lo que dicen y lo que hacen.

d El ponente piensa que muchos de los valores esenciales no se respetan.

e El ponente quiere que los estudiantes sean héroes.

f El ponente aprecia la transparencia.

2 Con la información del texto, selecciona la respuesta correcta.

a A los estudiantes de ciencias políticas los conecta…

i la razón por la que decidieron estudiar.

ii sus familias.

iii el objetivo de su estudio.

b El ponente compara la ética con…

i las estaciones del año.

ii el pasado.

iii el presente.

c Las "verdades alternativas" y la post-verdad hacen que el ponente se sienta…

i motivado.

ii animado.

iii decepcionado.

d Uno de los trabajos futuros de los estudiantes será…

i ser abogados.

ii abogar por la justicia.

iii estudiar ciencias políticas.

TEORÍA DEL CONOCIMIENTO

Considera la siguiente frase: "Los valores han cambiado, la moral es relativa y la ética es un ave de paso".

¿Hasta qué punto piensas que los cambios en los valores es cuestión de la percepción de las personas?

¿Qué áreas de conocimiento podemos emplear para explicar los cambios que percibimos?

¿Hasta qué punto crees que el conocimiento compartido que poseemos acerca de diferentes valores es diferente de persona a persona?

¿Tienen una fuerte influencia los diferentes hechos históricos sobre la ética y la moral?

16 El estudiante

Enfoques del aprendizaje

- Habilidades de comunicación: Hacen deducciones y extraen conclusiones. Estructuran la información en resúmenes, ensayos e informes

A **Utiliza el siguiente enlace para ver la película mexicana titulada "El Estudiante": http://tinyurl.com/estudiantpelik**

Copia y completa la siguiente tabla con información de los personajes principales.

Personaje	Apariencia	Personalidad	Ideales y creencias
1 Chano			
2 Alicia			
3 Carmen			
4 Santiago			
5 Alejandra			
6 Marcelo			
7 Eduardo			

Realiza las siguientes dos tareas:

Tarea 1

B **En equipos pequeños comparte tus opiniones sobre la brecha generacional de acuerdo con la trama de la película. Expresa tu opinión y menciona tus impresiones sobre ciertos momentos importantes de la película. Debate tus opiniones personales acerca de algunos temas que se trataron en la película tales como:**

- La familia
- Las relaciones amorosas
- El respeto
- El amor
- La lealtad

Tarea 2

C **Eres un crítico de cine.**

Considera la pregunta de esta sección ("¿De qué manera ha cambiado la percepción de ciertos valores de generación a generación?") y escribe un texto de blog acerca de la película. Describe la manera en que la película mostró las diferencias de opinión entre personas de diferentes edades. Incluye ideas acerca de la manera en que las preocupaciones sociales, culturales y cívicas agregan complejidad a la vida de las personas de diferentes edades en la actualidad. Menciona qué podemos aprender acerca de los cambios en las definiciones de diferentes conceptos.

¿Son los conflictos inevitables? ¿Deseables? ¿Evitables?

¿Cómo defines ...

... la necesidad?

■ El consumismo domina la mente y los corazones de millones de personas, les impide diferenciar entre lo que es y no es necesario, y promueve actitudes egoístas que hacen que los consumistas ignoren causas de mayor importancia.

17 Genera–organiza–conecta–explica

A **Observa las imágenes anteriores con atención. Identifica el problema que expresan.**

1 **Genera** una lista de ideas acerca de lo que sientes cuando observas las imágenes.

2 **Organiza** tus ideas en diferentes categorías usando grupos como en el diagrama.

3 **Conecta** las ideas en cada categoría con algunas de las razones por las que suceden.

4 Incluye ejemplos para **explicar** e ilustrar las situaciones que agrupaste.

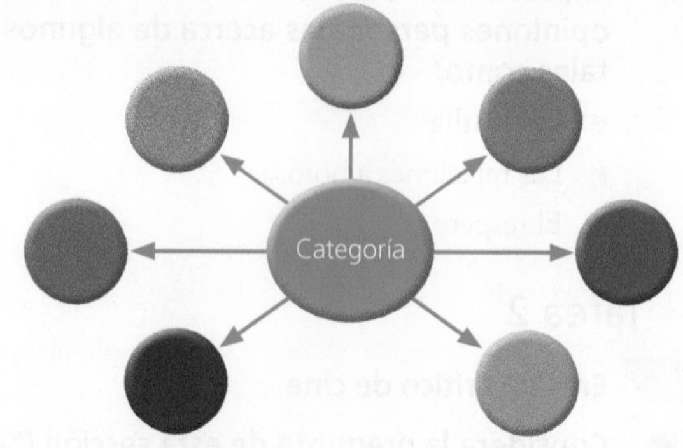

B **Después, trabaja en equipos pequeños y comparte tus ideas con tus compañeros. Toma turnos para preguntar y responder. Pregunta sobre las ideas que consideres interesantes.**

Léxico

Estudia el **significado** de las siguientes palabras.

conflicto	apuro	dificultad	disyuntiva
aprieto	crisis	dilema	inconveniente

18 Observa–piensa–generaliza

Después de definir las palabras anteriores, contesta las siguientes preguntas.

1 ¿Qué puedes generalizar acerca de los sinónimos?
2 ¿Existen los antónimos exactos? ¿Por qué?
3 ¿Qué podemos decir acerca del contexto en el que se utiliza cada una de las palabras anteriores?

■ El "Black Friday" o "Viernes Negro" es el día que inaugura la temporada de compras navideñas en Estados Unidos; toma lugar un día después del Día de Acción de Gracias que se celebra el cuarto jueves del mes de noviembre.

19 El "Viernes negro" y el "Día del empaquetado"

Enfoques del aprendizaje

- Habilidad de gestión de la información: Establecen conexiones entre diversas fuentes de información
- Habilidad de comunicación: Escriben con diferentes propósitos

A **Realiza una investigación breve sobre el "Viernes negro" (*Black Friday*) y el "Día del empaquetado" (*Boxing Day*). Localiza artículos de periódico, revistas o textos en línea.**

Con un marcador, resalta las similitudes y diferencias entre estos dos días. Cada artículo es una fuente. Refiérete a ellos como fuente 1, fuente 2, fuente 3, etc.

B **Trabaja en parejas o en grupos pequeños. Compara la información que encontraste en tus fuentes. Comparte las ideas que identificaste. Haz preguntas a tus compañeros sobre la información que compartan.**

Considera las siguientes frases y preguntas como ejemplos:

a Mi fuente 1 es… y menciona que…
b En la fuente 2, se dice que…
c La fuente 3 es diferente de la fuente 1 porque…
d ¿Qué información nueva tienes?
e ¿Qué información nueva tienen algunas de tus fuentes?
f ¿Qué datos o ideas interesantes puedes ver en tus fuentes?

C **Después de participar en la interacción, considera el significado de los dos días. Utiliza las ideas que tú y tus compañeros compartieron para realizar un mapa conceptual sobre estos dos días. Este mapa conceptual te ayudará a organizar tus ideas.**

Imagina que eres un periodista que escribe acerca de los retos de la sociedad actual. Escribes para una revista cuyos receptores son padres de familia. Utiliza las ideas de tu mapa conceptual y escribe un artículo de revista.

Expresa tu opinión acerca del "Viernes negro" o el "Día del empaquetado". Menciona la manera en que estos sucesos invitan a las personas a mostrar malos hábitos y actitudes. Describe situaciones comunes que suceden en estos días, el impacto que tienen en las personas y los efectos secundarios que pueden tener. Enfatiza la importancia de ser consumidores responsables.

20 Diario de un comprador compulsivo

Enfoques del aprendizaje

- Habilidad de comunicación: Escriben con diferentes propósitos. Utilizan una variedad de técnicas de expresión oral para comunicarse con diversos destinatarios

Mira el vídeo en el siguiente enlace: http://tinyurl.com/confcompcompul y realiza las siguientes tareas.

Tarea 1

Imagina que eres la protagonista de la historia (la compradora compulsiva). Escribe una entrada de diario. Describe tu aventura al ir de compras el fin de semana pasado. Menciona qué compraste, dónde lo compraste y cuánto costó cada una de las cosas que compraste. Explica por qué sientes la necesidad de ir de compras frecuentemente. Incluye algunas de las críticas que hacen tus amigos acerca de tus hábitos. Utiliza el pretérito indefinido cuando sea necesario.

Tarea 2

Participa en una interacción con tu profesor.

En esta interacción serás el mejor amigo o la mejor amiga de la compradora compulsiva en el avance de cine.

Tu profesor te hará preguntas acerca de los hábitos de tu amiga; y te pedirá que expreses tu opinión acerca de su actitud consumista. Menciona qué cambios te gustaría ver en tu amiga y por qué.

Enfoques del aprendizaje

- Habilidades de comunicación: Utilizan una variedad de técnicas de expresión oral para comunicarse con diversos destinatarios. Estructuran la información en resúmenes, ensayos e informes

Lee las siguientes ideas.

EL CONSUMISMO ES UN PROBLEMA SOCIAL Y ÉTICO QUE ÚNICAMENTE SUFREN LAS PERSONAS QUE TIENEN DINERO.

EL CONSUMISMO EN EL PRESENTE ES UNO DE LOS FACTORES QUE PRODUCEN UN ESCENARIO POCO SUSTENTABLE EN LA SOCIEDAD, Y TAMBIÉN ES UNA DE LAS PRINCIPALES RAZONES DE LA DEPRESIÓN CRÓNICA Y OTROS PROBLEMAS EMOCIONALES.

EL CONSUMISMO REPRESENTA TAMBIÉN UN PROBLEMA SOCIAL QUE DIVIDE A LOS PUEBLOS Y LOS POLARIZA FRENTE A ESTA SITUACIÓN.

UN ESTUDIO REVELABA QUE EL PORCENTAJE DE ADICCIÓN CONSUMISTA ES SUPERIOR EN LAS MUJERES (58%) QUE EN LOS HOMBRES (32%).

A

Trabaja en equipos de cuatro y participa en una mesa redonda. Selecciona uno de los siguientes roles: moderador o expositor.

Para lograr una colaboración efectiva, considera las siguientes estrategias:

1. **Al principio de la actividad, el moderador se presenta a sí mismo, a los expositores, así como el tema que se debatirá.**
2. **El moderador debe mencionar detalles específicos de las intervenciones: cuánto tiempo debe hablar cada expositor; el orden de los expositores; la manera en que el público debe participar.**
3. **El moderador da la palabra al primer expositor.**
4. **Cada uno de los expositores se adhieren a los acuerdos de la mesa.**
5. **El moderador debe indicar y coordinar cuando el público podrá hacer preguntas.**
6. **El moderador debe indicar cuando la mesa redonda termina.**

B

Después de participar en la mesa redonda, redacta un resumen de la experiencia. Menciona los puntos de vista más relevantes que tus compañeros mencionaron. Concluye expresando tu punto de vista sobre el debate.

Escribe 150 palabras.

22 Los efectos del desempleo

Enfoques del aprendizaje

- Habilidad de comunicación: Leen con actitud crítica y para comprender

Lee el siguiente texto acerca del desempleo.

Los efectos del desempleo

1 Además de ser el medio por el cual conseguimos un salario, para muchas personas tener trabajo es una parte de su identidad. A través de él encuentran un lugar en la sociedad y se sienten útiles pues les proporciona un status social y logran participar en la sociedad.

2 Por ello, cuando el trabajo es una de las pocas maneras para socializar, el desempleo supone el aislamiento social. El desempleado no sólo pierde el contacto con las personas con quienes se relacionaba profesionalmente, sino que también se encierra en sí mismo y deja de relacionarse con los demás. Para muchas personas, no tener trabajo hace que se sientan inseguros y desvalorizados.

3 El desempleo conlleva una disminución de los ingresos y, por tanto, produce cambios en el estilo de vida. Además, cuando se producen cambios radicales en la forma de vivir, muchos individuos experimentan la incertidumbre de no saber cuánto tiempo durará esa situación. También, carecer de trabajo tiene una gran repercusión en la familia, intensificando las tensiones, las frustraciones, y produciendo desestabilidad emocional.

4 El desempleo es un reto de la actualidad no solamente por el empobrecimiento que produce, sino por los efectos negativo que tiene sobre muchas personas. Entre ellos destacamos los siguientes:

a El sentimiento de vergüenza: los desempleados suelen sentirse avergonzados por esa situación, y pueden hundirse en depresión con esta simple pregunta "¿en qué trabajas?" les produce malestar. Algunos de los factores de los que dependerá esta sensación son la edad o el tiempo que lleve desempleado.

b La sensación de fracaso: es frecuente encontrar personas desempleadas que se sienten fracasadas por no haber logrado permanecer en un puesto de trabajo.

c El sentimiento de culpa también es frecuente ante estas situaciones. Muchas veces algunas personas se culpan a sí mismas por esta situación, y devalúan de sobremanera sus capacidades.

5 Actualmente, el desempleo no afecta por igual a todas las personas. El efecto que tiene en una persona joven e independiente que ha perdido su empleo y en un padre de familia que tiene que hacer frente a los gastos no es comparable. Actualmente, lo más interesante es indagar sobre los diferentes trabajos que desempeñan las personas, y la flexibilidad con la que los realizan, pues estos pueden ser dos factores que influyan en el estado de ánimo de los desempleados.

6 A medida que los trabajos cambian y la labor humana es reemplazada por medios automáticos, el desempleo y las oportunidades de re-colocar a las personas en un puesto de trabajo será un reto que muchas naciones tendrán que enfrentar.

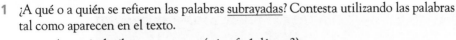

Después de leer el texto, completa las siguientes tareas.

1 ¿A qué o a quién se refieren las palabras subrayadas? Contesta utilizando las palabras tal como aparecen en el texto.
   a … A través de él encuentran… (párrafo 1, línea 3)
   b … pues les proporciona un status social… (párrafo 1, línea 5)
   c … se encierra en sí mismo… (párrafo 2, línea 6)
   d … Entre ellos destacamos los siguientes… (párrafo 4, línea 4)
   e … la flexibilidad con la que los realizan… (párrafo 5, línea 8)

2 Contesta las siguientes preguntas
   a ¿Cuáles **tres** efectos negativos del desempleo se mencionan en el texto?
   b ¿Por qué puede el desempleo producir aislamiento social?
   c ¿Por qué muchas personas experimentan incertidumbre cuando están desempleadas?
   d ¿Cuáles **dos** situaciones se mencionan para explicar que el desempleo afecta a las personas de diferentes maneras?
   e Explica por qué el desempleo será un reto para muchas naciones.

TEORÍA DEL CONOCIMIENTO

Aprender español te permitirá vivir el proceso de construcción del conocimiento personal debido a que el nivel de comprensión y desempeño que logres en el idioma será la obra de tu trabajo como individuo y porque llegarás a estos como resultado de varios factores, entre ellos las formas de conocimiento. De igual forma, el conocimiento lingüístico del español con el que entrarás en contacto califica como conocimiento compartido, debido a que el conocimiento que tu profesor impartirá es la obra de un grupo de gente que ha trabajado junta en distintas épocas y sus contribuciones vienen de diferentes lugares geográficos.

¿De qué manera esta experiencia de aprendizaje de una nueva lengua extranjera tendrá impacto en ti como conocedor?

CREATIVIDAD, ACTIVIDAD Y SERVICIO

Creatividad

¿A través de cuáles medios podrías expresar tus puntos de vista acerca de los retos del presente y los problemas a los que debemos poner atención y para los que debemos encontrar una solución?

¿Qué mensaje te gustaría enviar para invitar a tu comunidad de aprendizaje a reflexionar acerca de los retos del presente?

Colabora con un grupo de compañeros y diseña diferentes mensajes para las distintas plataformas de la escuela.

Por medio de esta actividad mostrarás evidencia para los siguientes **resultados de aprendizaje**: Mostrar cómo iniciar y planificar una experiencia de CAS; mostrar habilidades de trabajo en equipo y reconocer los beneficios del trabajo colaborativo; reconocer y considerar el aspecto ético de las decisiones y las acciones.

Reflexión

Enfoques del aprendizaje

- Habilidad de reflexión: Consideran los contenidos y se preguntan: ¿Qué información es familiar? ¿Sobre qué aprendí hoy? ¿Hay algo que aún no haya entendido? ¿Qué preguntas tengo ahora?

Aspecto	Básico	En desarrollo	Apropiado	Excepcional
Conocimiento de vocabulario y gramática	Tengo el conocimiento básico de las estructuras gramaticales y palabras relevantes de la unidad.	El conocimiento básico de las estructuras gramaticales y palabras relevantes de la unidad comienza a profundizarse.	Mi dominio del conocimiento de las estructuras gramaticales y palabras relevantes de la unidad cubre los estándares ideales.	Mi dominio del conocimiento de las estructuras gramaticales y palabras relevantes de la unidad va más allá de las expectativas.
Uso de la lengua en los diferentes contextos	Logro utilizar la lengua únicamente de manera básica en los contextos presentados en la unidad.	Comienzo a utilizar la lengua de manera adecuada en los contextos presentados en la unidad.	Logro utilizar correctamente la lengua en los contextos presentados en la unidad.	Logro utilizar la lengua de manera excepcional en los contextos presentados en la unidad.
Habilidades de comprensión auditiva	Únicamente logro comprender la información más básica de los textos de audio.	Logro comprender la información básica y comienzo a comprender las ideas más complejas de los textos de audio.	Logro comprender ampliamente toda la información de los textos de audio.	Logro comprender ampliamente toda la información del texto de audio, y puedo responder espontáneamente al texto.
Habilidades de lecto-comprensión	Únicamente logro comprender la información más básica de los textos escritos.	Logro comprender la información básica y comienzo a comprender las ideas más complejas de los textos escritos.	Logro comprender ampliamente toda la información de los textos escritos.	Logro comprender ampliamente toda la información de los textos escritos, y puedo responder espontáneamente a los textos.
Habilidades de producción escrita	Únicamente logro utilizar palabras aisladas y estructuras con oraciones simples en las tareas escritas.	Logro utilizar una variedad de vocabulario simple y combinar algunas estructuras simples en las tareas escritas.	Logro producir textos escritos que responden correctamente a las tareas escritas de la unidad.	Logro producir textos escritos creativos que responden correctamente a las tareas escritas de la unidad, y van más allá de lo que piden las directrices.
Habilidades de producción oral	Únicamente logro utilizar frases simples en las tareas orales. No logro reconocer el contexto ni la audiencia.	Logro utilizar y combinar algunas estructuras simples en las tareas orales, reconociendo el contexto y la audiencia.	Logro responder correctamente de manera oral a las tareas escritas de la unidad, demostrando mi comprensión del contexto y audiencia.	Logro responder correcta y creativamente de manera oral a las tareas escritas de la unidada, reconociendo el contexto y la audiencia, personalizando la información.
Comprensión de los conceptos	Tengo una comprensión básica de los conceptos que estudiamos en esta unidad.	Logro comprender la relación entre los conceptos que estudiamos y las tareas que realizamos en esta unidad.	Logro comprender y articular la relación entre los conceptos que estudiamos y las tareas que realizamos en esta unidad.	Logro comprender y articular la relación entre los conceptos que estudiamos y las tareas que realizamos en esta unidad, y puedo generalizar mi comprensión conceptual.

UNIDAD 14 ¿Cuánto tiempo nos durará el planeta con el estilo de vida que llevamos?

■ Al Gore: "Al paso que vamos, llegará el día en que nuestros niños preguntarán: ¿en qué estaban pensando?"

OBJETIVOS DE COMUNICACIÓN

En esta unidad vas a:

- Reflexionar sobre las acciones que tomas para proteger el medio ambiente
- Comparar puntos de vista acerca del cuidado ambiental y las responsabilidades sociales
- Indagar sobre los problemas que afectan el medio ambiente
- Explorar los aspectos de la lengua que podemos criticar, y evaluar cuando estudiamos un texto
- Comparar perspectivas acerca de los diferentes propósitos del uso de la lengua
- Debatir el rol de la investigación
- Comparar y contrastar diferentes iniciativas solidarias
- Definir iniciativas genuinas
- Practicar la empatía

EN ESTE CAPÍTULO INVESTIGARÁS ESTAS PREGUNTAS:

Fácticas	Conceptuales	Debatibles
¿Cuáles son los problemas más graves que afectan el medio ambiente actualmente? ¿Cuáles palabras o expresiones invitan a actuar a favor del medio ambiente? ¿Cuáles tiempos o formas verbales sugieren "responsabilidad"?	¿Qué elementos podemos apreciar, criticar y evaluar en los diferentes textos sobre el medio ambiente? ¿De qué manera podemos emplear la lengua para convocar a las personas a participar en iniciativas de cuidado del medio ambiente? ¿Qué rol juega la investigación en la producción de información veraz y efectiva?	¿Son las iniciativas de ayuda al medio ambiente genuinas? ¿Por qué muchas campañas a favor del medio ambiente no obtienen resultados óptimos? ¿Por qué muchas personas no tienen interés en promover el cuidado del medio ambiente?

¿Cuáles son los problemas más graves que afectan el medio ambiente actualmente?

■ ¿En realidad es difícil ignorar estos problemas?

Léxico

Estudia el significado de los siguientes vocablos.

Sustantivos	Adjetivos	Verbos
medio ambiente	altruista	afectar
biósfera	consciente	ahorrar
conciencia	contaminado	contaminar
contaminación	deteriorado	cuidar
convocatoria	ecológico	destruir
desechos	legal	deteriorar
incendio	responsable	empeorar
propuesta	sensato	ensuciar
químicos	sensible	evitar
reforestación	sustentable	excavar
sustentabilidad	tóxico	gastar
tala inmoderada		limpiar
		mejorar
		perjudicar
		plantar
		promover
		proteger
		recoger

1 Observa–piensa–pregúntate

A **Presta atención a las imágenes de al lado. Escribe una respuesta para cada una de las ideas o preguntas en la siguiente tabla. Considera el significado de las palabras que identificaste en las imágenes.**

Ideas o preguntas	Tus respuestas
1 Escribe palabras relacionadas con el contenido de las imágenes.	
2 ¿Cuáles problemas se reflejan en las imágenes?	
3 Escribe **preguntas** que te gustaría debatir después de ver la imagen.	

B **Comparte tus respuestas con tus compañeros y toma turnos para preguntar y responder las preguntas que incluiste en tus respuestas.**

2 Genera–conecta–explica

A **Presta atención a las imágenes en la página 304. Toma en cuenta el contenido de cada una y copia y completa la siguiente tabla. Observa el ejemplo.**

Problema	Razón	Solución
Aridez	Escasez de agua	No desperdiciar el agua

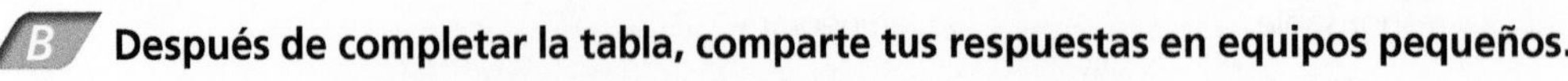

B **Después de completar la tabla, comparte tus respuestas en equipos pequeños.**

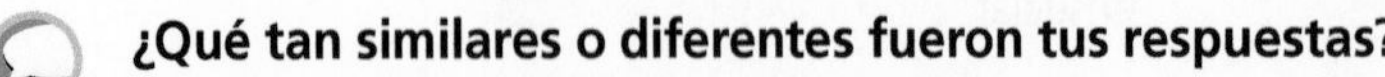

¿Qué tan similares o diferentes fueron tus respuestas?

C **Utiliza las palabras e ideas que escribiste en la tabla para producir oraciones acerca de los problemas con el medio ambiente. Observa el ejemplo:**

La escasez de agua produce aridez. Para impedir que la aridez crezca debemos evitar desperdiciar el agua.

3 ¿Cómo contaminamos?

Enfoques del aprendizaje

- Habilidad de colaboración: Logran consensos
- Habilidad de comunicación: Escriben con diferentes propósitos

A **Trabaja en equipos pequeños. Participa en una lluvia de ideas sobre las diferentes maneras en las que contaminamos. Organiza los ítems que tus compañeros de equipo y tú mencionen.**

B **Comparte tus respuestas con la clase entera y genera una nueva lista incluyendo las ideas que mencionaron otros equipos.**

C **Después, en tu equipo, organiza las ideas en la nueva lista las más frecuentes a las menos frecuentes. Compara tus respuestas con otro equipo. Pregunta y pide justificaciones sobre las ideas que sean diferentes a las tuyas.**

D **Toma en cuenta las ideas que produjiste con tus compañeros. Imagina que debes producir un artículo como parte de tu trabajo de CAS (Creatividad) para informar a tu comunidad escolar acerca de las diferentes formas en que contaminan. Escribe un artículo para la revista de tu escuela. Explica las diferentes maneras en que contaminamos; menciona qué podemos hacer para cuidar el ambiente de una forma más responsable. Incluye ejemplos y sugerencias, así como la responsabilidad que todos tenemos de cuidar el medio ambiente.**

4 ¿Cómo reaccionas cuando alguien no respeta el ambiente?

Enfoques del aprendizaje

- Habilidad de colaboración: Escuchan con atención otras perspectivas e ideas

A **Lee las siguientes situaciones y escribe cómo reaccionarías. Incluye sugerencias sobre cada situación.**

Situación	¿Cómo reaccionas? ¿Qué harías?
1 Ves a una persona tirar botellas de plástico en la calle.	
2 Ves a una familia tirar basura desde la ventana de su coche.	
3 Ves a una persona escupir chicle en la calle.	
4 Ves a una persona quemar la basura fuera de su casa.	
5 Ves a una persona destruyendo árboles en el parque.	
6 Ves a una persona desperdiciando el agua mientras lava su coche.	
7 Ves a tus papás desperdiciando el agua mientras se cepillan los dientes.	

B **Después de completar la tabla, compara tus respuestas en equipos pequeños.**

Toma turnos para preguntar y responder acerca de las diferencias que identifiques entre tus ideas y las de tus compañeros.

C **Imagina que tienes un blog que hace denuncias acerca de los malos hábitos de la sociedad. Escribe un texto de blog para invitar a la comunidad de tu escuela a denunciar los actos que perjudican el medio ambiente. Incluye algunos ejemplos de experiencias que has vivido e intervenciones que has hecho cuando alguien no cuida el ambiente. Menciona por qué es necesario ser responsables con el cuidado del medio ambiente.**

5 Piensa–compara–comparte

A **Contesta las siguientes preguntas. Utiliza el futuro.**

¿Qué pasará si …

1 no hay agua suficiente para todas las personas?
2 no hay espacio para construir más casas en las ciudades?
3 no hay terreno suficiente para sembrar alimentos?
4 continuamos deforestando los bosques y reservas naturales?

B **Después, comparte tus respuestas en equipos pequeños.**

6 ¿Qué opinas de los demás?

Enfoques del aprendizaje

- Habilidad de colaboración: Escuchan con atención otras perspectivas e ideas

A Completa los siguientes fragmentos de oraciones.

1 La gente es irresponsable con el ambiente cuando…
2 Las personas cumplen su compromiso con el ambiente cuando…
3 Muchos negocios son irresponsables con el medio ambiente porque…
4 Para cuidar el ambiente, podemos hacer cosas tan simples como…
5 Unos ejemplos de acciones pequeñas que son muy perjudiciales para el medio ambiente son…

B Después, trabaja en equipos pequeños y comparte tus ideas. Toma turnos para responder y preguntar sobre las ideas que consideres interesantes.

CREATIVIDAD, ACTIVIDAD Y SERVICIO

Creatividad

Reflexiona sobre lo que podrías hacer acerca de estas situaciones.

a ahorrar electricidad

b reusar papel

c ahorrar agua en el baño

d evitar el desperdicio de papel

e cuidar las áreas verdes

¿Qué tipo de campaña podrías comenzar?

¿Con quién podrías colaborar para llevarlas a cabo?

¿Qué tipo de textos informativos podrías producir?

¿Por cuáles medios diseminarías la información?

Charla con tus compañeros e identifica oportunidades.

Por medio de esta actividad mostrarás evidencia para los siguientes **resultados de aprendizaje**: Mostrar cómo iniciar y planificar una experiencia de CAS; mostrar compromiso y perseverancia en las experiencias de CAS; mostrar habilidades de trabajo en equipo y reconocer los beneficios del trabajo colaborativo; y reconocer y considerar el aspecto ético de las decisiones y las acciones.

7 ¿Quiénes producen más basura?

Enfoques del aprendizaje

- Habilidad de comunicación: Leen con actitud crítica y para comprender
- Habilidad de transferencia: Utilizan estrategias de aprendizaje eficaces en distintas disciplinas y grupos de asignaturas
- Habilidad de gestión de la información: Obtienen y analizan datos para identificar soluciones y tomar decisiones fundadas

Lee el siguiente texto.

¿Quién produce más basura?

La Organización para la Cooperación y el Desarrollo Económicos (OCDE) agrupa a 36 países miembros y su misión es promover políticas que mejoren el bienestar económico y social de las personas alrededor del mundo. Debido a que es un foro que donde los gobiernos puedan trabajar conjuntamente para compartir experiencias y buscar soluciones a los problemas comunes, los países miembros de la OCDE colaboran para promover iniciativas que conduzcan al cambio económico, social y ambiental.

En años recientes, la OCDE ha puesto un énfasis especial en la educación ambiental y en la promoción de campañas de concientización acerca del medio ambiente. Una de las iniciativas que más interés ha despertado es la del manejo de la basura.

La basura es un producto natural de la actividad humana y ha existido desde los principios de la civilización humana. Se pueden considerar como basura tanto los desechos orgánicos como la comida y las heces fecales, hasta materiales como el plástico; así, la basura representa un gran reto para las sociedades pues es necesario recolectar, transportar y disponer de estos desechos.

Según el Banco Mundial, el mundo en desarrollo tendrá que enfrentar en 2025 mayores niveles de producción de desperdicios de los que sus ciudades podrán manejar.

La siguiente gráfica muestra las regiones del mundo que producen más basura.

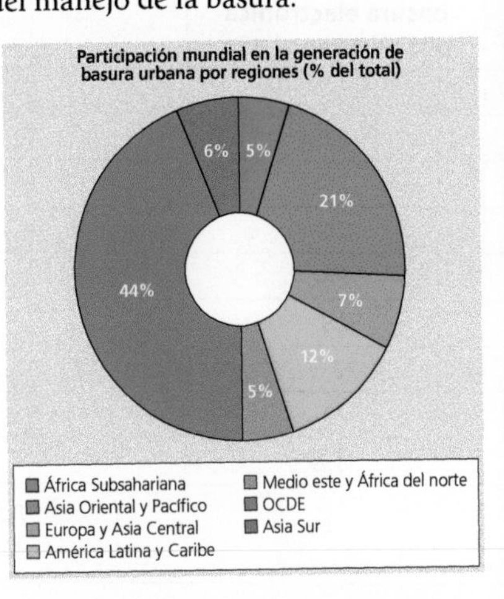

Después de leer el texto, completa la siguiente tarea.

Contesta las siguientes preguntas:

1. ¿Qué significa las siglas de la abreviación OCDE?
2. ¿Cuántos países forman parte de la OCDE?
3. ¿Cuál es el objetivo del trabajo que realizan los países de la OCDE?
4. ¿Qué problema enfrentará el mundo en 2025?
5. De acuerdo con la gráfica, ¿cuál región del mundo produce menos basura?
6. Después de los países de la OCDE, ¿cuál región produce más basura?

8 El blog de la clase de individuos y sociedades

Enfoques del aprendizaje

- Habilidad de comunicación: Leen con actitud crítica y para comprender

Lee el siguiente texto de blog.

Los países que producen más basura electrónica

1 Chicos:

2 ¿Cuántos celulares viejos guardan sus familiares en casa sin saber qué hacer con ellos? ¿Qué hacen sus familias con el microondas o el refrigerador si dejan de funcionar?

3 Estos son algunos de los dilemas cotidianos detrás del debate sobre la basura electrónica.

4 Presten atención a la siguiente tabla y a la imagen debajo de ella y escriban comentarios acerca del tema que se presenta en ambos ítems. Mencionen diferentes fuentes en sus comentarios e incluyan preguntas que consideren importantes.

Europa			Latinoamérica		
Lugar	**País**	**Kilogramos de basura electrónica por persona al año**	**Lugar**	**País**	**Kilogramos de basura electrónica por persona al año**
1	Noruega	28	1	Chile	9,9
2	Suiza	27	2	Uruguay	9,5
3	Islandia	26	3	México y Panamá	8,2
4	Dinamarca	25	4	Venezuela	7,6
5	Reino Unido	24	5	Costa Rica	7,5
6	Holanda	23	6	Argentina	7,2
7	Suecia	22,5	7	Brasil	7
8	Francia	22	8	Colombia	5,3
9	España	17,8	9	Ecuador	4,5

Fuentes: http://www.capital.com.pe y http://elcomercio.pe

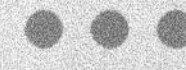

■ **Un cambio de actitud de los consumidores podría ayudar a reducir el problema.**

COMENTARIOS

Marcela

5 Leí un estudio de la Universidad de Naciones Unidas que reveló que en 2014 en el mundo se generaron 41,8 millones de toneladas en desechos electrónicos, entre los que se encontraron electrodomésticos como refrigeradores, lavadoras, tostadores, aspiradoras, máquinas de afeitar, teléfonos celulares, computadoras e impresoras.

Estefanía

6 Marcela, esas cifras son dramáticas, pero, en mi opinión, es más dramático imaginar esa cantidad de basura electrónica en un solo lugar. Pienso que con esa cantidad se pueden llenar más de un millón de camiones de carga. ¿Qué tan larga sería la línea que formarían estos camiones?

Magdalena

7 Un artículo de la BBC menciona que los países que producen más basura electrónica son Estados Unidos y China, y que generan entre 7,000 y 6,000 millones de toneladas respectivamente. Es decir, juntos producen el 32% del total mundial.

Actividades recientes

Proyecto comunitario

Bárbara

8 La imagen y su leyenda me hace preguntarme qué podemos hacer nosotros como consumidores. Evidentemente, este problema existe porque no tomamos conciencia de todo lo que acumulamos y porque, además, no reciclamos mucho, como se indica en la tabla. Yo leí un artículo de Pedro Morales, un investigador de temas ambientales, que mencionó lo siguiente: "Es necesario ir más allá de las campañas de concientización; es necesario reforzar los métodos de manejo de aparatos viejos y obsoletos que ya no se utilizan".

Marcela

9 En respuesta a la pregunta de Bárbara, pienso que debemos empezar a hacer más si queremos mejorar la condición del medio ambiente.

Profesora Lazcano

10 Muy buena discusión, chicas. ¿Piensan que cuando queremos comprar ciertos aparatos es buena idea considerar el precio, y preguntarnos cuánto durará, si lo podremos reparar, o si se puede estropear fácilmente?

Estefanía

11 Profesora, yo pienso que los gobiernos deben poner presión sobre las compañías que producen los aparatos que mencionó Marcela; y que los fabricantes deben crear publicidad más responsable para educar a los consumidores, y para ayudarlos a gestionar la basura electrónica.

Bárbara

12 Estoy de acuerdo con Estefanía. Es una idea excelente que las compañías incluyan información sobre qué tan responsable es su producto con el medio ambiente, pues de esta manera me están educando como consumidor. ¿Qué opinas, Magdalena?

Archivos

Agosto 2018

Septiembre 2018

Después de leer el blog y los comentarios, completa las siguientes tareas.

1 Indica quién mencionó las ideas en la columna de la izquierda.

Idea	Marcela	Estefanía	Magdalena	Bárbara
a Leyó un artículo de la BBC.				
b Respondió al comentario de la profesora.				
c Leyó un artículo de la Universidad de Naciones Unidas.				
d Hizo un comentario sobre la imagen y los subtítulos.				
e Está de acuerdo con Estefanía.				
f Hizo un comentario sobre la pregunta de Bárbara.				

2 Contesta las siguientes preguntas.

a De acuerdo con la información en la tabla, ¿cuáles dos países de Latinoamérica producen la misma cantidad de basura electrónica?
b De acuerdo con la información en la tabla, ¿cuántos países producen más basura electrónica que España?
c De acuerdo con la información en la tabla, ¿cuáles países en Latinoamérica producen más del doble de la basura electrónica que produce Ecuador?
d ¿Cuántas fuentes consultó el autor del blog para producir las tablas que se incluyen en el texto?

9 Los 7 problemas del medio ambiente más graves

Enfoques del aprendizaje

- Habilidad de comunicación: Escuchan con actitud crítica y para comprender

Después de escuchar la clase, completa esta tarea.

Pista 17

Con la información del texto, selecciona la respuesta correcta.

1 Utilizó la ética como área de conocimiento.
a Ariadna b Hugo c Lola

2 Utilizó estadísticas para presentar información acerca de la deforestación.
a Ariadna b Claudia c Iván

3 Utilizó bases de datos en su trabajo.
a Úlises b Erick c Lola

4 Su trabajo parece un testimonio.
a Iván b Úlises c Ariadna

5 Escribió de una manera muy poética.
a Ariadna b Claudia c Iván

6 Justificó sus ejemplos con mucha precisión.
a Erick b Úlises c Iván

7 Utilizó los porcentajes de una forma muy creativa.
a Iván b Ariadna c Lola

¿Qué elementos podemos apreciar, criticar y evaluar en los diferentes textos sobre el medio ambiente?

Cuida la mitad del medio ambiente que no hemos destruido
@Qidael1/2

■ ¿Qué le pasó a la otra mitad?

10 Observa–piensa–pregúntate

Presta atención a la imagen anterior. Contesta las preguntas en la siguiente tabla.

Preguntas	Tus respuestas
1 Escribe ejemplos sobre lo que le paso al 50% del planeta que se ha destruido.	
2 ¿Qué y quienes son responsables del estado del planeta que tenemos?	
3 ¿Qué necesitamos hacer para cuidar el 50% del planeta que aún podemos salvar?	
4 ¿Por medio de cuáles medios podemos invitar a las personas a actuar?	

B **Comparte tus respuestas con tus compañeros y toma turnos para preguntar y responder.**

11 Los mandamientos sustentables

Enfoques del aprendizaje

- Habilidad de reflexión: Consideran las implicaciones éticas, culturales y ambientales
- Habilidad de colaboración: Escuchan con atención otras perspectivas e ideas

Observa y presta atención al mensaje que transmite la siguiente ilustración acerca de los mandamientos sustentables.

A **Considera el contexto de tu escuela y califica cada uno de los mandamientos.**

Mandamiento	No muestra interés	Ha comenzado a crear conciencia	Continua trabajando para mejorar la situación	Cumple con las expectativas	Excede las expectativas
1 Cuidado del agua.					
2 Cuidado de la energía.					
3 Producción de residuos.					
4 Uso de envases reciclables.					
5 Uso de productos químicos.					

6 Uso de las bolsas de plástico.					
7 Reciclaje de papel.					
8 Uso de transportes que no contaminan.					
9 Cuidado de la flora y la fauna.					
10 Actitud para actuar lógica y éticamente en el contexto local.					

B  **Después de completar la tabla, compara tus respuestas en equipos pequeños. Indaga acerca de los casos en los que tu opinión difiere de la de tus compañeros.**

12 Obedeciendo los mandamientos

Enfoques del aprendizaje

- Habilidad de comunicación: Hacen deducciones y extraen conclusiones
- Habilidad de colaboración: Escuchan con atención otras perspectivas e ideas

A  **Considera las sugerencias que muestra la ilustración acerca de los mandamientos sustentables. Utiliza una tabla como la siguiente para explicar qué podemos hacer para realizar las sugerencias exitosamente. Observa el ejemplo.**

Sugerencia	¿Qué podemos hacer?
Cuidar el agua	Reutilizar el agua de los lavabos en los baños.

B  **Después de completar la tabla, escribe 10 preguntas para cuestionar por qué las personas no consideran estas sugerencias. Observa el ejemplo:**

¿Por qué los profesores no apagan los proyectores al final de la clase?

C  **Finalmente, trabaja en equipos pequeños y comparte tus ideas y preguntas. Toma turnos para responder y preguntar sobre las ideas que consideres interesantes.**

13 Piensa antes de tirar tus pertenencias

Enfoques del aprendizaje

- Habilidad de comunicación: Leen con actitud crítica y para comprender

Lee el siguiente folleto.

CUIDADO CON LO QUE TIRAS A LA BASURA

CONTENEDORES DE PILAS

¡Alto!

Si las tiras contaminas.

¿Cómo puedo reciclarlas?
Echándolas en los pequeños recipientes rojos que puedes encontrar en las oficinas municipales, en tu escuela y en comercios asociados a la cámara de comercio de Orizaba.

¿Dónde están?
Estos son los sitios donde puedes disponer de las pilas usadas:

- Ayuntamiento
- Centro de Salud
- Casa de la Agricultura
- Panadería Robles
- Farmacia Modrego
- Autoservicio Condoy
- Joyería Noelia
- Comestibles Suzy
- Papelería Rejel
- Todo y Más
- Bazar Mendoza
- MÁS Y MÁS
- Expo Reloj
- Ferretería La Morena
- Tiendas Eris
- Supermercados La Ñ
- Escuelas Públicas de la ciudad

PUNTO LIMPIO MÓVIL

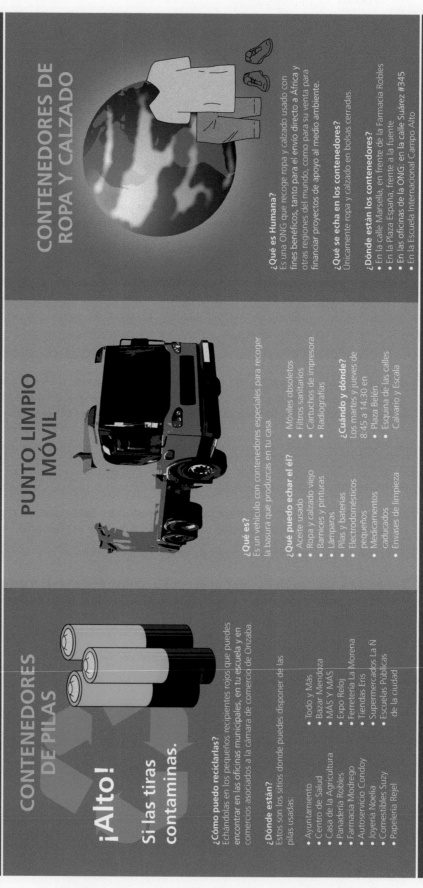

¿Qué es?
Es un vehículo con contenedores especiales para recoger la basura que produzcas en tu casa.

¿Qué puedo echar el él?

- Aceite usado
- Ropa y calzado viejo
- Barnices y pinturas
- Lámparas
- Pilas y baterías
- Electrodomésticos pequeños
- Medicamentos caducados
- Envases de limpieza
- Móviles obsoletos
- Filtros sanitarios
- Cartuchos de impresora
- Radiografías

¿Cuándo y dónde?
Los martes y jueves de 8:45 a 14:30 en

- Plaza Belén
- Esquina de las calles Calvario y Escala

CONTENEDORES DE ROPA Y CALZADO

¿Qué es Humana?
Es una ONG que recoge ropa y calzado usado con fines benéficos, tanto para el envío directo a África y otras regiones del mundo, como para su venta para financiar proyectos de apoyo al medio ambiente.

¿Qué se echa en los contenedores?
Únicamente ropa y calzado en bolsas cerradas.

¿Dónde están los contenedores?

- En la calle Marsella, en frente de la Farmacia Robles
- En la Plaza España, frente a la fuente
- En las oficinas de la ONG: en la calle Suárez #345
- En la Escuela Internacional Campo Alto

Ayuntamiento de Orizaba

Después de leer el folleto, completa las siguientes tareas.

1 Contesta las siguientes preguntas.
   - a Menciona **tres** sitios en los que podemos depositar las pilas usadas.
   - b ¿En qué debemos poner las pilas usadas antes de llevarlas a los centros de recolección?
   - c Menciona **tres** cosas que podemos depositar en el "punto limpio móvil".
   - d ¿Quién es responsable de esta iniciativa?
   - e ¿Qué es "Humana"?
   - f ¿En cuántos puntos de la ciudad podemos encontrar contenedores de "Humana"?

2 Con la información del texto, selecciona la respuesta correcta.
   - a El propósito de este folleto es:
     - i Persuadir
     - ii Entretener
     - iii Informar
   - b Los receptores de este folleto son:
     - i La gente que no vive en Orizaba
     - ii Los turistas que visitan Orizaba
     - iii Los ciudadanos de Orizaba

14 El progreso

Enfoques del aprendizaje

- Habilidades de comunicación: Leen con actitud crítica y para comprender. Hacen deducciones y extraen conclusiones

Lee la letra de la canción "El progreso".

El progreso

Compositores: Roberto Carlos y Erasmo Esteves

Interpreta: Roberto Carlos

Yo quisiera poder aplacar una fiera terrible.
Yo quisiera poder transformar tanta cosa imposible.
Yo quisiera decir tantas cosas que pudieran hacerme sentir bien conmigo.
Yo quisiera poder abrazar mi mayor enemigo.
Yo quisiera no ver tantas nubes oscuras arriba;
navegar sin hallar tantas manchas de aceite en los mares;
y ballenas desapareciendo por falta de escrúpulos comerciales.
Yo quisiera ser civilizado como los animales.
La ra ra lalara lara larara;
yo quisiera ser civilizado como los animales.
Yo quisiera no ver tanto verde en la tierra muriendo.
Y en las aguas de ríos los peces desapareciendo.
Yo quisiera gritar que ese tal oro negro no es más que un negro veneno.
Ya sabemos que por todo eso vivimos ya menos.
Yo no puedo aceptar ciertas cosas que ya no comprendo.
El comercio de armas de guerra de muertes viviendo.
Yo quisiera hablar de alegría en vez de tristeza
mas no soy capaz.
Yo quisiera ser civilizado como los animales.
La ra ra lalara lara larara,
yo quisiera ser civilizado como los animales.
Yo no estoy contra el progreso si existiera un buen consenso.
Errores no corrigen otros eso es lo que pienso.
Yo no estoy contra el progreso si existiera un buen consenso.
Errores no corrigen otros eso es lo que pienso.

Después de leer la letra de la canción, completa las siguientes tareas.

Infiere acerca del significado de las ideas en la canción y contesta las siguientes preguntas.

1 ¿A cuál problema se refiere el verso No. 5?
2 ¿A cuál problema se refiere el verso No. 6?
3 ¿A cuál problema se refiere el verso No. 11?
4 ¿A cuál problema se refiere el verso No. 12?

Presta atención al uso y la función de las palabras en la letra de la canción, y contesta las siguientes preguntas.

1 ¿De qué manera son diferentes "más" en el verso 12, y "mas" en el verso 17? ¿Por qué es importante la tilde con esta palabra?
2 En tu opinión, ¿cuál es el mensaje que el cantante intenta transmitir?

15 ¿Qué opinas de "El Progreso"?

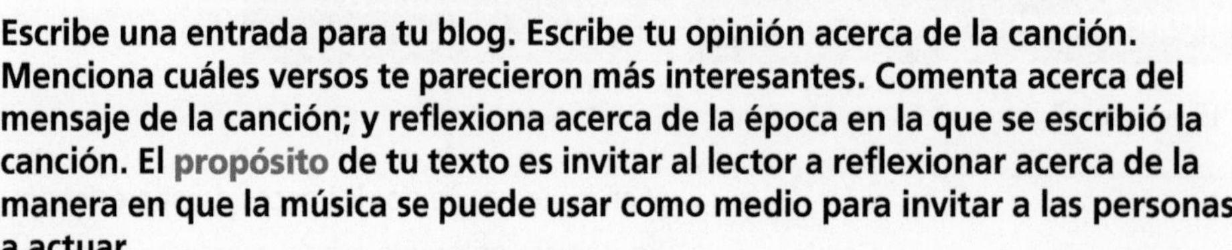

Enfoques del aprendizaje

- Habilidad de comunicación: Escriben con diferentes propósitos

Eres un crítico de música y te gusta buscar y escuchar canciones con mensajes sociales. Acabas de escuchar "El Progreso", la cual se escribió en 1977.

Escribe una entrada para tu blog. Escribe tu opinión acerca de la canción. Menciona cuáles versos te parecieron más interesantes. Comenta acerca del mensaje de la canción; y reflexiona acerca de la época en la que se escribió la canción. El propósito de tu texto es invitar al lector a reflexionar acerca de la manera en que la música se puede usar como medio para invitar a las personas a actuar.

16 ¿Dónde jugarán los niños?

Enfoques del aprendizaje

- Habilidades de comunicación: Leen con actitud crítica y para comprender. Hacen deducciones y extraen conclusiones

Lee la letra de la canción "¿Dónde jugarán los niños?".

¿Dónde jugarán los niños?

Compositores: Alejandro González y José Fernando Emilio Olvera

Interpreta: Maná

Cuenta el abuelo que de niño el jugó entre árboles y risas y alcatraces de color.
Recuerda un río transparente sin olores donde abundaban peces;
no sufrían ni un dolor.
Cuenta mí abuelo de un cielo muy azul en donde voló papelotes que él mismo construyó.
El tiempo pasó y nuestro viejo ya murió, y hoy me pregunté después de tanta
destrucción:¿Dónde diablos jugarán los pobres niños?
¡Ay ay ay!
¿En dónde jugarán?
Se está quemando el mundo… Ya no hay lugar.
La tierra está a punto de partirse en dos;
el cielo ya se ha roto ya se ha roto el llanto gris;
la mar vomita ríos de aceite sin cesar;
y hoy me pregunté después de tanta destrucción:
¿Dónde diablos jugarán los pobres niños?
¡Ay ay ay!
¿En dónde jugarán?
Se está quemando el mundo… Ya no hay lugar.
¿Dónde diablos jugarán los pobres nenes?
¡Ay, ay ay!
¿En dónde jugarán?
Se está partiendo el mundo… Ya no hay lugar.
No hay lugar en este mundo.

Después de leer la letra de la canción, completa las siguientes tareas.

Con la información del texto, selecciona la respuesta correcta.

1 Podemos decir que los versos 1–2 son:
  a premoniciones.
  b deseos.
  c recuerdos.
2 El problema que se menciona en el verso 2 puede ser el resultado de:
  a los desechos químicos en el agua.
  b la sobrepoblación.
  c la contaminación visual.
3 Una posible razón del problema que se expresa en el verso 12 puede ser:
  a la deforestación.
  b derrames de petróleo.
  c incendios.
4 Podemos decir que el verso 17 tiene relación con:
  a la calefacción.
  b la contaminación.
  c el calentamiento global.

17 Adaptación de "¿Dónde jugarán los niños?"

Enfoques del aprendizaje

- Habilidades de comunicación: Escriben con diferentes propósitos. Utilizan una variedad de técnicas de expresión oral para comunicarse con diversos destinatarios

El Banco Interamericano de Desarrollo (BID) es una de las principales fuentes de financiamiento a largo plazo para proyectos económicos, sociales e institucionales en América Latina y el Caribe. Hoy en día el BID tiene especial interés en fomentar un ecosistema de innovación y emprendimiento para escuchar, inspirar, experimentar y co-crear soluciones en América Latina y el Caribe.

En 2016, Maná y el BID organizaron una concurso para producir un vídeo para la canción "¿Dónde jugarán los niños?" Puedes ver el vídeo ganador del concurso en este enlace: https://youtu.be/_rFRVwOV-hs

Después de ver el vídeo, completa las siguientes tareas.

A Trabaja en equipos pequeños. Comparte tus opiniones acerca del vídeo. Considera las siguientes preguntas guía.

1 ¿Se adaptó efectivamente?
2 ¿De qué manera manejó el simbolismo y el mensaje de la canción?
3 ¿Cuáles partes del vídeo fueron más impactantes? ¿Por qué?
4 ¿Qué cosas cambiarías o agregarías? ¿Con cuál finalidad harías esto?

B Imagina que eres el coordinador del proyecto de la creación del vídeo para la canción "¿Dónde jugarán los niños?" Escribe una convocatoria para invitar a todos los jóvenes que estudian cinematografía o que son aficionados al cine a escribir una propuesta para la adaptación de la canción "¿Dónde jugarán los niños?"

Menciona la fecha límite para enviar la propuesta; indica a dónde se debe de enviar, los datos que se deben incluir, así como los requisitos con los que la propuesta debe cumplir.

Puedes estudiar un ejemplo de una convocatoria en este enlace: https://tinyurl.com/y685sjuh

C Imagina que eres el presidente del BID. En este momento estás en la ceremonia de premiación del ganador de la adaptación de la canción "¿Dónde jugarán los niños?" Escribe el texto del discurso que compartirías para premiar al ganador. Menciona las razones por las cuales el BID decidió colaborar con Maná, el significado de la canción, y lo que esperaban ver en el ganador. Considera el contexto y los receptores de tu discurso.

18 Mucha gente muere por el desarrollo

Enfoques del aprendizaje

- Habilidad de comunicación: Escuchan con actitud crítica y para comprender

Escucha la información acerca del desarrollo. Elige las *cuatro* oraciones verdaderas, de acuerdo con la información en el texto.

Pista 18

a La contaminación del aire es la que cobra más vidas.
b El informe se leyó en la segunda Asamblea de las Naciones Unidas para el Medio Ambiente.
c El texto habla del mensaje del Presidente de las Naciones Unidas.
d El sudeste de Asia y en el Pacífico occidental son las zonas con más incidencias.
e El hablante piensa que no es necesario preocuparse por las cifras.
f En 2012 12,6 millones de personas murieron debido a las malas condiciones ambientales.

¿Son las iniciativas de ayuda al medio ambiente genuinas?

"'El Renacido' es una película acerca de la relación entre el hombre y la naturaleza, y 2015 fue el año más caluroso de la historia. Tuvimos que irnos a la punta sur del planeta para encontrar nieve. El cambio climático es real, está pasando ahora mismo, es una de las amenazas más urgentes que enfrenta nuestra especie y necesitamos trabajar juntos y dejar de posponer la oportunidad de actuar. Necesitamos apoyar a los líderes alrededor del mundo que no solapan a los grandes contaminadores y a las grandes corporaciones sino que hablan por toda la humanidad, por las personas indígenas, por los billones de personas de bajos recursos que serán los más afectados por esto, por los hijos de nuestros hijos y por esas personas allá afuera cuyas voces se han ahogado por la política. Gracias a todos ustedes por este maravilloso premio esta noche."

Leonardo DiCaprio, 2016

19 Piensa–compara–comparte

Presta atención al texto que acompaña la imagen anterior y contesta las siguientes preguntas.

1 ¿Cuál es el mensaje del texto?
2 ¿Por qué crees que Leonardo DiCaprio aprovechó esta oportunidad para hacer este comentario?
3 ¿Consideras oportuno hacer este tipo de declaraciones en eventos como los premios Oscar?
4 ¿En qué te hacen **pensar** las ideas de DiCaprio?

Punto de indagación

Lee las siguientes preguntas, escribe tus respuestas y después comparte tus puntos de vista con tus compañeros.

1 ¿Cómo podemos utilizar nuestras habilidades para ayudar a la comunidad?
2 ¿Por qué es importante observar lo que pasa en nuestros alrededores?
3 ¿Cuáles son algunos proyectos populares en tu ciudad?
4 ¿Qué iniciativas sería buena idea comenzar en tu ciudad para mejorar la situación?
5 ¿Por qué algunas campañas, iniciativas o proyectos reciben más atención y apoyo que otras?
6 ¿Qué actividades ha comenzado o patrocinado tu escuela en tu comunidad? ¿Piensas que se puede hacer más?
7 ¿Cómo varía el significado de "deber", "debería", "tener que", "hay que" y "podrías" al hablar de responsabilidades y posibilidades?
8 ¿Qué verbos o estructuras puedes utilizar para convocar a los demás o para invitarlos a participar en una actividad?

20 Observa–piensa–pregúntate

Mira el avance de cine del documental "Una verdad incómoda" en el siguiente enlace: http://tinyurl.com/1vddikmdxa. Mira el vídeo sin audio.

1 Escribe los títulos que aparecen en el avance.
2 Considera los títulos y responde: ¿Por qué decidió incluirlos el autor? ¿En qué te hacen pensar?
3 Haz una lista de los problemas del medio ambiente que se muestran en el vídeo.
4 Escribe una serie de ideas sobre los temas que supones que trata el documental.

Colabora en equipos pequeños y comparte tus ideas. Toma turnos para responder y preguntar sobre ideas que consideres interesantes.

21 Una verdad incómoda

Enfoques del aprendizaje

- Habilidad de comunicación: Escriben con diferentes propósitos

Después de ver los avances del documental "Una verdad incómoda", realiza la siguiente tarea.

Imagina que estudias Sistemas Ambientales y Sociedades. Tu profesor te pidió que vieras el documental para aprender más acerca del calentamiento global.

Escribe un reporte del documental. Menciona algunas ideas acerca del calentamiento global, la manera en que afecta al mundo y las predicciones para el futuro. Expresa tu punto de vista sobre el contenido del documental y la relevancia del tema.

22 Observa–piensa–pregúntate

Mira los avances para el documental "La última hora" en el siguiente enlace: http://tinyurl.com/hr11trlvdo. Mira el vídeo sin sonido.

Escribe una lista de los problemas con el medio ambiente que aparecen en el vídeo.

Presta atención a los títulos que aparecen en el avance de cine.

¿En qué te hacen pensar?

Escribe un resumen sobre la manera en que este avance de cine es diferente al de "Una verdad incómoda".

Colabora en equipos pequeños y comparte tus ideas. Toma turnos para responder y preguntar sobre ideas que consideres interesantes.

23 Una actividad de CAS

Enfoques del aprendizaje

- Habilidad de comunicación: Escriben con diferentes propósitos

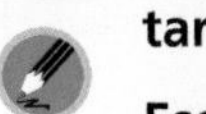

Después de ver y debatir los avances de "La última hora", completa la siguiente tarea.

Escribe un email al coordinador de CAS de tu escuela. Menciona que has visto el avance de cine del documental "La última hora" y que piensas que sería buena idea ver el documental con toda la escuela. Incluye un resumen del documental considerando las imágenes que se muestran en el avance de cine. Expresa tu punto de vista sobre la manera en que este documental puede servir de inspiración para tomar acción y realizar actividades para el programa de CAS.

24 ¿Qué habilidades necesitamos para ser un buen voluntario?

Enfoques del aprendizaje

- Habilidades de comunicación: Utilizan una variedad de técnicas de expresión oral para comunicarse con diversos destinatarios

En esta actividad colaborarás con un compañero.

Lee los siguientes escenarios y debate qué tipo de habilidades necesitan tener las personas a quienes les gustaría colaborar en estos programas. Menciona algunas de las actividades más comunes que harían y qué se puede obtener al participar en cada uno de los programas.

1 Asistiendo a personas con enfermedades terminales en hospitales.
2 Colaborando con un asilo de ancianos.
3 Participando en una campaña de reforestación.
4 Protegiendo el desove de las tortugas marinas.
5 Participando en una organización que rescata perros de la calle.
6 Trabajar con orfanatos.
7 Participar como voluntario en un zoológico.

Comparte sus ideas con la clase entera.

25 Biografías de voluntarios ambientalistas

Enfoques del aprendizaje

- Habilidad de comunicación: Escriben con diferentes propósitos

Observa la información sobre cuatro voluntarios ambientalistas en la siguiente tabla.

Eres el coordinador de CAS en una escuela que ofrece el Programa del Diploma del IB. Cada año publicas las biografías de los estudiantes que mejor trabajo hicieron en el programa de CAS. Las biografías aparecen en la revista de la escuela, la cual se distribuye entre las familias de la comunidad escolar.

Selecciona uno y escribe una biografía de la persona que seleccionaste. Utiliza el pretérito para hablar de momentos específicos, el pretérito imperfecto para describir sus hábitos pasados y el pretérito perfecto para describir sus experiencias.

Temas	Miguel	Antonio	Olivia	Luisa
Ocupación	**Periodista**	**Trabajador social**	**Profesora**	**Bióloga**
Gustos	■ Leer ■ Ver películas ■ Escuchar música ■ Viajar ■ Ir al cine ■ Pasar tiempo con amigos ■ Organizar fiestas	■ Ir a fiestas ■ Cocinar ■ Aprender idiomas ■ Escribir poemas ■ Comer en restaurantes ■ Ver vídeos	■ Cantar ■ Bailar ■ Hablar con amigos ■ Pintar ■ Jardinería ■ Leer ■ Viajar ■ Ver TV	■ Leer ■ Escribir en su blog ■ Pintar ■ Tomar fotos ■ Bailar ■ Jugar con Lego ■ Cocinar ■ Ir al cine
1996	Voluntario en un proyecto de reforestación	Trabajó con una ONG local que recicla materiales reusables	Creó su propio huerto en su casa y un mini huerto en su cocina	Fue de vacaciones a un campamento para ayudar a las tortugas marinas
2000	Fundador del proyecto "Adopta un árbol" en su ciudad	Voluntario en un proyecto de reciclaje en escuelas públicas	Comenzó a trabajar como profesora de ecología	Inició su ONG para crear viajes escolares ecológicos
2004	Voluntario de reforestación en zonas afectadas por incendios forestales	Comenzó su ONG para ayudar a las escuelas a reciclar y producir su propio papel	Comenzó su proyecto de huertos escolares	Comenzó a trabajar en una escuela IB como profesora de biología
2008	Viajó a África	Recibió una beca para estudiar un verano en Harvard	Publicó su libro sobre huertos escolares	Organizó viajes con sus alumnos a muchas playas para proteger las tortugas marinas recién nacidas
2010	Coordinador de Comunidad y Servicio en una escuela IB	Viajó a la India	Viajó a Perú	Viajó a Bali
2012	Comenzó a trabajar en una ONG que apoya causas ambientales	Participó con ONGs en la India reciclando diferentes materiales	Voluntaria en proyectos de agricultura en Perú	Comenzó a trabajar como profesora en una escuela rural en México
2014	Colaborador en un documental sobre la protección de la selva amazónica	Voluntario en una ONG de desarrollo rural en la India	Maestra de ecología en Vietnam	Secretaria del Programa Nacional de Protección a la Fauna Marina

26 Interés en el voluntariado

Enfoques del aprendizaje

- Habilidad de comunicación: Escriben con diferentes propósitos

Lee el siguiente anuncio sobre las oportunidades de trabajar como voluntario.

Voluntario del mundo

El voluntario del mundo participa en cualquier país africano, asiático, de las américas o Europa de forma activa y positiva en la solución de problemas que afectan las condiciones de vida de las comunidades. El voluntario del mundo dedica su especial atención a la asistencia social en todo lo que se refiera a la salud grupal e individual de los miembros del sector implicado.

Para ser voluntario del mundo sólo necesitas el deseo de ayudar, tener un espíritu emprendedor y ser amante de los retos. Como voluntario puedes aplicar tus conocimientos y aptitudes en el lugar donde decidas participar. Las comunidades con las que colaboramos son los territorios idóneos para poner tus habilidades y tu ingenio a prueba, pues trabajarás en zonas aisladas, de difícil acceso, pero con un deseo inmenso por mejorar. En estas zonas no existen todos los servicios ni la infraestructura esencial para que funcionen adecuadamente; por esto, trabajar en estas condiciones te permitirá reconocer tu potencial y mejorar tus habilidades de sobrevivencia.

En algunas comunidades, el acceso al agua potable es limitado; la energía eléctrica no es estable; el transporte a las comunidades no es fácil y tiene que ser planeado meticulosamente; y, similarmente, es necesario aprender a interactuar con las personas que no han visto turistas en su vida. Sin embargo, esto no debe causar terror, por el contrario, debe inspirarte a descubrir tus virtudes humanas y de colaboración.

¡Anímate! Participa con nosotros.

Si te interesa escribe a info@vdelmundo.org y pide más información. Visita nuestro grupo en Facebook y nuestra cuenta en Instagram.

Imagina que estás interesado en la iniciativa que se presentó en "Voluntario del Mundo". Eres un chico que tiene las habilidades para tener impacto en la comunidad. Además te apasiona mucho el servicio a la comunidad.

Escribe un correo electrónico a info@vdelmundo.org para pedir sugerencias sobre los programas en los que puedes participar; menciona las habilidades especiales que tienes y las áreas de trabajo en las que eres bueno. Explica con detalles toda la información que ayudará a la organización a comprender la manera en que puedes contribuir. Explica que quieres un nuevo reto.

Punto de indagación

Contesta las siguientes preguntas. Después comparte tus respuestas con tus compañeros en equipos pequeños.

1. ¿Por qué muchas personas optan por prestar servicio a la comunidad?
2. ¿Por qué es el servicio a la comunidad una parte integral del IB?
3. ¿Por qué las escuelas deben interesarse en contribuir a la comunidad?
4. ¿Por qué el trabajo social y con otras personas se ha convertido en una parte esencial de la educación del presente?
5. ¿Hasta qué punto muchas ONG no tienen un impacto positivo en la sociedad?

27 Programas de ayuda

Enfoques del aprendizaje

- Habilidad de gestión de la información: Presentan la información en diversos formatos y plataformas
- Habilidad de pensamiento creativo: Crean soluciones novedosas para problemas auténticos

Escoge una de las siguientes situaciones y realiza el trabajo que se indica en tu selección.

Situación 1

Eres un voluntario que participa en un programa de ayuda a la comunidad que se enfoca en dar apoyo a las comunidades afectadas por desastres naturales. Quieres invitar a adolescentes como tú a colaborar en el proyecto para reconstruir escuelas en una zona afectada por un terremoto.

Graba un mensaje que se transmitirá en la radio, en canales de YouTube y en podcasts.

En tu mensaje es necesario incluir lo siguiente:

- Quién eres
- Cómo afectan los desastres naturales a las comunidades
- Qué problemas enfrentan las personas de las comunidades afectadas
- Por qué debemos colaborar en este proyecto
- Quiénes son las personas adecuadas para participar
- Cómo puedes colaborar
- Dónde puedes conseguir más información
- Una frase de motivación para provocar interés

Situación 2

Eres un voluntario que participa en un programa de ayuda a la comunidad que se enfoca en construir escuelas en zonas donde la educación es escasa. Además de construir escuelas, también invitas a profesores a impartir clases y a entrenar a personas locales que quieren enseñar.

Graba un mensaje que se transmitirá en la radio, en canales de YouTube y en podcasts.

En tu mensaje es necesario incluir lo siguiente:

- Quién eres
- Cómo afecta la falta de educación a la sociedad
- Qué problemas enfrentan las personas de las comunidades sin acceso a la educación
- Por qué debemos colaborar en este proyecto
- Quiénes son las personas adecuadas para participar
- Cómo puedes colaborar
- Dónde puedes conseguir más información
- Una frase de motivación para provocar interés

28 Ryan Hreljac

Enfoques del aprendizaje

- Habilidad de comunicación: Leen con actitud crítica y para comprender

Lee el siguiente artículo sobre Ryan Hreljac.

El niño que se convirtió en héroe y en ejemplo a seguir

POR ÁNGELES ROA

22 DE MARZO, 2017. LIMA.

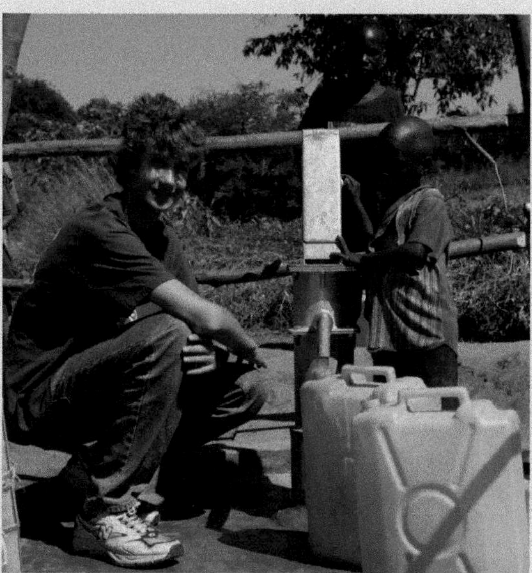

1 Ryan Hreljac, un chico canadiense, es el líder de una ONG que construye pozos de agua. La historia de Ryan es un ejemplo de la manera en que una persona trabaja duro para convertir sus sueños en realidad.

2 Un día, cuando Ryan tenía 6 años y era un estudiante en la escuela primaria, su maestra explicaba acerca de la escasez de agua en África y presentó fotos que mostraban cómo muchos niños en varias partes de África necesitaban caminar kilómetros para conseguir agua. "Recuerdo que después de la clase pasé unos minutos comparando la distancia que mis amigos y yo caminábamos para conseguir agua y el trayecto que caminaban los niños en África... Y nosotros teníamos una gran ventaja sobre ellos, pues nosotros no cargábamos esa cubeta tan pesada", comentó Ryan al narrar su historia.

3 En 2017, a punto de cumplir 26 años, Ryan piensa que no es necesario tener un problema específico para comprender su importancia; y además cree que todos podemos contribuir a solucionar un problema si sabemos que existe. Los maestros de Ryan recuerdan la motivación que mostraba el pequeño de 6 años mientras investigaba cuánto costaba construir un pozo de agua, y quiénes los construyen. Tanto sus padres como los profesores de su escuela se sorprendieron cuando Ryan les confesó que quería construir un pozo en África, pero la sorpresa más grande fue el plan que Ryan había preparado para lograrlo: decidió ayudar en las tareas domésticas para conseguir el dinero que necesitaba. La actitud de Ryan fue todo una inspiración, primero para sus padres y después para sus amigos. Ryan no abandonó su ilusión, y poco a poco comenzó a reunir dinero con la ayuda de las personas en su ciudad.

4 Pasó un año hasta que Ryan consiguió el dinero. Sus padres estaban orgullosos del interés que Ryan mostró por ayudar a los más necesitados en zonas remotas del planeta y lo acompañaron a África, a la ceremonia de apertura del pozo en la escuela Primaria de Angolo, en el norte de Uganda. Así nació Ryan's Well Foundation.

5 De acuerdo con la BBC, Ryan's Well Foundation ha ayudado a construir más de 700 pozos y se calcula que ha facilitado el acceso al agua potable en unos 30 países, en África, Asia y Centroamérica. Evidentemente, la inspiración para realizar servicio a la comunidad que Ryan tuvo en aquella clase en primaria tuvo un impacto mayor del que posiblemente imaginó.

6 Gracias a su experiencia y debido a su interés en los proyectos sustentables, Ryan estudió Desarrollo Internacional y Ciencias Políticas en la Universidad de Halifax, en Canadá, pero continuó trabajando con su fundación. Los esfuerzos de Ryan no han pasado desapercibidos para el mundo. Por ejemplo, la UNICEF celebró su trabajo como embajador de desarrollo social, y el gobierno local lo reconoció con la Orden de Ontario, la condecoración más importante de su provincia.

7 Muchas personas se refieren a Ryan como un héroe, pero él se describe a sí mismo como un joven común y corriente. Cuando hablan sobre Ryan, sus amigos utilizan adjetivos tales como solidario, humilde, buen escucha y valiente. Por su parte, Ryan menciona que la fundación es sólo un "pequeño aporte" para resolver los problemas de acceso al agua; que tiene planes de involucrarse en diferentes proyectos de protección del medio ambiente; y que no hay que tener miedo a ser idealista incluso si nos enfrentamos a problemas complejos.

8 Sus padres citan que aunque Ryan ocupa una gran parte de su tiempo en su fundación, también ha logrado tener "una vida normal, con amigos y sueños"; y que personalmente, ellos están orgullosos de ver cómo se convierte en la mejor versión de sí mismo.

Después de leer el artículo, completa las siguientes tareas.

1 Contesta las siguientes preguntas.
   a ¿Cuándo se publicó el artículo?
   b ¿A qué edad tuvo Ryan la idea de ayudar a las personas de África?
   c ¿Cómo nació la Ryan's Well Foundation?
   d ¿Cuántos pozos ha ayudado a construir la Ryan's Well Foundation?
   e ¿De qué manera describen a Ryan sus amigos?

2 ¿A qué o a quién se refieren las palabras subrayadas? Contesta utilizando las palabras tal como aparecen en el texto.
   a Y nosotros teníamos una gran ventaja sobre ellos… (párrafo 2, línea 14)
   b Y nosotros teníamos una gran ventaja sobre ellos… (párrafo 2, línea 15)
   c … cuando Ryan les confesó que quería construir un pozo en África… (párrafo 3, línea 15)
   d Gracias a su experiencia y debido a su interés en los proyectos… (párrafo 6, línea 1)
   e … que personalmente, ellos están orgullosos de ver cómo se convierte en la mejor versión de sí mismo. (párrafo 8, línea 6)

TEORÍA DEL CONOCIMIENTO

En la actualidad, el desarrollo internacional se asemeja a una industria de producción de datos, información y conocimiento, que no siempre podemos calificar como "desarrollo".

¿De qué manera podríamos describir el papel de la ética como área de conocimiento y su marco de investigación cuando analizamos datos e información? ¿De qué manera es este papel diferente a las situaciones en las que solo evaluamos los actos de las personas?

¿Puede el uso de matemáticas como área de conocimiento elevar las aseveraciones éticas que hacemos cuando evaluamos juicios?

¿Hasta qué punto pueden la razón como forma de conocimiento y la lógica como parte de las matemáticas ayudarnos en la interpretación de datos, conocimiento y poder en el diseño de una evaluación del impacto de las ONG?

CREATIVIDAD, ACTIVIDAD Y SERVICIO

Creatividad

¿Cuáles de tus compañeros han sido estudiantes ejemplares en el programa de CAS?

Si tu escuela tiene un boletín o una gaceta, pide permiso para escribir un artículo por medio del cual aprecies y reconozcas los esfuerzos de tus compañeros.

Por medio de esta actividad mostrarás evidencia para el siguiente **resultado de aprendizaje**: Mostrar cómo iniciar y planificar una experiencia de CAS.

CREATIVIDAD, ACTIVIDAD Y SERVICIO

Creatividad

¿Cuáles son tus fortalezas en el programa de CAS? ¿En qué áreas aún necesitas ayuda?

Realiza un análisis FOARE para reflexionar acerca de las oportunidades que puedes aprovechar y la ayuda que puedes solicitar.

Copia y completa la siguiente tabla:

Área	**Tus ideas**
Fortalezas	
Oportunidades	
Aspiraciones	
Resultados deseados	
Evaluación de los resultados	

Haz una cita con tu coordinador de CAS y comparte tu análisis FOARE.

Por medio de esta actividad mostrarás evidencia para el siguiente **resultado de aprendizaje**: Identificar en uno mismo los puntos fuertes y las áreas en las que se necesita mejorar.

Reflexión

Enfoques del aprendizaje

- Habilidad de reflexión: Consideran los contenidos y se preguntan: ¿Qué información es familiar? ¿Sobre qué aprendí hoy? ¿Hay algo que aún no haya entendido? ¿Qué preguntas tengo ahora?

Aspecto	Básico	En desarrollo	Apropiado	Excepcional
Conocimiento de vocabulario y gramática	Tengo el conocimiento básico de las estructuras gramaticales y palabras relevantes de la unidad.	El conocimiento básico de las estructuras gramaticales y palabras relevantes de la unidad comienza a profundizarse.	Mi dominio del conocimiento de las estructuras gramaticales y palabras relevantes de la unidad cubre los estándares ideales.	Mi dominio del conocimiento de las estructuras gramaticales y palabras relevantes de la unidad va más allá de las expectativas.
Uso de la lengua en los diferentes contextos	Logro utilizar la lengua únicamente de manera básica en los contextos presentados en la unidad.	Comienzo a utilizar la lengua de manera adecuada en los contextos presentados en la unidad.	Logro utilizar correctamente la lengua en los contextos presentados en la unidad.	Logro utilizar la lengua de manera excepcional en los contextos presentados en la unidad.
Habilidades de comprensión auditiva	Únicamente logro comprender la información más básica de los textos de audio.	Logro comprender la información básica y comienzo a comprender las ideas más complejas de los textos de audio.	Logro comprender ampliamente toda la información de los textos de audio.	Logro comprender ampliamente toda la información del texto de audio, y puedo responder espontáneamente al texto.
Habilidades de lecto-comprensión	Únicamente logro comprender la información más básica de los textos escritos.	Logro comprender la información básica y comienzo a comprender las ideas más complejas de los textos escritos.	Logro comprender ampliamente toda la información de los textos escritos.	Logro comprender ampliamente toda la información de los textos escritos, y puedo responder espontáneamente a los textos.
Habilidades de producción escrita	Únicamente logro utilizar palabras aisladas y estructuras con oraciones simples en las tareas escritas.	Logro utilizar una variedad de vocabulario simple y combinar algunas estructuras simples en las tareas escritas.	Logro producir textos escritos que responden correctamente a las tareas escritas de la unidad.	Logro producir textos escritos creativos que responden correctamente a las tareas escritas de la unidad, y van más allá de lo que piden las directrices.
Habilidades de producción oral	Únicamente logro utilizar frases simples en las tareas orales. No logro reconocer el contexto ni la audiencia.	Logro utilizar y combinar algunas estructuras simples en las tareas orales, reconociendo el contexto y la audiencia.	Logro responder correctamente de manera oral a las tareas escritas de la unidad, demostrando mi comprensión del contexto y audiencia.	Logro responder correcta y creativamente de manera oral a las tareas escritas de la unidad, reconociendo el contexto y la audiencia, personalizando la información.
Comprensión de los conceptos	Tengo una comprensión básica de los conceptos que estudiamos en esta unidad.	Logro comprender la relación entre los conceptos que estudiamos y las tareas que realizamos en esta unidad.	Logro comprender y articular la relación entre los conceptos que estudiamos y las tareas que realizamos en esta unidad.	Logro comprender y articular la relación entre los conceptos que estudiamos y las tareas que realizamos en esta unidad, y puedo producir generalizar mi comprensión conceptual.

UNIDAD 15 ¿Hasta qué punto la tecnología ha redefinido la realidad?

■ La realidad aumentada es la superposición de objetos virtuales sobre una visión de la realidad.

OBJETIVOS DE COMUNICACIÓN

En esta unidad vas a:

- Debatir las diferentes formas por medio de las cuales se difunde la información
- Explorar la manera en que la tecnología ha cambiado las diferentes formas de comunicación
- Compartir tus puntos de vista sobre los problemas con la comunicación que produjo la aparición del internet
- Indagar sobre la relación entre la innovación tecnológica y la lengua
- Practicar la redacción de diferentes textos considerando diversas audiencias
- Estudiar la importancia de aprender a gestionar la información
- Reflexionar sobre la influencia de las redes sociales en nuestras interacciones con los demás

EN ESTE CAPÍTULO INVESTIGARÁS ESTAS PREGUNTAS:

Fácticas	Conceptuales	Debatibles
¿Por cuáles medios se difundía la información antes de la aparición del internet? ¿Dónde se almacenaba la información antes de la aparición de "la nube"? ¿Qué problemas relacionados con la comunicación han aparecido debido al internet? ¿Qué diferencias y similitudes existen entre la imprenta y el internet?	¿Qué relación existe entre la innovación tecnológica y la lengua? ¿Cómo o por qué podría ser la cantidad de información del presente un problema? ¿Cómo nos enriquece la información a la que tenemos acceso?	¿Qué hacemos con tanta información en el internet? ¿De qué manera debemos gestionar la información qué existe? ¿Es la información del presente más confiable? ¿De qué manera influyen las redes sociales en la manera en que nos relacionamos con los demás?

¿Por cuáles medios se difundía la información antes de la aparición del internet?

■ Las redes sociales.

1 ¿Cuál era el equivalente de cada una de las redes sociales en el internet?

A **Presta atención a la ilustración de al lado. Escribe la función básica de cada una de las redes sociales en la columna del centro en una tabla como la siguiente, y después escribe en la columna derecha el equivalente de cada una de las redes sociales antes de su aparición.**

Red social	Función principal	Equivalente antes del internet
1 Facebook		
2 Instagram		
3 Twitter		
4 Forthsquare o Googlemaps		
5 Spotify		
6 YouTube		
7 Pinterest		
8 Blogs		
9 Skype		
10 Wechat o Whatsapp		

B **Comparte tus ideas con tus compañeros en equipos pequeños.**

Después utiliza este enlace para comparar tus ideas y las de tus compañeros: https://tinyurl.com/y8kcadyb

¿Qué tan similares o diferentes fueron las conclusiones a las que llegaron?

Léxico

Estudia el **significado** de los siguientes vocablos.

alerta	conflicto	red social
algoritmo	curar contenido	usuario
auspiciar	enlace	viral
avatar	ingresar	

Punto de indagación

¿Qué **significado** tienen algunas de las palabras en el recuadro en la página 333 en **contextos** distintos?

Copia y completa la siguiente tabla. Escribe la definición de cada palabra en los **contextos** que se mencionan.

Palabra	Significado en el internet	Significado en un contexto fuera del internet
1 Red		(en deportes) (en la pesca)
2 Alerta		(en un edificio)
3 Curar		(en un hospital)
4 Enlace		
5 Avatar		(en algunas religiones como el hinduismo)
6 Viral		(en medicina)
7 Auspiciar		(en un espacio físico)

Comparte tus definiciones con tus compañeros.

¿Por qué debemos prestar atención al significado de las palabras en diferentes contextos?

2 La evolución del escritorio

Enfoques del aprendizaje

- Habilidad de colaboración: Escuchan con atención otras perspectivas e ideas

A **Mira la animación en el siguiente enlace: http://tinyurl.com/lndltmpcomk**

1 Primero describe todo lo que había sobre el escritorio en 1980.
2 Después describe los cambios. Indica en qué se convirtieron las diferentes herramientas que estaban en el escritorio.
3 Finalmente, responde estas preguntas:
   a ¿Cómo resumirías el contenido de esta animación?
   b ¿Qué relación existe entre esta animación y el título de esta unidad?

B **Comparte tus respuestas con la clase entera.**

3 ¿Cómo se compartía información en el pasado?

Enfoques del aprendizaje

- Habilidad de pensamiento crítico: Formulan preguntas fácticas, de actualidad, conceptuales y debatibles
- Habilidad de colaboración: Ofrecen y reciben comentarios pertinentes
- Habilidad de comunicación: Estructuran la información en resúmenes, ensayos e informes

A **Prepara una serie de preguntas para tus padres y tus profesores.**

Pregunta sobre la manera en que realizaban o sucedían las siguientes tareas y situaciones cuando tenían 14 años:

1 Compartir fotos como se hace en Facebook
2 Interactuar con celebridades como se hace en las redes sociales
3 Publicar opiniones en plataformas como Twitter, o en redes sociales

4 Filmar y compartir un vídeo como se hace en YouTube
5 Encontrar información sobre las publicaciones en otros países
6 Ser YouTuber
7 Hacer publicidad por medio de imágenes como en Instagram.

B **Cuando tus preguntas estén listas, realiza la encuesta. Pregunta a cinco personas de edades diferentes.**

Trabaja en equipos pequeños y comparte las opiniones de las personas que entrevistaste y las tuyas también. Toma turnos para responder y preguntar sobre ideas que consideres interesantes.

C **Resume las ideas que obtuviste por medio de la encuesta y las que mencionaron tus compañeros. Escribe un artículo para la revista de tu escuela. El propósito de tu artículo es informar a tu comunidad escolar acerca de las diferencias generaciones respecto a la forma en que se compartía la información. Compara la manera en que se hacen las actividades o tareas en las situaciones mencionadas. Incluye ventajas y desventajas, y tu opinión. Utiliza el pretérito imperfecto y el presente, y otros tiempos verbales que sean necesarios.**

4 La vida en la biblioteca

Enfoques del aprendizaje

- Habilidad de colaboración: Escuchan con atención otras perspectivas e ideas

Presta atención a las siguientes imágenes.

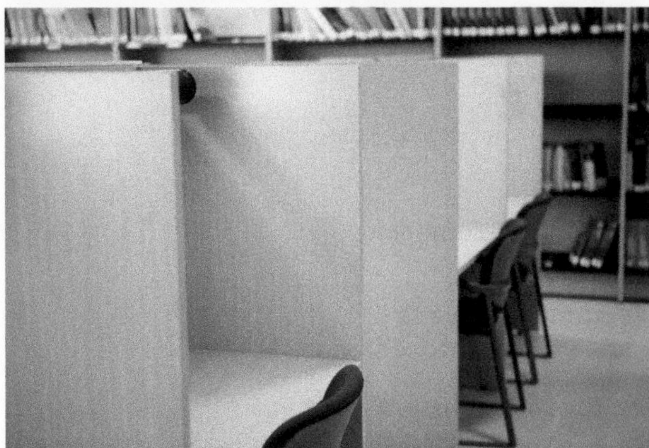

A **Responde las siguientes preguntas de manera individual.**

1 ¿Cómo describirías el proceso de investigación y trabajo en la biblioteca antes del internet?
2 ¿De qué manera ha cambiado el uso que le damos a las bibliotecas hoy en día en comparación con el uso que se tenía anteriormente?
3 ¿Qué habilidades se necesitaban en el pasado para investigar en la biblioteca?
4 ¿Cómo ha cambiado el concepto de "investigar en la biblioteca"?

B **Escribe una serie de preguntas que te gustaría debatir acerca de las bibliotecas y la información.**

C **Después comparte tus respuestas y preguntas en equipos pequeños. Toma turnos para responder y preguntar sobre lo que consideres interesante.**

5 Piensa–compara–comparte

Realiza una búsqueda de imágenes acerca de las bibliotecas en los años 80; investiga qué significa el término "enciclopedia"; y considera el propósito de Wikipedia.

Responde las siguientes preguntas individualmente.

1 ¿Cómo se manejaba la información en el pasado?

2 ¿Podrías hacer trabajos escolares en una biblioteca como las del pasado?

3 ¿Cómo te sentirías trabajando con una enciclopedia?

4 ¿Cuáles serían las diferencias más marcadas entre una enciclopedia y Wikipedia?

Escribe cinco preguntas que te gustaría debatir con tus compañeros.

Después, trabaja en equipos pequeños. Comparte tus ideas y toma turnos para responder y preguntar sobre las ideas que consideres interesantes.

6 La enciclopedia y Wikipedia

Enfoques del aprendizaje

- Habilidad de comunicación: Escriben con diferentes propósitos

En el pasado, tener una enciclopedia significaba tener acceso a una gran cantidad de información en una serie de tomos. Muchas de las enciclopedias más famosas actualizaban sus versiones cada año. En comparación, Wikipedia podría describirse como una enciclopedia que se construye con el conocimiento colectivo.

Piensa en el proceso de curación de contenido que existía en la creación de una enciclopedia y compáralo con la diversidad de información que existe en Wikipedia.

Eres un blogger que trabaja para una compañía de creación de contenido.

Escribe un texto para tu blog acerca de la evolución de la enciclopedia a Wikipedia. Explica de qué manera es diferente la información que se presenta en cada una. Comenta sobre el costo que tenían las enciclopedias y las limitaciones para tener acceso a Wikipedia. Menciona las ventajas y desventajas de cada una. Comparte tu opinión sobre la calidad de la información en cada recurso. Concluye con una serie de preguntas para invitar a tus lectores a reflexionar.

TEORÍA DEL CONOCIMIENTO

El conocimiento puede verse como el resultado del trabajo de uno o más seres humanos.

¿Hasta qué punto podríamos decir que Wikipedia es un productor del conocimiento compartido de los colaboradores que contribuyen a su redacción?

¿Qué tan diferente era la idea del conocimiento compartido en las enciclopedias y la del conocimiento compartido en Wikipedia?

¿Qué reflexión consideras prudence realizar acerca de los métodos socialmente establecidos para producir conocimientos de este tipo?

¿Hasta qué punto crees que las innovaciones tecnológicas influyen en la manera en que organizamos el marco de conocimiento?

7 Piensa–compara–comparte

A **Individualmente responde las siguientes preguntas.**

1 ¿Dónde se almacenaba la información antes de la aparición de "la nube"?
2 ¿Son las bibliotecas cosas del pasado?
3 ¿Qué diferencias y similitudes existen entre la imprenta y el internet?

B **Después trabaja en equipos pequeños y comparte tus opiniones. Toma turnos para responder y preguntar sobre las ideas que consideres interesantes.**

8 Las Hemerotecas

Enfoques del aprendizaje

- Habilidades de gestión de la información: Acceden a la información para estar informados e informar a otros. Establecen conexiones entre diversas fuentes de información

A **Realiza una búsqueda de imágenes acerca de "la hemeroteca".**

Utiliza las imágenes para completar la siguiente tarea.

1 Observa las imágenes con atención y describe el lugar.
2 Piensa en las actividades que hacían las personas que la visitaban, y escribe algunas ideas.
3 Escribe una serie de preguntas que te gustaría preguntar y responder acerca del concepto de las hemerotecas y la manera en que se utilizaban.

B **Después trabaja en equipos pequeños. Comparte tus ideas con tus compañeros. Toma turnos para responder y preguntar sobre las opiniones que consideres interesantes.**

C **Eres el bibliotecario de tu escuela y compartirás un artículo acerca de las diferentes formas de informarse en el pasado. El propósito de tu artículo es informar a los estudiantes de la escuela acerca de diferentes modelos de investigación. Explica qué es una hemeroteca, qué podemos encontrar ahí, cómo se organizan los recursos y cuándo es buena idea investigar en periódicos.**

9 ¿Desaparecerán las bibliotecas en la era digital?

Enfoques del aprendizaje

- Habilidad de comunicación: Leen con actitud crítica y para comprender

Lee el siguiente texto acerca del futuro de las bibliotecas.

¿Desaparecerán las bibliotecas en la era digital?

1 Las innovaciones científicas y la manera en que se integran diferentes tecnologías en las escuelas ha provocado que muchas personas se pregunten qué pasará con las bibliotecas. ¿Desaparecerán? ¿Se utilizará el espacio para otros propósitos? ¿Qué pasará con los libros? Estas son sólo unos de los ejemplos de la larga lista de preguntas acerca del futuro de las bibliotecas.

2 Bien es cierto que el futuro siempre es incierto, en muchas ocasiones sólo prestamos atención a las tendencias y generalizamos acerca del futuro de las cosas. En otras ocasiones, también hacemos uso de la imaginación e imaginamos lo que nos gustaría que pasase. Sin embargo, de nada sirve especular y lo mejor es esperar y dejar que las cosas pasen, informarse bien y tomar una decisión acertada.

3 Así pues, considerando la función esencial que tienen las bibliotecas, primero como centro de información y aprendizaje y acceso a los servicios de la sociedad de la información, además de proporcionar opciones de ocio cultural a las personas, es difícil creer que serán reemplazadas fácilmente. Ningún sistema de software o combinación de Apps podría sustituir a los bibliotecarios y las oportunidades de aprendizaje que logran construir.

4 Muchas personas piensan que las bibliotecas desaparecerán porque únicamente las consideran como espacios para almacenar libros, pero ignoran el rol importante que las bibliotecas juegan en la promoción de la alfabetización informacional para lograr una sociedad mejor informada y con capacidad para desarrollar un pensamiento crítico y tomar mejores decisiones en la vida diaria personal, social y política. En pocas palabras, los servicios de las bibliotecas no se limitan al préstamo de libros, y no pueden sustituirse con una conexión a internet o una suscripción a Amazon Kindle.

5 Lo cierto es que las necesidades de la era digital son diferentes y es necesario adaptarse. Sin embargo, como el lugar que auspicia conocimiento, las bibliotecas pueden mutar muy fácilmente siempre y cuando las instituciones tengan una visión clara de la función que estas juegan en su contexto. ¿De qué sirve digitalizar todos los recursos si nadie los utilizará? ¿Qué sentido tiene rediseñar un espacio si nadie lo va a utilizar al máximo?

6 Debemos comprender que una sociedad bien informada es necesaria para el buen funcionamiento de la democracia. Y, aunque las bibliotecas no pueden obligar a nadie a informarse, sí son una gran herramienta muy importante para interactuar con la información que se produce día a día, así como con el conocimiento.

7 Por lo tanto, en lugar de especular acerca del destino de las bibliotecas, mi propuesta es preguntarnos acerca de los espacios y plataformas que necesitamos para mantenernos informados, porque los bibliotecarios responderán adecuadamente y nos seguirán apoyando a comprender la construcción del conocimiento.

Después de leer el texto anterior, completa las siguientes tareas.

1 Contesta las siguientes preguntas. Considera la información en los párrafos indicados.
  a ¿Cuáles dos escenarios provocan las preguntas cerca del futuro de las bibliotecas? (párrafo 1)
  b Menciona **dos** de las funciones esenciales de las bibliotecas. (párrafo 3)
  c ¿Qué idea errónea tienen muchas personas acerca de las bibliotecas? (párrafo 4)
  d ¿Qué necesitan tener las escuelas para permitir que las bibliotecas evolucionen? (párrafo 5)
  e ¿Cuál es la propuesta del autor del texto? (párrafo 7)

2 Las siguientes afirmaciones son verdaderas o falsas. Selecciona la opción correcta y luego justifícala usando palabras tal como aparecen en el texto.
  a Algunas personas piensan que las bibliotecas son almacenes de libros.
  b Los libros digitales motivarán a las personas a ir a la biblioteca.
  c Las bibliotecas pueden ayudar a construir sociedades demócratas.
  d El autor considera que es necesario resistirse a los cambios en la era digital.
  e Según el autor, sabemos lo que sucederá en el futuro.

¿Qué relación existe entre la innovación tecnológica y la lengua?

10 Observa–piensa–pregúntate

Las innovaciones tecnológicas han introducido nuevas palabras en la lengua española.

A Presta atención a la imagen anterior.

¿Qué palabras introdujo cada una de las innovaciones tecnológicas a la lengua española?
Consulta con tu profesor si no conoces el significado de ciertos términos.

Innovación	Palabra(s) que introdujo a la lengua
1 Twitter	
2 Facebook	
3 Teléfono inteligente	
4 Internet	
5 Correo electrónico	

B Después trabaja en equipos pequeños y comparte tus opiniones. Toma turnos para responder y preguntar sobre las ideas que consideres interesantes.

11 Los pioneros de las interacciones en espacios virtuales

Enfoques del aprendizaje

- Habilidad de gestión de la información: Acceden a la información para estar informados e informar a otros
- Habilidad de comunicación: Estructuran la información en resúmenes, ensayos e informes

¿Alguna vez has escuchado hablar de ICQ, Yahoo Messenger y Windows Live Messenger?

A Realiza una investigación acerca de estos tres servicios de mensajería instantánea.

Eres un blogger y tienes un interés especial en escribir acerca de la historia de las innovaciones tecnológicas. Los lectores de tu blog son generalmente jóvenes que les gusta aprender por sí mismos.

B Escribe un texto para tu blog acerca de la historia de ICQ, Yahoo Messenger y Windows Live Messenger. Narra cómo aparecieron estos servicios, la manera en que se volvieron populares, las oportunidades de comunicación que permitieron y la manera en que abrieron la puerta a futuras innovaciones.

12 El impacto de la tecnología en el lenguaje

Enfoques del aprendizaje

- Habilidad de comunicación: Leen con actitud crítica y para comprender

Después de escuchar la presentación acerca de la tecnología y el lenguaje, completa las siguientes tareas.

Pista 19

1 Elige las **cinco** ideas que son correctas, de acuerdo con el texto.

a La Real Academia de la Lengua española aceptó la palabra "chat".

b Algunas palabras populares en los ambientes virtuales no tendrían sentido en el pasado.

c La gente tomaba fotos de su comida con una cámara Polaroid.

d En español se utilizan palabras en inglés que no tienen equivalente o traducción.

e La Real Academia de la Lengua Española no es muy flexible.

f El concepto de la palabra "interacción" ha cambiado.

g En un idioma, es necesario tener palabras que nos ayuden a expresar las ideas que queremos comunicar.

2 Selecciona la respuesta correcta de acuerdo con la información que se mencionó en el texto.

a Antes de los teléfonos inteligentes, ¿qué era necesario para interactuar?
   i Estar cara a cara.
   ii Comprar un teléfono.
   iii Viajar.

b ¿Las nuevas oportunidades de comunicación han provocado…?
   i Confusión.
   ii Retos o "*challenges*".
   iii La creación de nuevas palabras.

c ¿Qué ha favorecido el desarrollo de los medios de la información y de las nuevas tecnologías?
   i Nuevas formas de comunicación.
   ii Más inventos.
   iii La aceptación de nuevas palabras.

d ¿Cuál palabra sí aceptó La Real Academia de la Lengua Española?
   i Chat. ii Emoticono. iii Selfie.

e Este texto es…
   i Una presentación. ii Un podcast. iii Un debate.

TEORÍA DEL CONOCIMIENTO

Es necesario distinguir entre el lenguaje como forma de conocimiento, y la lingüística, una de las ciencias humanas como área de conocimiento. Cuando hables acerca de las estructuras de conocimiento de las lenguas, estarás haciendo uso de tu conocimiento lingüístico, mas cuando hables de la habilidad humana, estarás hablando del lenguaje.

Si utilizas la lingüística como área de conocimiento, podrás apreciar que en español existen dos formas de expresar ideas relacionadas con el conocimiento: los verbos "conocer" y "saber". Así, las dos formas en la primera persona: "yo conozco / sé" se refieren a la posesión de conocimientos por parte de un individuo; es decir al conocimiento personal; mientras que "nosotros conocemos / sabemos" se refiere a los conocimientos que pertenecen a un grupo, es decir, al conocimiento compartido.

¿La manera en que la que se populariza un vocablo de manera universal (por ejemplo *selfie* o *troll*) es parte del conocimiento personal o del conocimiento compartido?

¿Cuáles áreas de conocimiento puedes utilizar para explicar la manera en que ciertas culturas deciden adoptar términos en inglés u otra lengua en lugar de encontrar un equivalente en su idioma?

Punto de indagación

Contesta las siguientes preguntas de manera individual.

1 ¿De qué manera han cambiado las redes sociales la manera en que se difunden las ideas?
2 ¿Por qué las redes sociales reciben críticas negativas de algunos lingüistas conservadores?
3 ¿De qué manera las redes sociales han influido y enriquecido la manera en que compartimos, acumulamos y guardamos información?
4 ¿Cómo han influido las redes sociales en la manera en que las personas en la sociedad se involucran en la solución de problemas?

Comparte tus respuestas con tus compañeros, en equipos pequeños.

13 Twitter nos cambió la vida

Enfoques del aprendizaje

- Habilidad de comunicación: Leen con actitud crítica y para comprender

Lee el siguiente texto acerca del impacto de Twitter.

www.cambiarlavida.com

Twitter nos cambió la vida

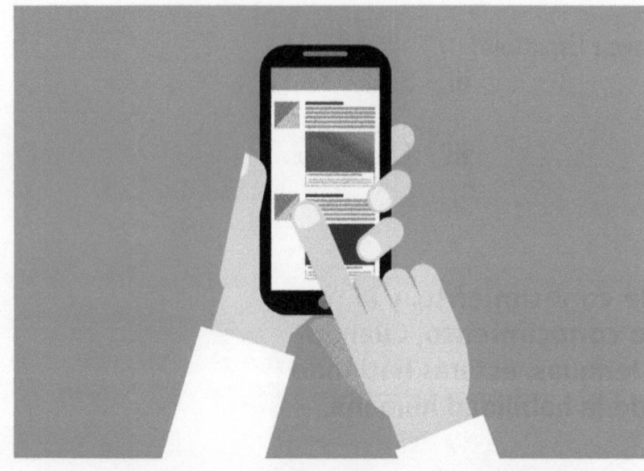

1 En el presente hay más de 200 millones de cuentas registradas en Twitter. Políticos, actores, cantantes y periodistas ya no pueden decir que ignoran lo que la gente piensa. Hoy en día sólo es necesario entrar a Facebook o Twitter para encontrar halagos, disputas, insultos y reacciones en cadena acerca de eventos que están en boga.

2 El impacto de Twitter se compara con el de la televisión en muchas ocasiones: ambos medios se utilizan para hacer promoción, para informar, para opinar y para convocar a participar en diferentes iniciativas. No obstante, muchas personas piensan que Twitter ha tenido un impacto más grande que la televisión, debido a que por medio de su plataforma es posible hacer encuestas en tiempo real, contactar al autor de un mensaje, o crear un repositorio de información con un solo símbolo: #.

3 Los estudios de mercado, las protestas, demandas, movimientos sociales, invitaciones a fiestas exclusivas, sorteos de premios, o convocatorias a eventos, ahora tienen más fuerza que nunca gracias a Twitter. Antes era necesario publicar pósters, hacer anuncios en la televisión o en la radio y esperar respuesta; ahora el poder del hashtag es incomparable.

4 ¿Recuerdas la selfi que Barak Obama se tomó con el Primer Ministro del Reino Unido y la Primer Ministro de Dinamarca? ¿Recuerdas la velocidad con la que los usuarios la retuitearon y compartieron su punto de vista sobre la falta de respeto que el Presidente de los Estados Unidos mostró en el funeral? Este es un ejemplo de la manera en que la información en Twitter se difunde y da la oportunidad a todos los cibernautas de comentar.

5 Otro ejemplo que no podemos pasar por alto es la Primavera Árabe y el gran papel que Twitter tuvo para informar al mundo de lo que sucedía, pues el bloqueo que los medios de comunicación sufrieron impidió que los periodistas hicieran su trabajo. No obstante, gracias al uso de Twitter y otras redes sociales, el mundo fue testigo de tal movimiento. Por lo tanto, no debe sorprendernos que tanto celebridades como políticos sean cada vez más precavidos con lo que dicen, o hacen, pues cualquier crítica que alguien pueda hacer puede convertirse en un virus para su reputación.

6 Es difícil describir con precisión la manera en que Twitter ha cambiado la forma de construir ideas, elegir palabras, compartir y almacenar información. La creatividad de los usuarios se ha dejado ver en la manera en que transforman las reglas gramaticales y de sintaxis, y cómo se apoyan en enlaces cortos abreviar ideas para las que necesitarían más de los caracteres disponibles en cada tuit.

7 Entonces, si comparamos el impacto que tuvieron el fax, el beeper, la grabadora de mensajes, la copiadora, las estampillas postales y las máquinas de escribir en la manera en que utilizamos la lengua, indudablemente Twitter nos cambió la vida. Incluso en su edición de 2015, la Real Academia Española incluyó en su diccionario oficial las palabras 'tuit' y 'tuitear', como resultado del uso frecuente de estos términos, así como del significado particular que cada una conlleva.

Después de leer el texto, completa las siguientes tareas.

1 Contesta las siguientes preguntas.
  a Menciona **dos** ejemplos de las situaciones que podemos ver en redes sociales como Twitter o Facebook.
  b ¿Cuál suceso produjo críticas negativas para el ex Presidente Barak Obama?
  c ¿De qué manera fue Twitter relevante durante la Primavera Árabe?
  d Menciona **dos** ejemplos de innovaciones tecnológicas que precedieron a Twitter.
  e Menciona **dos** de las maneras en que Twitter ha influido en el uso de la lengua.

2 ¿A qué o a quién se refieren las palabras subrayadas? Contesta utilizando las palabras tal como aparecen en el texto.
  a … ambos medios se utilizan para hacer promoción… (párrafo 2, línea 2)
  b … Este es un ejemplo de la manera en que la información… (párrafo 4, línea 6)
  c … así como del significado particular que cada una conlleva. (párrafo 7, línea 9)

3 Con la información del texto, selecciona la respuesta correcta.
  a Este texto es…
    i un artículo de periódico.
    ii un texto de blog.
    iii un artículo de revista.
  b El propósito de este texto es…
    i informar.
    ii entretener.
    iii persuadir.

14 La reacción de los revolucionarios ante las innovaciones

Enfoques del aprendizaje

- Habilidad de pensamiento creativo: Hacen conjeturas, formulan preguntas hipotéticas ("¿qué pasaría si...?") y generan hipótesis comprobables

Las innovaciones tecnológicas generalmente tienen un antecesor. En su momento, cada avance rompe con los paradigmas y revoluciona en su ámbito. No obstante, ¿alguna vez has reflexionado sobre lo que pensarían algunos de los grandes inventores si presenciaran algunos de los avances modernos?

Lee las siguientes situaciones y responde a la situación.

¿Qué pasaría si…

1 Gutenberg, el inventor de la imprenta, fuera testigo de las publicaciones digitales del presente y viera la popularidad de los libros electrónicos.
2 Edwin Herbert Land, inventor de la cámara Polaroid, presenciara la popularidad y las funciones de Instagram.
3 Samuel Finley Breese Morse, inventor del telégrafo morse, evaluara los comienzos y evolución de los usos de Twitter.
4 los chinos del siglo IX, inventores de la brújula, conocieran los diferentes tipos de GPS.
5 Alexander Graham Bell, inventor del teléfono, se percatara de la transformación de los teléfonos móviles e inteligentes.
6 John Logie Baird, inventor de la televisión, y Guillermo González Camarena, pionero de la televisión a color, presenciaran las posibilidades y oportunidades que ofrece YouTube.

En equipos pequeños, comparte tus ideas acerca de cada uno de los casos.

15 Las redes han revolucionado la moda

Enfoques del aprendizaje

- Habilidad de comunicación: Leen con actitud crítica y para comprender

Lee el siguiente texto acerca del rol de las redes sociales en la moda.

Las redes han revolucionado la moda

1 Por mucho tiempo, el mundo de la moda ha sido uno de los ambientes más elitistas y cerrados. Hasta hace unos años, ser testigo de las pasarelas de moda para apreciar los modelos de las nuevas temporadas de diferentes diseñadores significaba no sólo volar a otro país, sino encontrar la forma de tener acceso a ellas.

2 No obstante, incluso este universo tan selectivo, en constante evolución, está experimentando una re-evolución gracias al poder de las redes sociales. Está claro que la manera de interactuar con los consumidores es la mejor forma de hacer publicidad gratis, pues además de involucrarlos en estudios de mercado que les costarían una alta suma de dinero a las casas de moda, también sacan provecho a la cantidad de veces que los usuarios de las redes comparten su información.

3 Muchos expertos en el mundo de la moda han afirmado que aunque la presencia de la jefa de redacción de "Vogue", Anna Wintour, sigue siendo importante para cualquier diseñador, Twitter y los blogueros están rompiendo el monopolio de las revistas. "Antes lo importante era adónde iban los editores influyentes, si les gustaba la colección o no. Ellos creaban un cierto punto de vista y eso era lo que todo el mundo veía; ahora los bloguers acercan a los consumidores a los productos que les gustan y los invitan comentar," cuenta Lubov Azria.

4 Marc Jacobs ha comprendido el volumen de la voz de los jóvenes en las redes y, por esta razón, se ha convertido en uno de los pioneros para ofrecer comercio electrónico por medio de sus cuentas en Twitter, Facebook, Instagram y YouTube, donde comparte los desfiles en vivo por internet, atrayendo una audiencia de millones de personas en el mundo entero.

5 Victoria Beckham no quiere quedarse atrás y hace unos años colaboró con YouTube en un proyecto especial para la Semana de la Moda de Londres, para permitir que todos los usuarios de YouTube interesados conocieran sus nuevos modelos. Cuando se le cuestionó sobre su proyecto con Skype, Youtube, Beckham dijo que la revolución del siglo XXI es de forma creativa y que debe conectar a todos aquellos que saben cómo combinar las diferentes formas de creatividad que existen para crear su propia revolución.

Después de leer el texto, completa las siguientes tareas.

1 Contesta a las siguientes preguntas.

a ¿De cuáles **dos** formas se benefician las casas de moda con el uso de las redes sociales?

b ¿De qué manera están los bloguers rompiendo con el monopolio de las revistas?

c ¿De qué manera utiliza Marc Jacobs las redes sociales?

d Explica la colaboración entre Victoria Beckham y YouTube.

2 ¿A qué o a quién se refieren las palabras subrayadas? Contesta utilizando las palabras tal como aparecen en el texto.

a … sino encontrar la forma de tener acceso a ellas. (párrafo 1, línea 9)

b … estudios de mercado que les costarían una alta suma de dinero… (párrafo 2, línea 9)

c … Ellos creaban un cierto punto de vista y eso era lo que todo el mundo veía… (párrafo 3, línea 10)

d … conocieran sus nuevos modelos… (párrafo 5, línea 7)

16 Las redes sociales y la moda

Enfoques del aprendizaje

- Habilidades de comunicación: Utilizan una variedad de técnicas de expresión oral para comunicarse con diversos destinatarios. Escriben con diferentes propósitos

A **Colabora con un compañero.**

Simula una entrevista entre un diseñador de moda emergente y un periodista. El diseñador explicará su historia acerca de la manera en que descubrieron su trabajo por medio de las redes y cómo, gracias, a las redes sociales ha tenido la oportunidad de colaborar con otros diseñadores. El periodista indagará sobre todas las ideas que el diseñador comparta.

B **Utiliza los datos de la entrevista entre el diseñador de moda emergente y el periodista. Escribe un artículo para una revista de moda acerca del diseñador y de la manera en que utiliza las redes sociales para presentar sus diseños, y para interactuar con sus admiradores. Menciona ideas acerca del destino de la industria gracias a la manera en que las redes sociales están ayudando a romper paradigmas.**

17 Víctima de Twitter

Enfoques del aprendizaje

- Habilidad de comunicación: Utilizan una variedad de técnicas de expresión oral para comunicarse con diversos destinatarios

Colabora con un compañero. Simularán una entrevista entre una celebridad y un periodista. En la interacción, la celebridad discutirá la forma en que Twitter cambió la relación con sus admiradores y la manera en que cambió su comportamiento en lugares públicos, después de ser víctima de un malentendido en Twitter. El periodista indagará sobre las opiniones que el entrevistado mencione sobre el malentendido.

¿Qué hacemos con tanta información en el internet?

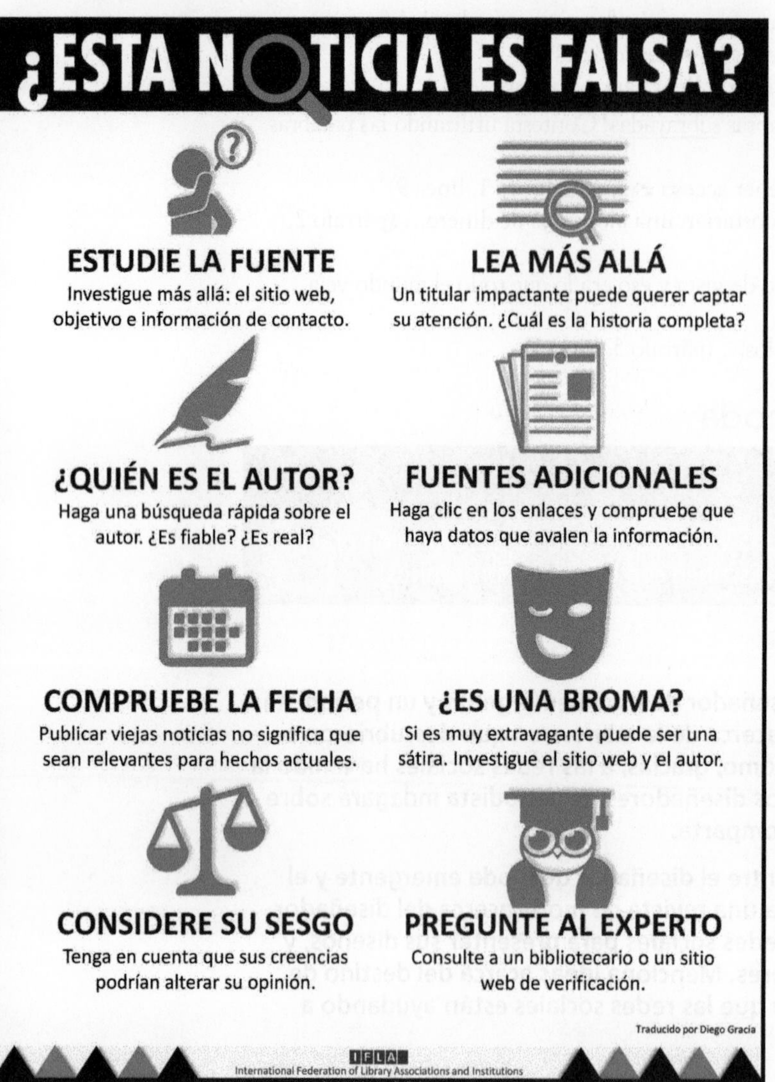

¿ESTA NOTICIA ES FALSA?
ESTUDIE LA FUENTE
Investigue más allá: el sitio web, objetivo e información de contacto.
LEA MÁS ALLÁ
Un titular impactante puede querer captar su atención. ¿Cuál es la historia completa?
¿QUIÉN ES EL AUTOR?
Haga una búsqueda rápida sobre el autor. ¿Es fiable? ¿Es real?
FUENTES ADICIONALES
Haga clic en los enlaces y compruebe que haya datos que avalen la información.
COMPRUEBE LA FECHA
Publicar viejas noticias no significa que sean relevantes para hechos actuales.
¿ES UNA BROMA?
Si es muy extravagante puede ser una sátira. Investigue el sitio web y el autor.
CONSIDERE SU SESGO
Tenga en cuenta que sus creencias podrían alterar su opinión.
PREGUNTE AL EXPERTO
Consulte a un bibliotecario o un sitio web de verificación.
Traducido por Diego Gracia
IFLA
International Federation of Library Associations and Institutions

■ El pensamiento crítico es una habilidad clave en la alfabetización de los medios de comunicación y la información.

18 Observa–piensa–pregúntate

Presta atención a la ilustración anterior.

Contesta las siguientes preguntas.

1 ¿Por qué es importante investigar las fuentes que consultamos?
2 ¿Por qué debemos verificar quién es el autor de las fuentes que consultamos?
3 ¿Por qué es buena idea consultar más de una fuente cuando investigamos?
4 ¿Por qué es la fecha de publicación tan importante en las fuentes que consultamos?
5 ¿Por qué es buena idea reflexionar sobre el posible sesgo de las fuentes que consultamos?
6 ¿Cuáles otras preguntas es importante hacerse respecto a la veracidad de las fuentes?

Comparte tus ideas en equipos pequeños.

19 ¿Qué hacemos con tanta noticia falsa en internet?

■ Enfoques del aprendizaje

- Habilidad de comunicación: Escuchan con actitud crítica y para comprender

Utiliza el siguiente enlace: https://youtu.be/RoBaPsoHNAM para ver el vídeo acerca de la información falsa en internet.

Después de ver el vídeo, contesta las siguientes preguntas.

1 ¿Cuáles **dos** instancias constituyen las formas más comunes de fabricar noticias falsas?

2 ¿Cuáles **dos** sugerencias ofrece el narrador para enfrentar este problema?

3 Menciona **dos** de los elementos que debemos identificar en una página web para reconocer la calidad de la información que presenta.

4 Menciona **dos** de las señales que indican que una fuente en el internet no es confiable.

5 ¿Por qué es importante nuestra actitud a la hora de compartir noticias?

Punto de indagación

Contesta las siguientes preguntas.

1 ¿Qué rol tendrán las redes sociales en la manera en que las personas definan "qué es verdad y qué es mentira"?

2 ¿Cambiará la idea que tenemos acerca de la información original y la transparencia?

3 ¿Hasta qué punto las redes sociales influirán en el concepto de "publicar" que conocemos?

4 ¿Qué problemas nuevos surgirán en el futuro como resultado de la fabricación de noticias?

Comparte tus respuestas en equipos pequeños.

Pregunta acerca de las ideas que consideres interesantes.

20 Errores en la comunicación

■ Enfoques del aprendizaje

- Habilidad de comunicación: Estructuran la información en resúmenes, ensayos e informes

Utiliza el siguiente enlace: http://tinyurl.com/errorcomunik

Lee los extractos de los periódicos que se incluyen y estudia las imágenes que aparecen al final. Toma notas sobre tus observaciones.

Identifica cuáles fueron los errores.

Eres un periodista interesado en educar a las personas a reconocer las noticias falsas y los errores fácticos. Utiliza tus notas para escribir un texto para tu blog.

Escribe sobre los errores comunes que suceden en noticiarios, periódicos y otros medio de comunicación. Menciona las razones por las que estos suceden y la manera en que estos errores puede afectar la reputación del medio de comunicación donde aparecen.

Utiliza imágenes similares a las que observaste en el estímulo para acompañar tu texto.

21 YouTube y las enemistades

Enfoques del aprendizaje

- Habilidad de reflexión: Consideran las implicaciones éticas, culturales y ambientales
- Habilidad de comunicación: Escriben con diferentes propósitos

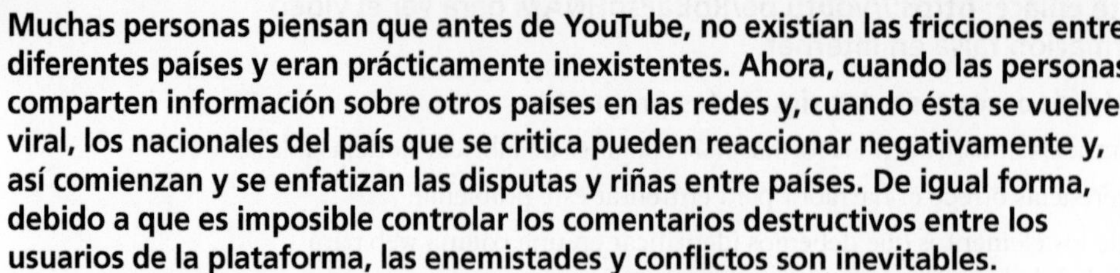

Muchas personas piensan que antes de YouTube, no existían las fricciones entre diferentes países y eran prácticamente inexistentes. Ahora, cuando las personas comparten información sobre otros países en las redes y, cuando ésta se vuelve viral, los nacionales del país que se critica pueden reaccionar negativamente y, así comienzan y se enfatizan las disputas y riñas entre países. De igual forma, debido a que es imposible controlar los comentarios destructivos entre los usuarios de la plataforma, las enemistades y conflictos son inevitables.

¿Tú piensas que la interacción en las redes nos acerca o nos separa más?

Escribe una entrada para tu blog en la que respondas a la pregunta anterior. Expresa tu punto de vista acerca de los comportamientos irresponsables en internet y acerca de los problemas que estos pueden causar. Incluye sugerencias que las escuelas podrían considerar para educar a sus alumnos a actuar de manera ética en las redes.

22 Noticias digitales e impresas

Enfoques del aprendizaje

- Habilidad de comunicación: Utilizan una variedad de técnicas de expresión oral para comunicarse con diversos destinatarios

■ El ingenio humano en los diferentes medios para acceder a información.

Estudia la imagen en la página anterior para realizar una presentación oral individual. Toma notas sobre sus convenciones: colores, contenido, tipología, las palabras que se usa, etc. Haz una lista del vocabulario clave que utilizarás en tu presentación.

Presenta tu trabajo a tu profesor.

Tu profesor te hará preguntas acerca de las ideas que compartiste y después preguntará acerca de otros temas relacionados.

23 La comunidad virtual

Enfoques del aprendizaje

- Habilidad de comunicación: Escriben con diferentes propósitos

Hoy en día, es común que muchas personas pertenezcan a una serie de comunidades virtuales en las que comparten intereses y pasiones con otros usuarios. Las comunidades en Google o los grupos en Facebook son ejemplos de la manera en que las personas han decidido pertenecer a ciertas familias virtuales mediante las que pueden establecer relaciones y conexiones con personas con perfiles similares.

Escribe una publicación para tu blog. Describe de qué manera elegimos a qué comunidad virtual pertenecer o por qué muchas personas no gustan de unirse a ninguna. Menciona las ventajas, desventajas y oportunidades, e incluye ejemplos que te ayuden a justificar la idea de que es posible "habitar y operar" en estas comunidades de un modo similar al que lo hacemos en la vida real.

Escribe de 300 a 400 palabras.

24 "Ella"

Enfoques del aprendizaje

- Habilidades de comunicación: Escuchan y observan con actitud crítica y para comprender. Utilizan una variedad de técnicas de expresión oral para comunicarse con diversos destinatarios

A

Ve las dos versiones del avance de cine de la película "Ella", dirigida por Spike Jonze, y prepara una presentación para tu profesor acerca de la manera en que la tecnología puede influir en nuestra realidad. Toma nota sobre los comportamientos del personaje principal, y acerca del rol que la tecnología tiene en su vida diaria. Incluye aspectos positivos y negativos.

Tu profesor te hará preguntas acerca de tu presentación.

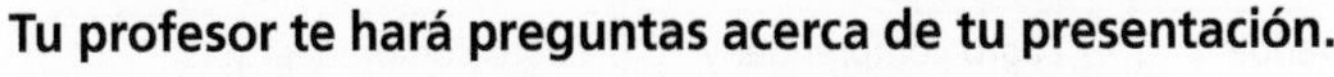

- Español de Castilla: https://youtu.be/UKMehPI1sUg

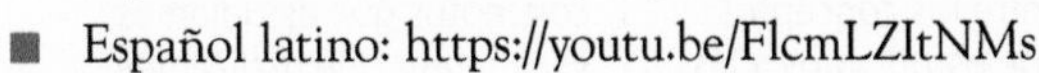

- Español latino: https://youtu.be/FlcmLZItNMs

B

Ve nuevamente los dos avances de cine. Presta atención a la manera en que se expresan ciertas ideas y reflexiona sobre las variantes de estas dos variedades del español.

Reflexión

Enfoques del aprendizaje

- Habilidad de reflexión: Consideran los contenidos y se preguntan: ¿Qué información es familiar? ¿Sobre qué aprendí hoy? ¿Hay algo que aún no haya entendido? ¿Qué preguntas tengo ahora?

Aspecto	Básico	En desarrollo	Apropiado	Excepcional
Conocimiento de vocabulario y gramática	Tengo el conocimiento básico de las estructuras gramaticales y palabras relevantes de la unidad.	El conocimiento básico de las estructuras gramaticales y palabras relevantes de la unidad comienza a profundizarse.	Mi dominio del conocimiento de las estructuras gramaticales y palabras relevantes de la unidad cubre los estándares ideales.	Mi dominio del conocimiento de las estructuras gramaticales y palabras relevantes de la unidad va más allá de las expectativas.
Uso de la lengua en los diferentes contextos	Logro utilizar la lengua únicamente de manera básica en los contextos presentados en la unidad.	Comienzo a utilizar la lengua de manera adecuada en los contextos presentados en la unidad.	Logro utilizar correctamente la lengua en los contextos presentados en la unidad.	Logro utilizar la lengua de manera excepcional en los contextos presentados en la unidad.
Habilidades de comprensión auditiva	Únicamente logro comprender la información más básica de los textos de audio.	Logro comprender la información básica y comienzo a comprender las ideas más complejas de los textos de audio.	Logro comprender ampliamente toda la información de los textos de audio.	Logro comprender ampliamente toda la información del texto de audio, y puedo responder espontáneamente al texto.
Habilidades de lecto-comprensión	Únicamente logro comprender la información más básica de los textos escritos.	Logro comprender la información básica y comienzo a comprender las ideas más complejas de los textos escritos.	Logro comprender ampliamente toda la información de los textos escritos.	Logro comprender ampliamente toda la información de los textos escritos, y puedo responder espontáneamente a los textos.
Habilidades de producción escrita	Únicamente logro utilizar palabras aisladas y estructuras con oraciones simples en las tareas escritas.	Logro utilizar una variedad de vocabulario simple y combinar algunas estructuras simples en las tareas escritas.	Logro producir textos escritos que responden correctamente a las tareas escritas de la unidad.	Logro producir textos escritos creativos que responden correctamente a las tareas escritas de la unidad, y van más allá de lo que piden las directrices.
Habilidades de producción oral	Únicamente logro utilizar frases simples en las tareas orales. No logro reconocer el contexto ni la audiencia.	Logro utilizar y combinar algunas estructuras simples en las tareas orales, reconociendo el contexto y la audiencia.	Logro responder correctamente de manera oral a las tareas escritas de la unidad, demostrando mi comprensión del contexto y audiencia.	Logro responder correcta y creativamente de manera oral a las tareas escritas de la unidad, reconociendo el contexto y la audiencia, personalizando la información.
Comprensión de los conceptos	Tengo una comprensión básica de los conceptos que estudiamos en esta unidad.	Logro comprender la relación entre los conceptos que estudiamos y las tareas que realizamos en esta unidad.	Logro comprender y articular la relación entre los conceptos que estudiamos y las tareas que realizamos en esta unidad.	Logro comprender y articular la relación entre los conceptos que estudiamos y las tareas que realizamos en esta unidad, y puedo producir generalizar mi comprensión conceptual.

Agradecimientos

Acknowledgements

The Publishers would like to thank the following for permission to reproduce copyright material.

Every effort has been made to trace all copyright holders, but if any have been inadvertently overlooked, the Publishers will be pleased to make the necessary arrangements at the first opportunity.

Photo credits

t = top, *l* = left, *c* = centre, *r* = right, *b* = bottom

p.viii © Halfpoint/stock.adobe.com; **p.2** © Zuper_electracat/stock.adobe.com; **p.6** *tl* © Jstone/Shutterstock.com, *tr* © Buzzfuss/123RF, *b* © JA/Everett Collection/Alamy Stock Photo; **p.7** *t* © Lorelyn Medina / 123RF, *b* © Josfor/stock.adobe.com; **p.9** *t* © Victor Koldunov/stock.adobe.com, *bl* © Daxiao Productions/stock.adobe.com, *br* © Daxiao Productions/stock.adobe.com; **p. 10** *tl* © Julia/stock.adobe.com, *tr* © Martialred/stock.adobe.com, *bl* © Martialred/stock.adobe.com, *br* © Apinan/stock.adobe.com; **p.11** © *t* Digitalskillet1/stock.adobe.com, *b* © Monkey Business/stock.adobe.com; **p.14** *t* © Ryflip/stock.adobe.com, *b* © Jay L. Clendenin/Los Angeles Times/Getty Images; **p.15** © International Baccalaureate Organization; **p.16** *tl-br* © Feverpitched/123RF, © Cathy Yeulet/123RF, © Cathy Yeulet/123RF, © Brainsil/123RF, © Patrick Chai/123RF, © Cathy Yeulet/123RF, © Fotoluminate/123RF, © Andres Rodriguez/123RF, © Joana Lopes/123RF, © Andres Rodriguez/123RF, © Cathy Yeulet/123RF; **p.22** © Jose R. Aguirre/Cover/Getty Images; **p.24** *t* © Wavebreak Media Ltd / 123RF, *c* © Peter Atkins/stock.adobe.com, *b* © Jovannig/stock.adobe.com; **p.28** © Goodluz/stock.adobe.com; **p.34** © sateda/stock.adobe.com; **p.38** *l* © Thodonal/stock.adobe.com, *r* © Georgejmclittle/stock.adobe.com; **p.41** © a7880ss/stock.adobe.com; **p.42** © Emattil/stock.adobe.com; **p.44** © Natalia Pavlova/stock.adobe.comp; **p.46** *tl-tr* © Artemy Sobov/stock.adobe.com, © Jean-Paul Comparin/stock.adobe.com, © I-Wei Huang/stock.adobe.com, © Goodpics/stock.adobe.com, *cl-cr* © Scottiebumich/stock.adobe.com, © Sergeka/stock.adobe.com, © Allegro60/stock.adobe.com, © Justin/stock.adobe.com, *bl-br* © Mario beauregard/stock.adobe.com, © DyMax/stock.adobe.com, © Littleny/stock.adobe.com, © Nathanallen/stock.adobe.com, *b* © RuggedCoast/stock.adobe.com; **p.49** *tl* © Amnarj Tanongrattana/123RF, *cl* © TEA/123RF, *bl* © Shuang Li/Shutterstock.com, *tr* © www.hollandfoto.net/Shutterstock.com, *cr* © JackF/stock.adobe.com, *br* © Adisa/stock.adobe.com; **p.53** © Marcinmaslowski/stock.adobe.com; **p.54** © BillionPhotos.com/stock.adobe.com; **p.59** © Sylv1rob1/stock.adobe.com; **p.61** © Africa Studio/stock.adobe.com; **p.63** © Christophe Fouquin/stock.adobe.com; **p.66** © Jade ThaiCatwalk/Shutterstock.com; **p.67** © International Baccalaureate Organization; **p.68** *tl* © Ferenc Szelepcsenyi/Shutterstock.com, *tc* © JStone/Shutterstock.com, *tl* © BJ Warnick/Newscom/Alamy Stock Photo, *bl* © S_bukley/Shutterstock.com, *bc* © WENN Rights Ltd/Alamy Stock Photo; **p.70** © KARIM SAHIB/AFP/Getty Images; **p.73** © WENN Rights Ltd/Alamy Stock Photo; **p.77** © Kseniya Ragozina/stock.adobe.com; **p.83** © Laiquocanh/stock.adobe.com; **p.84** *t* © Christian/stock.adobe.com, *b* © Horváth Botond/stock.adobe.com; **p.90** *l* © Marjan Apostolovic / 123RF, *r* © Levente Gyori / 123RF; **p.94** *l* © Switchpipi/stock.adobe.com, r © Andrii Torianyk/123RF; **p.95** © Brad Pict/stock.adobe.com; **p.101** © Francisco Angel; **p.104** © Auremar/stock.adobe.com; **p.105** © Georgerudy/stock.adobe.com; **p.112** *l* © Daniel Vincek/stock.adobe.com, *c* © Gtranquillity/stock.adobe.com *r* © JJAVA/stock.adobe.com; **p.116** © Alexander Raths/stock.adobe.com; **p.119** © Kobby Dagan/123RF; **p.120** *tl* © Nickolay Adamiuk/123RF, *tr* © Wong Sze Yuen/123RF, *bl* © Noam Armonn/123RF, *br* © Wavebreak Media Ltd/123RF; **p.125** © Biker3/stock.adobe.com; **p.127** *tl* © Urfl/123RF, *tr* © Imagestockdesign/Shutterstock.com, *bl* © Camaralucida1/stock.adobe.com, *br* © Lucy Brown - loca4motion/Shutterstock.com; **p.130** © Eduardo Huelin / Alamy Stock Photo; **p.131** © Juan Barreto/AFP/Getty Images; **p.132** © Gabriel Aponte/STR/Getty Images; **p.133** © Peter Hermes Furian/stock.adobe.com; **p.135** © Hughes Herva/Hemis.fr/Getty Images; **p.136** © Fabiola Marín; **p.139** © Fabrizio Troiani / Alamy Stock Photo; **p.143** *t* © Pictoores/stock.adobe.com, *bl* © Dean Drobot / 123RF; **p.146** © BooblGum/stock.adobe.com; **p.148** © Romiz/stock.adobe.com; **p.149** © Javiindy/stock.adobe.com; **p.154** © Sdecoret/stock.adobe.com; **p.158** © Biletskiy Evgeniy/stock.adobe.com; **p.161** © Lena_serditova/stock.adobe.com; **p.162** © Namgyal Sherpa/AFP/Getty Images; **p.163** © Tierney/stock.adobe.com; **p.164** © CEN/Hernan Coria; **p.169** *tl* © Kzenon/stock.adobe.com, *tr* © Zhukovvvlad/stock.adobe.com, *bl* © Tunatura/stock.adobe.com , *br* © Eyetronic/stock.adobe.com; **p.171** © elaborah/stock.adobe.com; **p.185** © Anastasiia Kuznetsova / 123RF; **p.187** *tl* © Scott Hortop Images/Alamy Stock Photo, *r* © Andres Rodriguez/123RF, *br* © Leskas/123 RF; **p.190** © samuelgarces/stock.adobe.com; **p.194** © Ra2 studio/stock.adobe.com; **p.201** © Ladysuzi/stock.adobe.com; **p.202** © Ryanking999/stock.adobe.com; **p.209** © Michael Buckner/Getty Images; **p.210** UN Development sustainable goals from https://www.un.org/sustainabledevelopment/es/objetivos-de-desarrollo-sostenible/; **p.212** © Dobre_cristian/stock.adobe.com; **p.217** © J.M. Image Factory/stock.adobe.com; **p.219** © Romolo Tavani/stock.adobe.com; **p.220** *tl* © Nyul/123RF, *tr* © Anton Gvozdikov/123RF, *bl* © Iakov Filimonov/123RF, *br* © Antonio Guillem/123RF; **p.226** © Brad/stock.adobe.com; **p.228** *tl* © Keng po leung/123RF, *tr* © Ahmet Ihsan Ariturk/123RF, *bl* © Prashansa Gurung/123RF, *br* © Balthasar Thomass/Alamy Stock Photo; **p.231** **t** © Katharine Andriotis/Alamy Stock Photo, *c* © PaylessImages/123RF, *b* © Cathy Yeulet/123RF; **p.233** *l* © WavebreakMediaMicro/stock.adobe.com, *r* © Gpointstudio/stock.adobe.com; **p.239** © Manop1984/stock.adobe.com; **p.240** © J. Rafael Ángel; **p.242** © LIGHTFIELD STUDIOS/stock.adobe.com; **p.243** © Hvostik16/stock.adobe.com; **p.249** © Goodluz/stock.adobe.com; **p.257** *l* © Di Studio/stock.adobe.com, *r* © Maverick_infanta/stock.adobe.com; **p.258** © ink drop/stock.adobe.com; **p.260** © Monkey Business/stock.adobe.com; **p.263** © Aaltazar/DigitalVision Vectors/Getty Images; **p.267** © pathdoc/stock.adobe.com; **p.271** © https://commons.wikimedia.org/wiki/File:Ing._Guillermo _Gonz%C3%A1lez_Camarena.jpg / https://commons.wikimedia.org/wiki/Category:CC-BY-SA-4.0; **p.275** © Radio Universidad de Guadalajara; **p.280** © MichaelJBerlin/stock.adobe.com; **p.287** © https://commons.wikimedia.org/wiki/File:Guggenheim_Guadalajara.jpg/ https://creativecommons.org/licenses/by-sa/3.0/deed.en GFDL-WITH-DISCLAIMERS; Released under the GNU Free Documentation License/https://creativecommons.org/licenses/by-sa/3.0/deed.es/http://www.asymptote.net/gdl-slide-show; **p.290** © Masterbilbo/stock.adobe.com; **p.291** © Kzenon/stock.adobe.com; **p.296** *l* © Jake Lyell / Alamy Stock Photo, *r* © MARK RALSTON / AFP / Getty Images; **p.297** *l* © Sandy Huffaker / Getty Images News / Getty Images, *r* © Xinhua News Agency / REX / Shutterstock; **p.300** © Terovesalainen/stock.adobe.com; **p.303** © Matic Štojs Lomovšek/stock.adobe.com; **p.304** *tl* © Jose Ignacio Soto/stock.adobe.com, *tr* © Susansantamaria/stock.adobe.com, *bl* © Kmiragaya/stock.adobe.com, *br* © Pathdoc/stock.adobe.com; **p.311** © Ton Koene / VWPics / Alamy Stock Photo; **p.313** © Soleilc1/stock.adobe.com; **p.321** © Kevin Winter / Getty Images Entertainment / Getty Images; **p.325** © Richard Splash/Alamy Stock Photo; **p.327** © The Ryan's Well Foundation; **p.332** © Panithan Fakseemuang/123RF; **p.335** *l* © PhotoAlto sas / Alamy Stock Photo, *r* © andreykuzmin / 123RF; **p.339** © Thodonal/stock.adobe.com; **p.342** © danymena88/stock.adobe.com; **p.344** © BillionPhotos.com/stock.adobe.com; **p.346** Infographic about how to identify fake news from https://www.ifla.org/ES; **p.348** © vectorhot/stock.adobe.com

Text credits

p.67 IB Learner profile attributes and descriptions; **p.73** Speech by Rigoberta Menchú on winning the Nobel Peace Prize in 1992 from https://www.nobelprize.org/nobel_prizes/peace/laureates /1992/tum-lecture-sp.html; **p.125** Las fiestas latinas de 15 años arrasan en España from El País https://elpais.com/politica/2017/02/07/actualidad/1486485272_700545.html. Reprinted with permission; **p.145** Organización Mundial del Turismo (2018), 'Los países del mundo que son más visitados, 2017', infografía (online), disponible en: http://www2.unwto.org © UNWTO, 92844/03/19; **p.190** El conmovedor relato de Mariana Pajón from https://www.semana.com/contenidos-editoriales/medellin-vive-en-mi-/articulo/mariana-pajon-cuenta-como-el-deporte-cambio-la-imagen-de-medellin-internacionalmente/537336. Reprinted with permission; **p.210** UN Development sustainable goals https://www.un.org/sustainabledevelopment/es/objetivos-de-desarrollo-sostenible/; **p.219** © J Rafael Ángel; **p.226** Redefiniendo la industria del entretenimiento para conquistar a los milénicos. Text adapted from https://pulsosocial.com/2017/03/30/redefiniendo-industria-entretenimiento-conquistar-millennials; **p.262** Communication illustration https://www.trainingzone.co.uk/lead/culture/the-five-styles-of-human-communication-that-consultants-need-to-know; **p.280** From the preface to 'Verdad' by Hector Macdonald, Penguin Random House Grupo Editorial España, May 24, 2018. Reprinted with permission; **p.291** Cambios en la familia y sus valores. Adapted from https://es.blastingnews.com/tecnologia/2016/09/la-manera-en-que-la-familia-y-sus-valores-han-cambiado-la-tecnologia-nos-ha-alcanzado-001125483.html; **p.310** Amount of electronic waste produced per person per year in Europe and South America. Reproduced with permission of RED EL COMERCIO; **p.317** Lyrics of El Progreso written by Roberto Carlos and Erasmo Esteves, sung by Roberto Carlos, included in his album Pra Sempre Em Espanhol - Vol. 1. Reprinted with permission of Sony/ATV Music Publishing; **p.319** "DONDE JUGARAN LOS NIÑOS" Words and Music by Fher Olvera and Alex Gonzalez © 1994 Big Cojones Music (ASCAP) and Tulum Music (ASCAP) All rights administered by Warner/Chappell North America Ltd; **p.346** Infographic about how to identify fake news, https://www.ifla .org/ES.